Jürgen Teipel

VERSCHWENDE DEINE JUGEND

Ein Doku-Roman über
den deutschen Punk und New-Wave

Erweiterte Fassung

Suhrkamp

Revidierte und erweiterte Fassung der Erstausgabe von 2001.
Umschlagfoto: Gudrun Gut, ca. 1977. © Anja Freija

Für Ernst Brücher

Klimaneutral
Druckprodukt
ClimatePartner.com/14438-2110-1001

5. Auflage 2024

Erste Auflage 2012
suhrkamp taschenbuch 4318

Umschlag: Regina Göllner und Hermann Michels
Druck und Bindung: CPI books GmbH, Leck
Printed in Germany
ISBN 978-3-518-46318-5

www.suhrkamp.de

Inhalt

Vorwort

Der abwischbare Mensch

Es muss Anfang 1979 gewesen sein, da hörte ich in meiner verschlafenen Kleinstadt, dass Punks einfach in Müllsäcken stecken. Sauber, glatt und total modern. Das gefühlsmäßig graue Leben rechts und links konnte dem abgepackten Menschen nichts anhaben. Er war abwischbar. Ich hielt das für eine gute Idee.

Auch dass man einfach so mitmachen konnte. Man musste nur anders sein. Dass durch diesen Trick irgendwann nicht mehr viel übrig bleibt – außer genauso zu sein wie alle anderen, die anders sind –, das ahnte ich zwar, aber ich beschäftigte mich lieber damit, meine Kleidung zu verfremden oder fremdes Eigentum zu demolieren. Und anstatt mich mit clever ausgefüllten Formularen für eine endgültige Übernahme im mittleren nichttechnischen Verwaltungsdienst zu empfehlen, bastelte ich mir einfach eine neue Identität – teils wie ich gerne gewesen wäre, teils wie ich damals wohl wirklich gewesen sein muss – und stellte sie in meinem eigenen Fanzine zur Schau.

Das war toll. Aber es war nie genug. Ich hatte zwar auf einmal mit Leuten zu tun, die unvorstellbar coole Sachen machten. Aber sie alle konnten, genau wie ich, ihre alte Identität nicht ganz und gar abstreifen. Man war nicht zu dem neuen Menschen geworden, für den man sich gerne ausgab. Ich hatte immer das Gefühl, über Äußerlichkeiten definiert zu werden und gerade noch mal davongekommen zu sein. Ich hatte ja keine Ahnung, dass es den anderen ähnlich ging. Man redete ja nicht über solche Dinge.

In Düsseldorf erzählte mir Tommi Stumpf vom Kriminalitätsförderungsclub stattdessen seine Actionabenteuer – von Sex auf dem Billardtisch, Sex hinten im Lieferwagen – und dass man als Zuschauer beim KFC gute Aussichten habe, als Entgelt für das Eintrittsgeld, eine Gitarre über den Kopf gedonnert zu bekommen.

In Berlin war ich oft richtig eingeschüchtert, weil Gudrun Gut und Bettina Köster von **Malaria** zwar irgendeinen Narren an mir gefressen hatten, aber ich nie wusste, warum eigentlich. Auf der anderen Seite konnten sie nämlich mehr oder weniger vernichtend selbstbewusst wirken.
In Hamburg erlebte ich einmal den völligen Zusammenbruch eines weiteren Protagonisten dieses Buches. Und da man damals eben immer freundlich auf Distanz zueinander ging, waren wir weit genug voneinander entfernt, dass ich mich einfach im nächsten Actionabenteuer wähnte. Ich musste mir erst von einem alten Hippie wie Alfred Hilsberg sagen lassen: »Hey, das ist überhaupt nicht lustig. Das hätte auch anders ausgehen können.«
Das war einer der Gründe, warum ich, in den nächsten knapp 20 Jahren, nur mit ihm hin und wieder zu tun hatte. Nicht dass ich mit den ursprünglichen Ideen von Punk nichts mehr anfangen konnte. Im Gegenteil. Ab Mitte 1980 lief ich zwar meistens in schicken New-Wave-Anzügen herum. Aber das war alles nur Ausdruck jener für mich aus dem Punk stammenden Geradlinigkeit, mit der ich meinen neuen Weg weiter ging. An der Erreichbarkeit des Zieles »Schriftsteller« hatte ich nie unüberwindbare Zweifel. Dieses »Jeder kann es« des Punk bestimmt mich bis heute.
Dass es mit meiner Abschottung aber auch um etwas anderes ging, wurde mir erst klar, als ich in dieses Buch schlidderte. Schon auf meine ersten Überlegungen hin gab es so viel Zuspruch, dass auf einmal sogar das Geld da war, um mit der Arbeit anfangen zu können. Aber eben auch dasselbe alte Gefühl, nicht zu genügen.
Nach den ersten Interviews merkte ich allerdings, dass sich viel geändert hatte. Bei mir und bei den anderen. Alle hatten inzwischen erfahren, dass man eben nicht abwischbar war. Bewusst oder nicht. Und je nachdem hatte ich es mit positiven, mehr oder minder erfolgreichen Menschen zu tun, die auch entsprechend reflektieren konnten, oder mit Leuten, die aus ihrer Tüte heraus mufflige Ansprachen hielten und sich an nichts erinnern konnten oder wollten.

Oft war ich der Verzweiflung nahe. Aber viel öfter habe ich Erstaunliches dazugelernt. Ich meine damit weniger, dass so langsam ein Querschnitt durch eine ganze Generation entstand. Eher sah ich auf einmal die feinen Unterschiede. Worin sich die Teile einer scheinbar homogenen Bewegung schon damals unterschieden hatten. Und wodurch sie sich dann auch unterschiedlich entwickelten. Ich erkannte, dass die Möglichkeiten, das eigene Leben zu gestalten, vielfältig sind. Und dass es viel zu entdecken gibt. Dass eben nicht alles egal ist, wie manche Punks noch heute behaupten.
Wegen des Einfallsreichtums, den sie dabei an den Tag legen, wollte ich solche Ansichten jedoch auch nicht unterdrücken. Nach über 1000 Stunden Interviews bestand meine Hauptaufgabe zwar in der Auswahl des Wesentlichen. Aber wesentlich war auch die persönliche Wahrheit. Es stellte sich immer mehr heraus, dass ich mir durch meine Herangehensweise erst gar nicht anmaßen musste, in irgendeiner Weise repräsentativ zu sein oder Punk gegenüber Hippieturn oder Techno zu rehabilitieren. Letztlich stelle ich einfach 100 verschiedene Wahrheiten zur Verfügung und überlasse es dem Leser, selbst zu entscheiden, wovon er sich angesprochen fühlt.
Dabei hat es sich auch als hilfreich erwiesen, dass ich auf alte Interviews oder andere bestehende Quellen völlig verzichtet habe. Bis auf zwei Leute, mit denen ich nur telefonieren konnte, habe ich alle persönlich getroffen.
Mit anderen Worten: Ich war selber schuld, am Ende 1200 Interviewseiten abtippen zu müssen, um halbwegs den Überblick zu behalten.
Aber es hat sich gelohnt. Und dafür möchte ich allen danken, die sich mir in diesen dreieinhalb Jahren anvertraut haben. Ich hoffe, ich kann mit diesem Buch etwas davon zurückgeben.
Dank auch an all jene, denen ich trotz ergiebiger Gespräche nicht den entsprechenden Platz einräumen konnte – vor allem Annette Benjamin (Hans-a-plast), Norbert Hähnel (aka **Der wahre Heino**), Rocko Schamoni, Westbam, Tom Dokoupil (**Wirtschaftswunder**) und Moritz von Oswald (**Palais Schaumburg**, *Basic Channel*). Ebenso an Upstart, Milan Kunc, Karel

Dudesek, Scumeck Sabottka, Christoph Schlingensief und Walter Moers für ihre Bereitschaft, mit mir zu sprechen. Schade, dass es nicht geklappt hat.

Mein Respekt gilt außerdem all jenen, die mich damals zwar schwer beeindruckt haben, hier aber leider keine Erwähnung finden konnten: Buttocks, Kosmonautentraum, Liliput/Kleenex, Materialschlacht, Der Moderne Man, Saal 2, Salinos sowie meine alten Komplizen Andy Giorbino, Dagowops, Radierer und Sprung aus den Wolken.

Nicht zuletzt möchte ich mich herzlich bei allen bedanken, die mir geholfen haben oder einfach nur da waren: Jörg Gülden (*Rolling Stone*), Quintus Kannegiesser (EFA), Nikolaus Polak (Neonbabies), Eva Mair-Hausmann und Achim Bergmann (Trikont), Sylvia Hemmerling, Uta Bretsch und Kurt Thielen (alle *Zomba Records*), Gerhard Strunz (Strunz Enterprises), Kai Boysen (Station 17), Frank Behnke (Mutter), Anne Berning (*Mute Records*). Bei meinen Kollegen Andreas Neumeister, Karl Bruckmeier, Jochen Bonz und Thomas Meinecke für uneigennützigen Rat. Bei Sabine Krecker (Rowohlt), Antje Landshoff (Rogner & Bernhard), Rainer Schmidt (*Max*), Jan Müller (Tocotronic), Manfred Schimchen (Audio Magic Studio), Hans Franzl (brainworks) sowie Beda Bartenschlager, George Nicolaidis, Gabi Kowerik und bei meinem Herzensbruder Feridun Zaimoglu.

Ganz besonders danken möchte ich meinem Lektor Winfried Hörning vom Suhrkamp Verlag für sein Vertrauen – und dass er auch angesichts monströsester Manuskripte immer wusste, was zu tun ist.

Zustande gekommen ist alles allerdings nur durch die Liebe von Sigrid.

Jürgen Teipel
www.gesellschaftsinseln. de

Vorwort 2012

Das vielleicht Interessanteste an Punk ist im Nachhinein, dass damals eine ganze Generation einen Ausdruck für eine bestimmte Art von Lebensenergie gefunden hatte, die normalerweise nicht so leicht zugänglich ist und die in der heutigen Gesellschaft oft viel zu kurz kommt, obwohl sie letztlich jeder anstrebt. Diese Energie könnte man Liebe nennen. Oder Zuwendung. Freude.

Durch diese Energie wurde ein Zugang zur eigenen Kreativität möglich. Auch Spontaneität. Qualitäten also, die damals noch schwerer zu leben waren als heute. Es gab den Deutschen Herbst, einen unglaublich repressiv agierenden Staat und die ständige Gefahr eines Atomkriegs. Das Erscheinungsbild des Alltags war grau und der soziale Normenkanon noch stark kirchlich geprägt.

Punk war ein Erkennen all dessen – nicht in erster Linie ein Ändernwollen, wie vorher bei den 68ern (»Hippies« sagte man zu Punkzeiten relativ unreflektiert). Punk war eine Manifestation der nackten Realität. Und gleichzeitig eine Möglichkeit, diese Realität zu beschreiben. Einen Ausdruck für die Gedanken und Gefühle zu finden, die durch diese Realität erzeugt wurden: Beengung, Isolation, Antriebslosigkeit, Dumpfheit etc. Natürlich hatte man als Punk auch die eine oder andere positive Gefühlsregung. Natürlich ging es bei Punk (genau wie bei den Hippies) darum, ein authentisches Leben zu führen – und dadurch wiederum zu mehr Lebensfreude zurückzufinden. Nur sprach man über so was nicht, weil mit solchen Bekenntnissen im Hippietum ja inflationär – und eben oft alles andere als authentisch – umgegangen worden war.

Nachdem man in jüngeren Jahren zu Pauschalurteilen neigt, wurde die Qualität des Hippie-Ansatzes, allem und jedem nachzuspüren, die eigene und andere Befindlichkeit aufzudecken oder überhaupt erst mal wahrzunehmen, von den Punks größtenteils nicht einmal verstanden, sondern samt und sonders über Bord gekippt. Sodass plötzlich nur noch ein sehr eingeschränktes Spektrum an Handlungsmöglichkeiten übrig blieb. Nur das, was noch nicht »entwertet« war. Das Neue. Das radikal Erscheinende. Das Wilde.

Ich werde nie meine ersten Pogo-Tanzerlebnisse vergessen. Im Grunde war Pogo ja auch nichts anderes als manche körpertherapeutischen *Encounter* in der experimentellen Psychotherapie der frühen 70er (in denen man zum Beispiel auf ein Kissen einschlug und sich vorstellte, es wäre der eigene Vater – und wo es in der Gruppe durchaus schon mal *gegeneinander* ging). Das Archaische, das Wilde, das als böse Bezeichnete hatte hier wie da seinen Platz. Wobei Pogo einem dazu verhalf, sich auch körperlich authentisch zu fühlen. Sich wohl zu fühlen in der eigenen Haut. Ich selbst konnte dadurch zum ersten Mal in meinem Leben einen völlig ungehinderten Bezug zu meinem Körper finden. Wenn auch nur für die paar Sekunden, die ein solcher Ausbruch dauerte. Und das war genau das Problem: Bei den Hippies bewegte sich etwas weiter. Es gab einen Rahmen, in dem dann auch Lernen, eine Weiterentwicklung möglich war.

Bei Punk dagegen wurde entweder nur aufgezeigt – noch dazu in eher grober, ungenauer, unreflektierter Form – oder (öfter sogar) abgelehnt. Viele Punks meinten, als eine Art Negativmaschine (angetrieben durch die Energie der Ablehnung) durchs Leben kommen zu können. Das ist aber leider nicht möglich. Ablehnung ist eine eher dumme Energie, denn abgesehen davon, dass sie für schlechte Laune sorgt (die man natürlich auf das abgelehnte Objekt bezieht), grenzt man dadurch ja auch bestimmte Bereiche aus der eigenen Wahrnehmung aus. Man meint zwar, sie weiterhin korrekt wahrzunehmen, aber in Wirklichkeit hat man sie ausgeblendet. Damit meine ich nicht jene sozial bedingten Automatismen in den Verhaltensmustern und sogar in der Wahrnehmung, ohne die man in unserer Welt nur schwer leben könnte, sondern Ablehnung als grundsätzliche Einstellung der Welt gegenüber. Denn dadurch schränkt man ja von vornherein das Spektrum der Möglichkeiten ein. Was will ich eigentlich? Was sind meine ureigenen, wirklich ganz persönlichen Wünsche? Und darauf aufbauend: Wie kann ich gut mit anderen zusammenleben? Was könnte ein gemeinsames Ziel sein? Ein gemeinsamer Traum? Vielleicht sogar eine gemeinsame Utopie? All das wurde im Punk gar nicht formuliert. Jeder musste allein herumfrickeln.

In Wahrheit war Punk also gar keine Bewegung, sondern eine Ansammlung von zum Individualismus neigenden Einzelwesen, die jedem sozialen Gefüge misstrauten. Deswegen hatte man es als Punk auch doppelt und dreifach schwer, sich aus ganz normalen Zuständen der Orientierungslosigkeit oder sogar einem (ja letztlich selbstgemachten) »Gefühl« des Scheiterns wieder herauszuwurschteln.

Das war genau die Situation, als ich 1998 meine Recherchen zu *Verschwende Deine Jugend* begann. Ich hatte den Eindruck, dass unverhältnismäßig viele ehemalige Punks immer noch in den Konzepten der späten 70er gefangen waren. Das mag daran liegen, dass viele von ihnen eh nicht die einfachsten Charaktere gewesen waren. Aber so unglaublich prägend sich Punk auf den Einzelnen ausgewirkt hat (das stritt während meiner ganzen Recherchen *niemand* ab), war es auf Dauer einfach keine tragfähige Haltung – und geradezu hinderlich bei der Aufgabe, so etwas wie ein nachhaltiges Lebenskonzept, eine Art Weg zu finden. Punk war (durch sein ewiges Ablehnen und Ausgrenzen) auf Dauer starr. Sogar ängstlich.

Ich erwähne das auch deswegen, weil viele Leute angesichts der Kraft, der ungeheuren Energie, die in *Verschwende Deine Jugend* zum Ausdruck kommt, meinten, dass damals alles ganz toll gewesen sein müsse, dass die »Helden« aus jenen Tagen doch sicher ein aufregendes Leben geführt hätten. Das stimmt auch – bis zu einem gewissen Zeitpunkt, aber dann schlug das Leben eben so zu, wie es nun mal bei fast jedem zuschlägt. Und durch ihr Ausgrenzungs- und Ablehnungsdenken sowie den Mangel an positiv, vielleicht sogar gemeinsam formulierten Zielen kamen Punks damit viel weniger zu Rande als andere.

Einige der Begegnungen mit Leuten »von damals« waren für mich richtiggehend erschütternd. Zum einen, weil manche so unglaublich unfreundlich waren. Zum anderen aber auch deswegen, weil sie mir in der Tat wie aus der Zeit gefallen vorkamen. Bei vielen konnte ich kaum Bezug zum eigenen, *gegenwärtigen* Leben entdecken. Was oft einzig und allein geblieben zu sein schien, das war Rückschau. Erinnerungen an eine Zeit, in der das eigene Leben offenbar eine viel größere Authentizität hatte.

Wie kann aber eine so unbändige Kraft, wie sie in Punk gesteckt hat, so dermaßen verpuffen? Auch das ist eine wichtige Frage, weil man ja in der wahnsinnig vielfältigen und aufgefächerten Welt des 21. Jahrhunderts umso mehr darauf angewiesen ist, einen Zugang zum eigenen, ganz persönlichen Potenzial zu finden. Allzu viele Utopien, Wünsche, Vorstellungen für's eigene Leben zu haben scheint auch heute noch verboten zu sein. Auf andere Dinge kommt man deswegen nicht, weil es im täglichen Leben immer wieder um Anderes zu gehen scheint. Um Ziele, die eigentlich gar nichts mit einem selbst zu tun haben – auch wenn es immer wieder so scheint. Man meint, ständig aussortieren zu müssen. Dies und das tun zu müssen. Es mal mit dieser Rolle versuchen zu müssen. Mal mit jener. Kaufen. Machen. Tun. Das Problem ist an sich nicht neu. Eher scheint es ein menschliches Grundproblem zu sein. Der Bezug zur eigenen Mitte (und dadurch auch zu den anderen) geht leicht verloren. Umso wichtiger sind alle Ansätze, durch die dieser Bezug gepflegt und überhaupt erfahren werden kann.

Es wird immer wieder ein Bedürfnis nach Geschichten geben, die von Verbundenheit und Freiheit erzählen. Deshalb dieses Buch. Deshalb war es so erfolgreich. Vielleicht auch wegen der Ahnung, dass es sich hier nicht um ein marketingmäßig durchgeplantes Produkt handelt (sowohl die Leute bei Suhrkamp als auch ich selbst waren vom Erfolg am allermeisten überrascht). Abgesehen von einer wunderbaren, weil völlig selbstlosen Geldspritze meines Freundes Ernst Brücher (des inzwischen verstorbenen Leiters des DuMont-Buchverlags und Bruders von Hildegard Hamm-Brücher), gab es keinerlei Budget für Recherche oder Ausarbeitung des Ganzen.

Meine Autorenwirklichkeit sah damals so aus, dass ich zwischendurch immer wieder als Journalist arbeitete, um an *Ver-*

schwende Deine Jugend weiterschreiben zu können. Das dürfte vielleicht auch ein paar der kritischen Geister interessieren, die bemängelten, dass im Buch ja dieses und jenes zu kurz käme (**Einstürzende Neubauten** etwa) oder gar nicht erwähnt würde (Städte wie Bremen oder Hannover). Manche Leute nahmen mir gegenüber regelrecht eine Anspruchshaltung ein, indem sie so taten, als sei ich eine staatliche Stelle, irgend ein Dokumentationszentrum, fett ausgestopft mit Geld und von daher auch verpflichtet, objektiv und allumfassend zu arbeiten. Ich bin froh, dass ich das nicht getan habe. Dies hier ist zwar durchaus der Versuch, über einzelne, subjektive Wahrheiten hinauszugehen, aber es ist trotzdem ein kleines, persönliches Projekt.

Umso mehr freue ich mich, *Verschwende Deine Jugend* nun nochmal mit zeitlichem Abstand auf den Weg bringen zu dürfen. Mit allen Vorteilen, die das bringt. Hatte ich doch damals einige schöne Geschichten, schlaue Anmerkungen etc. übersehen oder hielt sie für entbehrlich. Hinzu kommt, dass ein 450-Seiten-Brocken über ein so ›abseitiges‹ Thema wie Punk dem Verlag nicht vermittelbar schien, weshalb ich einige Kürzungen vornehmen musste. Überdies hatte sich in den vergangenen zehn Jahren unglaublich tolles Bildmaterial bei mir angesammelt. Einen Teil davon können wir hier zeigen – und dadurch noch mal einen erweiterten Blickwinkel auf das Ganze anbieten.

Danke dafür in erster Linie an meinen Lektor Winfried Hörning und auch noch mal an Ernst Brücher (wo immer er jetzt gerade herumschwirrt). Das waren die beiden entscheidenden Personen. Ohne sie wäre das Buch nicht zustande gekommen. Dank aber auch an die vielen anderen, mit denen es über die Jahre eine Freude war zusammenzuarbeiten. Zuerst Ulrike Groos und Peter Gorschlüter (seinerzeit noch beide bei der Kunsthalle Düsseldorf). Mit euch und dem Rest des Teams die *Zurück zum Beton*-Ausstellung zu machen, war die schönste Arbeitsperiode meines Lebens. An Marcel Vega von meiner Booking-Agentur Tom Produkt für den Zuspruch, mir ein ganz und gar eigenes Lesungskonzept für das Buch zu überlegen. Supervielen Dank auch an Romuald Karmakar, der trotz seines

Gipsbeins mit mir zur Berlinale-Sichtung humpelte – und so dafür sorgte, dass mein *verschwende deine jugend.doc*-Film 2005 dort laufen konnte (der Vollständigkeit halber sei angemerkt, dass ich mit dem *Verschwende Deine Jugend*-Spielfilm nichts zu tun habe). In diesem Zusammenhang auch nochmals Dank an Christoph Terhechte, den Leiter des Berlinale-Forums. Wir alle haben eigentlich die richtigen Schritte unternommen, um den Film zur Veröffentlichung zu bringen. Leider sollte es dann doch nicht sein. An all jene meiner Interviewpartner, die einfach nur nett und freundlich und offen mir gegenüber waren. Vor allem Inga Humpe, Annette Benjamin, Nina Hagen, Martina Weith, Jürgen Engler und Gode. An Gudrun Gut für ihre unspektakuläre, aber stetige Umgänglichkeit und Hilfe. An die Fotografen, die ihre Arbeiten für meine Lesungen kostenlos zur Verfügung gestellt haben – vor allem meine Kumpels Richie Gleim und George Nicolaidis. An Catherine Maas für die aufbauende Tasse Tee nach meinem ersten Alex-Hacke-Interview. An Antje Landshoff, Jäki Hildisch und Mo Reichelt für die vielen Übernachtungen. An Meikel Clauss für den Zuspruch, als ich glaubte, in Düsseldorf würde niemand mehr etwas von mir wissen wollen. Überhaupt an alle mit offenen Augen und Ohren und Herzen. Nicht zu vergessen all diejenigen, bei denen ich mich schon anlässlich der Erstausgabe bedankt habe. Ich hoffe, dass andere mit Euch genauso umgehen, wie Ihr mit mir. Danke!

Jürgen Teipel
München, Dezember 2011

Prolog

HIPPIES

Die frühen 70er

Gegen die, die dagegen sind

TRINI TRIMPOP Am Anfang haben die Kids bei uns im Sauerland immer Trimmi zu mir gesagt. Ich heiße ja Trimpop. Nur, irgendwann hat meine Freundin gesagt: »Trini hört sich doch viel schöner an.« Das war zu Beginn der 70er. Kurz vorher hatte ich angefangen, Hasch zu konsumieren. Das heißt, ich konnte das Zeug nicht wirklich *rauchen*. Ich kann mich an das erste Mal vor der Dorfdisco erinnern. Die etwas älteren Jungs sagten: »Komm mal mit, wir haben da was, willste mal ziehen?« Ich war absoluter Sportler. Ich konnte verdammt gut Fußball spielen. Ich habe nicht geraucht, keinen Alkohol getrunken. Ich sage: »Wie macht man das?« »Zieh rein!« Ich zieh rein, muss husten, blase den ganzen Joint raus. Die waren alle völlig sauer, denn Hasch gab es damals noch nicht an jeder Ecke. Dann habe ich's immer im Tee getrunken.

So langsam fing ich dann an, mich intensiv mit dieser ganzen Jugendkultur zu beschäftigen. An einem Büdchen vor dem Bahnhof gab es *Melody Maker* und *New Musical Express*. Die entsprechenden Platten musste ich mir klauen. Damals bestand ja noch Lehrmittelfreiheit. Schulbücher brauchte man nicht zu kaufen. Und so habe ich mir meine Lehrmittelfreiheit eben auch anderweitig genommen. Ich war absoluter Experte in Sachen Popmusik, weil ich die Zeitungen echt auswendig gelernt habe. Dagegen habe ich so richtige Hippies gar nicht mitgekriegt. Solche wie in den USA, wo plötzlich fast jeder aus dieser Generation LSD-Erfahrungen hatte. Hier war das ja mehr eine Studentenbewegung. Politisch ausgerichtet. Aber das war auch nötig. Denn gerade bei uns gab es unglaublich verhärtete Strukturen. Das war wichtig, dagegen anzukämpfen. Das kann sich ja heute kein Mensch mehr vorstellen, wie sich dieser Staat gebärdet hat, als der Schah kam. Als ob wir alle Sklaven gewesen wären.

Erst in der Willy-Brandt-Zeit war das dann ein bisschen lockerer. Man durfte bei der Bundeswehr lange Haare haben. Aber ich war der Einzige in der Kaserne, der sich das Recht auch wirklich genommen hat. Ich musste dann eben mit Haarnetz rumlaufen. Bin aber trotzdem nur angeschissen worden. Als ich am zweiten Tag gecheckt wurde, wurde ich gefragt, ob ich Drogen nehme. Mein Charakter damals war, dass ich immer gesagt habe, wie es war. Also sagte ich, dass ich am Wochenende schon ganz gern mal einen kiffe und auch schon hin und wieder mal einen LSD-Trip genommen hätte. Die waren erst mal geschockt. Die haben gedacht, ich habe ein echtes Drogenproblem. Und nachdem das ja nun liberalere Zeiten sein sollten, wollten sie mir helfen. Ich wurde bis zum Lagerkommandanten durchgereicht. Dann haben sie mich gefragt, ob ich schon mal was von Flashback gehört habe? Und ich: »Ja klar!« »Das könnte dann ja auch in der Kaserne passieren!« »Kann schon sein.« »Ja, und wenn Sie dann gerade im Panzer sitzen!« »Dann garantiere ich für nichts!« Ich war dann 21 Tage bei der Bundeswehr. Und dann haben sie mich wegen meinem Rückenleiden nach Hause geschickt.

MARGITA HABERLAND Ich kam eher aus dem Umfeld der RAF. 1967 in Berlin habe ich mit Gudrun Ensslin zusammengewohnt. Aber dann kam es zu einem Bruch mit ihr. Ich gehörte eher zu denen, die ihre Wut in Form von Straßentheater oder Happenings umgesetzt haben. Ich habe Gudrun in München wieder getroffen, als ich dort ein Musiktheaterstück inszenierte. Es ging um Eskalation von Gewalt. Da tauchte sie mit Andreas Baader und Thorwald Proll auf. Die waren unangenehm drauf. Da habe ich gemerkt, dass wir verschiedene Wege gehen. Sie machte einen merkwürdigen Eindruck auf mich, war nicht mehr zugänglich für Argumente – total darauf festgelegt, mit Andreas Baader den harten Kurs zu fahren. Die haben sich auf diesen Godard-Film mit Belmondo bezogen – von der Romantik her, die das Ganze hat: *Elf Uhr nachts – Pierrot le fou.* Der einsame Held bricht aus der bürgerlichen Gesellschaft aus. Weg ohne Wiederkehr. Ganz naiv. Am Abend bevor sie von München nach Frankfurt fuhren, hat Andreas Baader zu mir gesagt: »*Pierrot le fou.* Ha! Das machen wir selber.« So ungefähr: ›Denen zeigen wir's.‹ Und dann sind die direkt nach

Frankfurt und haben dieses Kaufhaus angezündet. Dabei war völlig klar, dass das nach hinten losgeht.
Danach habe ich in Hamburg eine Gruppe mit aufgebaut: Release. Wir haben da mit Drogenabhängigen gearbeitet. Ein Teil bestand aus stabilen Leuten, ein Teil aus Leuten, die zur Therapie kamen. Wir haben Sachen gemacht wie: drei Tage lang durchtrommeln. Angefangen zu trommeln und drei Tage lang nicht mehr aufgehört. Und jeder, der einen Topfdeckel fand, hat mitgemacht. Oder wir sind mit riesigen Vogelköpfen aus Pappmaché durch das Karolinenviertel gerannt – mit gelben Schnäbeln, schwarzen Krähenumhängen und vorne einem riesigen Stempel drauf: »Unsere Bedürfnisse verwandeln die Erde in ein Scheißhaus der Industrie.«
HOLGER CZUKAY Ich fand ernsthafte Polittexte immer scheiße. Und ich fand Bands wie Ton, Steine, Scherben auch immer fast unmusikalisch. Ich mochte keine festen Songstrukturen. Von daher waren wir bei Can schon fast Punk. Obwohl wir alle studiert hatten. Ich hatte Komposition studiert. Irmin Schmidt, unser Keyboarder, war ausgebildeter Dirigent. Wir sind also durchaus in der Lage gewesen, mehr als einen Griff zu spielen. Aber irgendwann hatte Jaki Liebezeit, unser Schlagzeuger, zu mir gesagt: »Hör auf zu fummeln. Spiel mal nur einen Ton. Das sollte doch genügen.« Und er hatte recht. Von da an bemühten wir uns, unsere Ausbildung wieder zu vergessen.
Wir waren dann auf einem ganz anderen Trip. Ich weiß noch, wie wir unseren zweiten Sänger kennen gelernt haben. Ich hatte ihn in München auf der Straße gesehen, als ich mit Jaki im Café saß. Damo Suzuki hat da in einiger Entfernung angefangen, komische Verrenkungen zu machen und die Sonne anzubeten. Wie ein totaler Freak. Und ich sagte zu Jaki: »Ich glaube, das wird unser neuer Sänger.« Und er: »O nein!« Ich ging auf den zu und sagte: »Hast du heute Abend schon was vor?« »Eigentlich nicht.« »Willst du vielleicht singen? In einem ausverkauften Konzert?« »Wann sind denn die Proben?« Sage ich: »Proben gibt's nicht.« Und wir waren damals schon eine angesagte Band. Wir haben uns dann auf der Bühne sehr zurückgenommen. Er fing vorne an zu lamentieren. Zuerst noch sehr

gepflegt. Und plötzlich haute er rein wie ein Samurai. Er sprang herum und schrie das Publikum an. Bis es da unten eine Schlägerei gab. Am Ende waren noch 30 Leute in der Halle. Von 1500.
Der zweite Auftritt war dann schon richtig Punk. Wir sind von der Sozialistischen Deutschen Arbeiterjugend eingeladen worden. Wir kamen nach Stuttgart in die Halle. Da versuchten die gerade die Internationale zu singen. Es lief uns kalt über den Rücken, so abgeschlafft war der ganze Haufen. Und dann haben wir aufgedreht. Wir waren extrem laut. Und insofern war das ein Fortschritt: Diesmal war kein einziger Mensch mehr in der Halle. Keine Kirchenmaus. Um das hinzukriegen, musst du schon richtig gut sein.
MIKE HENTZ Ich war damals in Paris und habe da streetfightmäßig viel gelernt. Wir hatten ein Spezialsystem des Vandalismus. Wenn da Demonstrationen waren – 1. Mai oder so –, dann waren zwischen Polizei und Demonstranten oft 200, 300 Meter. Und in diesem Zwischenraum haben wir mit unserer Rockergang alles demoliert, Autos angezündet oder Supermärkte geplündert. Und da muss man schon ziemlich gut sein. Und schnell. Das war eine Mischung aus anarchistischer Provokation und unserem eigenen Materialismus. Wir wollten ja was essen. Wir wollten was klauen. Halt die normale Kriminalität, wenn man kein Geld hat.
INGA HUMPE Mir ging die Verlogenheit des Staates damals bei einer ganzen Reihe von Erlebnissen so richtig unter die Haut. Als Rudi Dutschke im Frühjahr 1968 angeschossen wurde, war ich noch nicht mal zwölf. Aber das waren meine stärksten Emotionen. Ich war richtig wütend und verzweifelt. Und ich hatte das Gefühl, mit meiner Wut allein zu sein. Dass mich kein Schwein versteht. In der Schule kam ich mir allen gegenüber vor wie ein Alien.
AXEL DILL Ich hatte so viel Ärger in der Schule. Das machte ja damals null Spaß. Das war nur Drill. Die Lehrer, das waren die übrig gebliebenen Faschisten aus dem Krieg. Nur redete da keiner drüber. Richtig gemeine Säue. Und gegen die habe ich rebelliert. Bis ich das totale Feindbild für die war. Ich hatte eine

Matte bis zum Arsch und trug den langen Maximantel von meiner Schwester, der hinten durch die Pfützen schleppte. Die Omas haben mich im Supermarkt angebrüllt, wie ich denn rumlaufe. Und da hatte ich Bock drauf! So sollte das sein! Das war ja noch Hippietum. Aber eigentlich hätte es schon Punk sein können. Es war immer nur eine Frage der Zeit, wann ich wieder von einer Schule flog. Das war mir immer schon vorher klar. Meine Schulzeit war die reine Zeitverschwendung. Die hatten mich in die Enge getrieben. Und dann habe ich da auch dichtgemacht. Mit zwölf angefangen, LSD zu nehmen. Und vor allem: Schlagzeug gespielt – um in meiner Kleinstadt nicht verrückt zu werden. Und als ich ein paar Jahre später mein Musikstudium begonnen habe, war das noch aus demselben Grund: Um mir zu beweisen, dass ich nicht verrückt bin. Dass ich lernen kann.

BEATE BARTEL Ich hatte zu meiner Schulzeit – das klingt vielleicht absurd – vor allem ein Hosenproblem. Damals gab es zwar schon Jeans. Aber wir waren eben in keinem freien Land wie Schweden. Wir waren in Deutschland. Und da durfte ich als Mädchen keine Hose in die Schule anziehen. Ich musste einen Wollrock tragen, der gekratzt und gebissen hat. Wogegen Hosen clevere Teilchen waren. Es gibt da ein Bild, das für mich wichtig war: die Geschichte mit dem kleinen Maulwurf, der sich seine Hose mit den vielen Taschen nähen lässt. Die erste Hose in meinem Leben habe ich dann mit 14 gekriegt. 1969. Sie war zwar nicht schön, aber es war wenigstens eine Hose. Eine ockerfarbene, kratzige Wollhose von C&A. Aber das passte ins Bild. Meine Eltern wollten nicht mal, dass ich Abi mache. Die sagten: »Du wirst sowieso heiraten.« Ich sagte: »Ich werde nicht heiraten. Ich will Tontechnik machen, und da brauche ich mein Abi.« Ich bin dann nach der zehnten Klasse von zu Hause abgehauen und habe die Schule woanders beendet. Aber vorher bin ich, frech und dreist, zu Konzerten gegangen und habe gesagt: »Ich will mixen.« Der Erste hat mich einfach ans Mischpult gelassen, er hat wohl gedacht: ›Das macht die schon.‹ Dabei hatte ich noch nie an so was gesessen. Und das war sogar eine große Sache. Ich habe dann auch mal

Joan Baez und solche Sachen mixen dürfen – fand aber die Musik meistens grausam schlecht. Ich konnte mit Hippies nichts anfangen. Das war mir zu schlaff, nicht energetisch genug. Hinzu kam, dass bei einem Mädchen in diesem Bereich alle dachten, man sei nur Groupie. Dabei habe ich Technik schon immer geliebt. Aber ich wurde nicht ernst genommen in meiner Vision. Ich habe also zwei, drei Jobs gemacht und dann gemerkt: ›Es läuft nicht. Ich mache das anders.‹ Das ging rasant schnell. Ich habe gedacht: ›Dann muss ich eben eine Ausbildung anfangen.‹ Ich habe also das Abi gemacht und bin auf die Tontechnikerschule in Nürnberg gegangen. Und 1975, als ich nach Berlin zurückkam, dachte ich: ›So, jetzt müssen die mich aber ernst nehmen.‹ Aber Jungs waren halt immer noch Jungs. Und Mädchen waren immer noch Mädchen. Und die, die ich mit meinem Abschluss hätte mixen sollen, fand ich immer noch scheiße. Und dann habe ich eben selbst Musik gemacht.

ROBERT GÖRL Ich habe die Musik entdeckt, als ich hier in München im Waisenhaus war. Etwa mit zehn Jahren. Ich bin mit sieben ins Heim gekommen, weil ich Vollwaise wurde. Meine Eltern hatten einen Unfall. Das erste Jahr habe ich mit niemandem gesprochen. Ich habe einfach nicht akzeptieren können, dass ich ins Heim musste. Ich war der totale Einzelgänger. Ich war immer der Beobachter. Ich habe immer überlegt: ›Warum machen die das jetzt? Warum schlagen die den jetzt zusammen? Ist der wirklich ein Arschloch?‹ Irgendwann habe ich mir Töpfe und Kisten und Waschmitteltrommeln zusammengesucht – damals gab es ja noch diese Zehn-Kilo-Trommeln von Omo – und habe in meinem Zimmer darauf herumgehauen. Das hat damals niemand verstanden. Ich habe auch auf Blechen herumgetrommelt. Nicht auf irgendwelchen Becken, wie man sie fürs Schlagzeug kauft. Das ging richtig: Peng!

Zur selben Zeit bin ich zu einem Tonbandgerät gekommen. Ich habe Radiosendungen aufgenommen und daran herumgeschnitten. Oder ich hatte eine bestimmte Aufnahme und habe an gewissen Stellen etwas anderes darüber aufgenommen. Radiosendungen verbessert, haha.

Als Jugendlicher merkte ich aber, dass mir Trommeln am meisten Spaß macht. Ich habe dann, zusammen mit einem anderen Schlagzeuger, in einem Bunker aus dem Zweiten Weltkrieg geübt. Wir hatten da unten einen richtig kaputten Raum – immer mehr Sachen angesammelt und zu zweit rumgetrommelt. Der hat mich schließlich einem Profischlagzeuger vorgestellt. Freddie Brocksieper. Das war eine richtige Größe in der Jazzwelt. Dem habe ich zu Hause im Wohnzimmer was vorgetrommelt. Nur auf der Snaredrum. Und da hat er gesagt, er würde es mir beibringen. Ich habe dann ein Jahr lang bei ihm gelernt. Danach meinte er, dass ich Musik studieren müsste – hat mich also wiederum angestoßen, eine Ausbildung am Konservatorium zu machen. Das waren immer nur so Auslöser. Immer vorangehen. Von diesem Konservatorium bin ich zum Konservatorium nach Graz gewechselt. Weil da auch Jazz unterrichtet wurde. Das war alles nur aus so einem Wollen heraus. Du gehst da rein und möchtest immer weiter. Immer mehr.

Dieser ganze Drang war erst erfüllt, als ich mir sagte: ›Jetzt möchte ich meine eigene Musik machen.‹ Ich habe mich so weit schulen lassen, bis ich wusste: ›Jetzt ist es so weit. Jetzt kann mir kein Mensch mehr was sagen. Niemand.‹

Es gab in Graz einen bekannten Club, in dem wir immer Duos oder Trios gebildet haben. Und das ist dann oft so abgegangen, dass die Leute draußen noch Schlange standen. Deswegen wusste ich auch: ›Du brauchst niemanden mehr, der dir sagt, was du tun sollst.‹ Mir ist so richtig ein Licht aufgegangen: ›Du kannst Leute zusammenbringen. Und du kannst ihnen auch vermitteln, wie man zusammen spielt.‹

XAO SEFFCHEQUE Robert Görl und Chrislo Haas kannte ich schon lange vor DAF. Ich hatte einen Club in Graz. Da war ich noch lange nicht volljährig. Ich war der jüngste Clubbesitzer in der Steiermark, mit Ausnahmekonzession. Und da spielten auch die ganzen Jungs von der Musikhochschule. Robert Görl war so ein Naturbursche. Aber er war ein begabter Mensch. Da war so ein Gefühl, ein Gespür. Ein unglaublich tief empfindender Mensch. Der hat sich verbal kaum geäußert. Chrislo Haas zuerst auch. Der ist erst nachher ausgetickt.

PETER GLASER Graz war damals die völlige Hippiestadt. Ich konnte diese ganze Hippiezeit also sogar noch Mitte der 70er authentisch miterleben. Weil diese Sachen in Österreich schon immer mit Verspätung angekommen sind. Weil sich diese Hippies im kühlen Schatten der Alpen, in so einer Art Naturschutzgebiet, ein wenig länger gehalten haben.
XAO SEFFCHEQUE Ich hatte mit 17 einen Vollbart. Völlig beknackt. Ich sah aus wie 60, na sagen wir 40. Bis 1976 Mike Hentz mit seiner damaligen Gruppe Padlt Noidlt in Graz war. Ich habe die Anfang 75 zum ersten Mal getroffen, da sahen die aus wie wir. Und dann kamen die 76 und hatten alle superkurze Haare, blond gefärbt, alle irre *straight*. Ich dachte: ›Was ist denn jetzt los? Das ist ja irre.‹ Das kam zuerst so faschomäßig rüber. Aber es war einfach ein Bekenntnis zu *straightness*. Ich dachte nur: ›Jungs, ich bin dabei.‹ Ich besorgte mir *straightere* Klamotten. Zwar abgewrackt, aber *straight* abgewrackt. Und ich ließ mir die Haare schneiden. Und das war dann wirklich das Gefühl, es kommt Luft an meine Birne.
Etwas später, Ende 76, kam jemand mit der ersten Ramones-Platte aus New York zurück. Ich hörte mir das erste Stück an. »Blitzkrieg Bop«. Einfacher ging's wirklich nicht mehr. Und ich dachte: ›Guter Witz. Jetzt zeigen sie gleich, wie sie spielen können.‹ Aber das nächste Stück war genauso. Die ganze Platte ging so weiter. Und plötzlich merkte ich: ›Das kann ich ja auch!‹ Und das war's dann für mich. Ich hörte diese Platte und bin weggegangen aus Graz. Ich merkte: ›Das dauert hier noch fünf Jahre, bis die das begriffen haben.‹
FRANK FENSTERMACHER Ich kam mit dieser Musik durch Muscha in Berührung, einem Bekannten, der später bei Charley's Girls war, der ersten Punkband überhaupt. Muscha hat mir 1975 in unserer Hippie-WG die Ramones vorgespielt. Nur habe ich das, so als Jazzer, gar nicht kapiert.
Ich hatte damals studiert – auf Lehramt –, das aber abgebrochen, wegen den Berufsverboten. Aufgrund meiner politischen Betätigung in K-Gruppen hätte mir so was nämlich auch geblüht. Ich bin in dieser Zeit mal mit Freunden nach Belgien gefahren. Wir waren auf dem Weg nach Paris, sind aber einen

Umweg gefahren und haben uns was zu rauchen geholt. Jedenfalls, weil wir einen Mercedes fuhren, was ja der klassische RAF-Wagen war, sind wir an der belgischen Grenze hochgegangen. Und die haben das ganze *dope* bei mir gefunden, weil das vorne bei mir lag und ich das halt an mich genommen hatte, nachdem ich merkte, die filzen uns jetzt. Ich war dann fünf Monate in einem belgischen Knast. Das hat mich ziemlich weit von der Gesellschaft entfernt. Und irgendwann kam dann auch Moritz in unsere Wohngemeinschaft.

MORITZ R® Ich war als Teenager in dieser »Liga gegen Imperialismus«, in der auch Jörg Immendorf war. Die gehörte zur maoistischen KPD. Ich durfte aber gerade mal Flugblätter gestalten. Ansonsten wurde da freie Kunst sehr gering geschätzt. Außer sie stellte sich ganz in den Dienst der Partei. KPD, da ging es darum: erst mal Haare abschneiden. Arbeiterkompatibles Aussehen. Und dann vor den Betrieben Flugblätter verteilen.

Ich habe mich 1974 davon losgesagt. Und Immendorf hat mit seiner Mao verherrlichenden Politkunst den Absprung in die Kunstszene vollzogen. Während ich mich mehr dafür interessierte, mit meinen Bildern kleine Geschichten zu erzählen. Von daher hatte ich etwas gegen diese Überfrachtung durch theoretisches Gelaber und die Integration von politisch korrekten Sprüchen in Bildern. Ich dachte: ›Wenn man es den Bildern nicht ansieht, was sie zu sagen haben, dann bringt auch das Gelaber nichts.‹

DIEDRICH DIEDERICHSEN Was ich etwa 1975 beeindruckend fand, waren diese AAO-Leute. Die Otto-Mühl-Bewegung. Das waren die einzigen Leute in meinem Hamburger Umfeld, die nicht zu diesen linken Grüppchen gehörten, aber sowohl eindeutig gegen diesen Staat waren als auch gegen die 68er. Die waren aggressiv. Die forderten einen immer heraus. Die hatten immer dieses ›Ich knack dich. Ich zeige dir deine Lebenslügen. Na? Wo hapert's denn bei dir?‹ Leute knacken! Das war richtig so ein Spruch. Die hatten alle kurz geschorene Haare und trugen Latzhosen. Jungs und Mädchen in Einheitskleidung. Und provozierten ständig mit Sexualität. Ständig in Situationen, wo man nicht vorbereitet war, sagten sie: »In Wirklichkeit willst du doch ficken, oder?«

MARKUS OEHLEN Die AA-Kommune war in den 70ern eine große Sache. Das bedeutet Aktionsanalyse und stammt von diesem Künstler aus Wien: Otto Mühl. Ich war da nicht richtig dabei. Wir hatten hier bei Düsseldorf nur so eine Filiale. Es gab auch eine Band. Wir machten Musik im Stil von Paul und Limpe Fuchs. Die haben sich nackt schwarz angestrichen und dann auf selbst gebauten Instrumenten gespielt. Und wir haben uns dann halt auch Glatzen geschoren, im Schlamm gewälzt und sind so durch Einkaufspassagen gesprungen.

MIKE HENTZ Ich habe damals in Köln viel Situationskunst gemacht. Das heißt zum Beispiel: Ich habe einen verbundenen Kopf und einen verbundenen Arm und gehe in eine Hardcore-Kneipe am Friesenplatz und pöble da die Zuhälter an. Normalerweise gibt es da ja sofort auf die Nuss. Aber man schlägt ja keinen Verletzten. Ich sage: »Schlag doch zu! Du wirst sehen: Ich mach dich fertig!« Aber die haben diese Hemmschwelle nicht überschritten. Das endete dann mit Drinks ausgeben.

Das Härteste war 1975 im Karnevalszug. Ich ging erst mal als Hare Krishna mit. Und dann habe ich mich in einen SS-Mann mit Stahlhelm und allem verwandelt und bin im Stechschritt mitmarschiert. Ich muss zugeben, ich habe damals Marschmusik sehr geliebt. Marschmusik war ein wunderbarer Test. Wenn die Leute bei mir reingekommen sind – erst mal Marschmusik. Wie weit geht die Toleranz? Aber bei dieser Sache an Karneval ging es mir gar nicht um das Image, sondern nur um die Konsequenz. Ich habe sicher zwei Kilometer geschafft. Da standen immer wieder alte Männer, die haben ganz im Ernst den Hitlergruß gemacht. Aber irgendwann kam eine Gruppe Clowns. Es stellte sich heraus, dass sie KPD-Anhänger waren, die nur als Clowns verkleidet waren. Die regten sich immer mehr auf, rannten mir hinterher und schlugen schließlich auf mich ein. Und ich habe mich gewehrt. Bis die die Polizei holten. Das endete in einer Schlägerei mit vier Polizisten. Ich dachte zuerst, ich kann noch fliehen. Aber einer von denen hat mich dann so gewürgt, dass ich keine Luft mehr bekam. Dem habe ich den

Arm gebrochen. Und dem hinter mir habe ich den Helm an den Kopf geknallt. Der hatte eine Gehirnerschütterung. Dafür haben sie mich in der Wache total zusammengeschlagen. Zwei Stunden lang. Mehrere Rippen gebrochen. Ich war dann drei Wochen in Untersuchungshaft. Dort lief ich mit einem Judenstern herum. Die Wärter haben das noch halbwegs kapiert. Aber die Hälfte der Häftlinge dachte, das ist ein Sheriffstern, haha.

Heinrich Böll hat dann die Kaution bezahlt. 4000 Mark. Und Günter Wallraff hat mich abgeholt. Die haben diese Aktion auch richtig verstanden: Wo hört der Spaß auf?

PETER HEIN Ich war ziemlich traurig, als der Vietnamkrieg zu Ende war. Vor allem, weil es keine spannenden Nachrichten mehr gab. Natürlich war ich auf Seiten der Vietcong. Aber von der Optik her hatte das schon was Anziehendes: US-Marines und F4-Phantom und Kampfhubschrauber im Fernsehen. Wir waren in der Schule die Modellbauer. Das haben nur die politisch Unkorrekten gemacht. Die anderen haben gekifft. Damals wurde in der Schule ja gerade sozialdemokratische Schulreform und der ganze Scheiß eingeführt. Und wenn die Hippies oder wer, diese *troublemaker*, bestimmte Lehrer fertiggemacht haben, dann kamen andere Lehrer und taten so fortschrittlich und diskutierten mit allem und jedem. Es war alles nur langweilig. Und wir waren eben ein paar, die dagegen waren. Gegen die, die dagegen waren. Ich sagte dann auch Sachen wie: »Vietnamkrieg ist toll.« Oder wir haben gebrüllt: »Wir wollen autoritär erzogen werden.« Ich hätte, statt immer jeden Scheiß auszudiskutieren und über Hesse und Enzensberger zu blubbern, viel mehr Wert darauf gelegt, englische Texte zu übersetzen, um zu lernen, was in meinen Flugzeugbastelanleitungen steht. Ich war alles andere als der Schulrebell. Ich war einfach normal, optisch. Ich war niemand! Ich war kein Hippie. Ich habe mir nicht mal Platten gekauft.

FABSI Ich war damals weniger an Platten als an Konzerten interessiert. Als 14-Jähriger bin ich ins *Mitzi* gegangen, das war so ein Hardrock-Schuppen. Komplett schwarz angestrichene Backsteine. Kamst du rein, konntest du nicht reden, keine Un-

terhaltung möglich. Vier Boxentürme. Und an den Seiten hingen noch riesige Boxen an Ketten unter der Decke. Du konntest nur zeigen: »Bier«. Das war geil. Brauchtest du dich nicht unterhalten.
Mein erstes Konzert war Faces. Da ist ein Fan hochgelaufen und wollte dem Schlagzeuger die Klöppel klauen. Und der ist ihm in die Fresse getreten. Da ist die ganze Rheinhalle zusammengehauen worden. Damals war ja alles bestuhlt. Und die hatten auch keine Ordner so wie heute. Das waren alte Männer mit blauem Käppi auf, die auch Inge Meysel gemacht haben.
Ich habe damals auch oft Eintrittskarten gefälscht. Ich hatte immer ein richtiges Set dabei. Zuerst 15 Leute, jeder eine Mark auf den Tisch, dann ist einer rein ins Konzert. Der hat dann die Schnipsel am Eingang eingesammelt, Tüte rein, durchs Toilettenfenster. Und dann haben wir die sauber zusammengeklebt. Ich hatte einen Spezialkleber. Nur, am Eingang durfte der Kartenabreißer die Karte nicht länger als eine Sekunde in der Hand halten, weil sonst der Kleber weich wurde. Das ist mir bei Bachman-Turner-Overdrive passiert. Da hatte der plötzlich die zwei Hälften in der Hand. Da haben wir die Halle gestürmt. Ich habe so oft gestürmt. Wir waren oft noch ein paar Hundert vor der Halle. Dann immer auf ein Kommando: »Jetzt!« Und losgerannt.
Ich bin mir aber auch immer mehr verarscht vorgekommen, von den Bands. Die Zeiten änderten sich, von anderthalb Stunden spielen zu eine Stunde spielen und drei Stunden warten lassen. Rod Stewart etwa. Da saßen bis 23 Uhr alle herum, und dann fährt ein Gabelstapler rein, rollt den schwarzen Flügel von der Bühne und kehrt mit einem weißen Flügel zurück. Dann kam die Vorgruppe. Die wurde beworfen bis zum Gehtnicht-mehr. Die haben nur kurz auf die Bühne gekuckt – direkt wieder runter. Da flog alles. Früher konnte man ja alles mit reinnehmen. Rotweinflaschen, Essen. Oft hatte ich Kartoffelpuffer von meiner Mutter dabei und habe damit Bands beworfen, wenn die scheiße waren. Bei Rod Stewart war das aber auch wirklich genial: Kommt er auf die Bühne, sturzbetrun-

ken, Tigeranzug, die ganzen Mädels hoch und den am Ablecken, Hose und so. Dann setzt er sich an den Flügel, macht pling-pling-pling und fängt an zu schreien – fuck off, kein Bock heute – und geht wieder. Das war's. Da hast du einfach Hass geschoben.

Auch Jeff Beck. Kommt einer auf die Bühne und sagt: »Jeff Beck tritt nicht auf.« Und der Laden voller Rocker. Innerhalb von Minuten – der Laden war vorher unberührt – haben die alles kurz und klein geschlagen. Alles nur zerhackt.

1975 bin ich dann mit Interrail nach Kopenhagen gefahren und hatte mich nachts mit meinem Zelt auf eine Ameisenstraße gelegt. Ich musste meine ganzen Klamotten in einen Tümpel werfen, einpacken, nach Hause, war bedient, hatte aber noch eine Woche auf der Interrail-Karte. Nahm ich einfach den nächsten Zug irgendwohin. Am Abend kam ich in London an. Mit Latzhose. Null Ahnung. Laufe ich an einem Club vorbei. Dachte ich: ›Was ist das denn?‹ Da flogen gleich die Gläser und alles auf die Straße. Da spielten Dr. Feelgood und Johnny Moped. Das war noch vor Punk. Aber nach dem ganzen Schrott, den ich hinter mir hatte, war das ein unglaublicher Kick. Zu Hause in Düsseldorf habe ich zu meinem Freund gesagt: »Ich habe da Bands gesehen, das glaubst du nicht.« Sagt er: »Quatsch!« Ich sag: »Doch! Das ist unglaublich, was sich da tut.«

FRANZ BIELMEIER Ich habe bis 1975 in Köln gelebt und war damals eng mit einem gewissen Ramon Luis befreundet. Der ist schon lange verschwunden. Wir standen auf Velvet Underground, Transvestitenmusik, alles, was nicht Hardrock war: Lou Reed, David Bowie, T. Rex. Die düstere Ecke. Lou Reed und Bowie haben mich wahrscheinlich mehr geprägt als meine Eltern. Ich hatte eine katastrophale Kindheit. Wir sind dauernd umgezogen. Ich bin dauernd entwurzelt worden. Wir hatten ziemlich viel Geld, und ich habe immer teure Sachen gekriegt. Nur war nie jemand da. Mein Vater war immer unterwegs. Und meine Mutter war ein heimwehkrankes Wesen. Sehr melancholisch. Und da hatte ich komische Eindrücke – schreckliche, traurige Tage. Deshalb bin ich auch so abgefah-

ren auf Velvet Underground, wo's ja um schreckliche Sachen ging. Obwohl ich kaum was kapiert habe. Ich war ja erst 14, und das war eben alles auf Englisch. Und außerdem ging man damals sowieso davon aus, dass Texte langweilig sind. Man wusste immer schon vorher, um was es geht: Liebe. Aber Velvet Underground hat mich dann magisch angezogen, weil's eben düster war und der Phantasie viel freien Raum gelassen hat.
1976 sind wir wieder umgezogen. Nach Düsseldorf. Da habe ich Ramon nur noch sporadisch gesehen. Ich habe angefangen, Gitarre zu spielen, und jemanden kennen gelernt, der war schon 18. Dieter Kümmel hieß der, hatte ganz lange Haare, ganz viele Pickel, war der totale Sweet-Fan und hatte eine Band, die immer in einem evangelischen Jugendzentrum spielte. Und dann habe ich da mitgespielt. Und ich konnte wirklich kaum was. War aber immer überzeugt – wegen Velvet Underground –, dass es gar nicht nötig ist, perfekt spielen zu können, sondern viel wichtiger ist, wirklich Sachen zu machen, die gut sind. Aber alle anderen waren immer gegen Velvet Underground. Die haben immer behauptet, die können nicht spielen, die sind zu laut, die sind scheiße, die sind düster, die glorifizieren Junkietum und Perversionen.
FABSI 1976 wollte ich mir dann im *Okie Dokie* in Neuss Kraan ansehen. Das war zwar Krautrock, aber noch halbwegs okay. Nur: Das Konzert fiel aus. Und ich saß vor der Halle im Regen in meinem alten Sechs-Volt-Käfer, hatte so ein Miniradio und hörte John Peel. Und er sagte, er hat eine Band entdeckt: The Ramones. Und dann lief plötzlich eine Kreissäge durch das Auto, dass mir in meinem komischen Hippieanzug kalte Schauer über den Rücken liefen. Nächsten Tag sage ich zu einem: »Ich habe heute Nacht bei John Peel eine Band im Radio gehört, die hieß Ramones.« Sagt der: »Was?« Ich sage: »Ramones!« Er sagt: »Ja, was war das denn?« Ich sage: »Keine Ahnung. Aber es war unglaublich. So was habe ich noch nicht gehört.« Ich habe dann alles abgeklappert: Wer sind die Ramones?

Teil 1

INNENSTADTFRONT

Sommer 1976 – Herbst 1978

Die Herren der Welt

JÄKI ELDORADO Das Erste, was ich unter Punkrock wahrgenommen habe, da hieß das noch nicht mal so, war Mitte 1976 ein Artikel über die erste Ramones-Scheibe. Da bin ich noch zur Schule gegangen. Das war ein künstlerisches Gymnasium. Und da waren Freaks diejenigen, die das Melden hatten. Wobei ich für diese Leute eine breite Provokationspalette parat hatte. Was todsicher immer funktioniert hat: Wenn du ein Hakenkreuz in die Schulbank geschnitzt hast, hattest du prompt einen 68er-Lehrer an der Backe, der das völlig überinterpretiert hat und alles furchtbar unangenehm fand. Und da habe ich schon früh gemerkt, dass ich mit dieser humorlosen Ecke nichts anfangen kann.
Ich bin dann da in Berlin eine Weile von WG zu WG gehüpft. Da gab es ganz harte Dinger: marxistisch-leninistische WGs, wo alle zusammen in einem Zimmer geschlafen haben und langwierige Debatten über jeden Scheiß geführt haben.
Mein Interesse an Musik, Mode und *hype* kommt noch eher aus der David-Bowie/Lou-Reed-Phase. Da hatte ich gemerkt, dass ich mich gerne mit was anderem beschäftigen würde, anstatt zu Hause zu sein und alles so zu machen wie die Eltern. Und jetzt entdeckte ich plötzlich, dass ich bei Punkrock eine Menge tabuisierter Sachen machen durfte. Man durfte auf einmal wirklich was gegen Hippies sagen.
Ich hatte dann mit ganz verschiedenen Leuten zu tun, die aber alle auch Interesse an Punkrock hatten – ehemalige Glamrocker, viele Schwule oder Leute, die sich mit Mode beschäftigten. Das war ja bei uns nicht wie in England. In England gab es da ja einen richtigen Schnitt. Wo die Leute sagten: ›So, die Hippiescheiße ist jetzt vorbei, jetzt machen wir unser Ding.‹ Dagegen hatte ich, als ich im *Dschungel* zu arbeiten anfing, immer noch lange Haare.
BEATE BARTEL Der *Dschungel* am Winterfeldtplatz war ein absoluter Aufreißladen. Da hingen die ganzen Maler herum. Es gab

Sand auf dem Fußboden und Hollywoodschaukeln und Palmen und solchen Blödsinn. Völlig hippiemäßig. Aber es gab auch Heilige wie Jäki. Der hat dort gekellnert.

JÄKI ELDORADO Am Anfang waren alle Leute, die sich hier mit Punk beschäftigt haben, entweder Hippies oder Künstler. In England hatte es Malcolm McLaren ja gut verstanden, das Tabu, gegen Hippies zu sein, effektvoll zu nutzen. In England fing das explizit als Antihippiebewegung an. Es gab nur ein paar Ausnahmen: Geoff Travis, der *Rough Trade* gegründet hat, bei denen war ich Anfang 1977 zu Besuch. Das war ja total Hippie. Der Laden war Hippie, der Typ war Hippie, da ging gar nichts.

Hier bei uns war wirklich jeder, der was gemacht hat, Hippie. Alfred Hilsberg war der totale Hippie. Und der ist auch Hippie geblieben. Der hat sich ja nicht geändert. Aber er hatte genau das richtige Alter, um die Wucht und die Energie zu erkennen. Und um das dann auch umsetzen zu können. Der hatte dann wirklich sein Ding gefunden.

ALFRED HILSBERG Punk war für mich nur der Auslöser, selbst was zu machen. Ich habe 1976 in London die ersten Punkbands gesehen und fand das Phänomen wirklich wahnsinnig. Es hat mich umgehauen, dass so was möglich war: diese total bunte, verrückte Ansammlung von Leuten. Es gab zwar ein gewalttätiges Element. Aber das war nur Spiel. Das war ganz deutlich nicht ernsthaft, wenn die sich bekriegten.

Ich habe dann ab Januar 1977 die ersten Punkkonzerte in Deutschland veranstaltet. Vibrators und Stranglers. Obwohl Vibrators ja nur so halbwegs als Punkband durchgehen konnte. Das war ja eher Rock. Aber damals hat ja noch niemand gewusst, was Punk ist. Da kamen auch keine Punks. Und prompt war das auch kein Spaß mehr.

FRANK Z Ich kann mich an dieses Vibrators-Konzert im Winterhuder Fährhaus erinnern. Der Sänger war so ein richtig harter Skinhead. Der kam auf die Bühne – und dann hat gleich der Erstbeste da vorne einen Tritt bekommen. Aber voll in die Fresse.

AXEL DILL Die haben zehn Minuten gespielt – und sind dann mit ein paar Hauern, die sie dabeihatten, von der Bühne ins Publikum und haben eine Riesenschlägerei angezettelt. Das war eine richtige Saalschlacht. Das ganze Mobiliar flog durch die Luft. Da haute jeder auf jeden. Das war das Konzept von denen. Das war aber auch eine andere Zeit. Es gab viele Rocker in der Stadt. Da wurde sich in den Kneipen noch viel lieber geprügelt. Rocker gegen Hippies oder sonst wen. Ausgewachsene Leute, im Grunde genommen.

ALFRED HILSBERG Es gab damals in Deutschland keine Jugendkultur. Der Zusammenbruch der ganzen K-Gruppen hatte ein großes Vakuum hinterlassen. Danach gab es nichts mehr, was noch irgendwas mit der Wirklichkeit von Jugendlichen zu tun hatte.

JÜRGEN ENGLER Ich habe schon vor Male immer den kleinen Rebellen raushängen lassen. Ich weiß noch, dass ich immer rumgerast bin, mit kaputten Turnschuhen und an den Knien total durchgewetzten und zerrissenen Jeans. Ich habe mir irgendwelche Sachen hinten auf die Jacke gemalt und mir eine Stones-Zunge genau auf den Schwanz genäht und irgendwelche blöden Ketten getragen. Ich kann mich erinnern – das war kurz vor Punk –, unser Deutschlehrer ging immer durch die Reihen, wenn er Hausaufgaben angeschaut hat. Der kuckte mich immer an, packte mich an meinen Ketten und: »Rocker! Penner! Gesindel!« So ganz im Ernst. Da war kein Humor dabei.

BERNWARD MALAKA Ich war damals 14. Das war in der siebten Klasse. Jürgen Engler war in der Neunten und hatte eine Band und Proberaum und eine fette Anlage und eine Fender Stratocaster.

JÜRGEN ENGLER Meine Band hieß Male Screw. Ich war damals schon der totale Hasser von diesem ganzen Yes-, Genesis-, Pink-Floyd- und Supertramp-Zeug. Ich fand das zum Kotzen. Wir haben Who nachgespielt und so. Jedenfalls gab es dann im Sommer 1976 mal eine Klassenfete. Da wurden Poster an die Wand geklatscht. Unter anderem ein *Bravo*-Poster von den Sex Pistols. Das hat mich tierisch fasziniert. Diese Typen sahen ganz anders aus. Kurze, komische, abgeranzte Haare. Die Klamotten zerfetzt. Also eine ähnliche Attitüde wie ich. Und als Nächstes stand dann in der Zeitung ein komischer Artikel über Punk. Dass in London gerade etwas ganz Wildes abgeht. Ich fühlte mich einfach angesprochen, weil da irgendwas total dagegen lief. Und ich versuchte dann, eine eigene Musik in dieser Richtung zu machen. Ich wusste gar nicht, wie Punkrock klingt. Es gab ja nur eine einzige Punkplatte: die erste Ramones. Die hatte ich mal im Schaufenster gesehen, aber ich wusste ja nicht, dass das Punk war.

BERNWARD MALAKA Wir hatten zwischenzeitlich selber eine Band gegründet. Und das war dann die große Sache: Jürgen ist in unsere Band eingetreten! Als Gitarrist! Und dann haben wir uns eben Male genannt. Und das sollte von Anfang an eine Punkband sein. Dann brauchten wir natürlich sofort neue Namen. Ich hieß Brian Moron, haha. Richtig bescheuert.

JÜRGEN ENGLER Dizzy Mental, das war unser Schlagzeuger, Sid Mania, das war unser Gitarrist, Alex Hetero, das war ich. Das war Ende 1976. Da war ich noch 15.

FRANZ BIELMEIER 76 auf 77 war ich zufällig über Silvester in London. Ich ging in einen Plattenladen rein und fragte nach irgendwas. Und der Typ hat das nicht richtig verstanden und hat gefragt: »Punk? You want Punk?« Und ich habe irgendwie ›ja‹ gesagt. Dann hat er mir ein paar Singles gezeigt. Die erste Damned und so. Zu Hause in Düsseldorf habe ich dann versucht, das wieder mit meiner bisherigen Musik zu vereinbaren. Und es war wirklich ungefähr das Gleiche. Ansonsten habe ich da nicht viel kapiert. Ich wusste ja nicht, dass das auch noch eine Revolte ist. Aber ich habe mir anscheinend instinktiv das rausgesucht, was am meisten mit mir zu tun hatte. Bei mir zu Hause herrschte ja blanker Materialismus. Und ich war eben von Natur aus dagegen eingestellt. Deswegen war Punk genau meine Richtung. Und ich wollte das dann natürlich auch gleich selber machen. Ramon und ich haben dann beschlossen, dass wir eine Gruppe machen: Charley's Girls. Und wir haben sofort »Europe's Only Charley's Girls-Fanclub« gegründet. Weil wir so begeistert waren von »Europe's Only Iggy Pop Fanclub«.

Wir wollten so schnell wie möglich so böse werden wie Iggy Pop damals. Der war ja so böse, dass ihn hier gar keiner kannte. Also haben wir sofort versucht, **Charley's Girls** publik zu machen. Bevor wir je einen Auftritt oder geprobt hatten, haben wir Informationen von uns an *Sounds* geschickt. Und sind bei Alfred Hilsberg gleich auf offene Ohren gestoßen. Da erschien sofort ein Interview. Wir haben aber trotzdem auch gleich noch angefangen, unser eigenes Propagandaorgan zu machen: den *Ostrich*. So heißt der Vogel Strauß auf Englisch. Da haben wir nur so über unsere Vorlieben geschrieben oder uns einfach Geschichten aus der Nase gezogen, unter verschiedenen Pseudonymen. Aber das ist gut angekommen.

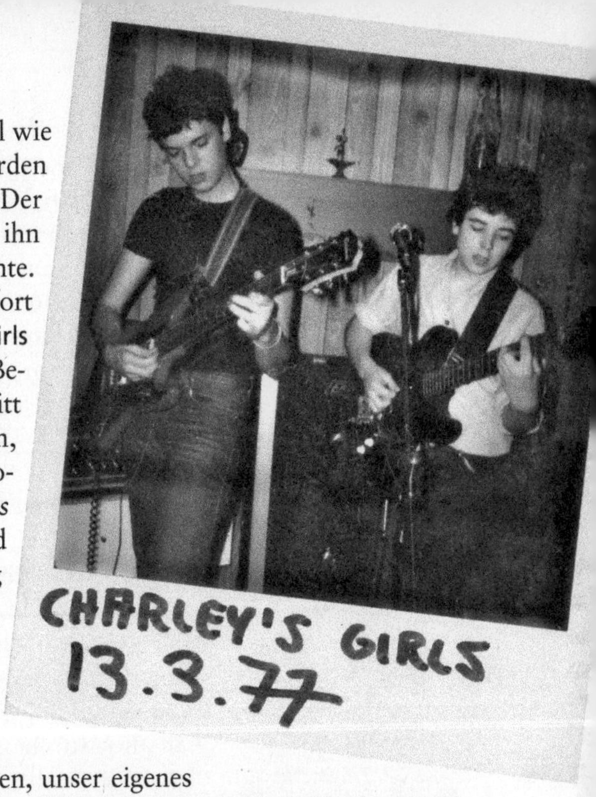

JÜRGEN ENGLER Bei mir kam diese klare Wandlung, so mit Haare selber abschneiden – einfach mit der Schere rein und kurz schneiden – Anfang 77. Als ich zum ersten Mal mit dickem Vorhängeschloss um den Hals in die Schule kam, war das schon nicht so *easy*. Aber wenn ich mit meinen abgeschnittenen Haaren und selber durchlöcherten Hosen durch die Altstadt gegangen bin: Ich bin angepöbelt worden! Ich bin verprügelt worden! Und das waren Leute zwischen meinem Alter und 60-jährigen Alten, die mir hinterhergeschrien haben: »Unter Hitler wärste vergast worden.« Ich habe das oft erlebt. Das war normal.

BERNWARD MALAKA Ich hatte eine lange gelbe Cordjacke mit lila

Innenfutter. Und hinten stand, in Neon-Plakafarbe gemalt, »Fuck School!« drauf. Und eine Jeans, die am Knie kaputt war. Wir waren gerade dabei, einen Laden zu suchen, der Plastikhosen haben sollte, und auf einmal steht uns in der Fußgängerzone dieser Typ gegenüber und sieht aus wie ein Punkrocker – Passbilder mit Büroklammern ans Revers geheftet und eine Kindersonnenbrille auf. Das war für uns wie eine Erleuchtung: ›Wie? Es gibt noch einen?‹ Das war so, wie wenn du auf dem Mars plötzlich noch einen anderen Menschen triffst. Und dann haben wir den angesprochen. »Ey Punk, wo kommst denn du her?« Das war Franz Bielmeier. Ein paar Tage später haben wir ihm für seinen *Ostrich* das erste Interview unserer Bandgeschichte gegeben.

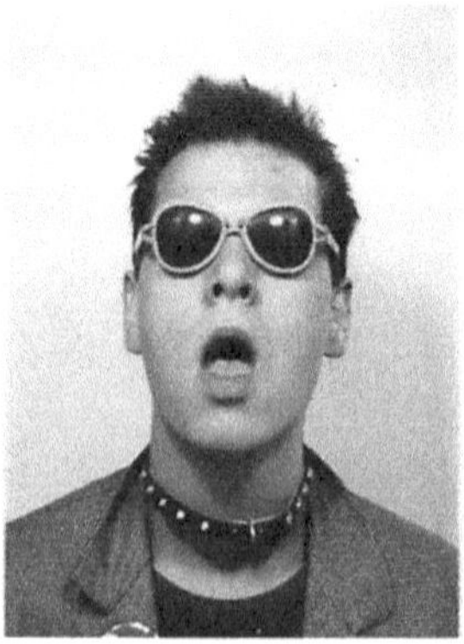

JÜRGEN ENGLER Während des Interviews saßen wir irgendwo in der Altstadt auf einer großen Mülltonne. Wir dachten, das ist Punk, haha. Es kam auch gar nicht darauf an, was wir erzählten. Das war alles so ein pubertärer Ausdruck von ›Wir wollen anders sein! Leute schocken!‹. Dann haben wir natürlich auch besonders laut geredet, wenn Leute vorbeigekommen sind.

FRANZ BIELMEIER Es sollte sich halt jeder fragen: ›Warum sind die so?‹ Ich wollte zum Beispiel wissen, was sie in ihrer Freizeit machen. Sagt Jürgen: »Totschlag, Spastiker, Idioten ärgern.« Einfach provokativ und infantil. Einfach, um sich zu unterscheiden. Es hatte ja auch jeder eine andere Auffassung von Punk. Bernward antwortete auf dieselbe Frage: »Meine Hobbys sind wichsen, ficken«, lauter so derbe Sachen.

BERNWARD MALAKA Die Höhe war dann: »Schwule ficken!« Das haben wir aber nur gesagt, weil es uns besonders verwerflich vorkam.

FRANZ BIELMEIER Solange die ganze Sache im Entstehen begriffen war, gab es immer noch viel Spielraum, um verschiedene Dinge auszuprobieren. Ob das jetzt Punk ist, wenn man das macht.

Oder ob das Poserei oder Blödheit ist. Punk war so eine Richtungsvorgabe. Aber wir wollten in dieser Richtung möglichst eigenständig sein. Wichtiger als die Sache an sich war: mit was Neuem zu kommen. Es ging um Originalität, aber in einer klar definierten Richtung. Diese Richtung war vor allem gegen jede Art von Tiefe ausgerichtet. Gegen Tiefe in der Musik etwa. Gegen jegliche Hintergründigkeiten. Denn damals war ja alles voll von Hintergründigkeiten. Male hatten dazu einen passenden Sport entwickelt: Passanten anöden. Male waren die Allerersten, die das gemacht haben. Darin waren die große Enthusiasten.

BERNWARD MALAKA Wir haben superviel Schule blaugemacht. In der Rubrik Fehlstunden stand bei mir gar keine Zahl mehr. Wir sind morgens immer in der Stadt rumgehangen und haben uns überlegt, was die am meisten ärgern würde. Unser Konzept war, die Leute mit ihrer eigenen Doofheit zu konfrontieren. Provozieren, bis die sich selber entblößen. Denen einen Anlass geben, richtig auszurasten. Dass sie uns verfolgen oder versuchen zu verprügeln. Und wir hatten ja damals nur Fahrräder. Jürgen Engler hatte ein Rad mit Bananensattel und hohem Lenker. Das war echt Beavis & Butt-Head. Unsere Lieblingsopfer waren Autoaufschreiber. Und vor allem ein Wundermittelverkäufer vor Woolworth. Der stand da jeden Tag und zeigte, wie man Flecken aus dem Teppich kriegt. Wir haben uns dort immer hingestellt und »Lügner!« gerufen. Der wurde richtig sauer. Richtig aggressiv. Später rastete der schon aus, wenn er uns nur sah. Der ist dann echt von seinem Arbeitsplatz weggerannt. Und hinter uns her.

FRANZ BIELMEIER Seit wir Male kennen gelernt hatten, haben Ramon und ich uns mit denen oft in der Altstadt getroffen. Es gab einen besonderen Treffpunkt – die Rückseite von irgendeinem Amtsgebäude. Gegenüber von der Brauerei Uerige. Da war nur eine rote Ziegelmauer.

JÜRGEN ENGLER Das war etwas abseits von den ganzen Spießern, die uns immer vermöbeln wollten.

BERNWARD MALAKA Auf dem Weg zwischen der Straßenbahn und dieser Mauer, wo wir immer rumhingen, mussten wir eine

Rolltreppe hochfahren. Es gibt da eine Unterführung auf der Heinrich-Heine-Allee. Und einmal war da eine Frau, die ausgerutscht ist und mit den Haaren in die Rolltreppe reingekommen war. Das war eine grässliche Szenerie, ein richtiger Schocker, aber für uns auch sinnbildlich für die Technik, der man ausgeliefert ist. Wo alle danebenstehen, aber keiner weiß, was man jetzt tun soll. Daraus haben wir dann unser Stück »Risikofaktor 1:X« gemacht.

FRANZ BIELMEIER An der Mauer hingen meistens fünf, sechs Leute herum und haben kindische Spiele gemacht. Eine Zeit lang fanden wir es zum Beispiel irre lustig, uns gegenseitig Cola in die Haare zu schütten. Die standen ja eh immer hoch.

BERNWARD MALAKA Als wir Franz kennen gelernt haben, wurde es gerade so richtig Frühling. Und deswegen konnten wir da immer rumhängen und infantile Spiele erfinden. Das Beste war: Man musste mit dem Fahrrad an der Mauer vorbeifahren und die anderen standen oben, leicht erhöht, das war eher ein Mäuerchen, und haben gerotzt. Und man musste versuchen, nicht getroffen zu werden – und es vielleicht sogar noch so hinkriegen, dass aus Versehen ein paar Passanten getroffen werden. Das hat hin und wieder sogar geklappt. Aber meistens hat man nur selber was abbekommen. Das war dann so richtig ekelhaft. Das war richtig: Wähh! Aber das hatte trotzdem alles klare *roots*. Erst mal waren bei uns Filme wie *Ekel* von Roman Polanski angesagt. Oder John Waters. Don Martin war ein absoluter Held von uns. Der hat in *Mad* immer Rotzwettbewerbe gezeichnet. Meistens auf einem Hochhaus. Und natürlich wurden immer andere Leute getroffen. Und dann hatte es damals ja diesen Vorfall mit Joe Strummer von Clash gegeben. Der hatte wegen solchen Rotzereien die Gelbsucht bekommen. Eine richtig üble Infektion. Der ist auf der Bühne angerotzt worden und hat die Rotze in den Mund gekriegt. Einfach von irgendeinem kranken Fan angerotzt worden. Richtig ekelhaft. Aber gut. Für uns war diese Rotzerei auch so ein An-die-Grenzen-Gehen. Was kann man einstecken an Ekel? Aber auch: Was kann man austeilen? Wie weit kannst du gehen, bis die anderen nicht mehr mitmachen? Bis sie sagen: ›Jetzt ist Schluss! Das ist zu hart!‹ Und dieses Leute-bis-zur-Weißglut-Provozieren, Eltern-und-Lehrer-Schocken und besonders das mit dem Rotzen war zwar auch alles irgendwo hart, aber auch ein gutes Gefühl. Das war wie *summer of love*.

FRANZ BIELMEIER Man musste das andere Leben propagieren und vertreten. Und zwar mit allem Einsatz. Man hat dann auch viel ausgehalten, was von anderen kam. Das Tolle für mich war, dass es so unbewusst war. Dass alles völlig einfältig und natürlich-instinktiv passiert ist. Manche fanden dieses Berotztwerden geschmacklos. Andere fanden das total lustig. Ich fand's kindisch. Aber es war langweilig. Und von daher gehörte es zum exzentrischen Rumhängen. Allerdings muss ich zugeben: Wir waren eben auch zwei Bands, die noch nie vom Publikum berotzt worden waren. Wir wären ja viel lieber von einem richtigen Publikum berotzt worden.

BERNWARD MALAKA Für unseren Schlagzeuger war der ganze Spaß dann schnell zu Ende. Dieses Interview im *Ostrich* war rasch publik geworden. Das kannten alle Lehrer und alle Eltern. Und die Eltern von ihm haben schließlich dafür gesorgt, dass er uns verlassen musste. Die waren Anwälte und fanden es geschmacklos, dass ihr Kind so was ablässt wie ›Meine Hobbys sind wichsen, ficken‹. Das fanden die gar nicht lustig.

FRANZ BIELMEIER Als Nächstes habe ich Peter Hein getroffen. Das war noch in meiner Anfangszeit in Düsseldorf. Das war die Zeit, wo gerade die erste Clash rauskam. Er hatte Büroklammern am Revers von einem roten Jackett stecken. So kam er in der Mittagspause in diesen Plattenladen, um zum x-ten Mal zu fragen, ob seine Platte schon da wäre.

PETER HEIN Ich habe mir gerade die erste Damned-Platte angekuckt. Die war gerade frisch raus. Aber eigentlich hatte ich die schon. Ich habe nur gekuckt. So zum Angeben. Und Franz quatscht mich an: »Ey, biste Punk?« Ich so: »Klar! Ja! Grrr! Was willste?« »Kannste Instrument?« »Äh, ja, Bass.« Ich hatte auch wirklich einen Bass zu Hause. Aber ich hatte nie gespielt. Ich konnte nichts. Den hatte ich halt nur. Aber das hat gereicht. Das war meine Rekrutierung zu Charley's Girls.

FRANZ BIELMEIER Als ich seine Büroklammern gesehen habe,

konnte ich ihm gleich einen Iggy-Aufnäher hinten an der Hosentasche vorweisen. Und er sagte, er hat einen Bass. Ich sagte, ich habe eine Gitarre und sogar eine Anlage. Das stimmte sogar. Mein Vater war ja recht wohlhabend. Und ich habe den unter Druck gesetzt. Ich sollte nach der Hauptschule zur Handelsschule gehen. Und ich sagte: »Wenn ich da hingehen soll, will ich einen großen Gitarrenverstärker haben. Sonst halte ich das nicht durch.« Und als ich den dann hatte, ging ich gar nicht mehr zur Schule.

PETER HEIN Punk zu werden war eine völlig bewusste Entscheidung. Ich habe ein Bild im *New Musical Express* gesehen – mit Jackett und Büroklammern und Kindersonnenbrille. Und ich dachte: ›So klasse würde ich auch gerne aussehen.‹ Und dann lief ich eben so herum. Kinderbrille, Büroklammern am Kragen vom Jackett runter – und daran millionenfach Passfotos festgemacht. Man konnte sich Büroklammern auch ans Ohr machen. Und irgendwas dran aufhängen. Das sah gut aus. War aber harmlos. Rasierklingen waren schon ein bisschen riskanter. Am Anfang hatte ich die noch an einer Büroklammer als Ohrring. Später am Hals in Halsschlagadernähe. Und in diesem Aufzug experimentierten wir viel herum, was die Wirkung unserer Klamotten betrifft. Man musste sich nur mal am Abend in der Altstadt auf irgendeinen Telefonkasten setzen. Das gab die tollsten Ergebnisse.

FRANZ BIELMEIER Ich hatte mir mit 14 oder 15 probeweise die Achselhaare rasiert und ein bisschen auf schwul gemacht. Ramon und ich, wir hatten uns betatschen lassen, von älteren Leuten, um das einfach auszuprobieren. Das war für uns die Richtung, aus der wir zum Punk kamen – die erste Entwicklung der Pubertät und damit verbundener revolutionärer Auseinandersetzungen, haha. Zu Hause hätte ich ja eins auf den Deckel gekriegt, wenn ich laut meine Phantasien geäußert hätte, dass ich mir die Achselhaare rasieren will, oder wenn ich laut über eine Geschlechtsumwandlung nachgedacht hätte. Und jetzt, ein Jahr später, haben wir uns mit Punk so richtig selber befreit. Zu Anfang haben wir uns zum Beispiel fies bemalt. Mit schwarzen Ringen um die Augen. Peter Hein hat immer gesagt, ›das sieht aus wie ein Fisch‹. Das Auge sozusagen der Fischkörper und der Schwanz aus dem Augenwinkel nach außen. Das war provokativ und albern. Er hat sich mit Kajal *hate & war* auf die Stirn geschrieben. In Spiegelschrift. Ich hatte ganz kurze, blauschwarz gefärbte Haare, vorne die Koteletten ganz und gar weg, von der Schläfe einen geraden Strich, wie mit einem Lineal, bis an die obere Ohrenspitze. Das sah zackig aus. *Straight* und zackig.

PETER HEIN Bis zum Abi hatte ich keine Kontakte zu irgendeiner Jugendszene. Und danach hatte ich zu niemandem aus der Schule noch Kontakt. Es gab also zuerst »wir«, während der Schule, eben die paar Leute, mit denen man das Übliche machte: abschreiben, Hausaufgaben, viel Kino. Und dann »wir«, Sommer 1977, die Erfinder und Herren der Welt. Zwischen beidem gab es bei mir keine Verbindung.

FRANZ BIELMEIER Für mich war diese ganze Art von ihm richtungsweisend. Er war vor allen Dingen sehr zurückhaltend. Wir haben alles zusammen gemacht, aber wenn wir Pommes essen gegangen sind: »Nee, das zahle ich selber.« Der hat für sich gezahlt. Immer. Dabei hatte ich von meinen Eltern her viel mehr Geld. Auch wenn man etwas machen wollte, was nicht direkt etwas mit Punk zu tun hatte. Dann hat er sich sofort abgegrenzt und gesagt: »Da kann ich nicht.« Er hat mir auch keine Erklärungen gegeben. Das fand ich punkig. Völlig faszinierend. Von seiner Selbständigkeit her. Von seiner Autarkie. Für mich war das ein anderes Muster von Zusammensein, als ich das bisher kannte. Man war in einer gemeinsamen Sache. Aber man war nicht daran interessiert, der dicke Freund zu sein, sondern die gemeinsame Sache vorwärtszutreiben. Und das war das Tolle daran.

PETER HEIN Das war eine seltsame Zeit, als er noch bei seinen Eltern wohnte. Dieses typische Ambiente von Leuten, die in die Stadt kamen, aber draußen wohnten. Irgendwo wohnten immer diese Eltern mit ihren Einfamilienhäusern. Und für mich war Punk eben kein Kindergarten. Es gab ja teilweise richtige Kinderbanden. Die Ersten waren Male. Wir konnten ihnen blöderweise nicht nehmen, dass sie die Ersten waren. Die hatten schon Plakate da hängen, wo Punk draufstand, als es Charley's Girls noch nicht gab. Dafür haben wir uns ansonsten über sie lustig gemacht. ›Schülerband‹ und so. Aber diese Rivalität, die war eher kindergartenmäßig künstlich aufgebaut. Da war nichts. Wir hatten auch bald gemerkt, dass wir alle einen Aspekt in unserem Background hatten, den wir sonst tunlichst verheimlichten. Den Modellbau.

FRANZ BIELMEIER Peter Hein und ich und etliche von den Erste-Stunde-Punks haben schnell rausgekriegt, dass wir alle noch kurz vorher ein gemeinsames Hobby hatten: Airfix-Modelle. Kriegsspielzeug. Wir wussten gut Bescheid über einzelne Typen oder Tarnbemalungen. Ich stand als Kind ziemlich auf Soldaten. Auch auf Krieg. Auf die Kostüme und Waffen und Maschinen. Ein Soldat in Tarnfarbenuniform war für mich viel ästhetischer als irgendein Hippie mit Stirnband, Peacezeichen und Shitpfeife. Das kam daher, dass die Hippies immer behauptet haben, die Welt wäre gut und alles wäre möglich. Wir waren davon überzeugt, dass die Welt schlecht ist. Dass aber auch von dieser Seite her viel Potenzial drinsteckt. So etwa: Die Welt nicht vom Glänzen her sehen, sondern von dem, was darunter ist. Wie in *Taxi Driver* oder den Texten von Velvet Underground.

PETER HEIN Lustigerweise hatten die ersten englischen Punks genau denselben Background. Swell-Maps-Cover bestehen ja nur aus Airfix-Figuren. Hauptsächlich das RAF-Bodenpersonal-Set wurde da benutzt – also nicht Rote Armee Fraktion, sondern Royal Air Force. Oder diese ganze Clash-Optik. Die hatten einen Bühnenhintergrund mit einem amerikanischen Sturzkampfbomber. Richtig schön gemalt. Kein langweiliges Foto. Bei uns ist so was vor allem in die Optik unserer Fanzines eingeflossen. Die erste *Ostrich*-Nummer war noch ziemlich Iggy-Pop- und Lou-Reed-bezogen gewesen. Also wirklich noch eine Fanzeitschrift. Als ich da mitmachte, wurde das ein Fanzine im englischen Sinn: neue Singles besprechen und rumschmieren und Bilder malen.

FRANZ BIELMEIER Wir haben alles ausgeschnitten, was uns woanders toll gefallen hat. Und dann im *Ostrich* wieder zusammengeklebt. Ich mochte öde Sachen: mehr Halle als Mensch und so. Mir hat das Nichtreparierte gefallen. Nicht diese heile Welt, wo überall Schaumgummi dazwischen ist. Die Energie kam aus den nichtreparierten Stellen.

PETER HEIN Ich habe unsere Bandinfos und die ganzen Artikel für den *Ostrich* an meinem Schreibtisch bei Xerox geschrieben. Genau wie später fast alle Texte für Mittagspause und Fehlfarben. Hatte ich wenigstens was zu tun. Und ich habe da auch immer so halb beabsichtigte Kopierkunst gemacht. Fotos aus dem *NME* abkopiert und verändert. Damals waren die Kopierer noch geil, weil die nicht so gut waren, sondern teilweise machten, was sie wollten. Aber ansonsten war der *Ostrich* kein klassisches Kopier-Fanzine. Der war doppelseitig Offset gedruckt. Es mussten also Druckvorlagen gemacht werden. Franz sein Vater hatte so was in seiner mir schleierhaften Firma stehen. Und Franz hat irgendeinen Türken zum Drucken dienstverpflichtet. Der Horror war aber das Heften, denn die Auflage von etwa 300 wurde unsortiert ausgespuckt. 60 Stapel à 300 Blatt. Die Stapel mussten auf Händen und Knien im ganzen Betrieb ausgelegt und geheftet werden. Das war eher Strafdienst. Wir waren ja nur drei Mann. Alle anderen Schreiber waren ja von auswärts. Dafür haben wir die allerdings ansonsten ausgebeutet. Die wurden nie erwähnt, und es gab von denen auch keine Fotos. Fotos nur von uns.

FRANZ BIELMEIER Wir haben das damals in *Sounds* annonciert. Da sind unsere Auflagen von anfangs 50 auf 100, 300 gestiegen, jedes Mal rapide höher. Weil es so was damals noch gar nicht gab. Durch den *Ostrich* kamen Leute an, die ich nie gesehen hatte. Die waren zehn Jahre älter als ich. Die haben mich richtig respektiert, wegen meinen Artikeln. Das hat mich umgehauen. Ich war auf einmal Mary Lou Monroe vom *Ostrich*. Wir haben ja alle unter Pseudonymen geschrieben. Die haben wir auch gebraucht, weil wir unsere richtigen Namen so scheiße fanden. Und wir hatten ja auch beschlossen, eine Band zu machen. Wir mussten also andere Namen haben. Es gab damals ja wenige, die ihren Namen behielten. Peter Hein hat sich Janie Jones genannt, wegen seinem Lieblingslied von den Clash.

Und ich war mit meiner ganzen Identität auch nicht zufrieden. Mit meinem ganzen Leben. Und auf einmal hatte ich eine neue Identität und wurde auch von allen Leuten so akzeptiert. Das war interessant. Von daher hätte ich Punk auch nie als Trip bezeichnet. Für mich war das heilig. Alles andere war nur wichtig, weil es ein Gegensatz zu Punk war – und von daher schon wieder mit Punk zu tun hatte. Bei mir war das allerdings auch extremer als bei Janie, der vorher schon so eine obskure Liste mit Joseph Beuys gewählt hatte und überhaupt einen Hang zu Politik hatte.

PETER HEIN Franz war ja damals superjung. Und der stand auf diese ganzen Godfather-Typen der Prä-Punk-Ära. Iggy und Bowie. Und die hatten ja immer so was Hakenkreuziges. Auch Bryan Ferry mit seiner Hitlerfrisur. Und im *Ostrich* hatte sich dann eingeschlichen, dass viele Bilder mit Hakenkreuzen verziert wurden. Manche Sachen – wenn du nicht wusstest, wer dahintersteckt – konntest du nicht lesen. Das hat schwer kokettiert mit Nazitum. Und das war vor allem Franz. Der hat gesponnen. Das war auch nicht so Sid-Vicious-hakenkreuzmäßig. Da gab es Sid Vicious noch nicht.

FRANZ BIELMEIER Im Mai 77 trug ich eine zerfetzte Hose, auf deren linkes Bein hatte ich ein Herz mit einem Pfeil gemalt. Und in dem Herz stand: ›Mein Führer‹. Damals waren ja viele spaßeshalber nazimäßig eingestellt. Ralf Dörper, der später bei Krupps und Propaganda war und sich ansonsten Pretty Vacant genannt hat, hat beim *Ostrich* unter dem Pseudonym »Der Gasmann« geschrieben. Der hat mit Begeisterung seine Judenwitze erzählt. Das war ein Freiraum. Judenwitze waren tabu. Nicht, dass Punk eine Nazibewegung gewesen wäre. Aber schon eher keine friedliche Sache. Wir waren so was Antifriedliches.

BERNWARD MALAKA Ralf Dörper hat dann vor allem so erfundene Storys geschrieben. Kurzgeschichten. Von der Atmosphäre immer sehr beklemmend. Irgendwelche SS-mäßigen Typen, die in Wohnungen reinstürmen. Und teilweise auch Frauen vergewaltigen. Das war so U-Comix-mäßig. Richtig harter Stoff. Eine Mischung aus Gewalt und Porno. Das sollte eben an eine Grenze gehen.

The Ostrich
#3
DM 5.-
IMMER NOCH
JULI-AUG.
CONTENTS:
CLASH ✦ JOHN CALE ✦ BLONDIE DAMNED REED
MALE ✦ THE STENGUNS
HOT RODS in Köln
UND VIELES MEHR
The JAM
DEUTSCHLAND ERWACHE
HATE + WAR
CHARLEY'S Girls
GIGS SOON IN D !

RALF DÖRPER Im *Ostrich* ging es auf jeden Fall um Provokation. Wir haben ausgespielt, was man machen konnte. Ich hatte da Collagen mit ziemlich vielen Fascho-Sachen drin. Aber das war eher über die Optik als über den Text. Zum Beispiel hatte ich eine Kritik über ein Konzert im *Marquee* in London geschrieben. Da gab es ein Foto vom *Marquee*, mit einer Horde Punks davor. Und ich habe an Stelle der Punks eine SS-Truppe reinmontiert, die den Laden stürmte. Dadurch kam so ein roter Faden in die Optik. Oder eher ein brauner Faden.

JÜRGEN ENGLER Im *Ostrich* gab es auch mal ein Foto, auf dem Franz und Janie drauf waren. Franz mit Hakenkreuz auf der Stirn. Charley's Girls hatten auch Texte wie »My Future in the SS« und so Zeug. Anfangs hatten sie, genau wie wir, noch englische Texte. Dann haben wir begonnen, auf Deutsch umzutexten. Und bei Charley's Girls gab es dann eben Texte wie den »Judensau-Bop«. Das sollte halt alles richtig böse sein.

FRANZ BIELMEIER Die Stücke gab es allerdings gar nicht. Die haben wir bloß so annonciert. Es gab nur die Titel. Wir haben viele blöde, derbe Nazischerze gemacht. Weil das auch diese Energie weitergetragen hat. Damals war Deutschland vom Gefühl her so eine gepolsterte Wohnzimmerwelt mit dem fetten, zigarrerauchenden Altnazichef drin. Wenn du auf irgendeinem Teil gesessen bist, hast du gespürt, dass du auf Kunstleder sitzt, in dem Schaumgummi drin ist. Und wenn der Typ mit dir redet, hast du gespürt, dass in dem noch braune Grundsätze drin sind. Aber dass das genauso wenig durchkommt wie der Schaumgummi durchs Kunstleder. Das war die allgemeine Atmosphäre. Nicht nur von der Musik her, sondern vom ganzen Leben in Deutschland. Das war so etwas Bemäntelt-Ungesundes. Und um das hervorzuholen, war mir alles recht. Jedenfalls, bis die etwas Älteren mit politischem Bewusstsein kamen. Janie und später Markus Oehlen. Die haben uns dann gesagt, dass das geschmacklos ist.

JÄKI ELDORADO Ich habe dann durch Zufall Gleichgesinnte gefunden. Franz Bielmeier und Peter Hein. Mit denen war das so eine Brieffreundschaft. Ich habe dann versucht, »Jäki Eldorado – Deutschlands erster Punkrocker« als Markenzeichen zu etablieren, haha. Ich war ja schon früh von zu Hause weg gewesen. Und jetzt, als Punk, ging ich auch nicht mehr zur Schule. Dadurch habe ich mir meine eigene Legende zusammengeschustert. Ich erzählte allen Leuten, dass ich nicht zur Schule gegangen bin. Ich habe mir eine andere Identität ausgedacht. Du siehst anders aus als die anderen, du legst dir einen anderen Namen zu, du hast keine Geschichte. Das waren die tollen Momente an Punk. Dass man sich selber erfinden konnte. Einmal habe ich mit einer meiner Geschichten einen Filmemacher so richtig zugetextet. Mathieu Carrière. Dieser Schauspieler. Der hat verschiedene Szenekinder interviewt. Das war gerade die einzige Zeit, in der ich einen Irokesenschnitt hatte. Ich sah völlig ausgemergelt aus. Und vor allem hatte ich eine Pistole. Und er hat ein Interview gemacht. Auf Film. Da habe ich zwei Stunden lang irgendwas über Waffen und Punkrock erzählt. Und er fand das wahnsinnig interessant, was für unglaublich fertige Leute in Berlin rumlaufen. Der dachte, es gibt allen Ernstes eine Kinderversion von *Taxi Driver*.

BLIXA BARGELD Der Erste, der in Berlin mit der Begrifflichkeit ›Punk‹ in seinem Leben umgegangen ist, das war Jäki Eldorado. Den habe ich damals täglich in den einschlägigen Tanzlokalen getroffen. Und innerhalb einer Woche – seine Haare wurden nicht auf einmal kürzer, sondern sie wurden jeden Tag etwas kürzer. Schließlich waren sie ganz kurz. Und dann hat er sie mit Plakafarbe eingefärbt – weil, andere Farben gab's nicht. Ich hatte damals noch mit Batik-Farben experimentiert.

JÄKI ELDORADO Das mit dem Haarefärben war noch eher so ein allgemeines Ausprobieren von allem. Als ich angefangen habe, Mitte 1976, gab's halt weit und breit niemanden, der so ausgesehen hätte. Und ich merkte natürlich, dass ich etwas erwischt hatte, auf das die anderen Leute tatsächlich reagieren. Anecken war für mich total wichtig. Auf einer Jacke hatte ich hinten ›RAF‹ draufgeklebt. Da brauchte ich nur zehn Meter aus der Tür rausgehen, und schon hatte ich jemanden am Hals, der mich vollgetextet hat. Oder Bauarbeiter wollten mich verprü-

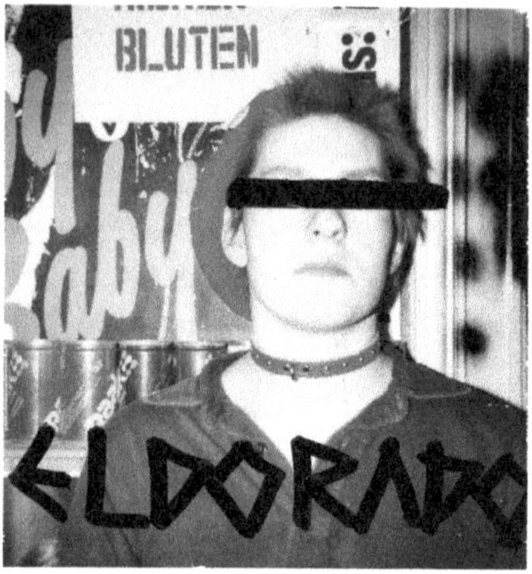

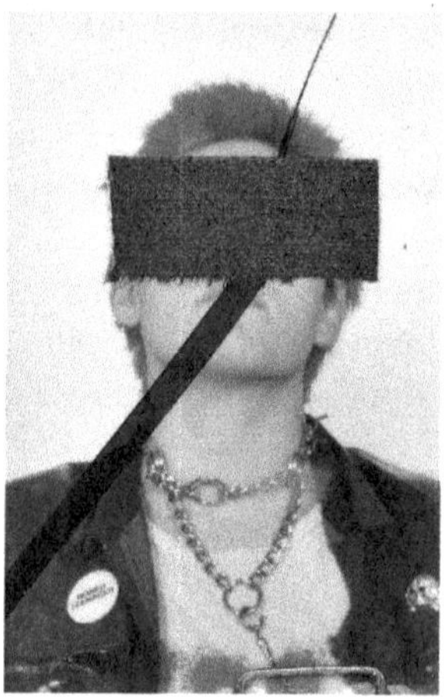

geln, weil ich bunte Punkte im Haar hatte. Und auffällig bunte Klamotten. Irgendwelche Plastiksachen. Hauptsache auffallend. Es gab am Anfang keine Punkrockuniform. Lederjacken kamen erst ein Jahr später. Anzug und Krawatte waren viel eher präsent. Aber nicht in ordentlich, sondern in karikierter Form.

BEATE BARTEL Ich war nie konform Punk. Ich war sportlich. Weite Hosen. Dickies und dergleichen. Immer ein Baseball-T-Shirt getragen, mit einer Nummer. Und adidas-Turnschuhe. Vor allem hatte ich etwas, was der spätere typische Punk ja nun gar nicht hatte, nämlich lange, selber gefärbte, rote Haare. Mit Hippie hatte das allerdings nichts zu tun. Das Einzige, wo ich mich hippiemäßig verhielt, war: Ich bin viel gereist. Aber das hatte eher mit Berlin zu tun. Bis ich 18 war, war ich nie am Meer gewesen. Und einer meiner größten Wünsche war es, das Meer zu sehen. Deswegen habe ich immer ein halbes Jahr gearbeitet und bin dann verschwunden. Meistens nach Spanien. Jedes Mal, wenn ich zurückkam, habe ich geweint. Andererseits hatte ich so ein Perversverhältnis zu Berlin. Nach ein paar Monaten habe ich immer gesagt: ›Ich muss wieder ins graue, stickige Berlin.‹ Und ich wusste nie warum. Durch den Energieschub von Punk bin ich allerdings auch besser mit dieser Stadt zurechtgekommen. Das war die Zeit, wo wir alle unsere

Fußböden weiß gestrichen haben. Wo schrille Farben wie Pink und Leuchtgrün aufkamen. Neonfarben. Auf einmal kam Farbe ins Spiel. Für mich waren Hippies nicht farbig. Alles andere als das.
Ich bin dann tontechnikmäßig nach England gegangen. Ohne dass ich jemanden kannte. Ich ging einfach hin und sagte: »Ich bin jetzt hier! Ich möchte mixen!« Einen Tag später saß ich mit Bernard Rhodes, dem Manager von Clash, im Auto nach Coventry. Dort spielten Clash, zusammen mit den späteren Specials. Die hießen damals noch Coventry Special und suchten einen Mixer. Habe ich gesagt: »Nein, die mag ich nicht!« Ich war nicht beeindruckt. Ganz schön selbstbewusst, hm? So waren wir aber alle.

Rodenkirchen is burning

THOMAS SCHWEBEL In Solingen wird man entweder Alkoholiker oder man zieht weg. In den 70ern gab es da nichts. Höchstens ein paar Hippies. Aber die empfand ich als furchtbar konservativ. Das Grundgefühl war, dass einfach nichts passierte.
HARRY RAG Bei uns am Gymnasium standen alle auf Jethro Tull, Genesis und Deep Purple. Ich stand auf Can. Die waren völlig außerhalb. Can war die absolute Underground-Hippie-Dröhn-Nummer. Aber ich war weder Hippie, noch habe ich gedröhnt. Ich fand das gar nicht nötig, Can zu hören und dann auch noch zu kiffen. Jedenfalls bin ich schließlich wegen einer völlig blöden Sache von der Schule geflogen. Der Vater eines Freundes war gerade Direktor geworden. Da kam der Hausmeister an und fragte ihn so richtig blöd: »Na, wie fühlt man sich als Sohn vom Direktor?« Als er wegging, sagte ich zu meinem Freund: »Wie fühlt man sich wohl als Scheißhausmeister?« Das war so die Spitze von allem, was ich mir schon vorher geleistet hatte. Jedenfalls stand ich auf einmal ohne Abschluss da. Und dann habe ich eine Malerlehre angefangen und musste immer mit der S-Bahn nach Düsseldorf. Irgendwann, morgens um sieben, sitzt mir auf einmal jemand gegenüber, den ich aus der Schule kannte. Das war Thomas Schwebel. Er hat mir erzählt, dass er jetzt totaler Fan von dieser neuen Musik aus England ist.
THOMAS SCHWEBEL Wir kamen schon allein deswegen ins Gespräch, weil wir beide kurze Haare hatten. Ich war kurz vorher in Holland gewesen. Da lief in einer Disco »God save the Queen« von den Sex Pistols. Das war einfach unglaublich. Es war gegen alles. Zu Hause habe ich schnell gemerkt, dass Punk alle Leute um mich herum auf die Palme bringt. Das war großartig. Die Ablehnung war total. Es gab nur ein paar warnende Zeitungsartikel: ›Da gibt es so eine ganz schlimme Sache aus England ...!‹ Der *Spiegel* und alle anderen taten total moralisch. Dabei war diese erste Damned-LP, wo die alle Sahnetorten im Gesicht haben, ja einfach Kindergarten.

HARRY RAG Thomas hat mich dann zu sich nach Hause eingeladen und mir die erste Jam-LP vorgespielt. Das war der Hammer. Trotzdem konnte ich das immer noch mit meiner Liebe zu Can vereinbaren. Zur gleichen Zeit, als diese Punkbegeisterung losging, haben Uwe Jahnke und ich das letzte Konzert von Can gesehen. Wir kannten die ein wenig, weil wir 1976 für eine Schülerzeitung ein Interview mit denen gemacht hatten.

UWE JAHNKE Can machten nicht im klassischen Sinn Musik, sondern versuchten, eine andere Form zu finden. Nicht: Stücke einproben. Sondern: aufeinander hören. Die haben es in entscheidenden Momenten geschafft, wie ein einziges Instrument, wie ein einziger Organismus zu klingen. Wie bei einem Ritual.

HARRY RAG Das Konzert war in Köln. Holger Czukay stand an einem Tisch und hatte 40 Kassetten da liegen und drei oder vier Tapedecks und hat dann immer Sounds reingespielt. Amerikanische Footballmoderatoren, Wind, Wasser, Radiokurzwelle. Das war der absolute Rausch. Obwohl ich nur ein halbes Glas Sekt getrunken hatte, war ich völlig magnetisiert, als ich rauskam. Das war ganz klar, dass ich so eine Band wegen Punk nicht abhaken kann.

HOLGER CZUKAY Als es mit Can zu Ende ging, wurde ich Punksympathisant. Weil ich merkte, dass der Rest der Band das nicht kapierte. Plötzlich hatte ich totale Sympathien für so was. Auch in dem Sinn, Can loszuwerden. Ich fand das aber auch faszinierend. Bei einem ganz frühen Punkkonzert in England hatte ich mitgekriegt, wie die sich beim Pogo-Tanzen gegenseitig angesprungen haben, ohne dass es ihnen was ausgemacht hat. Das fand ich toll. Gleichzeitig habe ich aber gemerkt, wie kurzatmig das Ganze sein würde. Das war sofort klar. Mit der Methode »Leck mich am Arsch!« kannst du nicht alt werden.

THOMAS SCHWEBEL Harry Rag und ich waren dann die ersten Punks in Solingen. Wir haben uns in Kneipen einige Male von der Solinger Jugend auf die Nase hauen lassen müssen, weil wir für deren Begriffe merkwürdig aussahen. Wir waren aber auch teilweise in den absurdesten Phantasiekostümen unterwegs, weil wir keine Ahnung hatten, wie Punks überhaupt aussehen. Wir mussten ständig selbst etwas erfinden. Erst mal natürlich: Hosen enger nähen lassen. Es gab ja nur Schlaghosen. Und Harry Rag hatte immer eine Schweißerbrille auf. Als Sonnenbrille. Dadurch hatte er eine starke Außenwirkung.

HARRY RAG Das erste Punkkonzert, an das ich mich erinnere, war gar kein richtiges Punkkonzert. Das war so eine komische Band, die hier immer rumgetourt ist. Die hießen The Ramblers und galten als Punk. Dabei war das nur schnell gespielter Rock. Bei dem Konzert haben wir uns unheimlich aufgeführt und die angepöbelt und rumgespuckt. Und irgendwann schrie Thomas Schwebel mich an: »Ich will jetzt auch eine Band gründen. Und die soll Syph heißen.«

THOMAS SCHWEBEL Auf Syph kam ich, weil es eben dreckig war. Harry Rag hat dann nur noch Punkte hinter die Buchstaben gesetzt, damit das immer großgeschrieben wird. Das war eine clevere Idee. Dadurch haben sich immer alle Leute gefragt, wofür das steht.

HARRY RAG Am Ende des Abends sagte ich jedenfalls: »Ich finde das gut. Ich möchte da mitmachen.« Und dann wurde die Band gegründet. Es gab weder Instrumente noch irgendwas. Das wurde einfach proklamiert. Mit Spraydosen und selbst gemachten Stickern und T-Shirts.

THOMAS SCHWEBEL Ich hatte ja immer versucht Musik zu machen. Aber dieser ganze pompöse 70er-Jahre-Rock hat mich völlig abgetörnt. Ich war völlig abgeschreckt von diesem Überbau, der da dahinterstecken musste. Und ich hatte eben nicht die musikalische Ausbildung. Deswegen hat mich dieses Einfache an Punk so angezogen.

MICHAEL KEMNER 1977 habe ich in der Nähe von Wuppertal gewohnt. Im *Grün In*. Das war auch mitten im Grünen. So eine Kneipe mit Ausflugsrestaurant. Obendrüber gab es eine WG. Da habe ich mit mehreren Leuten gewohnt. Wolfgang Spelmans, dazu kam dann Kurt Dahlke, der spätere Pyrolator, also schon die Ursuppe von DAF.

PYROLATOR Ich lernte Michael Kemner und Wolfgang Spelmans

in einer Teestube in Wuppertal kennen. Da kam Musik aus dem Hinterraum. Und da saßen die mit Gitarre und Bass. Ich hatte damals schon einen Synthesizer, den Korg MS-20.

Ich hatte mich immer schon mit zwei Dingen beschäftigt: Computer und Musik. Meine erste selbst gekaufte Single war 1968 »Der Computer Nr. 3« von France Gall gewesen: »Der Computer Nr. 3 sucht für mich den richtigen Boy – und die Liebe ist für beide garantiert dabei« Das hat mich als kleiner Junge extrem fasziniert. Zwei Jahre später habe ich den Spielcomputer Logicus gekriegt. Das war ein großes Pult, auf dem ganz viele Löcher drauf waren. Da konnte man Sachen verdrahten durch Stecker und Drähte. Und logische Gatter aufbauen: Wenn/Dann- oder Und/Oder-Verbindungen. Die Grundzüge einer Computersprache.

Mein Korg MS-20 war für Anfang 1978 sensationell. Synthesizer gab es zwar vorher auch schon, aber das waren Dimensionen, da redete man über den Preis eines Mittelklassewagens. Und der MS-20 kam für 1 200 Mark daher. Und ich hatte das Glück, für den MS-20, den dazugehörigen Sequencer und eine Tonbandmaschine die Erbschaft meiner Großmutter auf den Kopf hauen zu können.

MICHAEL KEMNER Pyrolator zog dann bei uns in Gevelsberg im *Grün In* ein und wir machten Musik.

PYROLATOR Wir nannten uns Y.O.U. Aber eigentlich war DAF fast schon komplett. Wir waren noch kaum auf der Suche nach einem Schlagzeuger, da lernten wir schon Robert Görl kennen.

ROBERT GÖRL Ich hatte mein Musikstudium in Graz abgebrochen und war für mehrere Monate in England gewesen. Da war ich plötzlich konfrontiert mit den Sex Pistols. Die hat man überall gespürt. Die waren so selbstbewusst, wie ich mich auch fühlte. Ich wusste vorher, jetzt mache ich mein eigenes Ding. Und dann komme ich nach London – und da sind ein paar Jungs, die so richtig abziehen. Das hat mich total angemacht. Dieses ›Go for it!‹. Auch wenn deine Musik vielleicht nicht allen Leuten gefällt – aber du kannst machen, was du willst. Es wird Erfolg haben.

CHRISLO HAAS Ich war nach Graz ebenfalls in London. Und ich

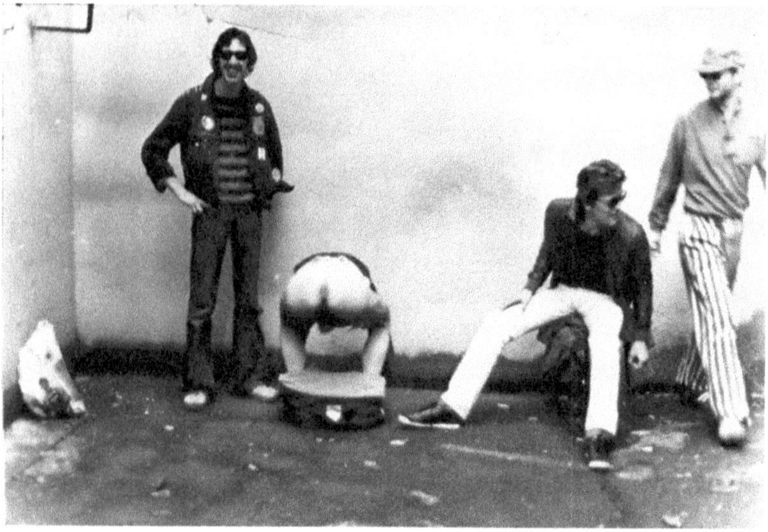

hatte das Gefühl: Das ist das erste Mal, dass Musik, von der Power und der Haltung her, eine Regierung stürzen könnte.

ROBERT GÖRL Ich habe mir das eine Weile angeschaut und bin dann nach Düsseldorf.

PYROLATOR Zur gleichen Zeit wie Robbie haben wir auch Chrislo Haas kennen gelernt. Das waren beides Jazzer. Genau wie ich. Michael Kemner und Wolfgang Spelmans kamen eher vom Pop. Und da haben wir uns auf halbem Wege getroffen. Das hatte mit Punk noch nichts zu tun.

WOLFGANG SPELMANS Ich hatte damals den Überbau, dass ich täglich zwei oder drei Stunden irrsinnig lange Läufe auf meiner Gitarre geübt hatte. Und darauf hatte ich keine Lust mehr. Ich habe dann angefangen, mit diversen Dingen, wie etwa einem Damenvibrator, meine elektrische Gitarre zu bearbeiten.

MICHAEL KEMNER Das war genau die Übergangszeit, bevor New Wave kam. Chrislo war auch ein paar Mal dabei. Chrislo ist ja ein begnadeter Musiker. Der hat Baritonsaxophon studiert. Aber er war hart drauf. Als wir noch im *Grün In* wohnten – das Haus war im Wald –, brauchte man zehn Minuten zu Fuß, um überhaupt zur nächsten Straße zu gelangen. Das war so richtig einsam. Dann ist Chrislo mitten in der Nacht rausgegangen, hat sich oben an die Straße gestellt – die ja total dunkel war, da kam vielleicht alle zehn Minuten mal ein Auto gefahren – und hat den Autofahrern mit einem Knüppel gedroht. So richtig böse. Er fand das total lustig: Leute schocken!

FRANZ BIELMEIER Seit Janie und ich uns getroffen hatten, sind wir immer in den *Ratinger Hof* gegangen. Das war damals der coolste Laden. Obwohl da noch keine Neons drin waren, sondern eher Räucherstäbchen und Hippies. Aber es bestand eben kein Konsumzwang. Es war nicht so gestylt. Es gab auch viele Kaputtnicks – irgendwelche Wahnsinnigen –, die da rumhingen.

CARMEN KNOEBEL Ich hatte eigentlich in einer Galerie gearbeitet. Da habe ich aber so wenig verdient, dass ich mir noch was dazuverdienen musste. Deswegen habe ich dann in Kneipen gearbeitet. Am Anfang war das eher nebenerwerbsmäßig. Später dachte ich: ›Warum arbeite ich eigentlich für andere Leute? Bin ich bescheuert?‹ Dann habe ich den *Ratinger Hof* gemacht.

MARKUS OEHLEN Da hingen damals noch – so im Zeitgeist der späten 70er – Leute aus dem Polke-Umfeld herum. Künstler. Das hatte alles diesen Späthippiemuff kombiniert mit Roxy-Music-Flair. Die Decke war mit Sternchen bepinselt. Die Theke war Rock-'n'-Roll-mäßig bemalt. Panther und so. Der *Hof* war auch Treffpunkt der Beuys-Klasse. Die standen auf 50er-Jahre-Rock 'n' Roll. Und da kam ich auch her. Ich war kurz vorher noch Rock 'n' Roller. Ich war einer der Ersten, die sich Rock-'n'-Roll-mäßig den Nacken ausrasiert hatten. Und als ich eines Tages so im *Hof* stand – ich war, glaube ich, Tageskellner –, saßen da auf einmal Franz und Peter.

FRANZ BIELMEIER Im *Hof* war es einfach, Leute kennen zu lernen. Man hat sich bereits gut verstanden, wenn man irgendwelche drei Namen gut fand oder drei Vorlieben teilte. Das war schon eine solide Basis, um zusammen rumzuhängen oder zusammen was zu tun. So haben wir Markus Oehlen kennen gelernt. Der war auf der Kunstakademie und hat im *Hof* als DJ gearbeitet und hat dann Janie nach einer Platte gefragt, die er gerade dabeihatte. Das ging alles sehr schnell. Die Leute haben sich damals so gelangweilt. Die haben sich rasch entweder Pro-Punk erklärt oder Anti-Punk. Und Anti-Punk war halt langweilig.

CARMEN KNOEBEL Als ich den *Ratinger Hof* übernommen habe, war das noch ein Laden mit Deckchen auf den Tischen. Aber mir wäre es zu wenig gewesen, Leute nur betrunken zu machen. Wir haben dann 1977 einen ziemlichen Kahlschlag vorgenommen. Die Einflüsse dafür kamen aus der Kunst. Einfach von einem radikalen Denken her. Saubermachen. *Clean*. Die Leute sind das Wesentliche. Wir hatten verputzte Wände. Etwa wie das *CBGB's* in New York. Nur so ein einfacher langer Schlauch.

MARKUS OEHLEN Imi Knoebel, Carmens Mann, ist Künstler. Der hat den Laden radikal neu gestaltet. Mit farbigem Neonlicht. Und alles rausgeräumt. Nur ein paar Spiegel. Ein paar Stehtische. Das war es dann. Ganz schlicht. Dadurch hatten wir richtig Stress. Es ist erst mal keiner gekommen. Die Leute haben richtig unter dem Licht gelitten.

CARMEN KNOEBEL Da hat sich kaum jemand reingetraut. Und wenn doch, stand er ziemlich blank und entblößt da.

THOMAS SCHWEBEL Wir hörten, dass es einen Laden in Düsseldorf gibt, in dem sich mehr von diesen Leuten treffen. Da sind wir dann hin. Die Düsseldorfer waren schon alle nach dem letzten Punkchic gekleidet. Wir waren echt die Kleinstadtdeppen. Carmen Knoebel war aber zum Glück sehr offen. Die gehörte zu der Generation, die schon 1967 Velvet Underground gehört hat. Die hatte nichts mit Hippies zu tun. Eine Kneipe, die aussieht wie eine Bahnhofshalle mit Spiegeln und Neonlampen – das war für deutsche Verhältnisse völlig neu. Auch dieser ganze Stil, den sie und Imi in ihrer Wohnung pflegten. Offen und leer und Bauhaus-Möbel. Die waren sogar schon in New York gewesen, haha. Das war für so ein 18-jähriges Landei wie mich ziemlich beeindruckend.

HARRY RAG Die ersten, die Thomas Schwebel und ich damals im *Hof* kennen lernten, waren Franz Bielmeier und Peter Hein. Die beiden hatten schon ihre Künstlernamen. In Düsseldorf hatte jeder einen Künstlernamen. Ich nannte mich dann Harry

Rag. Weil ich die Kinks gut fand. Das ist ein Song von den Kinks. Und den Namen habe ich bis heute behalten.

THOMAS SCHWEBEL Merkwürdig fand ich, dass zwischen den ganzen Künstlern und Leuten wie Franz, die damit kokettiert haben, auch echte Nazis rumstanden. Punk war ja erst mal eine freie Fläche. Offen für alles. Und da war es schwer, sich von denen abzugrenzen. Weil das ja auch nette Kerle waren. Die liefen mit Clash-T-Shirts herum und waren in der Wiking-Jugend. Das war politisch alles sehr diffus. Es gab ja auch harte RAF-Sympathisanten, die wiederum mit ihren Symbolen spielten. Seltsamerweise fanden die Wiking-Leute das gar nicht schlimm. Im Grunde ging es allen nur darum, Rabatz zu machen und zu schockieren. Und in diesen Extremen gab es eben die Möglichkeit, das zu tun. Entweder Hakenkreuz oder RAF-Maschinenpistole. Beides bot sich an. Draußen auf der Straße hat beides genau die gleiche Reaktion ausgelöst. Völlige Verstörung.

MARKUS OEHLEN Ich war im *Hof* vier Jahre lang Discjockey. Anfangs bin ich noch die Roxy-Music-Schiene gefahren. Es gab ja noch keinen Punk. Dann tauchten Janie und Franz auf. Und die schleppten die ersten Punkplatten rein, die ich sofort spielte. Mit der Zeit wurden wir immer radikaler. Als ich »Satisfaction« von der ersten Devo-Platte aufgelegt habe, musste ich mich dafür verhauen lassen. Das war für die Leute zu hart. Da herrschte eine unglaubliche Aggression. Auch als ich mir zum ersten Mal die Haare gefärbt habe. 1977 kamen ja Crazy Colors aus London rüber. Und da bin ich mit Carmen Knoebel in einen Friseurladen. Carmen hatte dann giftig orange Strähnen im Haar. Aber gegen mich war das harmlos. An und für sich wollte ich grüne Haare haben, aber es wurde Lila. Die Leute kamen echt aus den Häusern raus und brüllten hinter mir her: »Schwule Sau!« So was hatten die noch nie gesehen – das konnte nur schwul sein. Das habe ich drei Tage ausgehalten und mir die Haare dann mit Persil gewaschen. Heraus kam ein grell-weißliches Hellblau. Bin ich noch zwei Tage mit Hellblau rumgerannt. Schließlich habe ich sie mir mit Polycolor gefärbt.

RALF DÖRPER Wir hatten damals in Düsseldorf sehr viel, was aus

England adaptiert wurde. Siouxsie lief da drüben mit Hakenkreuzbinde herum. Und Joe Strummer mit »Brigate Rosse«-T-Shirt. Die RAF-Badges, mit denen bei uns eine Zeit lang jeder rumlief, gab es nur, weil Joe Strummer so was trug. Und deswegen kamen die auch zu uns rüber, nicht etwa wegen Baader-Meinhof. Nur, mitten im ›Deutschen Herbst‹ hatte so etwas halt einen ganz anderen Effekt. Manche Rentner meinten schon alleine deswegen, man wäre einer der Terroristen.

BERNWARD MALAKA Diese Clash-mäßige Guerilla-Fashion sah einfach am besten aus. Ich fand das superchic. Wir haben uns mit selbst gemachten Schablonen aus Pappe Schriftzüge auf unsere Berufsbekleidung gesprüht: »Zensur & Zensur« oder »Risikofaktor 1:X«. Die einzelnen Schriftzüge grafisch angeordnet.

RALF DÖRPER Meine Punkuniform war vor allem schwarz. Ich musste dann auch unbedingt bestimmte Stiefel haben, die du nur in London im Sexshop kaufen konntest. Aber das war die beste Abgrenzung zu diesen ganzen Grün-Alternativen. Und das waren in den 70ern ja die typischen Jugendlichen. Die da auf der Straße mit ihren selbst gestrickten Pullovern saßen. Punk richtete sich ja weniger gegen die ältere Generation. Sondern es ging darum, was politisch völlig unkorrekt gegenüber diesen Grün-Alternativen wäre. Die immer über alles diskutieren wollen. Und da war eben so ein undifferenzierter Umgang mit Faschismus das Wirkungsvollste. Aber von denen kam nie was Aggressives zurück. Dazu waren die immer zu lasch.

XAO SEFFCHEQUE Ich wusste in meiner Anfangszeit in Düsseldorf noch nicht, was ich will, vom Styling her. Aber ich wusste genau, was ich *nicht* will. Es ging darum, da endlich mal wieder ein bisschen Schneid reinzubringen. Nicht immer diese Wuselnummer. Diese ganze Haschischabteilung. Mir ging das alles tierisch auf die Nerven.

CARMEN KNOEBEL Düsseldorf galt ja immer als Modestadt. Aber viel mehr als davon wurde Punk von der Kunstakademie mitgeprägt, die ja gleich um die Ecke war. Markus Oehlen fing ja dann auch bei Charley's Girls an.

BERNWARD MALAKA Janie und Franz hingen immer mit Markus

zusammen. Und da hingen auch immer Immendorf oder Imi Knoebel herum. Die sind später ja beide Superstars geworden. Diese ganzen Künstler waren alle 20 Jahre älter als wir. Und die fanden uns cool und super. Aber für uns war das Wort Künstler negativ besetzt. So wie gekünstelt. Für uns war das nicht authentisch. Das waren Erwachsene, die sich unbedingt in diesem Umfeld bewegen wollten und das nachmachten. Die hatten eben Charley's Girls zu ihrer Haus-und-Hof-Band erkoren.

FRANZ BIELMEIER Da gab es auf einmal ältere Künstler, die mit mir sprechen und meinen Standpunkt von der Kulturgeschichte kennen lernen wollten. Ich habe das alles gar nicht verstanden. Ich wusste nur, das sind Künstler und die finden mich gut. Ich kam mir wie ein Haustierchen vor. Alfred Hilsberg habe ich mal, auf ein Interview für *Sounds* hin, einen ganzen Block voll Zeichnungen geschickt. Die sahen aus wie Kinderzeichnungen. Da habe ich Charley's Girls als Hunde gezeichnet. Und da hat Hilsberg mich angerufen: »Was ist denn das? Ist das Kunst?« Ich merkte, diese ganzen Leute nehmen mich sehr wichtig, und ich muss ihnen jetzt irgendwas Exaltiertes liefern. Und dafür gaben sie mir dann immer Sachen aus, die ich gar nicht mochte. Einen Schnaps oder ein Bier. Punk war für mich ja am Anfang komplett antialkoholisch. Für uns alle. Sogar Peter Hein, der ja mit der Älteste war, hat mit Vorliebe diesen dicken Pfirsichnektar von Granini getrunken.

PETER HEIN Wir waren die Safttrinker. Zu der Zeit habe ich nie Alkohol getrunken. Punk war bei uns eine *straighte* Bewegung. Das war das, was wir als Botschaft rausgehört haben.

RALF DÖRPER In der *Ratinger-Hof*-Zeit habe ich konsequent nur Cola und Wasser getrunken. Das war eine *straighte* Attitüde. Es ging darum: Wir haben einen klaren Kopf. Es ging darum: Punk ist keine bedröhnte Hippiescheiße.

PETER HEIN Es ging darum: Wir sind gegen die Drogenbands. Gegen die Dudelbands. Wir waren absolut England-bezogen. Die Amerikaner haben wir nicht ernst genommen, weil da ja sogar die Punkrocker Drogen nahmen. Das war nicht okay. Überhaupt: Amerikaner konnten nichts. Die waren nicht angesagt.

THOMAS SCHWEBEL Diese amerikanischen Punks waren für uns nur Junkies. Dieses stumpfe Richard-Hell-mäßige haben wir strikt abgelehnt. Die Clash, die für uns die Helden waren, hatten ja gar kein Drogenimage. Deswegen wurde Sid Vicious auch strikt abgelehnt. Ich fand den immer einen tragischen Verlierer. Ein armes Schwein. Glen Matlock war ja bei den Sex Pistols rausgeflogen, weil er zu bürgerlich war, rein äußerlich. Aber der hatte nun mal die Stücke gemacht. Und der Wechsel zu Sid Vicious war das Ende der Pistols als funktionierende Band. Den hat von uns keiner idolisiert. Das war ursprünglich alles überhaupt nicht drogenkompatibel. Ein Freund in Solingen war Junkie und hat Velvet Underground und so gehört. Punk war für den viel zu hart. So einer konnte mit dieser Musik nichts anfangen. Wenn der auf Heroin ist, bringt dem so ein Zwei-Minuten-Ausbruch von den Clash nicht viel. Da hörte der lieber so Hubba-Bubba-Kram.

PETER HEIN Das Einzige, was wir exzessiv gemacht haben, das war flippern. Das war auch eine klare Sache: »A Game of Skill – Played for Fun« – das stand sogar drauf. Das musste man nur lesen. Und dann stimmte das auch. Diese mechanischen Flipper. Die waren wunderschön. Schön bunt. Aber sonst war da kein Geheimnis dabei. Außerdem haben wir uns in unserer Freizeit gerne mit Maschinen beschäftigt. Wir haben das erfunden.

FRANZ BIELMEIER Janie und ich haben wirklich nichts anderes getan als rumzuhängen. Aber durch seine Haltung war mir klar, dass das nicht einfach Rumhängen ist, sondern Ausdruck eines kulturellen Bewusstseins. Es gab scheißlangweilige, öde Nachmittage. Aber diese Ödnis wurde kultiviert und als etwas betrachtet, worauf wir – Mary Lou Monroe und Janie Jones – unsere Scheinwerfer richteten. Das war unsere persönliche, legendäre Ödnis. Ein ödes Leben in der Öffentlichkeit war immer noch tausendmal besser als zu Hause.

PETER HEIN Dieses Rumhängen war ein Kern des Ganzen. Nach der Arbeit in den *Hof*, dann nachts um eins nach Hause, schlafen, wieder zur Arbeit und wieder in den *Hof*. Das war so ein Kreislauf. Wir hingen da manchmal acht Stunden herum. Ab

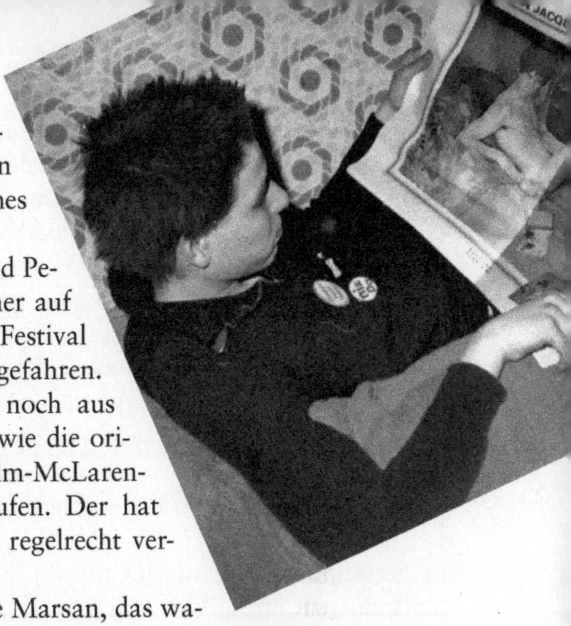

und zu mal Besorgungen gemacht. Platten kaufen oder so. Pommes essen.

MARKUS OEHLEN Franz und Peter sind dann im Sommer auf dieses große Punkrock-Festival in Mont de Marsan gefahren. Vorher hat Peter sich noch aus dem *NME* abgekuckt, wie die original Londoner Malcolm-McLaren-Punks zur Zeit rumlaufen. Der hat sich für diesen Ausflug regelrecht verkleidet.

FRANZ BIELMEIER Mont de Marsan, das waren 2000 Kilometer mit dem Zug. Das ist ein kleines Nest an der spanischen Grenze. Da sind wir dann zufällig im selben Hotel gewesen, wo auch die Damned ankamen. Plötzlich standen Captain Sensible und Rat Scabies mit ihren Koffern in unserem Zimmer. Die hatten sich vertan. Wir hatten die Tür offen, und die dachten, das wäre ihr Zimmer. Man konnte diese Leute also wirklich sehen. Das waren leibhaftige Kontakte. Das waren keine Stars, sondern normale Leute. Überkandidelte Prolls vielleicht, ordinär, aber sie waren normal. Und das war auch eine klare Haltung.
Das Interessante war: Das Festival dauerte zwei oder drei Tage – und am nächsten Tag spielte zufällig Lou Reed. Also blieben fast alle da, um Lou Reed zu sehen. Und der kam gar nicht gut an. Lou Reed war auf einmal nur noch ein alter Sack! Das war so deutlich zu merken, dass er zur vorigen Generation gehörte, die aber jetzt nichts mehr zu sagen hat. Wo keine Kraft mehr drin ist. Nichts!

MARKUS OEHLEN Peter ist dann da drüben auffälliger gewesen als die Damned und alle anderen. Alle französischen Zeitungen brachten Geschichten über Mont de Marsan. Aber auf den Fotos waren nie die Damned, sondern immer nur Peter zu sehen. Jedenfalls war das für ihn eine unglaubliche Bestätigung. Ein paar Tage später kam er so in den *Ratinger Hof*: Er hatte eine Motorradlederjacke, mit langer Schlaufe, die immer so rumbaumelte, englische Fahne hintendrauf und überall Sicherheitsnadeln und Rasierklingen. Er sah aus wie ein Weihnachtsbaum.

MUSCHA Ich hatte echt Schwierigkeiten mit Peter Hein, der einerseits rumlief wie ein Büroangestellter, der er auch war, und am nächsten Tag plötzlich mit Igelkopf, dicker Lederjacke und einer gekauften Hose mit Reißverschlüssen aus einer hippen Boutique. Den konnte ich nicht ernst nehmen. Ich fand es immer scheiße, wenn Punks gekaufte Sachen anhatten. Ab einem bestimmten Punkt waren die genauso uniformiert. Das war nur formal anders. Aber das waren die gleichen Mechanismen. Ich fand es viel besser: Man kauft sich eine Lederjacke und macht seine eigenen Zeichen drauf. Besprühen, Sachen dranmachen, sich ein großes Stück Stoff dranstickern, irgendwas Anarchisches draufschreiben und nächste Woche schon wieder alles verwerfen. Flexibilität in der Aussage.

MARKUS OEHLEN Kurz nach Mont de Marsan hatten wir unseren ersten Auftritt. Speziell für Alfred Hilsberg. Der hatte sich angekündigt und wollte einen Artikel für *Sounds* schreiben: »Punk in Deutschland«. Für **Charley's Girls** war das der Punkt, wo es überhaupt losging. Wir hatten uns ja als Band gefühlt, ohne dass wir je irgendwas gespielt hatten. Wir hatten nach wie vor nicht mal Stücke. Das lief alles nur über den Namen. Ohne Alfred Hilsberg hätte es uns vielleicht auch weiterhin gereicht, nur so zu tun, als wären wir eine Band. Aber wir sind dann extra für ihn zweimal am Hafen zur Probe gegangen. Wir hatten einen Proberaum, da wo jetzt der Funkturm steht. Da haben wir erst mal mit dem Jaguar von Franz seinem Vater die Verstärker hingefahren.

FRANZ BIELMEIER Mit dem hat er mich mal zum *Ratinger Hof* gefahren. Da habe ich mich vorher absetzen lassen. Damit mich keiner sieht. Darunter habe ich ziemlich gelitten.

MARKUS OEHLEN Der Auftritt war dann in einem Jugendzentrum. Ich hatte zwei Tage lang einen Basslauf geübt. Aber dann hatte ich keine Lust mehr und habe gesagt: »Das wird schon irgendwie werden.« Der Auftritt war grauenhaft. Aber im Grunde war es ja nur, um unseren Anspruch zu verdeutlichen, Alfred gegenüber. Das war nur Krach. Aber es ging ja auch nur um Krach. Und die Leute merkten auch, dass das jetzt was Neues ist. Die waren ziemlich aufgeregt. Und denen war es auch egal, was es war. Es ging mehr um die Haltung. Um so eine Pose. Das lief alles über Outfit. Und Alfred fand das dann auch prompt faszinierend. Diese positive Aggression, das fand er klasse.

Unmittelbar danach hatten wir einen Auftritt in der Kunstakademie. Da war es auch gar kein Problem, dass wir alle nicht spielen konnten. Gitarren durfte man damals ja nur anfassen, wenn man spielen konnte. Aber ich als Künstler konnte einfach sagen: ›Wenn's keine Musik ist, ist es wenigstens Kunst.‹

PETER HEIN Vor dem Auftritt in der Kunstakademie haben wir uns für zehn Mark Sommeranzüge gekauft. So ein einheitliches Opa-Outfit. Honecker-mäßig. Die gab es damals für einen Zehner bei Strauss, das war hier der Billigladen. Das hat die Künstler sehr irritiert, weil die gedacht haben: ›Jetzt kommen die wilden Punks.‹

FRANZ BIELMEIER In der Kunstakademie war auch ein gewisser Zonker dabei. Der wollte auch in einer Band mitmachen, hat gelispelt, hatte Komplexe, schlechte Zähne und unglaublich schlechte Haut. Aber er fand seine Pickel toll. Er hat mir ein Foto von sich gegeben. Ein richtiges Scheißfoto. Im Gegenlicht, mit Sonnenbrille auf einer Parkbank in einer völlig langweiligen Umgebung. Wenig später hat Kippenberger überall ähnliche Aufkleber verteilt. Da stand: »Dieser Mann sucht eine Frau!« Da war ein schlechtes Foto von ihm drauf, wo man ihn kaum erkannte. Da wurde von Kunstkritikern eine große Sache draus gemacht. So: »Radikaler Verstoß gegen die Ästhetik!« Aber Leute wie Zonker, das waren dafür die Pioniere.

MARKUS OEHLEN Zonker hatte so eine undurchschaubare Aura. Irgendwie schien er Geld zu haben. Der hat in der Akademie so eine VOX-Orgelgitarre angeschleppt. Das ist eine riesige, eiförmige Gitarre, wie ein 50er-Jahre-Wohnzimmertisch, wo du, wenn du Akkorde greifst, gleichzeitig Orgel spielen kannst. Die lag auf einem Podest. Und irgendwie klimperten da zehn

Leute gleichzeitig darauf herum. Mit einem metallenen Plektrum an einem Kabel.
Von der Art, uns zu präsentieren und Stücke zu spielen, haben wir uns da direkt auf so ein Terrain der Unernsthaftigkeit begeben. Wir haben dann ewig lange das Thema vom »Rosaroten Panther« gespielt. Bis die Polizei kam. Einfach nicht mehr aufgehört.

PETER HEIN Ein weiterer Versuch mit Charley's Girls war in Köln. Wir haben anfangs ja nie ein richtiges Konzert gemacht. Nur so Versuche. Jedenfalls haben Male gesagt, dass sie da auf einer Schulfete spielen. Haben wir gesagt: »Da spielen wir mit.«

FRANZ BIELMEIER Wir sollten auftreten. Ich weiß nur nicht wie, weil wir noch gar keinen Schlagzeuger hatten. Wir sind da nur mit den ganzen Instrumenten und den Schlagzeugteilen von Male mit Zug und Straßenbahn hingefahren. Und haben die ganze Zeit gesagt: »Das wird wirklich *die* Show werden. Die haben so was wie uns noch nie gesehen. Das wird superexotisch wirken.« Wir wussten ja, wie ein Punkkonzert sein sollte. Und deswegen war auch ein Freund von Janie mit. Der sollte Fotos machen. Der hatte richtiges Equipment dabei. Hat auch schon auf der Fahrt die ganze Zeit Fotos geschossen. Als wir ankamen, sahen wir auf dem Plakat, dass die Emsland Hillbillies die Hauptgruppe waren. Die spielten Country und waren ziemlich bekannt. Und da wussten wir schon: ›Prima! Jetzt geht's rund!‹ Wir haben nur an bärtige Typen gedacht – und an die Mädchen, die wir ihnen wegnehmen.

BERNWARD MALAKA Das war in der Aula vom Gymnasium in Rodenkirchen. Das ist so ein besserer Vorort. Das war von der Jungen Union organisiert worden. Und der einzige Punkrocker auf der Schule hat dafür gesorgt, dass wir da auch spielen konnten. Dann kamen wir aber gleich zu zehnt. Und vor allem: Franz und Janie machten ja auch keinen besonders freundlichen Eindruck auf die Leute. Die hingen da so grimmig ab.

FRANZ BIELMEIER Außer uns waren noch die Sten Guns da. Das war die neue Band von Ramon Luis. Die einzige Kölner Punkband überhaupt. Wir haben da zusammen unsere Anlagenteile aufgebaut, und sofort wurden Getränke auf uns geschmissen. Die Leute haben schnell gemerkt: Das sind die Bösen.

BERNWARD MALAKA Wir haben da superpolarisierend gewirkt. Die meisten Leute fanden uns einfach ekelhaft, widerlich und scheiße. Und wir haben prompt das ganze Fest gesprengt. Wir haben irre laut aufgedreht. Das war ohrenbetäubender Lärm. Bis der Hausmeister kam und meinte, wir sollten leiser machen. Wir nur so: »Verlassen Sie die Bühne! Sie stören die Band!« Dann drehte der die Hauptsicherung raus.

FRANZ BIELMEIER Als Male spielten, stand ich in meiner roten Kellnerjacke direkt hinter ihnen, an der Rückwand des Saales. Es kamen von vornherein Pfiffe und Buhrufe aus dem Publikum. Und bald flogen die ersten Becher. Ich habe dann jemandem einen Becher Bier ins Gesicht geschüttet. Und da flammte es so richtig auf. Die haben absolut nicht damit gerechnet, dass wir zurückwerfen könnten. Aber Male haben die Instrumente weggelegt und haben zurückgeworfen. Es hagelte Bierbecher, Bananenschalen, Würstchen, alles Mögliche. Und unser Auftritt als Charley's Girls bestand schließlich darin, alles zurückzuwerfen und uns dabei fotografieren zu lassen.

BERNWARD MALAKA Irgendwann fingen Charley's Girls dann an – zusammen mit uns –, irgendwelche Parolen aus dem Boden zu stampfen und herumzubrüllen.

FRANZ BIELMEIER Und je mehr die zurückgebrüllt haben, desto sicherer haben wir uns gefühlt. Janie hat seine ersten Bühnengefühle dem Publikum gegenüber entwickelt. Und die kamen wirklich aus dem Herzen heraus. Das waren keine Posen. Man hat gesehen: die Leute mit ihren blöden Ansichten und ganzen Philosophien und ihren daraus resultierenden Vorbehalten. Und das richtet sich alles gegen uns paar Arschgeigen, die wir wenigstens was tun.

BERNWARD MALAKA Eine Zeit lang war niemand mehr da. Nur noch dieser eine Punkrocker. Der Rest war draußen. Völlig angeekelt und angewidert. Wir gingen dann *backstage*, wo die Hillbillies rumhingen, weil es da nicht so gefährlich war. Der Manager von denen kam gleich auf mich zu und brüllte irgendwas von wegen »Schnauze vollhauen!«. Das brauchte nicht mehr viel, um den so zu provozieren, dass er mit beiden Fäusten auf mich einschlug.

FRANZ BIELMEIER Irgendwann kam Bernward und dieser fette Widerling von den **Hillbillies** hinterher. Wir haben dann immer so ein bisschen gegen die Steelguitar der **Hillbillies** getreten. Da ist der total ausgerastet.

BERNWARD MALAKA Ich habe ihm dann einen Schubs gegeben. Und er ist auf die Pedalsteel-Gitarre gefallen, die dabei kaputtgegangen ist. Die ganzen Pedale waren heruntergerissen. Im Fallen ist auch seine Brille heruntergefallen. Und jemand hat die unauffällig zertreten. Ich musste dann wirklich fliehen. Der Junge-Union-Chef rief schon nach der Polizei. Und so ein paar aufgebrachte Law-and-Order-Schülervertreter und der Hausmeister versuchten uns zu stoppen.

JÜRGEN ENGLER Die Leute sind so was von aggressiv geworden. Die sind auf die Bühne gestürmt und wollten uns alle verprügeln. Das war eine richtige Saalschlacht, wie man sie aus Wildwestfilmen kennt. Die **Sten Guns** hatten die Anlage gestellt. Und die Leute wollten die Anlage kaputthauen und haben dann die **Sten Guns** zu fassen gekriegt, weil die ihre Instrumente retten wollten. Die haben sie erst mal total vermöbelt. Da wurde wirklich der ganze Saal zerlegt. Der war kaputt hinterher. Und wir mussten uns aus dem Staub machen. Dazu mussten wir aber erst mal Bernward finden. Der hatte sich im Kofferraum von einem Auto versteckt.

PETER HEIN Franz hatte am Schluss auch noch jemanden von der Bühne getreten. Deswegen mussten wir auch fliehen – vor irgendwelchen Leuten, die uns verfolgten. Die sind uns durch die halbe Stadt hinterher.

FRANZ BIELMEIER Das Ganze ergab eine Sonderausgabe vom *Ostrich*, die hieß »Rodenkirchen is burning«. Ich habe auf den Fotos noch mit Filzstift rumgekrakelt, damit man sieht, dass da Terror war. Irgendwelche Spuren. Den Leuten irgendwas ins Gesicht geschmiert.

Katholiken und Sympathisanten

GODE Ich bin Halbwaise. Meine Mutter ist hier in Hamburg bei den Hardcore-Katholiken von Opus Dei. Und Katholiken in Hamburg – in dieser Diaspora zu leben – das hat ja sowieso schon was Sektenhaftes. Aus diesem bleiernen Zustand musste ich mich erst mal befreien. Zuerst über Kiffen und Drogengeschichten. Und dann bin ich zu Beginn der achten Klasse zum ersten Mal von der Schule geflogen. Da hatte ich nur Scheiße gemacht. Toiletten angezündet. Nur rumrandaliert.
Um so was ging es dann auch in der Musik. Wir hatten mit den Coroners schon Anfang 1977 begonnen. Das war noch kein Punk. Eher eine Mischung aus Glamrock und Heavy Metal. Hauptsache laut und voll daneben. Ich habe etwas richtig Wildes gesucht. Um endlich mal rauszukommen. Ich bin dann in den Sommerferien 1977 nach London gefahren. Das war kulturschockmäßig. Ich habe die Hälfte meiner Klamotten weggeschmissen – und den Koffer vollgestopft, mit Punkplatten, Klamotten und blauer Haarfarbe.
Zu Hause war das dann völlig irre. In der U-Bahn war das mit den blauen Haaren echt Spießrutenlaufen. Die sind völlig schockiert gewesen. Aber das wollte ich ja. Ich zog mir mitten im Unterricht eine Sicherheitsnadel durch Wange und Ohr, sodass die Mathelehrerin noch einmal nach Luft schnappte und einfach umfiel.
In der Folge habe ich schnell gemerkt, dass diese ganzen 68er-Hippielehrer mit ihren langen Haaren im Grunde genauso faschistoid waren wie irgendwelche Pfaffen. Gerade unter den Hippies waren viele, die extrem auf meine Haare reagiert haben. Für die gab es nur kurzhaarige Spießer und langhaarige coole Typen. Von daher passte ich nicht in deren dialektisches Weltbild. Für die hatte man in meinem Alter in Teestuben rumzuhängen und Cat Stevens und diese ganze Dudelmusik zu hören. Diese Teestuben gab es ja damals oft von Kirchen, in Schulen, oder es gab Kneipen, die so ähnlich aufgemacht waren. Da

lagen überall Matratzen in den Ecken. Es roch nach Räucherstäbchen. Das war alles so in sich gekehrt. Und Punk war für mich so ein Aufgehen. Wir haben gesagt: ›Wir machen Punkrock!‹ Und dann hatten wir unmittelbar unseren ersten Auftritt. Das war noch 1977 und sollte ein Punkrock-Festival sein – hier im *Grünspan*. Aber wir waren die Einzigen, die so aussahen wie Punks. In Hamburg gab es ja sonst nur noch die Cocksuckers und Big Balls & The Great White Idiot. Aber das waren alles Langhaarige. Wir fanden das dann total lustig, in so eine harte Disco überhaupt rein zu dürfen, weil wir alle noch gar nicht alt genug waren. Ich war damals gerade 15.

AXEL DILL Ich hatte in Hamburg auf dem Konservatorium Musik studiert. War aber 1972 schon zwei Jahre lang in Bremen gewesen. Und machte da jetzt, von Hamburg aus, bei einer Band mit: Blender. Die Gründung von Blender war lustig. Ich hatte eine kleine Liaison mit der Schwester von Florian Schneider von Kraftwerk. Der erzählte ich, dass ich 'ne Band hätte. Und sie: »Das ist ja praktisch!« Sie hatte ihr Architekturstudium fertig und suchte eine Band für die Party. Ich hatte gar keine Band! Ich rief dann ein paar Leute an, und wir probten ein einziges Mal. Und auf dieser Probe haben wir zwölf Stücke gemacht. Wir gingen auf die Party und haben da superschnellen Punk gespielt. Für uns war das so: ›Wir machen jetzt was ganz anderes.‹ Wir suchten einen neuen *groove* – den es noch nicht gab. Einfach so schnell spielen, wie es geht. Das fand ich super. Einfach draufhauen.

MARGITA HABERLAND Axel hat mich dann aus Hamburg zu Blender mitgenommen. Das war: einfach losmachen. Ohne zurückzuhalten. Das waren ganz neue Türen, die sich da für uns öffneten. Wir hatten nicht mehr das Gefühl, erst über den Müll der Geschichte rüberzumüssen – Konservatorien und so.

AXEL DILL Margita war damals schon über 30 – zehn Jahre älter als ich. Sie hat sehr anarchistisch gedacht. Sich anders angezogen. Was später Punk hieß, hieß ja vorher anarchistisch. Sie lief völlig unterschiedlich herum. Mal mit Irokesenschnitt. Mal in Arbeiteranzügen. Mal mit leichtem Kleidchen, Lederjacke und schön zerfetzten Netzstrümpfen. Die Mischung war klasse. Sexy. Ich habe mich sofort in sie verliebt.

MARGITA HABERLAND Das war auf einmal eine Zeit, wo Frauen wieder mutiger in ihrem *outfit* waren. Wir haben uns gegenseitig übertroffen, uns irgendwelche schrägen Sachen einfallen zu lassen. Aus Verpackungsmaterial. Recyclingzeug. Ich konnte ganze Abende damit verbringen, mir solche Sachen herzustellen. Das hat unglaublich Spaß gemacht. Ich hatte vor allem Lust auf schrille Sachen. Dass es knallte – von den Farben her. Und ich wollte, dass es ungewöhnlich war. Dass es eine gute Idee war. T-Shirts, die ich vorher noch mit der Schere bearbeitet habe. Löcher reingeschnitten. Jedem Teil versucht, die eigene Note zu verpassen.

AXEL DILL Ganz abgesehen von dem, was wir mit **Blender** gemacht haben, haben wir auch sonst viel herumexperimentiert.

MARGITA HABERLAND Holger Hiller, Axel Dill und ich haben auch mal eine Dreiergruppe gebildet. Das war bei Axel im Keller. Einfach so ein Kartoffelkeller. In der einen Ecke lag ein Riesenhaufen Kartoffeln. Und wir standen da, wo noch Platz war.

AXEL DILL Wir haben in diesem Keller wochenlang die schrägsten Sachen gemacht. Auf dem Bass herumbeißen. Im Liegen auf der Geige wälzen. Das war so: ›Wir-gehen-jetzt-in-den-Keller-und-schreien-mit-Punk-unsere-Wut-raus.‹ Das war auch das, was Punk für mich bedeutete, dass man rausschreien kann, was einem gerade einfällt, worunter man leidet oder was einen fertigmacht.

MARGITA HABERLAND Ich war ja sowohl 68er als auch 77er. Für mich war das ein ähnlicher Ansatz. Allerdings hatte ich, trotz allem, was ich Anfang der 70er gemacht hatte, nie so klar realisiert, was für eine Mordswut ich im Bauch hatte. Als das in diesem Keller rauskam, zusammen mit den beiden Jungs, habe ich gemerkt, das ist ohne Ende. Und hier hatte ich die Möglichkeit, das richtig rauszubringen. Ich konnte mit allem abrechnen, was mir gestunken hat. Das hat so gut getan.

Holger und ich spielten meistens Geige. Axel trommelte. Einer stand am Lichtschalter. Und wenn das Licht ausging, haben wir losgelegt wie die Geisteskranken. Und in dem Augenblick, wo das Licht wieder anging: Ruhe! Stille! Kein einziges Tönchen durfte mehr rüberkleckern. Das war wie null und eins.

Entweder an oder aus. Was anderes gibt es nicht. Das war gar nicht weit von Kinderspielen wie »Reise nach Jerusalem« entfernt. Es war ein Konzept für Spontaneität. Auch diese Genauigkeit war wichtig. Das schärfte die Wachsamkeit. Man musste einfach nur aufpassen. Und dieser Druck, mit dem wir das rauspressten wie aus einer vollen Zahnpastatube, hat wiederum ermöglicht, dass wir so direkt waren. Ich habe gespürt, dass wir Vorgaben ganz ohne intellektuelle Absprachen treffen und realisieren können. Das war diese frische Energie. Hirnschnörkel waren da nicht angesagt. Damals gab es ja, gerade mit Frauen, immer endlose Diskussionen, bis es zur Sache ging. Und bei uns ging es darum, einfach zu machen. Wir haben das dann auch zur Aufführung gebracht. Ohne jede Vorbereitung. Das war sowieso Teil des Konzepts, dass der Auftritt selber nie geübt wurde.

FRANK Z In Hamburg hat Punk anfangs eine sehr unterschiedliche Szene angezogen. Da waren viele Leute mit Fashionattitüde dabei. Auch aus der Schwulenszene. Und Leute, die einen intellektuellen Anspruch damit verbanden.

AXEL DILL Das war dann auch diese Literatenszene, die Punk benutzte und auf einmal Musik machte. Hinterberger. Kiev Stingl. Das hat mich interessiert. Da war plötzlich ein Freiraum für Musik. Diese Literaten tauchten mitten in der Nacht in Kneipen wie der *Bierstube Gans* auf, hämmerten auf ihren Gitarren herum und formulierten dazu ihre Texte. Und das auch noch auf Deutsch. Das klang ja damals völlig bescheuert. Die deutsche Sprache galt als völlig unmusikalisch.

Zu dieser Zeit habe ich Frank Z kennen gelernt. Das war ein wilder, jähzorniger Kämpfer, der gerade dabei war, das in Musik umzutransportieren.

FRANK Z Ich war damals gegen alles. Und es musste auch immer möglichst radikal sein. Die Kommunisten waren ja extrem langweilig. Also war ich in der ›Schwarzen Hilfe‹ – einer Anarcho-Knasthilfe-Organisation, in der auch Leute waren, die später bei der »Bewegung 2. Juni« waren. Andreas Vogel etwa, der 1976 nach der Lorenz-Entführung verhaftet und auf ewig verknackt wurde. Den kannte ich ganz gut.

Dann gab es hier in Hamburg die erste Hausbesetzung. Auch Mitte der 70er. Die Leute, die da mit drinnen waren, ergaben später so ein *Who is who* des deutschen Terrorismus. Die ganze zweite RAF-Generation. Karl-Heinz Dellwo, der sich nachher mit der deutschen Botschaft in Stockholm in die Luft gesprengt hat. Ich bin dann zusammen mit einem Typen verhaftet worden, der in einer konspirativen Wohnung gewohnt hat und gesucht worden ist. Und der hatte auch eine Knarre dabei. Ich habe drei Wochen im Knast gesessen. Unter Bedingungen, unter denen man damals eben als Terrorist gesessen hat. Völlig isoliert. Das hat mir einen Schock versetzt. Ich war ja gerade mal 18.

KLAUS MAECK Ich war damals schon Anfang 20, war in Polit-, Sponti- und Alternativkreisen unterwegs und machte einen Laden namens *Schwarzmarkt*. Es gab ja so eine Bewegung, selbstbestimmtes Leben zu organisieren. Selbstversorgung. Und dieser Laden war eben eine Mischung aus Buchladen und Infozentrum. Es gab Karteien, da wurden Wohnungen vermittelt. Maschinen. Klamotten. Was immer man tauschen oder an- und verkaufen konnte.

Während dieser RAF-Anschläge haben wir auch für Gegeninformation gesorgt. Wir haben Infos rausgegeben, wo deren Erklärungen abgedruckt wurden. Einfach aus unserem demokratischen Verständnis heraus, dass nichts unterdrückt werden darf. Der Druck wurde aber immer stärker. Ich fand mich plötzlich auf dieser RAF-Sympathisantenliste. Freunde waren auf einmal auf Fahndungsplakaten. Oder gleich im Knast.

Bis dahin hatte ich mich nur wenig für Musik interessiert. Bis die **Sex Pistols** in England explodierten. Was meine Alternativenfreunde gar nicht verstehen konnten. Ich wurde als Faschist beschimpft. Weil ich solche Platten mitbrachte. Was wolle ich denn auf einmal mit diesen rechten Typen, die alle kurze Haare haben? Ich habe gedacht: ›Ihr versteht ja überhaupt nichts. Ihr seid ja stehen geblieben.‹ Ich fand das wesentlich aufregender als alles, was ich die ganzen Jahre vorher gemacht hatte. Ich entdeckte so richtig meine Begeisterung für Musik. Weil ich da erst gesehen habe, was möglich ist.

Zu dieser Zeit fuhr ich Taxi, um Geld zu verdienen. Von meinem Schwarzmarktjob konnte ich nicht leben. Das war auch so ein seltsamer Anspruch: Man durfte nichts verdienen. Und bei so einer Taxifahrt lernte ich Alfred Hilsberg kennen. Der saß mit der Buchhändlerin von einem linken Buchladen bei mir drin. Und ich hörte die beiden über Punk reden. Ich fand das erstaunlich, dass es auch Leute gibt, die diese Bewegung verstehen.

Deutscher Herbst

JÄKI ELDORADO Dann haben wir Bommi Baumann kennen gelernt, die »Bewegung 2. Juni«-Legende. Auf einmal lief so ein dicker Hippie bei Punkrockkonzerten rum. Und der kam dann mal an und war Bommi Baumann. Vielen von den humorvolleren Linken ging ja der herrschende Diskussionswahn, dieses Zerreden, selber schon auf die Nerven. Die haben früh gemerkt: ›Da geht was. Bei diesen Punkrockern sind lustige Leute am Start.‹

In Berlin bestand das ja alles mehr aus Kunststudenten. Was das Aufspüren der neuesten Trends betrifft, wollte man in Berlin ja immer ähnlich weit vorne sein wie New York. Damals lief sofort *Punk in London* im Kant-Kino. Den haben wir uns bestimmt 20-mal angekuckt. Aber es gab auch völlig dämliche Entwicklungen. Zum Beispiel gab es einen Typen, der gerade einen Laden aufmachte und den *Funk House* nennen wollte. Aber bald hat er gemerkt, dass Punk das nächste große Ding wird, und hat das *Punk House* genannt. Und dann haben sich da alle getroffen. Völlig doof.

GUDRUN GUT Jäki und ich, wir beide waren in Berlin die ersten Punks. Er war der Allererste und ich die Zweite. Ich war auch kurz mit ihm zusammen. Und vorher war Beate Bartel mit ihm zusammen. Das wusste ich aber nicht. Jäki war ein großer Draufgänger. Aber auch ein großer Frauenliebhaber. So ein Angenehmer. Am laufenden Band unglücklich verliebt in irgendeine. Ein Romantiker. Schwerster Romantiker. Ich bin mal mit ihm zu meiner Tante in die Lüneburger Heide getrampt. Und Jäki sah superextrem aus. Mit Irokesen. Ich habe mir echt nichts dabei gedacht. Ich dachte: ›So ist halt die Welt.‹ Und meine Tante: »Iiiihhh! Wie sieht der denn aus?« Haha! Das war klasse. Und das wird sie auch nie vergessen. Ich war okay, haha! »Aber dieser Typ! Dieser Jäki!« Er ist diesen einen Tag geblieben und dann gleich weitergefahren.

JÄKI ELDORADO Als bei mir diese Wandlung vor sich ging, las mein Vater in der *Zeit* etwas über Punkrock. Da hieß es: ›Punkrocker sind laut. Punkrocker pöbeln alte Leute an.‹ Er kam völlig aufgelöst an und meinte: »Das ist ja unmöglich!« Dabei waren das alles Dinge, mit denen wir uns überhaupt nicht beschäftigt haben. Wir waren nette, brave, kleine Leute. Wir haben doch gar nichts weiter gemacht. Aber mein Vater hat damals aufgehört über mich nachzudenken. Als ob ich nicht mehr sein Sohn wäre.

Punk war für mich einfach so ein Entfaltungsding. Wobei die interessante Phase war, bevor Punk richtig spruchreif wurde. Als man sich weder unbedingt selber als Punkrocker verstand noch von den Leuten so eingeordnet werden konnte. Da konnte jeder mitmachen. Hauptsache er hatte irgendeine Macke. Je bekloppter, desto besser. Es ging darum, ein eigenes Ding zu finden – überhaupt nicht um so ein Gruppending. Auch nicht darum, irgendwelche englischen Vorbilder nachzuahmen: ›Wie kann ich am besten wie Sid Vicious aussehen?‹ Es gab ja die tollsten Tricks, um sich mit der Sicherheitsnadel nicht wehzutun. Wenn du zum Beispiel den Teil mit der Nadel umbiegst und nach innen in den Mundwinkel steckst, sieht das aus, als ob du das durchgestochen hast. Das waren alles nur so lustige Sachen. Das hatte nie so eine Brutalität. Da ging's nicht um rumgrölen. Punk war eher so ein buntes Konzept.

Das Einzige war halt, dass wir uns oft mit Polizisten gehauen haben. Wobei ich da auf keinen Fall mit einem politischen Konzept hingegangen bin. Sondern ganz naiv aus Spaß. Wir waren kleine Kinder, die eine dicke Lippe riskiert haben. Es hat Spaß gemacht, die zu provozieren. Aber natürlich konnten wir uns im Ernstfall nicht gegen so einen Bullen wehren. Die Kerle waren deutlich stärker als wir. Wobei das trotzdem wichtig für meine Entwicklung war, haha. Nachdem ich einige Male von einem ordentlichen Polizisten eins übergebraten gekriegt hatte, war ich für gesellschaftliche Abläufe nicht mehr brauchbar. Danach konnte mir keiner mehr erzählen, dass Polizei das richtige Konzept ist.

Aber ansonsten hatte das alles nichts mit Gesellschaftskritik zu tun. Weil das schon wieder 68er-puritanische Betrachtung ge-

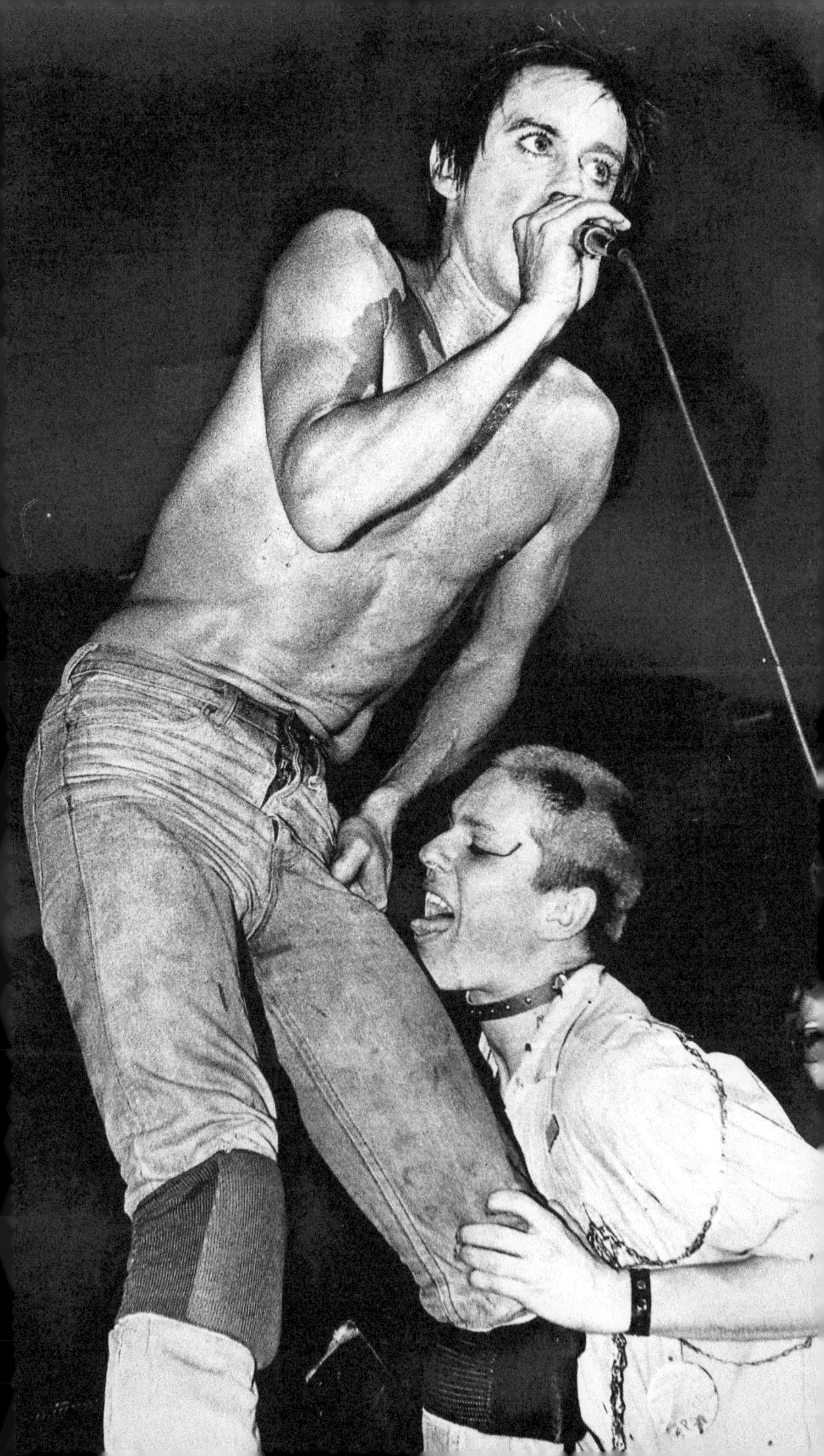

wesen wäre. Punkrock war ja gerade so interessant, weil es auf einmal keinerlei ideologischen Ballast mehr gab. Du konntest durchdrehen. Party machen. Brauchtest keine Rücksicht mehr zu nehmen, ob der jetzt mit einem Hakenkreuz rumläuft oder die RAF gut fand – das war alles eins. Natürlich fanden die Punks die RAF viel besser. Schon allein, weil Andreas Baader alles andere als ein Hippie war. Der war ja totales Dandytum. Aber darum ging es uns nicht: Es ging mehr um Symbolkraft und Außenwirkung.

GUDRUN GUT Ich war bei diesem legendären Konzert dabei, als Jäki das Bein von Iggy Pop ableckte. Iggy Pop war für uns alle der große Held. Aber das wäre sonst wirklich kein wichtiger Event gewesen. Dazu wurde es nur, weil es davon ein gutes Foto gab, das durch die ganze Presse ging.

JÄKI ELDORADO Das war schon recht konzeptmäßig, dass ich das gemacht habe. Da waren ja nur zehn Punks da. Der Rest waren Normale, die sich gewundert haben. Und ich habe eben versucht, mich stereotyp zu verhalten. Auf der einen Seite unterwürfig. Aber mit einer Ehrerbietung, die völlig überzogen ist. Und ich hatte es eben schon gut drauf, mich im richtigen Augenblick fotografieren zu lassen.

Danach kamen zig Leute, die Musik mit mir machen wollten. Und ich wäre auch gerne Popstar geworden. Mein Problem war nur, dass ich zwar nach außen als jemand erschien, der durchgedreht genug ist, so was machen zu können. Nur: In dem Moment, wo ich das machen sollte, habe ich nicht funktioniert. Ich habe mal bei einer Probe von einer Band namens PVC mitgemacht. Obwohl die mich gar nicht interessierten. Mich hat explizit interessiert, dass durch Punk die deutsche Sprache in die Popmusik eingeführt wurde. Und PVC haben englisch gesungen. Das sollte zwar Punk sein, aber die haben nichts Eigenes gemacht. Jedenfalls hat das dann gar nicht hingehauen. Ich stand einfach nur da und hatte Kurzschluss. So war das immer. Darunter habe ich sehr gelitten. Ich empfand mich als extrem untalentiert.

Schlimm war auch dieser Coolness-Anspruch, den man als Punk auf einmal haben musste. Zu Anfang war das wirklich nur: Quatsch machen und Leute schocken. Aber mit zunehmender Festigung des Begriffs ›Punkrock‹ durfte es nicht mehr einfach nur lustig sein. Dass dann sogar Leute auf der Strecke geblieben sind, das war einfach ein Missverständnis. Sid Vicious ist ein Missverständnis. Hätte dem mal einer gesagt: ›Pass auf, das ist alles gar nicht ernst gemeint. Wir machen hier nur Spaß. Du brauchst gar nicht so Gas zu geben‹, dann wäre das ein ganz anderer Schnack geworden. Malcolm McLaren hatte sich dieses Aggressivitätsmoment ja nur ausgedacht. Der hatte halt beim ersten Sex-Pistols-Auftritt jemanden geschubst. Danach kamen schnell die ganzen Elemente wie Leder, Bierflaschen kaputtmachen, Arme aufschneiden. Das hatte zwar durch Iggy Pop durchaus Tradition. Das Dumme war nur, dass es auch zu meinem Unvermögen passte, mit mir selber zu Rande zu kommen. Als meine eigenen Probleme überhandnahmen, habe ich mir die Arme mit der Rasierklinge aufgeschnitten. Ich habe jahrelang gedacht, dass ich scheiße aussehe und dass ich nichts auf dem Zettel habe. Insofern hatte Punk für mich auch von daher seinen Reiz. Ein Teil der Ideologie war ja: Die fürchterlichsten, hässlichsten Leute können Stars werden. Punk hat viele Leute in ihren Defiziten bestätigt. Bei Blixa war das ähnlich. Der kommt aus völlig langweiligen Verhältnissen. Die Mutter arbeitet auf der Bahnhofsmission. Der Vater ist so ein Nichts. Und Blixa hat dann sein eigenes Nichtssein glorifiziert.

BLIXA BARGELD Ich bin in Friedenau aufgewachsen. Das ist die Gegend, in der Günter Grass seine Villa hat. Allerdings wird Friedenau von der S-Bahn zerschnitten. Jenseits davon ist die Sozialhilfeabteilung. Da komme ich her. Von der anderen Seite von Günter Grass. Aus einer breiten, ungefähr einen Kilometer langen Straße mit vollkommen gleichförmigen Gebäuden. So genannte Alt-Neubauten. Mit jeweils vier Stockwerken. Vor jedem Haus ein Vorgarten. Vor dem Vorgarten der Bürgersteig. Vor dem Bürgersteig kommen Bäume. Dann kommt die Fahrrinne. Dann dasselbe wieder rückwärts. Da bin ich groß geworden.

GUDRUN GUT Ich habe Blixa zuerst im *Anderen Ufer* getroffen, einem Schwulencafé. Wir haben uns über Neu unterhalten. Ich habe mich gewundert, dass er so lange Haare hatte und doch so einen guten Musikgeschmack. Aber ich war froh, endlich mal einen zu treffen, der Neu gut findet.

BLIXA BARGELD Das musikalische Reservoir war breit. Das waren nicht nur Sex Pistols. Die haben mich von Anfang an gelangweilt. Und dass sich Punk zu einer seltsamen, pseudolinken Ideologie verwachsen würde, war damals noch gar nicht abzusehen.

JÄKI ELDORADO In England ist Punk schnell durch gewesen. Allen war klar, dass das eine Modeerscheinung ist. So eine Band wie Male hätte in England gut funktioniert. Die hatten im richtigen Augenblick die richtigen Klamotten an. Da ging's darum: Ich bin 16, sehe sehr gut aus, bin verdammt sexy – und die Welt kann mich mal. Aber hier in Deutschland musste das unbedingt noch ein inhaltliches Moment kriegen.

INGA HUMPE Wir hatten damals noch keine eigenen Rebel-Popstars. Die Einzigen, die für mich so einen Popstarappeal hatten – das waren die Leute von der RAF. Da war ich Fan. Für mich waren das Helden. Das waren die Einzigen, denen ich zugetraut habe, dass sie wirklich etwas ändern wollen – allen anderen nicht.

Ich studierte noch in Aachen, als Ulrike Meinhof sich umgebracht hat. Danach war ich entschlossen, Mitglied der RAF zu werden. Ich wollte unbedingt etwas tun – gegen diese Gesellschaft. Deswegen bin ich auch nach Berlin gekommen. Es sollte eine Kneipe in Kreuzberg geben, wo man Kontakt aufnehmen konnte. Aber ich habe dann die Spur verloren.

Die musikalische Sache war eigentlich gar nicht geplant gewesen. Ich habe 1977 erst mal eine Aufnahmeprüfung für Bühnenbild an der Kunsthochschule gemacht – und nicht bestanden. Daraufhin bin ich für drei Monate nach Amerika gefahren. Und da habe ich Punk kennen gelernt. Meine erste Punkband habe ich in San Francisco gesehen. Nuclear Valdez: Ich fand das so genial: Das waren fünf Typen, die hießen alle John. »This is my brother John«, schrie der eine. Und ein anderer schrie: »*I* am John!« »*I* am John!« Und einfach nur brüllend laut. Die standen da, mit kreischenden Gitarren, und

brüllten vor Wut irgendwas raus. Danach war mein Leben einfach anders. Ich habe versucht alles zu ändern. Das war so was von klar.
Als ich zurückkam, dachte ich: ›Da komme ich aber mit was!‹ Und dann gab's das in Berlin auf einmal auch. Unmittelbar darauf spielten die **Vibrators** auf so einer Art Modenschau, zu Hause bei Claudia Skoda, einer Designerin aus Berlin, die damals superwavige Stricksachen machte. Zu große Pullover mit geometrischen Mustern. Das war ein richtiger Glamourabend. Und ich fand das zwar klasse, aber damals durfte man ja niemanden gut finden. Das war auch so: ›Wir Supergirls fallen nicht auf Mode rein.‹ Alles was eine Handtasche hatte, war für mich total unter aller Sau. Und deswegen lief ich mit Plastiktüten herum.
Ich musste mir mein Frauenbild erst selbst erschaffen. Das ging alles sehr über den Kopf. Schönheit durfte auf keinen Fall herausgestrichen werden. Eine schöne Frau, das war alles Kosmetik – im Sinne von unwertvoll, weil nicht persönlich genug. Das stand nicht für Emanzipation. Nicht für: ›Ich kann's alleine.‹ Ich habe mich eher zwischen den Extrem-Punk-Mädels gesehen, die mit blutigen Tampons am Ohr durch die Straßen gingen – wofür ich ein bisschen zu ängstlich war –, und den so genannten *It Girls*. Das war eine englische Bewegung, die Ende der 60er losging und dann im Punk verebbte. Da ging es auch eher um geistige Stärke. Nicht um die Unterstreichung geschlechtsspezifischer Merkmale.
Ich wollte mich unbedingt absetzen und schwierig sein. Nicht schön sein, sondern provozierend. Ich konnte mich zu Hause nicht mehr blicken lassen, weil ich versucht hatte, mir die Haare in allen verbotenen Farben zu färben. Was nicht funktioniert hatte. Ich habe von Natur aus rotblonde Haare und habe einfach mal Grün drübergeknallt. Aber damals gab es ja noch keine vernünftigen Farben. Das sah eher aus wie verschimmelt. Jäki hatte sich damals rote Punkte auf die kurzen Haare gefärbt. Ich hatte Jäki und Blixa zum ersten Mal vor der Tür vom *Dschungel* getroffen. Und das nächste Mal in irgendeiner Wohnung mit Sandboden und Liegestühlen. Das war mit den

beiden so ein Umschleichen. So ein unheimlich heimliches Gepose. Ganz dezentes Sich-in-Szene-Setzen. Das war kaum nachweisbar. Wir haben uns zwar durchaus angezogen. Aber wir redeten nicht darüber. Die Kommunikation war sehr merkwürdig. Man ließ einfach nebenbei Wörter fallen: Suicide. Und gab sich damit als Kenner zu erkennen. Hihi!
Irgendwann fingen wir sogar mal zu sprechen an. Ich erzählte, was ich in Amerika erlebt habe. Und dann glühte es kurz. Wir wussten, dass irgendwas passieren wird.
BLIXA BARGELD Ich habe mit Jäki Eldorado und Inga Humpe dann eine Punkband gegründet. Die hat zwar keinen einzigen Ton Musik fabriziert. Aber sie existierte als Band in unseren Köpfen. Da kam gar nichts zustande. Das war eine rein stilistische Haltung. Ein psychologischer Befreiungsschlag.
JÄKI ELDORADO Es ging nur darum, wie die Band aussehen und heißen soll. Wie die klingen soll, war dann schon gar nicht mehr Thema.
BLIXA BARGELD Und nachdem Jäki und ich uns schon umbenannt hatten, nannten wir Inga Humpe in Inga Dilemma um.
INGA HUMPE Das war eben auch der Spaß. Ich kam zum ersten Mal weg von so einer Identität, die zu Hause gebildet werden sollte. Dilemma sollte ein widersprüchlicher Name sein. Vielleicht weil ich innen schüchtern war und außen eine große Klappe hatte. Es war auch wichtig, so ein Underdog-Gefühl drin zu haben. Das war eine unheimliche Befreiung, sagen zu können: ›Hey! Kuck mal! Ich komm überhaupt nicht klar. Aber so ist das eben! Na und? Ich glaub dir übrigens auch nicht, dass du klarkommst.‹ Das war eine unheimliche Freude, zu spüren, dass ich auf einmal eine *community* hatte – von Leuten, die keinen Gesetzen folgten. Denn darum ging es ja. Nach wie vor. In jeder Beziehung.
Ich weiß noch: ein Jahr vorher. Als ich das erste Mal nach München gefahren bin. Wir hatten irgendwo in Bayern am Waldrand geparkt. Mit Berliner Kennzeichen. Das war ein Volvo. Also kein kleines Auto. Und das war anscheinend verdächtig. Da hatten Leute bei der Polizei angerufen. Wir fuhren in den nächsten Ort. Und dann waren da schon Straßensperren

an beiden Ausfahrtstraßen, und wir wurden mit Maschinenpistolen empfangen. Ich wollte gerade eine Kassette einschieben, und mein Freund schrie nur: »Fass die Kassette nicht an. Nimm die Hände hoch!«
So behandelt zu werden war für mich ein Schock. Ich dachte: ›Worum kümmern die sich eigentlich?‹ Wo ich doch aus eigener Erfahrung wusste, dass in den Schulen noch Nazis unterrichteten. Diese Verachtung, die ich da hatte – für diesen Staat und die Polizei, natürlich auch für die Leute, die mit diesem Staat konform gingen, diese so genannten Bürger da –, so eine schreckliche Verachtung habe ich nie wieder empfunden. Das war damals mein allerstärkstes Gefühl. Ich war nicht so verliebt, und selbst Musik hat mich nicht so begeistert. Bis eben Punk kam.

ANNETTE BENJAMIN Das war ja auch die Zeit der Terroristinnen. Ich habe das zwar verurteilt, dass Menschen dabei umgekommen sind, aber ich glaube, diese Frauen haben versucht, ihre destruktive Ader durch Terrorismus rauszubringen. Das ist auch eine Parallele, die ich zu mir sehe. Ich habe auch so eine ganz destruktive Ader. Nur ist diese Destruktivität bei mir nie wirklich destruktiv geworden. Für mich ist es durch die Musik neutralisiert worden.
Ich war noch kurz vorher auf einem katholischen Mädchengymnasium gewesen. Das war sehr streng. Das hatte ich also noch nie leiden können – diese Obrigkeiten. Ich bin dann mit 17 von zu Hause weggelaufen und habe in London sechs Monate lang den Höhepunkt von Punk mitgekriegt. Vor allem diesen Spaß, den diese ganze Szene hatte. Dieses »Tanzen-auf-dem-Vulkan«. Für mich hatte das fast schon was Unwirkliches. Ich habe einfach gesagt: ›Für mich gibt es keine Obrigkeit mehr.‹ Ich wollte auch als Frau machen können, was ich wollte. Mich absolut danebenbenehmen. Mit der eigenen Destruktivität auch mal umgehen. Und kein schlechtes Gewissen haben. Ich fand das auch so klasse: diesen Mut zum Hässlichsein. Nicht hübsch und angepasst und lieb sein, um Bestätigung zu

kriegen, sondern so sein, wie ich will: also ruhig auch schon mal hässlich und laut und ganz unverblümt.

MARTINA WEITH Im Gegensatz zu den Jungs musstest du als Mädel damals erst zu Hause ausziehen, um was machen zu können. Das war ein großer Sprung, unter Mutters Fittichen rauszukommen. Bei mir hat es zwei Jahre lang jeden Tag Stress gegeben. Ich hatte so ein Gedankenmuster: ›Besser unangenehm auffallen als gar nicht.‹ Das war auch gar kein Masochismus. Ich habe ja selbst entschieden, wie die Leute mit mir umgehen. Zum Beispiel bei Familienfeten. Da habe ich mich vorher gefragt: ›Gehe ich hin und provoziere Krach, oder gehe ich hin und fress mich voll?‹ Und je nachdem habe ich mich angezogen. Ich konnte mir das aussuchen. Das war fast so wie 'ne zweite Haut, die ich mir aneignen konnte. Ich habe mich aber immer in der provokanteren Haut wohler gefühlt. Wenn ich in der Bahn gesessen habe, in diesen Vierersitzgruppen – es konnte voll sein wie Hölle – die drei Plätze neben mir waren frei. Auch in der Straßenbahn. Wie ich das genossen habe! Ich hab mir gedacht: ›Ihr kleinen Scheißer! Was seid ihr für Pfeifen, wenn ihr euch durch so Äußerlichkeiten dermaßen beeinflussen lasst.‹ Da habe ich richtig triumphiert.

MORITZ R® Wenn man heutzutage an die 70er Jahre denkt, denkt man ja immer an schicke Stile. Mode. Möbel. Aber geistig war das in Deutschland eine ganz finstere Zeit. Man spürte noch voll dieses fürchterliche Nachkriegsdeutschland. Wobei für mich das Schlimmste und Seltsamste war, dass man nicht offen miteinander reden konnte.

FRANK FENSTERMACHER Dieses »Deutschland im Herbst«, das war die Grundstimmung. Man hat plötzlich – durch diese Jagd auf die RAF und die damit verbundene Verschärfung in der gesamten Gesetzgebung – die wahren Zustände gesehen.

CARMEN KNOEBEL Der *Ratinger Hof* war auch hochgradig verdächtig. Wir standen unter permanenter polizeilicher Beobachtung. Da gingen die Zivilbullen ein und aus. Die haben wir natürlich sofort erkannt. Zuerst am Schnauzbart. Aber die konnte man auch richtig riechen. Erst recht, wenn sie in Lederjacken kamen. Und da Terroristen suchten, haha. Es gab ja

1978 immer noch Terroristen. Aber die sind bestimmt nicht in den *Ratinger Hof* gegangen. Und auch nicht auf die Kunstakademie. Die wurde auch richtig beobachtet. Das hat uns ein ehemaliger Beuys-Schüler erzählt, der bei der Polizei war.

FM EINHEIT Für mich war dieser kollektive Wahnsinn gegen die RAF prägend. Ich wurde von wildfremden Leuten auf der Straße angesprochen: »Jetzt haben wir sie gekriegt, die Schweine!« Dabei habe ich nicht einmal besonders bürgerlich ausgesehen. Auf keinen Fall so, dass ich solche Vertraulichkeiten herausgefordert hätte. Ich war damals eher noch so ein kleiner Späthippie. Aber ich bin, jedes Mal wenn ich über die Grenze fuhr, bis aufs Arschloch gefilzt worden. Und das war wirklich nicht nur ein einziges Mal. Das war immer.

PADELUUN Wenn man nicht schon RAF-Sympathisant war, dann wurde man dazu gemacht. Ich war RAF-Sympathisant. Wir waren alle RAF-Sympathisanten. Ich habe den Terrorismus allerdings nicht so gesehen, wie er in den Medien dargestellt wurde, sondern als eine Form, wie eine Gesellschaft, in der die meisten Leute den Mund nicht aufmachen dürfen, sich eben doch artikuliert.

Ich habe zu jener Zeit mit Einzelkämpferaktionen begonnen. Ich nannte das damals schon Performance. Nachdem Schleyer getötet wurde, gab es doch so spontane Demonstrationen für Frieden und gegen Gewalt. Und ich ging dann halt hin und hatte einen weißen Arbeitskittel mit Abzeichen der RAF auf dem Rücken. Die Leute aus diesem Friedenszug sind mit Fackeln auf mich losgegangen. Letztendlich hat mich die Polizei gerettet.

Ich habe damals alles Mögliche getan, um wenigstens als Sympathisant aufzufallen. Auf mein Auto schrieb ich mit großen Filzstiften »A. Krieg – Kundensofortdienst«. Das stand ursprünglich auf dem Auto, mit dem diese Stalinorgel transportiert wurde, mit der dieser nicht geglückte Anschlag auf das Bundesverfassungsgericht vorbereitet wurde. Da haben sie mich endlich mal mittags aus dem Haus geholt und mich erkennungsdienstlich behandelt. Da war ich ganz stolz.

Die andere Seite war, dass ich aus dieser Jämmerlichkeit der

Hippies rauswollte. Diese Leute hatten alles besetzt, was Protest hieß. Also musste ich mich mit ihnen auseinandersetzen. Das hieß etwa, in einen linken Buchladen zu gehen und zu sagen: »Heil Hitler, Genossen.« Danach musste ich erst mal eine Stunde über Politik diskutieren.

HARRY RAG Dieses »Rock gegen Rechts« hatte bei uns ja leider schnell diesen linken Charakter. Und mit den Linken wollte ich mich nicht automatisch identifizieren. Für mich standen die für: Strickpullover, Jesuslatschen, Teestube und Karl-Marx-Bücher-Lesen. Das war alles so langweilig und geschwätzig.

PYROLATOR Im September 77 war in Kalkar eine der größten Demos aller Zeiten. Gegen den Schnellen Brüter. Da habe ich gemerkt, wie man da für dumm verkauft wird. Die nehmen einem Birnen weg, weil das gefährliche Wurfgeschosse sind. Und diese Sachen tauchen dann auch in der Statistik als gefährliche Wurfgeschosse auf. Oder: Um uns gegen Tränengas zu schützen, hatten wir Zitronen dabei. Und Tücher. Die haben sie einem weggenommen, damit man schutzlos ist.

GABI DELGADO Ich hatte immer eine Affinität zu Menschen, die gewaltbereit sind. Mir haben auch die Uniformen der Polizisten immer viel besser gefallen als die der Demonstranten. Vom Styling her haben mir die Bullen imponiert. Und auch vom Vorgehen her. Das andere hat mir nicht zugesagt: dieses gewaltlose Irgendwo-Hinsetzen. Das fand ich total scheiße. Ich fand es viel besser, denen, die da sitzen, auf den Kopf zu hauen. Nur so von der Ästhetik her.

PYROLATOR Das war auch die Stimmung, die sich in der Musik geäußert hat: Das sollte eine Protesthaltung sein. Wir wollten aufbegehren, gegen diesen ganzen Kram. Wir wollten die Leute vor den Kopf stoßen, um sie aufzuwecken. Um sie auf die wahren Zustände aufmerksam zu machen.

HARRY RAG Wenn man die Grundthematik betrachtet, wovon die Texte gehandelt haben – da waren sich fast alle Bands ähnlich. Die Texte hatten viel Ähnlichkeit mit dem, was die RAF kritisierte. Jede Band hatte ein Stück, was sich auf diese Situation bezog. »Es brennt und ich lache« von Hans-A-Plast. »Heute Norm, morgen tot« von uns. Das war eine parallele Entwicklung. Die RAF hatte ja auch 77 ihren Höhepunkt – genau als hier Punk ausgebrochen ist. Und so verstand es sich von selbst, dass jeder von uns mit der RAF sympathisierte. Zumindest ideell. Das heißt nicht, dass wir Morde gut fanden. Aber wir fanden bestimmt auch keine Arbeitgeberpräsidenten gut.

Zurück zum Beton

Jah Wobble hat mir mal erzählt, wie er im Bus auf der Oxford Street saß. Der Bus fuhr schon. Da sieht er, wie ein Hippie noch hinter dem Bus herlief und versucht aufzuspringen. Da saß aber ein Punk an der Tür. Und der tritt ihn richtig mit seinen Stiefeln runter, wieder zurück auf die Straße, und sagt: »Not you! Hippie!« **HOLGER CZUKAY**

GABI DELGADO Bevor ich Punk war, war ich Disco-Schnulli. Ich war gern in Schwulenclubs – *James' Afro-Club* und so – und habe gerne Funk gehört: Parliament, Funkadelic. Ich habe mich schon vorher stark für Musik interessiert. Nur wäre ich nie auf die Idee gekommen, dass ich selber eine Platte machen könnte. Damals dachte man ja, dass man so was studieren muss. So gesehen war Punk eine echte Befreiung. Mein Problem war nur: Ich kannte niemanden. Ich hatte nur so eine Geschichte im *Spiegel* gelesen. Irgendwann ging ich dann in den *Ratinger Hof*. Das sah zwar nicht ganz so aus, wie ich es mir vorgestellt hatte, aber das waren echte Punks.

THOMAS SCHWEBEL Anfang 78 tauchten die ersten Karnevalspunks auf. Es war Karneval in Düsseldorf, und die Leute verkleideten sich als Punks – weil das nun auch in der breiten Masse angekommen war. Wir passten dann eine Zeit lang sehr auf. Damals tauchte auch Gabi Delgado auf. Der war total durchgestylt und eitel. Sehr körperbewusst. Der wurde sehr misstrauisch beäugt, ob er nicht vielleicht nur Karnevalspunk ist. Der hatte einige Anfangsschwierigkeiten zu überwinden. Der galt lange als Karnevalspunk.

FRANZ BIELMEIER Es gab Leute, die wurden von uns als Poseure bezeichnet. Als Poser. Die sahen wirklich gut aus. Die hatten teure Punkklamotten. Bondage-Hosen von der Kings Road. Das hatten wir nicht. Das wollten wir auch nicht. Wir wollten das nicht importieren wie irgendwelche Schwarzwaldandenken.

GABI DELGADO Charley's Girls habe ich erstmals in so einer superprominenten Kölner Galerie mitgekriegt. Galerie Oppenheim. Die haben immer Polke ausgestellt. Und die haben dann Charley's Girls für eine Vernissage gebucht. Für uns hieß das: Überall schlechte Kunst! Schlechte Künstler! Und Hippies, die noch gar nicht mitgekriegt hatten, dass es sie nicht mehr gibt. In einem von den Räumen lief eine Art Dia- und Videoshow. Da standen hübsch und nett Stapelstühle für die geladenen Gäste, und alles war mit Sand ausgestreut. Und Ramon und ich sagten: »Das ist ja wie am Strand in Spanien!« Was fehlte, war nur der Dreck. Den haben wir dann besorgt: Bierbüchsen, Zigaretten – damit haben wir den Sand versaut. Die Künstler fanden das sehr aufregend. So: ›Diese frechen jungen Punks!‹ Und für uns war das aufregend, weil wir kein Geld und keine Drogen hatten. Bei Jungs wie Ramon aus Köln mischte sich das ja fast mit so einem urbanen Strichertum. Wir haben da viel mit Drogen experimentiert. Und die Stricher haben dieses Punkoutfit, weil es auch gut passte, sehr schnell aufgegriffen. Ramon und diese Leute waren echte Stricher. Die haben die Schwulen hinterher zwar meistens zusammengeschlagen und denen das Geld abgenommen, aber das waren echte Stricher. Ich habe da nur mal so mitgemacht. Habe mich aushalten lassen von älteren Männern – die ich aber attraktiv fand. Also nicht so ganz alte – eher Vatertypen. Ich war zuerst eindeutig auf ältere Männer fixiert. Auch so ein bisschen Strichermentalität gehabt. Weil, ich habe nicht gearbeitet, bin nicht zur Schule gegangen und musste ja irgendwo wohnen und mein Geld und meine Punksachen herkriegen. Platten. Was Klamotten betrifft, konnte man ja schwer in Punkläden gehen. Das gab es einfach nicht. Man musste alles selber basteln. Alles selber erfinden. Vor allem sich selber. Wir haben unsere Sachen bemalt, Reißverschlüsse mit Zehn-Sekunden-Kleber reingeklebt, alles mit Sicherheitsnadeln gespickt, irgendwelche Handwerkerhosen genommen und schwarz gefärbt. Gut waren auch diese Klebebänder, die Peter Hein immer dabeihatte. Der hat ja bei Xerox gearbeitet und hat da rote Klebebänder mitgenommen. Da stand drauf: »X-9200«. Das haben wir uns alle auf die Lederjacken geklebt, einmal um den Arm, dass wir so ein nazimäßiges rotes Ding hatten.

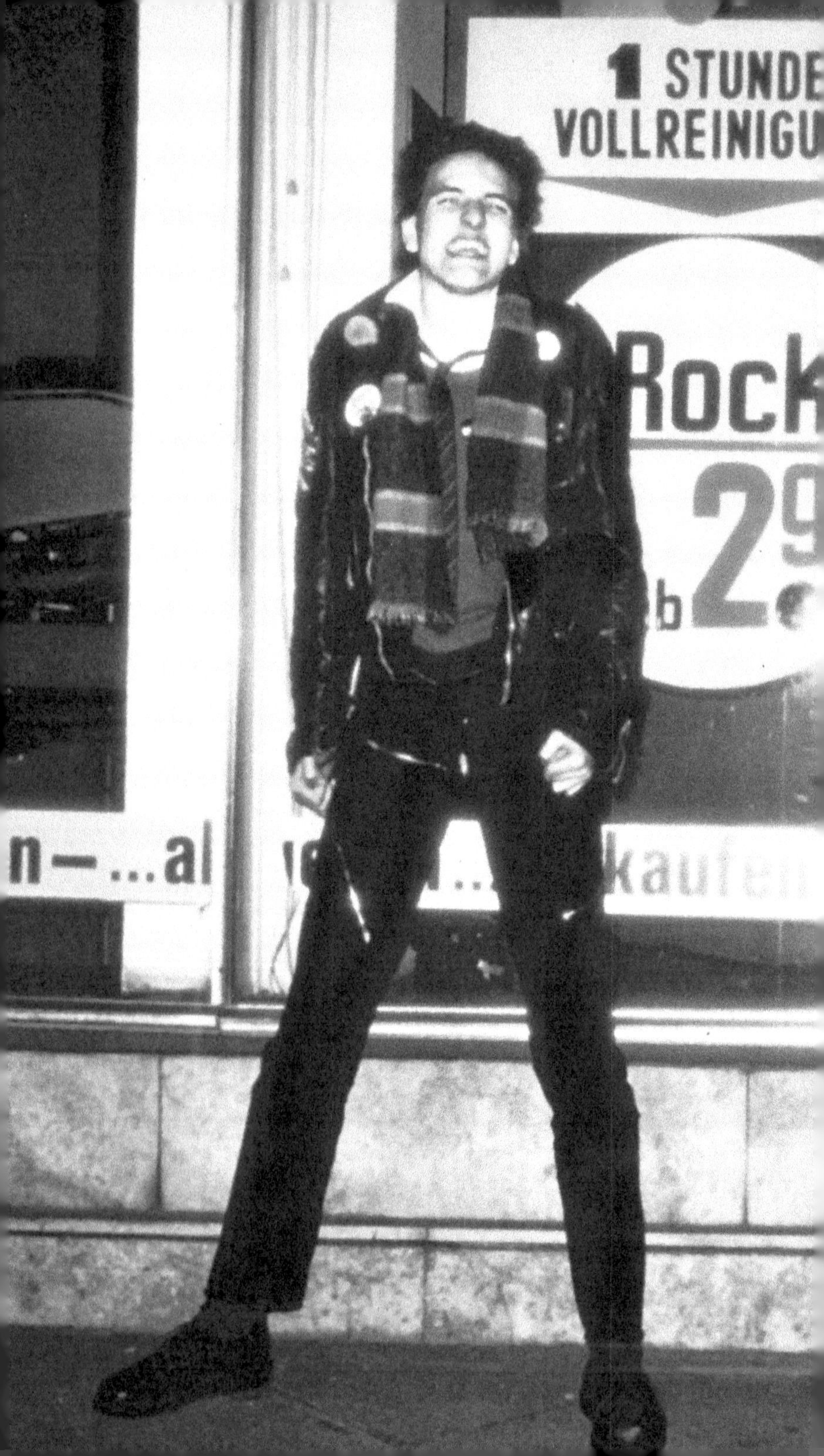
1 STUNDE
VOLLREINIGU
Rock
ab 2,9
n—...al
kaufen

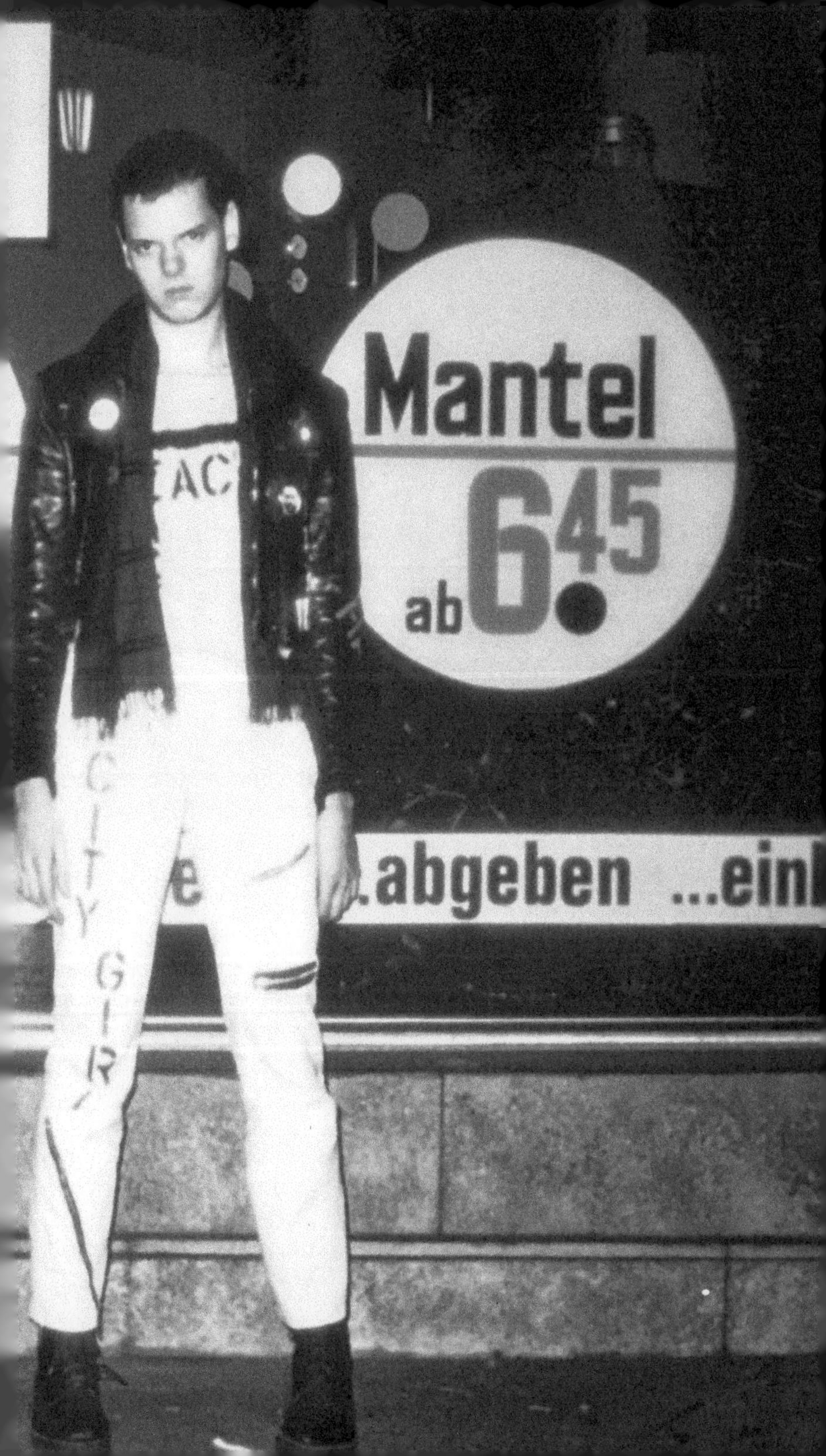
Mantel
ab 6.45
…abgeben

PETER HEIN Das war Verpackungsmaterial. Das stand palettenweise im Verpackungsmateriallager. Leuchtorange. Das haben wir dann universell eingesetzt.

GABI DELGADO Langsam entstand so was wie eine Bande. Das waren Monroe, wie sich Bielmeier damals nannte, Janie, also Peter Hein, und ich. Wir waren sehr geistesverwandt. Wir wollten irgendwas zusammen bewegen. Wir waren eine Spur intelligenter. Hatten mehr Visionen. Damals war ich fasziniert von schrägen Obsessionen. Von Gerüchten. Über gewisse Praktiken. Nach dem *Ratinger Hof* sind wir immer noch mit dem Kellner nach Hause. Der hieß Fatzke. Der hat seine Wohnung für Sex- und Drogenexperimente zur Verfügung gestellt. Wir haben da unsere ersten Drogen genommen.

PETER HEIN Man las immer wieder über Speed. Aber zuerst wusste keiner von uns, was das ist. Tony Parsons und Julie Burchill haben im *NME* immer geschrieben: ›Speed ist in Ordnung. Und Koks, LSD und Kiffen sind nicht in Ordnung.‹

THOMAS SCHWEBEL Kiffen wurde schwerstens abgelehnt. Weil das die Hippiedroge war. Alkohol war auch nicht angesagt. Und es ging auch überhaupt nicht darum, dreckig zu sein. Es ging eher um: hellwach sein und besser und schneller als der Rest. Also nicht betäuben, sondern mitkriegen, was los ist. Und da hilft es nicht, wenn du besoffen und bekifft bist. Speed war in Ordnung. Um noch wacher zu sein. Aber Speed konnte man schwer kriegen. Da wurden dann Ersatzmittel wie Ephedrin genommen.

GABI DELGADO Damals fing es damit an, dass die ganzen Punks in Düsseldorf immer LSD gefressen haben. Ich bin mit Monroe tagelang auf LSD gewesen. Ich wuchs mit dem überhaupt sehr zusammen. Während die ganzen Kinder im *Ratinger Hof* das Posing von Joe Strummer kopierten.

FRANZ BIELMEIER Das war dann sehr dicht mit Gabi. Janie hat ja keine Trips genommen. Gabi und ich haben da die ersten Erfahrungen gleichzeitig gemacht. Das waren unglaublich euphorische Trips. Wir haben uns totgelacht über irgendwelche Sachen. Wir haben aber nicht rumgelegen und auf Erleuchtungen gewartet, sondern uns in Aktionen gestürzt und probiert:

Wie ist das jetzt, wenn ich auf Trip bin und jemandem das Glas leer trinke? Gabi war ja etwas älter und von daher etwas geschickter. Er war so ein Charismatyp. Und ein guter Schauspieler. Der konnte auch noch auf Trip irgendwelche Sachen mit anderen Leuten regeln.
Ich war eher ein unsicherer Typ. Ich hatte mit 17 noch nie mit einer Frau geschlafen. Bin oft rot geworden. War mir auch nicht klar, ob ich schwul war. Ich hatte 1975 meinen Vater gezwungen, mir Plateauschuhe zu kaufen. Damit hatte ich Aufsehen erregt. Ich fuhr darauf ab, dass die Leute mich beachteten. Ich konnte meine Komplexe damit kompensieren. Und durch die Punkhaltung und die Klamotten habe ich dann noch viel mehr kompensieren können. Nachdem ich Hundehalsband und Kindersonnenbrille getragen habe, habe ich mir keine Sorgen mehr gemacht, ob die Leute deswegen schauen, weil sie mich für schwul halten. Da war dann klar, dass sie schauen, weil ich Hundehalsband und Kindersonnenbrille trage.
MUSCHA Diese ganzen Kids wie Janie und Bielmeier sind dann von den Äußerlichkeiten überholt worden, die sie sich zugelegt hatten. Die hatten sich mit Insignien aus dem SM-Bereich ausgestattet: Leder, Ketten und so. Aber das wurde nur nach außen propagiert. Eigentlich waren das alles verschüchterte Kinder. Ich stand damals auf SM-Praktiken und auf Orgien mit Groupies. Aber die ganzen Kids hatten davor tierische Angst. Sobald irgendwas mit Frauen in Sicht war, hatten die immer völlig durchsichtige Ausreden und zogen sich zurück.
FRANZ BIELMEIER Auf einem dieser Trips mit Gabi habe ich meine Frau kennen gelernt. Das war auf einer Party bei Peter Stiefermann. Der war Kellner im *Hof* und gleichzeitig auch kurz unser Bassist bei Charley's Girls. Der hatte eine große Wohnung. Da sind wir immer hingefahren, wenn der *Hof* zumachte. 20, 30, 40 Leute. Da waren immer schöne Frauen. Stewardessen und so. Das war seine Welt. Der wurde von uns auch immer Peter Fatzke genannt. Da gab es immer Trips. Und dann waren halt ein paar Frauen da – alle schwarz angezogen. Aber nicht punkig. Eine von denen hatte ich schon mal gesehen. Das war eher eine Schlampe. Aber eine ziemlich gut aussehende Schlampe.

Das mit Heike war nur noch die letzte Steigerung für mich. Ich war völlig happy mit der Musik. Ich konnte das gar nicht fassen, dass ich das jetzt machen kann. Und dass ich akzeptiert werde. Und es passierte so viel. Was mich sehr beeindruckt hat – ich saß auf so einer Party in der Ecke und beklebte einen Bass mit X-9200-Klebebandstreifen. Ganz schmal von der Rolle runtergeschnitten. Da kam Muscha an und sagte: »Die Dadaisten würden total auf euch abfahren.« Und ich sage: »Wer?« Und dann hat er mir Dadaismus erklärt. Und ich habe sofort, obwohl ich erst 17 war, die Analogien gesehen. Auch mir war es am liebsten, wenn etwas möglichst wenig bedeutete. Sachen an sich. Die Kunst damals war ja voll von Bedeutung. Das habe ich ja mitgekriegt, weil viele Künstler auf Punk standen. Aber für mich war moderne Kunst dann viel unwichtiger als Dada.

GABI DELGADO Mein Lieblingskünstler von allen aus dieser ganzen Zeit war Monroe. Wir haben abstruse Texte geschrieben. Mich hat der Umgang mit der deutschen Sprache fasziniert. Ich war mit acht Jahren nach Deutschland gekommen und konnte das von daher ganz anders vergleichen. Deshalb wollte ich unbedingt aggressive Musik mit deutschen Texten machen. Ich dachte: ›Das passt so gut mit der Sprache. Warum machen das die Leute nicht?‹ Einer meiner ersten Texte war dann direkt »Kebapträume«. Das war schon fast Richtung Dada. Wir haben uns bald mehr für Dadaismus interessiert als für Punk. Und haben seltsame Analogien entdeckt. Vor allem in den ganzen Manifesten. Dieses revolutionäre Element: ›Wir machen jetzt wirklich was anderes und sprengen damit die Gesellschaft. Oder schockieren die zumindest.‹ Wir waren auch vom Futurismus beeinflusst, diese positive Einstellung zu neuen Technologien, zur Zukunft und zum Fortschritt und zur Maschine. Zum Motor. Das hat mir gefallen. Wir fanden die ganzen abstrakten Konstruktivisten toll – die ganzen Cyborg-Maschinenmenschen. Aber nicht über die Kraftwerk-Schiene. Gerade darüber nicht. Das kam bei uns eher aus einer Verehrung der Hässlichkeit.

Wir sind nachts über Zäune geklettert und haben Fotos von

Industrieanlagen gemacht. Und so wie die Surrealisten gesehen haben, dass ein Heizkörper genauso schön sein kann wie ein nackter Frauenkörper, haben wir gesehen, dass so ein Hippie-Dödel-Sonnenuntergang noch genauso schön sein kann, wenn eine hässliche Kokerei davorsteht. Wir fühlten uns als Kinder der Fabrik. So faschomäßig. Wir waren auch beseelt von einem metafaschistischen Geist. Wir waren natürlich keine Nazis. Aber wir haben das geliebt. Monroe und ich. Uns haben alle totalitären Mechanismen interessiert. Bis hin zu Gary Glitter. Der war ja auch der Führer einer Bande – *leader of the pack*. Der ist mit dem Motorrad auf die Bühne gekommen. Das hatte so eine inszenierte, Goebbels-mäßige Dimension. Die Inszenierung einer Führerschaft. Auch der *fake* einer Bewegung. Wir haben dann das so genannte Innenstadtfronttreffen einberufen. Das war einfach eine gefakte politische Bewegung. So ein goldenes Nichts.

FRANZ BIELMEIER Wir waren mit Charley's Girls mal für einen Nazimaskenball in einem Schickimicki-Nachtclub auf der Kö gebucht. Dem *New Orleans*. Dank Muscha, der damals bei uns spielte, hatten wir da sofort die Möglichkeiten gesehen. Muscha war eine totale Tunte. Der hat mich sehr vorangezogen. Der war immer voll geschminkt – Puder im Gesicht und Kajal unter den Augen. Und der fand das ultracool, in so einem Nachtclub zu spielen.

MUSCHA Ich hatte gerade eine Schiene hinter mir, dass ich sehr Glamrock-mäßig und feminin aussah. Für Leute, die keinen Humor hatten, war das dekadent. Ich wurde oft in hippiemäßige, pseudoernsthafte Diskussionen verwickelt. Warum ich aussehe wie ein Mädchen. Warum ich geschminkt bin. Glamrock – zumindest frühe T. Rex, New York Dolls oder David Bowie – war also schon ein ernsthafter Bruch mit dieser Hippieschiene. Weil da auch wieder Formalismen in den Vordergrund kamen: sich schönmachen. Posen.

Ich hatte damals allerdings gerade mein Kunststudium beendet und in London Clash gesehen. Das gefiel mir. Vor allem die Ideologie. Punk ist ja nicht auf der Straße entstanden, sondern hatte einen kreativen, wenn nicht intellektuellen Hintergrund.

Für mich war Punk ein willkommener philosophischer Ansatz, diese ganze bedröhnte Verbrüderung der Hippies hinter mir zu lassen. Punk war da ein schönes abstraktes Sprungbrett. Eine gute Matrix, in der man sich bewegen konnte.
Kurz vor unserem Auftritt im *New Orleans* hatte ich dann in New York im *CBGB's* die Ramones gesehen. Ich war völlig erstaunt, dass das die New Yorker Punkheroen sein sollten. Die hatten alle Matte! Schulterlange Haare! Und die hatten auch musikalisch nur die Geschwindigkeit geändert. Aber das war supermitreißender Highspeed-Powerpop. Die hätten auch zu jeder anderen Zeit rauskommen können. Das war sehr authentisch. Und von daher ging es für mich im *New Orleans* auch darum: Kann man so was machen, ohne an Authentizität zu verlieren? Das war ja so ein Nightclub wie das *P1* in München. Die hatten uns unheimlich viel Geld geboten. 7000 Mark. Das war wahnsinnig. Aber das war auch Punk, für einen Viertelstundenauftritt so viel zu kassieren. Das fand ich richtig *cränk*! Und da haben wir gedacht: ›Hey, dann machen wir's gleich richtig!‹

FRANZ BIELMEIER Das hat viel mehr Spaß gemacht, diese Schickis zu schocken als irgendwelche Prolls auf der Straße. Die Schickis haben Punk erst mal als Sado-Maso gesehen. Als *shocking*. Und weil die natürlich oft nach New York geflogen sind, haben sie's auch mit Naziuniform assoziiert. Das wurde vorher so angekündigt. Und die Gäste hatten sich dann so was ausgeliehen. Das war so eine reiche Punkveranstaltung. Ziemlich dekadent. Wo auch Chaos von uns gefordert war. Wir haben dann den Gästen die Gläser leergetrunken. Das fanden die toll.

GABI DELGADO Das war die Zeit – da hatten wir durch den ersten *Spiegel*-Artikel schon ein bisschen Respekt gekriegt. Vorher wussten die Leute gar nicht, was wir für welche sind. Was für komische Freaks oder so. »Diese Punker!« Die hielten uns für gefährlich. Das Ganze hatte einen sehr aggressiven *touch* verliehen gekriegt. Eine ganz böse Aura.

MARKUS OEHLEN Ich habe damals in dieser Disko nicht mitgespielt, aber ich war da. Die haben »No Fun« und so einen Quatsch gespielt. So New-York-Dolls-artig. Das war nur noch

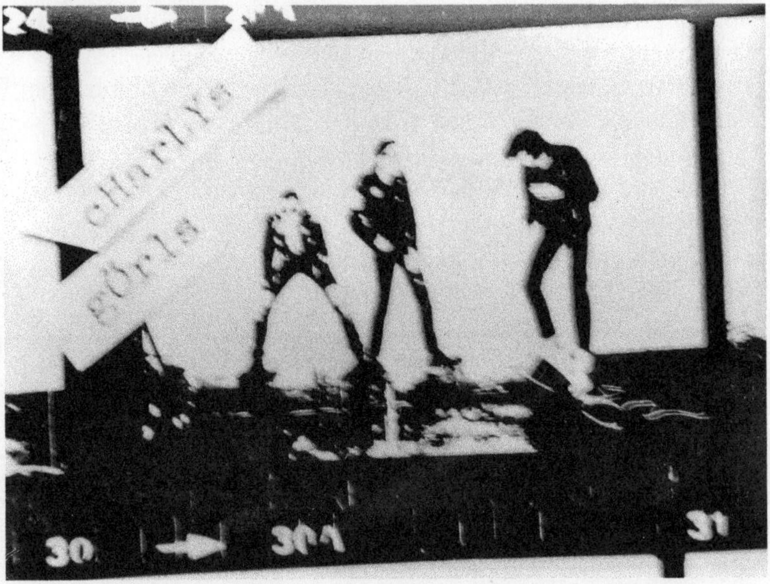

auf dieses Zeitgeist-Punk-Ding reduziert. Da war ich sauer, als ich das gesehen habe. Ich wollte ja über Rock 'n' Roll hinaus. Aber dann hatten die doch mehr Spaß an so was. Das fand ich albern. Weil, Rock 'n' Roll war einfach vorbei.

FRANZ BIELMEIER Wir hatten damals den Ruf, wir wären ein bisschen *arty*, weil Markus an der Akademie war. Von den einzelnen Bewusstseinen her hat uns das mit Markus immer in die Kunstrichtung gezogen. Aber an dem Abend wollten wir einfach die Leute ärgern. Aber nicht mit prolligen Mitteln. Wir wollten auch nichts vermitteln. Wir wollten frappieren. Und wir haben die Ablehnung der Leute als Motor genommen. Wie einen Magnet. Das war immer ein Zeichen, dass wir auf dem richtigen Weg sind, wenn drei Viertel vom Publikum das total scheiße fanden. Je mehr das Publikum dagegen hatte, umso mehr war es für uns eine Bestärkung, dass es genau richtig ist. Weil das Publikum sowieso einen Scheißgeschmack hat.

MUSCHA Unser Roadie hat uns dann noch gezeigt, was Punk wirklich ist. Der hat den Getränkekeller geknackt. Der war Ex-Heimkind. Ein sehr tougher Typ, der von uns zuerst, weil er

Bildungslücken hatte, als Helferlein abgekanzelt wurde. Ich fand aber, dass der unheimliche Kraft hatte. Weil der sich knallhart gegen alles gewandt hat. Der lieferte nicht nur eine Attitüde ab, sondern war wirklich fähig draufzuhauen, als wär's der letzte Tag in seinem Leben. Von uns wäre keiner drauf gekommen, so weit zu gehen, den Keller zu knacken.

XAO SEFFCHEQUE Da waren wir dann alle drin. Mike Hentz von Minus Delta t noch voll in seiner Naziuniform. Mit Stahlhelm und allem. Da kam schließlich auch die Polizei. Aber da waren wir schon wieder weg.

MUSCHA Danach wackelte die Existenz des Geschäftsführers. Wir haben das *New Orleans* in einem Blitzkrieg für uns erobert, abkassiert und waren dann wieder weg.

MARKUS OEHLEN Danach hatten wir einen Proberaum im *Ratinger Hof*. Plötzlich tauchte ein wirklich total kaputtes Schlagzeug auf. Nur eine komische Schützenfesttrommel auf einem Notenständer, ein kaputtes Becken, Snare und Bassdrum. Die Bassdrum wurde innen mit Steinen bestückt, die das auf der Stelle hielten. Und als Beckenständer hatte ich einen Billardstock, der an die Bassdrum gebunden war. Ich konnte gar nicht spielen. Ich habe für jedes Stück extra den Rhythmus gelernt. Ich wollte auch gar nicht. Wichtiger war, endlich selber was umsetzen zu können. Die geistigen Produktionsmittel waren freigegeben. Musik zu machen war nicht mehr nur für eine ausgebildete Elite. Und das machte auch unseren typischen Sound aus. Der kam einfach aus unserem Unvermögen. Wir hatten die Idee zu einem Reggaestück – hatten aber nur Gitarre und Schlagzeug. Franz sagte: »Spiel doch mal Reggae auf dem Schlagzeug.«

FRANZ BIELMEIER Im Grunde sollte das anfangs Reggae sein. Reggae war damals ganz neu. Absolut fremdartig. Wie wenn du in der Schule einen Film über Afrika gesehen hast und ein paar Trommeln dazu gehört hast. Und dann haben wir das halt als Leitlinie genommen. Weil es revolutionär war. Und weil ich gedacht habe, das ist ganz einfach, da muss man nicht spielen können. Aber wir spielten so schlecht, dass es keiner auf die Reihe gekriegt hat.

MARKUS OEHLEN Es kam nur ein »Bumm-Tscha-Ka« zustande. Das hatte mit Reggae nichts zu tun. »Hum-Tata« haben immer alle gesagt. War mir aber egal. Ich habe Punk eher so gesehen, dass jetzt alles möglich ist. Und es hat mir auch Spaß gemacht, dass ich da ein paar Brüche reinbringen konnte. Erst mal durch mein Unvermögen und dann durch gewisse Schrägheiten. Mit meinen Bildern wurde ja immer der Begriff ›Ekeltechniken‹ verbunden. Franz wusste vorher zum Beispiel gar nicht, dass man einfach mit irgendwas auf die Gitarre hauen kann. Der war mir sehr dankbar, dass ich ihm den schlechten Geschmack beigebracht habe. Kalkulierten schlechten Geschmack. Um irgendwas zu erneuern.

MORITZ R® Wuppertal war seltsam. Kurz vor Punk war da absolut nichts los. Neun Uhr abends wurden die Bürgersteige hochgeklappt. Ich habe damals auf der Designhochschule Konzeptart gemacht. Mein Konzept war, rotweiß gestreifte Objekte zu fotografieren und als Schwarzweiß-Fotos auszustellen, auf denen nur die rotweißen Stellen koloriert waren. padeluun hat das dann kopiert, die Sau. Der hat einfach schwarzgelbe Objekte gemacht.

PADELUUN Ich glaube, darüber ist Moritz heute noch böse. Der hatte immer rotweiße Streifen. Baustellenabsperrteile. Das war sein Deko-Element. Und später das Deko-Element vom Plan. Verkehrswarnfarben. Die habe ich sozusagen in Schwarzgelb adaptiert.

MORITZ R® Ich fand solche Absperrdinger richtig hübsch. Das war schon genau der Zeitgeist von Punk und New Wave. Ich war eben nicht technikfeindlich. Ich hatte keine Lust, in Wohnungen zu wohnen, wo alles gehäkelt war. Das war so erdrückend. Und es ging ja auch um Humor. Die Hippies waren so irre politisch korrekt. Einer ihrer Ticks war zum Beispiel der Feminismus. Das war der Hauptgrund, der mich aus dieser erdrückenden Mütterlichkeit und Häuslichkeit der Hippiegesellschaft rausgetrieben hat. Da ging es für Männer darum, ein Frauchen zu haben und zu einem gemütlichen Heim zu gehören. Das war alles so erstarrt. Das war dieses Gefühl, dass es viele Themen gibt, über die man nicht sprechen kann. Wenn du 1977 gesagt hast: »Ich finde Hochhäuser gut«, dann warst du reaktionär. Beton. Plastik. Alles verboten. Ich hatte ein Set mit tollen amerikanischen Plastiktassen aus den 60er Jahren. Daraus habe ich gerne getrunken. Aber ich wurde immerzu von Leuten angesprochen, wieso ich denn Plastik hätte. Das sei doch eklig. Aber ich war immer der Meinung: ›Es kommt darauf an, was man daraus macht.‹ ›Beton – Es kommt drauf an, was man draus macht‹: Das wurde dann ja der Slogan der Betonindustrie. Ist auch logisch. Beton ist ja nicht von vornherein ein böser Werkstoff.

Das war alles so unfrei. Und ich wollte mich auch mal wieder frei fühlen. Ich wollte so frei sein, wie es ging – und nicht so tun, als ob die Gesellschaft das alles unmöglich macht. Wenn du dich mit Hippies unterhieltst, ging es nach fünf Minuten garantiert um Atomkraft, und nach zehn Minuten hattest du so ein düsteres Weltbild, dass du dich am liebsten umbringen wolltest. Und darum war Punk auch so nötig. Da merkte ich, es gibt auch noch andere Leute, die das stört. Das hat mein Leben innerhalb von einer Woche umgekrempelt. Und nötig war dazu nicht mehr, als dass *Punk in London* im Kino lief. Ich fand das irre cool. Die ganze Attitüde. Das ist verbal fast kaum zu erklären. Ich habe das nicht besonders bewusst erlebt und verarbeitet. Ich glaube sogar, dass dieses Nichtintellektuelle daran mir gefiel. Dieses Nichtreflektierende, Nichtgrübelnde. Ich habe gleich meine Lederjacke angesprüht und mir die Haare kurz geschnitten. Das war ja auch schon ein Statement. Einer meiner besten Freunde fand das gar nicht gut. Haare kurz, das war für ihn faschistisch. Da ging ein Riss durch die Generation. Aber ich hatte so richtig das Gefühl, dass der Kopf auf einmal frei für neue Ideen war. Ich habe mich nicht nur anders gefühlt. Ich war ein anderer Mensch.

Ich hatte diesen Moment schon vorher mal erlebt. Ich hatte mir 1974 die Haare kurz geschnitten. Weil ich gespürt hatte: ›Irgendwas muss sich ändern.‹ Aber das wurde überhaupt nicht von der Umwelt reflektiert. Ich wäre damit untergegangen

oder der totale Außenseiter geworden. Ich habe das nicht durchgehalten. Anfang 1978 waren meine Haare dann doch wieder lang. Von daher war es schön, auf einmal Teil einer Bewegung zu sein – Bundesgenossen im Kampf gegen diese erdrückende Umwelt zu haben.
Das unterscheidet mich auch von jemandem wie Franz Bielmeier, der verrückt genug war, sehr viel alleine durchzuziehen. Zu Beginn steht eben oft ein Echt-Verrückter. Aber dieser erste Echt-Verrückte ist leider oft auch der, der dann untergeht. Und das war ja bei Franz so. Ich selbst habe es eher genossen, in Jungscliquen rumzuhängen. Durch Punk konnte man als Mann zum ersten Mal wieder was mit Männern anfangen. Punk war mehr ein Aufbegehren der Jungs. Was Mädels betrifft: Man musste halt auf einmal mit kurzhaarigen Frauen rummachen. Das war eine ganz schöne Umstellung. Die sind ja auf einmal auch sehr *boyish* rumgelaufen. Viele Mädels in dieser Zeit waren irre burschikos. Aber mit denen konnte man auch was machen. Nachts auf Eisenbahnbrücken rumklettern. Ich mochte das, dass die nicht immer mit Stöckelschuhen unterwegs waren und beim ersten Straßengraben schon nicht mehr weiterkonnten. Und gut war auch: Man konnte auf einmal miteinander reden. Nicht nur mit Frauen. Man konnte bestimmte, vorher tabuisierte Sachen ansprechen. Wie dieses: ›I'm so bored!‹ Vorher musste man immer was *machen*. Und jetzt konnte man sagen: ›Scheiß drauf! Ich mach jetzt nichts. Und es gefällt mir auch nichts. Das ist alles scheiße!‹ Das hat viele Zwänge von einem genommen. Obwohl das von außen meistens falsch verstanden wurde.
AR/GEE GLEIM Ich habe das als Fotograf oft gut beobachten können: Punk war für viele Leute einfach unverständlich. Vor allem nachdem sich bald eingeschlichen hatte, dass man das Gegenteil von dem sagte, was man meinte.
MORITZ R® Punk war ja anfangs feinste Ironie. ›No Future‹ – das waren für mich ironische Statements. Daran habe ich nie geglaubt. Ich stand der Zukunft ganz positiv gegenüber. Und wenn ich ›No Fun‹ oder ›I'm so bored‹ sagte, dann sollte das ja nur ausdrücken, wie ich mich fühlte. Und zwar nicht mit einem

ernsthaften Statement, sondern mittels ironischer Überaffirmation. Das war ja der Trick der Zeit. Oder auch, wie man als Punk diesen ganzen Nazikram verwendete. Man fühlte sich riesig, wenn man mit Naziprüchen daherkam. Dieser doppelbödige Humor wurde oft nicht verstanden. Dass mit dem Hakenkreuz durch die Gegend zu laufen ein Symbol der kulturellen Befreiung war, das haben viele nie gerafft. Wenn du ein Hakenkreuz abbildest, dann ist das ja noch lange kein Faschismus.

PADELUUN Es ging auch darum, den Unterschied zwischen Faschismus und Stärke zu begreifen. In Deutschland hatten wir ja als Ausgangspunkt die Hippiebewegung, wo alle ganz furchtbar lieb waren und furchtbar Angst davor hatten, mal ein klares Wort auszusprechen. Weil sie sofort im Kopf hatten: ›Wenn ich dem jetzt sage, der soll das Papier aufheben, das er gerade auf die Straße geworfen hat, dann ist das ja Faschismus.‹

MORITZ R® Bei Kraftwerk wussten diese Leute auch nie so recht. Kraftwerk haben sich schon früh von denen abgesetzt und haben versucht, etwas zu kultivieren, was denen ins Gesicht schlägt. Das hieß: cool sein. Auf Technik stehen. Uniformiert sein. Das galt bei den Hippies alles als böse. In meiner Hippiezeit habe ich Kraftwerk nicht gehört, weil das deutsch war. Und deutsch war von vornherein peinlich. Punk war das erste Mal, dass ich mich mit deutscher Musik beschäftigt habe. In dieser Zeit haben wir uns gelöst von dieser ewigen Fixierung auf England und Amerika.

PADELUUN In der Musik war immer meine Botschaft an die Leute: »Warum singt ihr eigentlich englisch? Singt doch deutsch!« Daraufhin haben sich viele überhaupt erst getraut, deutsch zu singen. Und zwar nicht wie Adolf Lindenb ... äh, nicht Adolf ... ich meine Udo Lindenberg. Das war jetzt aber ein böser Versprecher.

MORITZ R® Als Frank Fenstermacher und ich 1978 unsere *Art-Attack*-Galerie eröffneten, war überall um uns herum eine generelle Aversion gegen Leute zu spüren, die anders sind. Da wohnte ein Polizist in der Nachbarschaft, der immer aufpasste. Der kam auch vorbei. Ganz freundlich. Aber er war präsent.

Nur, anscheinend wirkten wir immer noch so subversiv, dass irgendwer uns seinen Müll vor die Tür kippte.

FRANK FENSTERMACHER Wir haben damals massenhaft Collagen gemacht. Durch diese ganze Umkehrung der Werte war auf einmal alles möglich. Hässlich konnte schön sein. Eine unserer Collagen war zum Beispiel so eine totale Verbauung mit Hochhäusern, Schiffen, Flugzeugen, Bilanzsäulen und klein und verloren dazwischen ein paar Menschen. Und dazu: ›Ich sehne mich nach einem starken nationalistischen Staat, damit ich nicht mehr so allein sein muss.‹

So was haben wir auch als Buttons getragen. Badges hieß das damals. Selbst gemacht natürlich. Ich hatte runde Blechförmchen, in die man erst mal die Collage hineinlegen musste. Dann wurde transparentes Plastikgranulat im Backofen erhitzt und in die Förmchen gegossen. Davon haben wir Hunderte gemacht. Badges musste man haben. Auch wenn wir gar keine richtigen Punks waren. Wir waren ja nicht mehr 17 wie die Leute von Charley's Girls oder Male. Wir waren schon Anfang 20. Deswegen hatten wir aber auch gleich Kontakt zu dieser ganzen Industrial-Intelligenzija. Früher New Wave. Mike Mothersbaugh von Devo und so. Wir haben dann auch andere Musik gemacht. Hauptgedanke war: Wir machen einfach, was wir wollen. Und zwar konsequent am Markt vorbei.

MORITZ R® Wenn du kurz vorher noch Bands wie Yes gesehen hattest mit ihren gigantischen Anlagen, dachtest du dir: ›Da habe ich keine Chance, jemals ranzukommen.‹ Das war eine richtige Materialschlacht. Das wirkte unheimlich entmutigend für jemanden, der jung war und Ideen hatte. Deswegen war es so wichtig, dass da etwas Simples, Primitives entstand. Durch Punk war es so leicht, mit Musik anzufangen. Ich hatte das Gefühl: ›Wenn der Text was Neues transportiert, dann ist es ziemlich leicht, die Musik zu machen.‹ Wir haben einfach angefangen rumzuspielen. Wir hatten nur eine Spielzeuganlage und so eine komische Mickymausorgel. Die fand ich aber super. Da war schon eine frühe Rhythmusmaschine drin. Ende der 70er gab es auf einmal immer mehr Geräte, die den Dilettanten unterstützten, einigermaßen hörbare Musik zu machen.

Man war nicht mehr gezwungen, jahrelang ein Instrument zu lernen oder sich mit Leuten abzugeben, die man eigentlich doof fand, nur weil die spielen konnten. Als wir anfangs diese Band **Weltende** hatten, war dieser Typ dabei, der später **Fred Banana Combo** gemacht hat. Der konnte es nicht begreifen, dass wir nicht seine Gitarrenakkorde lernen wollten. Mir reichte meine Mickyorgel. Aber da gab es viele, die sagten: ›Punk, das ist doch scheiße – das wird nächsten Sommer wieder weg sein.‹ Die haben sich hinterher schwer umgekuckt, was sich daraus alles entwickelt hat.

PYROLATOR Ich habe **Weltende** im Frühling 78 in Gelsenkirchen gesehen. Moritz und Frank standen mit ihren kaputten Gitarren da wie völlige Dilettanten. Und gesungen haben sie über eine Gegensprechanlage. Die Haltung von denen war für mich Verweigerung von Virtuosität. Man verweigert sich dieser ganzen Virtuosität, die davor war. Genauso **Charley's Girls**. Ich habe es genossen dazustehen, und der Schlagzeuger von denen macht nur »Hum-Tata«. Und zwar *nur*. Das sind für mich radikale Positionen gewesen.

PADELUUN Mein erster Auftritt war mit dem späteren **Plan** in Gelsenkirchen. Frank Fenstermacher lieh mir seine E-Gitarre. Ich hatte noch nie E-Gitarre gespielt. Der Auftritt war natürlich eine Katastrophe. Aber es ging ja um den Geist. Es ging darum, sich einer Situation auszuliefern – und alles, was jetzt kommt, ist gut. Du hast eine Gitarre in der Hand, schrabbelst da herum, und das ist dann gut. Bei Punk war es völlig egal, was rauskommt. Es ging nicht darum, irgendeine Form von Perfektion zu haben. Und mir selbst ging es auch gar nicht darum, selber Musik zu machen, sondern anderen Leuten zu zeigen: ›Das könntest du auch.‹ Damit alle Leute feststellen, dass sie auch stark sind, dass sie niemanden brauchen, den sie bewundern müssen. Hinterher kam Mike Hentz zu mir und sagte: »Jetzt kann wirklich jeder Musik machen.«

MORITZ R® Das war deutlich zu spüren: Diese Präsentation einer nichtperfekten Sache – das wirkte für viele Leute ermutigend. Die haben gesehen: Es braucht gar nicht viel, um was auf die Beine zu stellen. Ein richtiges Schlüsselerlebnis war dann für mich die Begegnung mit einer Maschine: Pyrolator hatte einen Korg MS-20. Und ich durfte ein bisschen darauf rumspielen. Das Ding sah aus wie eine kleine Telefonvermittlungsanlage. Und wenn du lange genug herumgedreht hast, klang es auf einmal nicht mehr wie ein Instrument, sondern wie Wind, Wasser, Hubschrauber oder Luftalarm. Ich hatte richtig das Gefühl: ›Jetzt kann ich endlich auch bald Musik machen.‹ Ohne den MS-20 und einige japanische Techniker hätte das alles nicht so passieren können. Von da an war die gesamte musikalische Entwicklung auch eine technische Entwicklung.

PYROLATOR Frank Fenstermacher hatte die größte Jazzsammlung, die man sich vorstellen kann. Er hatte Coltrane komplett. Und ich habe viel Wert darauf gelegt, das chronologisch aufzunehmen. Wenn du das hinter dir hast: Coltrane von vorne bis hinten – dann ist der Jazz vorbei. Der Mann hat alles gespielt, was man sich vorstellen kann. An dieser Stelle war für mich Abpfiff. Ich konnte den Kram nicht mehr hören. Ich konnte das auch nicht mehr selber machen. Ich hatte das Gefühl, ich bin leer. Und habe dann nach Möglichkeiten gesucht: Was kann man denn machen? Ich habe eine Woche lang erst mal keine Musik mehr gehört. Und habe dann angefangen, ganz minimal an meinen Synthesizern rumzuschrauben – nur Frequenzen, die sich ineinander verschieben.

MICHAEL KEMNER Wir haben dann Frank und Moritz durch deren Galerie kennen gelernt. Die hatten da so punkig-avantgardistische Platten: **Residents. Pere Ubu.** Da kam der Verstand ins Rollen. Da trat bei mir so eine Veränderung im Kopf auf.

PYROLATOR Da hat sich jemand getraut, diesen ganzen Quatsch – diese ganze Bluesschematik der Rockmusik – hinter sich zu lassen und völlig neue Harmonien zu benutzen. Musikalisch hat sich eine völlig neue Welt aufgetan. Und ich begann dann auch in diese Richtung zu denken und mit dem Prinzip des Loops zu arbeiten. Zeitschleifen. Den Loop einfach selber gespielt. Nachdem es noch keine Sampler gab, blieb einem nicht viel anderes übrig. Und schließlich haben wir diesen anderen Aspekt so langsam in unsere Musik reingebracht. Einmal bei einem Konzert in einem Jugendzentrum haben wir uns gesagt:

›Die erste Hälfte spielen wir so, wie wir immer spielen. Und in der zweiten Hälfte machen wir dieses schnelle Zack-Zack-Zack. Diese punkigen Sachen.‹ Und da sind uns die Zuschauer prompt abgehauen. Die haben das nicht gecheckt. Und das war für uns die Bestätigung: Das ist richtig! Das kennen die Leute noch nicht. So müssen wir weitermachen.

MICHAEL KEMNER Viele Freunde, die ich vor Punk hatte, konnten damit überhaupt nichts anfangen. Die haben gesagt: »Was machst du denn da? Spinnst du? Das ist doch keine Musik. Und wie ihr ausseht!« Die waren richtig geschockt. Durch die Aggressivität. Durch die ganze Attitüde. Die trugen damals noch ihre weinrot gefärbten Hippiehosen. Und wir hatten auf einmal schwarze Klamotten. Lederjacken. Haare auf einmal kurz.

PYROLATOR Ich war zu der Zeit extrem von so einer Industrieromantik angetan. Zuerst gab es in Deutschland ja diese grenzenlose Technikgläubigkeit, wo man gedacht hat, mit Maschinen könnte man alle Probleme der Menschheit lösen. Bei den Hippies hieß es dann, Maschinen sind böse. Mit Punk ist eher meine eigene Wahrnehmung wichtig geworden. In Wuppertal gab es ja viele ehemalige Fabriken. Und ich bin gerne auf alte Fabrikgelände gegangen, wo die Fabrik gerade mal ein halbes Jahr weg ist, wo noch die Maschinen stehen. Das war so: Industriegelände als Abenteuerspielplatz entdecken. Und dass ich mit diesem Gefühl nicht alleine war, das sieht man an den Stücken von S.Y.P.H. – »Zurück zum Beton«, das war für mich programmatisch.

HARRY RAG Das war so die Zeit: Keine Lust auf Schule, es regnet, du triffst dich mit Freunden, trinkst Bier, es läuft im *Rockpalast* etwas, was du überhaupt nicht magst: Little Feat oder so. Und man ist eigentlich gegen alles. Gegen die Zeitungen. Gegen das Zeug auf den drei Fernsehkanälen. Und du läufst durch die Stadt, alles ist nass und grau. Und was machst du dir dann für Gedanken? Dann denkst du natürlich solchen Kram. Mit dieser Grauheit wurde später natürlich kokettiert. Im Herzen waren Leute wie Franz Bielmeier und ich schon romantisch. Und diese graue Umwelt war ja in Wirklichkeit das, was mich am meisten störte. So gesehen waren frühe Texte von mir – »Zurück zum Beton« – durchaus im Sinne von Rousseaus »Zurück zur Natur«. Ich habe das eben nur umgedreht.

THOMAS SCHWEBEL »Zurück zum Beton« war eine direkte Antwort auf das »Zurück zur Natur« von den Hippies und dieser ganzen Grünen-Bewegung, die ja zur gleichen Zeit entstand. Wir wollten damit das genaue Gegenteil von dem machen, was in Solingen sonst angesagt war. Diese Landkommunen und wallenden Tücher waren einfach das Letzte. Das war schon bewusst, da was dagegenzusetzen. Ich fand dieses Städtische toll. Es gab mal ein Interview mit den Clash, in dem einer von denen sagt: »Wenn ich eine Kuh sehe, könnte ich kotzen.« Das war so: Peng! ›Leckt mich am Arsch mit eurer blöden Natur! Wir leben hier in Städten!‹ Deswegen dieser Text von mir, »Industrie-Mädchen«, wo sich zwei Leute neben einem Kernkraftwerk lieben und das piept dazu.

HARRY RAG Die Buzzcocks hatten diesen Begriff von moderner Romantik in unsere Köpfe gesetzt. Probleme mit der Umwelt – aber mit einer romantischen Perspektive. Der andere Einfluss war Industrial-Rock von Devo und Pere Ubu: ›Wir sind Maschinen!‹ »Industrie-Mädchen« war dieses Gefühl von dem, was im Ruhrgebiet um uns herum war: Beton, Parkhaus, Supermarkt, Atomkraftwerk, Hochspannungsmast. Und innerhalb dieser Umwelt der Mensch. Das hieß in unserem Fall: Pubertätsprobleme. Verliebtsein. Und das hat Thomas Schwebel in Zusammenhang gebracht. Dieses ganz normale ›Junge liebt Mädchen‹ – mit dem Umweltaspekt. Und das ist auch der Unterschied zwischen Punk aus Düsseldorf und Punk aus England. Bei uns war vor allem der Text wichtig. Überhaupt die Sprache. Harte Musik mit deutschen Texten, das gab es bis dahin einfach nicht. Nur Ansätze wie Ton, Steine, Scherben. Ich hatte echt das Gefühl, wir würden was ganz Neues definieren.

THOMAS SCHWEBEL Für Harry Rag und mich war von Anfang an klar, dass das auf Deutsch sein muss. Da haben wir gar nicht nachgedacht. Es sollte ja echt und authentisch sein. Und auch verstanden werden. Was aber auch klar war: Es darf nicht wie

Udo Lindenberg sein. Der hat ja damals nur noch die gerade aktuelle Jugendsprache abgeschrieben. Für S.Y.P.H. oder Charley's Girls wäre es das Letzte gewesen, so was in einen Text einzubauen. Uns ging es um eine klare, normale Sprache. Kurze knappe Sätze, die einfach stimmen.

HARRY RAG Als wir die ersten Male im *Hof* waren, hatten wir nur diese paar Texte. »Zurück zum Beton«, »Industrie-Mädchen« und so. Dagegen waren Charley's Girls ja schon eine richtige Band. Ich hatte die kurz vorher mal gesehen. Und ich sagte zu Franz: »Das finde ich toll, was ihr macht. Ich würde auch gern so was machen. Aber ich kann nicht singen.« Da sagt er: »Das ist doch Quatsch. Jeder Mensch, der sprechen kann, kann auch singen.« Ich sagte: »Da hast du ja recht! Genau!« Eine Woche danach sind wir in den *Hof* gegangen und haben den Leuten erzählt: »Wir haben übrigens auch eine Band. Die heißt S.Y.P.H.« »Echt? Habt ihr auch Stücke?«

THOMAS SCHWEBEL Wir hatten nur Ideen für Stücke. Aber wir haben immer allen Leuten erzählt, wir hätten eine Band und Stücke – wir wären auch cool. Aber wir hatten überhaupt nichts. Und konnten gar nichts. Harry Rag und ich. Wir waren ja nur zu zweit. Aber wir sind dann erst mal akzeptiert worden. Durch Frechheit. Wir haben die alle beeindruckt. Die haben noch Sex-Pistols-Coverversionen gespielt, und wir haben denen einen Songtitel nach dem anderen an den Kopf geknallt. Aber das war buchstäblich Notwehr: Die waren da alle superhip. Peter Hein sah ja aus wie einer von den Clash. Das war einfach einschüchternd.

HARRY RAG Janie und Franz, das waren Trendsetter. Gabi Delgado weniger. Der tauchte immer nur so auf. Aber er war, ähnlich wie Franz, eine attraktive Person. Und er hat unheimlich viele Sprüche draufgehabt. Gabi hat es immer gemocht, Parolen zu erfinden. Alles spätere DAF-Stücke: »Ich und die Wirklichkeit« oder »Kebapträume in der Mauerstadt«. Das war ein ähnlicher Ansatz wie bei uns. Nur haben wir gesagt, wir hätten auch noch Stücke dazu. Zum Glück war mir die Komposition von »Zurück zum Beton« schon klar. Da gab es ja kaum eine Melodie drin. Von daher konnte ich das den Leuten schon komplett vorsingen: »Zurück zum Beton! Zurück zum Beton! Zurück zur U-Bahn! Zurück zum Beton!« Das habe ich da auch an die Wand geschmiert. Das war klasse: Mitte der 70er musste ein Text einen Anfang und ein Ende haben – und einen Sinn und sich reimen. Und mit Punk war auf einmal alles möglich. Auch, zuerst die Parolen auszubrüten. Die Haltung rüberzubringen. Und dann erst die Musik. Es ging halt viel schneller, eine Idee zu propagieren und an die Wand zu schmieren, als auf die Bühne zu gehen und ein Stück zu spielen. Eine Woche später haben wir den Text von »Industrie-Mädchen« an die Wand geschmiert. Und dann »Lachleute und Nettmenschen«. Bald kannte jeder unsere Songtitel. Und wir kamen immer mehr unter Druck. So: »Äh, wir haben da zwar eine Band in Solingen, aber wir können jetzt im Moment nicht spielen, weil, der eine kann nicht.«

THOMAS SCHWEBEL Dann ging es darum, sofort eine Band zu gründen. Obwohl wir diese fundamentale Punkideologie, die Mark Perry in *Sniffin Glue* proklamiert hatte, ›drei Akkorde – gründe eine Band‹, gar nicht kannten. Das lag einfach in der Luft. Die ersten Stücke, die ich auf der Gitarre nachspielen konnte, waren »Blitzkrieg Bop« und »God Save The Queen«. Das hat superschnell hingehauen. Die haben wir dann zu zweit nachgespielt. Mit Rhythmusmaschine.

Ich habe mit Harry Rag auch sofort ein Fanzine gemacht. Das sollte Gabi Delgado drucken. Der hat damals in einer Druckerei ausgeholfen. Gabi hat das aber verschlampt. Das war ihm alles lästig, nachdem er endlich Eingang in den exklusiven Zirkel der Düsseldorfer Szene gefunden hatte.

GABI DELGADO Harry Rag, Thomas Schwebel und ich sind dann nach London gefahren. Zu irgendeiner Anti-Nazi-Sache, wo Clash, X-Ray Spex, Steel Pulse und so aufgetreten sind. Das war eine richtige Massensache. Schon allein der Marsch zu diesem Open-Air-Gelände. Quer durch London. Das war die Love-Parade vorweggenommen. Das war alles sehr romantisch.

THOMAS SCHWEBEL Da waren 80 000 Leute in den Victoria Gardens. Punk war in England ja viel größer. Die Clash waren immer in den Top Ten. Und diese »Rock Against Racism«-Sache

Schlagzeuger noch ein paar Wirbel hinterherschickte, bis es endlich vorbei war. Und diese Punkstücke hörten einfach auf. So: zack! Das war's! Das muss jetzt reichen! Und: zack! Jetzt kommt das nächste!

THOMAS SCHWEBEL Unsere ersten Stücke wurden genauso kurz und knapp wie die Texte. Die machten wir ruckzuck. Wir waren einfach geladen! Nach einer Woche bei meinen Eltern im Keller hatten wir acht Stücke. Und die hatten alle nichts mit Verstärker-Aufdrehen und Drei-Akkorde-Runterschrubben zu tun. Punk war für uns, dass man alles machen kann. Einfach machen! Stücke schreiben! Einfach loslegen!

HARRY RAG Nachdem bei uns – im Unterschied zu den Engländern oder Amerikanern – vor allem der Text wichtig war, wurde auch nicht viel an der Musik herumgefeilt. Bei uns hatte keiner Lust, so perfekt wie Devo zu werden. DAF, S.Y.P.H. oder Charley's Girls – da wollte erst mal keiner Popstar werden.

CARMEN KNOEBEL Genau das hat mich an Sachen wie S.Y.P.H. gereizt. Der ganze Rest der Musik war zu der Zeit ja am Ende. Die Popmusik war rundgelutscht. Und dieser so genannte deutsche Punk bot etwas, was dagegenhielt – und zeigte, dass es auch andere Formen und Ausdrucksweisen gibt. Und vor allem haben diese Leute durch die Punkbewegung einen Schubs gekriegt und sich auf die Bühne gestellt. Ohne in irgendeiner Weise fertig zu sein. Nur mit der Idee.

HARRY RAG Verboten waren gekünstelte Sachen wie Kraftwerk. Am Anfang waren die Punks so hart drauf, dass mehrere Sachen völlig verboten waren: etwa einen Bart zu haben. Oder eine Orgel. Die Stranglers waren mal in Köln. Da ist der ganze *Ratinger Hof* hingefahren, weil als Vorgruppe 999 spielte. Und 999 waren die Helden. Die Stranglers hatten einen mit Bart. Und sie hatten eine Orgel. Von daher waren die völlig verpönt. Als die auf die Bühne kamen, sind wir demonstrativ rausgegangen. In dem Moment kamen Kraftwerk durch die Eingangshalle rein. Die sind alle vier nebeneinander gelaufen. Alle gleich angezogen – irgendwie schwarz. Und im aufrechten Gang gingen sie dann so geziert zu diesem Konzert. Und wir liefen in zwei Metern Abstand hinter denen her und riefen:

»Wir sind die Roboter!« Das war ein bisschen lächerlich. Die *Roboter*-Platte war gerade ganz neu, und ich fand die sogar gut. Aber die haben diese Posen halt auch in der Öffentlichkeit ausgelebt. Das war wie eine Kunstperformance.

FRANZ BIELMEIER Ich kannte wirklich nichts von wegen Kunst, außer Warhol. Mit 15 habe ich mal Gitanes geraucht und immer die leeren Klarsichthüllen gesammelt. Bei Gitanes musst du die ja immer ganz abziehen, weil das eine Schiebeschachtel ist. Die kann man sonst nicht aufmachen. Meine Idee war, irgendwann 100 000 selbst gerauchte Hüllen von Gitanes-Schachteln auszustellen. Damals gab es ja schon die ersten übereinandergetürmten Fernseher – etwa bei Lou Reed auf der Bühne. Und diese Hüllen, übereinander gestapelt, erzeugten halt auch so ein Flimmern. Ich dachte, das wäre so eine hausgemachte Andy-Warhol-Sache. Mindestens so gut. Wir wollten nie einfach Texte über Polizei machen. Wir wollten die verschiedenen Aspekte originellen Arbeitens, die wir kannten, auch nutzen. So entstand auch unser Stück »Testbild«, in dem jemand die ganze Zeit vor dem Fernsehtestbild sitzt.

PETER HEIN Unser »Intelnet«, das hört sich so halbprophetisch an, aber das war einfach ein Telefonnetzwerk bei Xerox. Das sollte halt modern wirken. Fortschritt. Auf »Testbild« sind wir gekommen, als wir mal nachmittags bei meiner Mutter zu Hause was zu essen kriegen sollten. Da saßen wir halt herum und warteten. Und zu der Zeit gab es ja nachmittags nur das Testbild im Fernsehen.

FRANZ BIELMEIER Peter Hein und ich, wir wollten Texte schreiben, und der Fernseher lief dazu. Es kam aber nur das Testbild. Also haben wir einen Text darüber gemacht. Das war seine Haltung – sehr *sophisticated* von ihm –, die ich ihm abgekuckt habe: dem Langweiligen zugewandt. Er hatte natürlich viel mehr gelesen und wusste viel mehr. Der hat das einfach einfließen lassen und seine Einflüsse dafür nicht genannt. Aber die Erklärung wäre eben auch scheiße gewesen.

PETER HEIN Da war nicht so viel Absicht dahinter, wie sich das anhört. Ich habe schon manchmal versucht, *sophisticated* und strukturiert zu sein. Aber es ist mir bestimmt nicht immer gelungen. Und dann habe ich eben nur versucht, das so aussehen zu lassen. Vieles kam auch daher, dass der ganze Arbeitsprozess vor allem eine Abgrenzung war. Wir haben immer gesagt: ›Aha, die machen das und das, und so wollen wir auf keinen Fall sein.‹ Und so wurde direkt definiert, was peinlich ist und was nicht geht. Und dann haben wir versucht, die okayen Sachen nachzumachen.

MARKUS OEHLEN Die Einflüsse waren bestimmt auch Kraftwerk. Auch Gary Glitter. Das hatte alles eine eher poetisch-glamouröse als ernst gemeinte agitatorische Qualität. Das war nicht so arbeitermäßig: Hoch die Fahnen! Obwohl Peter Hein schon eine linke Grundhaltung hatte. Das hat auch später bei Fehlfarben mitgeschwungen: »Es liegt ein Grauschleier über der Stadt, den meine Mutter noch nicht weggewaschen hat.« Am Anfang, bei Stücken wie »Innenstadtfront«, war das noch viel klarer.

HARRY RAG Wenn es jemals so etwas gab, was in der ganzen Düsseldorfer Szene als Parole funktioniert hat, dann war es der Begriff ›Innenstadtfront‹. Wenn Charley's Girls das spielten, dann kannten die ersten Reihen das in- und auswendig und haben mitgebrüllt. Das war so ein Gefühl einer neuen Bewegung. Eine kämpferische Attitüde. Das Stück war ein Manifest. Die Vorstellung von: ›Wir bilden jetzt eine Front gegen diese ganzen Langweiler. Innenstadtfront!‹ Genau wie »X-9200«. Das war inzwischen auch fast zur Parole geworden. Jeder hatte dieses Klebeband haben wollen. Und jeder hatte es dann überall hingeklebt. Ich hatte es auf der Jacke und auf der Gitarre. Es fehlte bloß noch die Musik dazu. Der Refrain war klar: »X-9200!« Perfekt. Aber was für ein Text? Dann kamen Janie und Franz mit einem völlig einfachen Text: »Die Macht, die Macht, die mich anmacht, die sagt gut' Nacht, wenn sie aufwacht.« Bei Janie kam das oft ziemlich aggressiv rüber. Aber an sich hatte das keine Bedeutung. Die Leute konnten das halt auf irgendwas beziehen. Das war eine klasse Sache. Vor allem: Sie ging zurück auf ein Klebeband.

HARRY RAG Wir kamen beim *Carsch-Haus* mit einem Lieferwagen an – voll mit Instrumenten, Schlagzeug und Verstärker. Das Ganze war im ersten Stock eines Gewerkschaftshauses. Vor allem Janie und Gabi waren völlig überrascht, als wir echtes, richtiges Equipment hochtrugen. Auf einmal war klar, dass S.Y.P.H. nicht nur ein Phantom ist, sondern eine Band.
Ich hatte inzwischen auch eingesehen, dass es Quatsch ist, den Leuten in der Band etwas vorzuschreiben. Thomas Schwebel und ich waren ja die Einzigen, die so ein bisschen punkig rumliefen.
THOMAS SCHWEBEL Der Schlagzeuger hatte noch mittellange Haare. Außerdem trugen er und unser Gitarrist ganz normal Jeans. Und Jeans waren ja völlig verpönt. Das hatten die aber an. Und von uns aus mussten sie sich auch nicht verkleiden. Prompt wurden wir als Provinzdeppen angemacht. Das war alles ziemlich bescheuert da. Und dann sollten auch noch Kraftwerk verprügelt werden. Es wurde immer schon gemunkelt, dass die kommen. Und da sie natürlich reich und berühmt waren, waren sie im Prinzip schon Arschlöcher – obwohl ich sie toll fand.
GABI DELGADO Ich war immer total gegen Kraftwerk. Das war so: ›Keine Energie! Diese laschen Säcke!‹ Man kannte die ja auch. Die sind mit ihren schmalen Krawatten immer in Oberkassel in ihrer komischen Schnulli-Bar gesessen, zusammen mit so Bundfaltenhosen-Typen. Das war für mich eine scheußliche Form zu leben. Wir wollten doch hier echt Gewalt und extremen Sex. Wir wollten was erleben. Und die tranken in der teuersten Bar der Stadt ihre Milchcocktails. Das war genau die Welt, die wir angreifen wollten. Und ein paar Punks – Emi, Snoopy, die Ratte und noch ein paar andere –, die hatten schon gesagt, dass sie Kraftwerk auf die Fresse hauen. Weil die Krawatten tragen und Spießer waren. Emi, der Name von dem, das war ein totaler Fehler. Emi war ein totaler Prolo. Der hat das auf der Sex-Pistols-Platte gelesen: *EMI*. Der wusste gar nicht, dass das eine Plattenfirma ist. Der dachte, das ist ein super Punkname. Der andere hieß die Ratte – total stumpfer Typ. Snoopy. Die waren alle aus Köln-Mülheim. Ganz stumpfe Typen. Immer nur besoffen wie Hölle. Und beim Konzert hieß

es, Kraftwerk sind jetzt da. Und die sofort: »Boooahh, denen hauen wir auf die Fresse.«

THOMAS SCHWEBEL Ich fand das eine Scheißaktion. Ein paar riefen: »Da kommen sie! Denen hauen wir auf die Schnauze!« Und Kraftwerk haben natürlich gleich gemerkt: ›Wir kriegen hier Ärger.‹ Ich sah die nur noch die Treppe runterrennen. Und ein paar Punks hinterher. Die kamen dann zurück und fühlten sich ganz groß: »Wir haben unsere deutschen *boring old farts* vertrieben!« So ein Schwachsinn, haha!

MEIKEL CLAUSS Kraftwerk war zu der Zeit eine wirklich unangesagte Band in Düsseldorf. Dabei verhielten sich die Punks nicht viel anders. Im *Carsch-Haus* haben sich alle so richtig inszeniert. Das war ein Riesengepose in alle Richtungen. Es war ja alles da: Elektroniker, New Wave, Intellektuelle. Das war wie eine Geburtsstunde. Wie eine Messe – wo alle denken, es ist was fürchterlich Neues da, aber keiner weiß so richtig, was es denn nun ist.

UWE JAHNKE Auf der einen Seite war eine große Verbundenheit unter den Leuten. Man hat sich geschätzt. Man ging respektvoll miteinander um. Teilweise sogar schwärmerisch. Aber man spürte schon die Konkurrenz.

HARRY RAG Die ganzen Punks – Franz, Janie, Gabi –, die standen alle in der ersten Reihe und haben gesagt: »Jetzt wollen wir mal sehen, ob S.Y.P.H. die große Verarschung ist!« Aber die fanden das dann sofort gut. »Zurück zum Beton« und »Industrie-Mädchen« waren gleich richtige Hits. Wir waren endgültig akzeptiert.

JÜRGEN ENGLER Für Male war das *Carsch-Haus* vor allem wichtig, weil das das erste Konzert war, wo wir vor Gleichgesinnten gespielt haben. Sonst war das immer nur vor Leuten, die uns absolut gehasst haben. Es wurden uns ständig von allen möglichen Leuten Prügel angedroht. Das war normal: Du hast ein Konzert gegeben, und da standen nur Leute vor dir, die dich alle nicht verstanden und die dich alle nicht wollten.

MORITZ R® Dieses Wir-Gefühl lag auch daran, dass die Hälfte der Leute aus den diversen Bands kam. Da waren ja höchstens 100 Leute. Und wer von denen noch keine Band hatte, der hatte ein paar Wochen später eine. Jedenfalls war das das erste Mal in meinem Leben, dass ich kaum so etwas wie eine Trennung zwischen Musikern und Publikum erkennen konnte. Damals gab es ja nur *Rockpalast* und so was, wo die breite Masse zur absoluten Passivität verurteilt war. Im *Carsch-Haus* war das Publikum nicht passiver Konsument, sondern aktiver Mitgestalter. Am Ende stürmten alle auf die Bühne und führten dort die Party weiter. Wir feierten dort den Beginn einer neuen Zeit.

JÜRGEN ENGLER Nach dem *Carsch-Haus* haben sich auch die Vororte in den *Ratinger Hof* gewagt. Mettmann, Neuss. Da kamen dann auch die späteren **Toten Hosen**. Die hießen damals noch nicht mal **ZK**. Das waren nur so Rotzlöffel.

CAMPINO Ich war Anfang 1977 mit meinem großen Bruder bei meiner Oma in London gewesen. Ich bin ja halb Engländer. Für mich war England Religion. Für mich war der FC Liverpool Religion. Und ich war absoluter Musikfanatiker. Musik hatte bei mir immer eine viel größere Rolle gespielt als bei irgendwelchen Klassenkameraden, die mal eine Platte gut fanden, die sich aber da nicht so reinsteigern konnten.

Jedenfalls holte mich mein Bruder da in London bei meiner Oma ab und sagte: »Heute siehst du die erste Rockband deines Lebens.« Ich war 14. Wir sind dann in den *Rockgarden* gegangen. Da hat irgendeine Band tierisch laut gespielt. Das waren die **Count Bishops**. Vorher hatte ich immer gedacht: ›Eine gute Band spielt Philipshallengröße aufwärts.‹ Ich konnte mir nicht vorstellen, dass es ein gutes Konzert in einem kleinen Laden geben kann. Jedenfalls waren da auch ein paar Punks, und das war alles sehr aufregend. Danach sind wir durch die Stadt gezogen und haben Badges und die ersten Platten gekauft, und dann gab es für mich nichts anderes mehr. Ich konnte mir nicht vorstellen, dass es Wichtigeres gibt. Ich brauchte nichts anderes, um glücklich zu sein. Das hat mir dermaßen Power gegeben. Vor allem diese komplette Wildheit und das ›Gegen-alles-sein‹.

Politik war zunächst gar nicht wichtig. Aber dass es eher *working-class-* und *left-wing*-mäßig war, das war klar. Deswe-

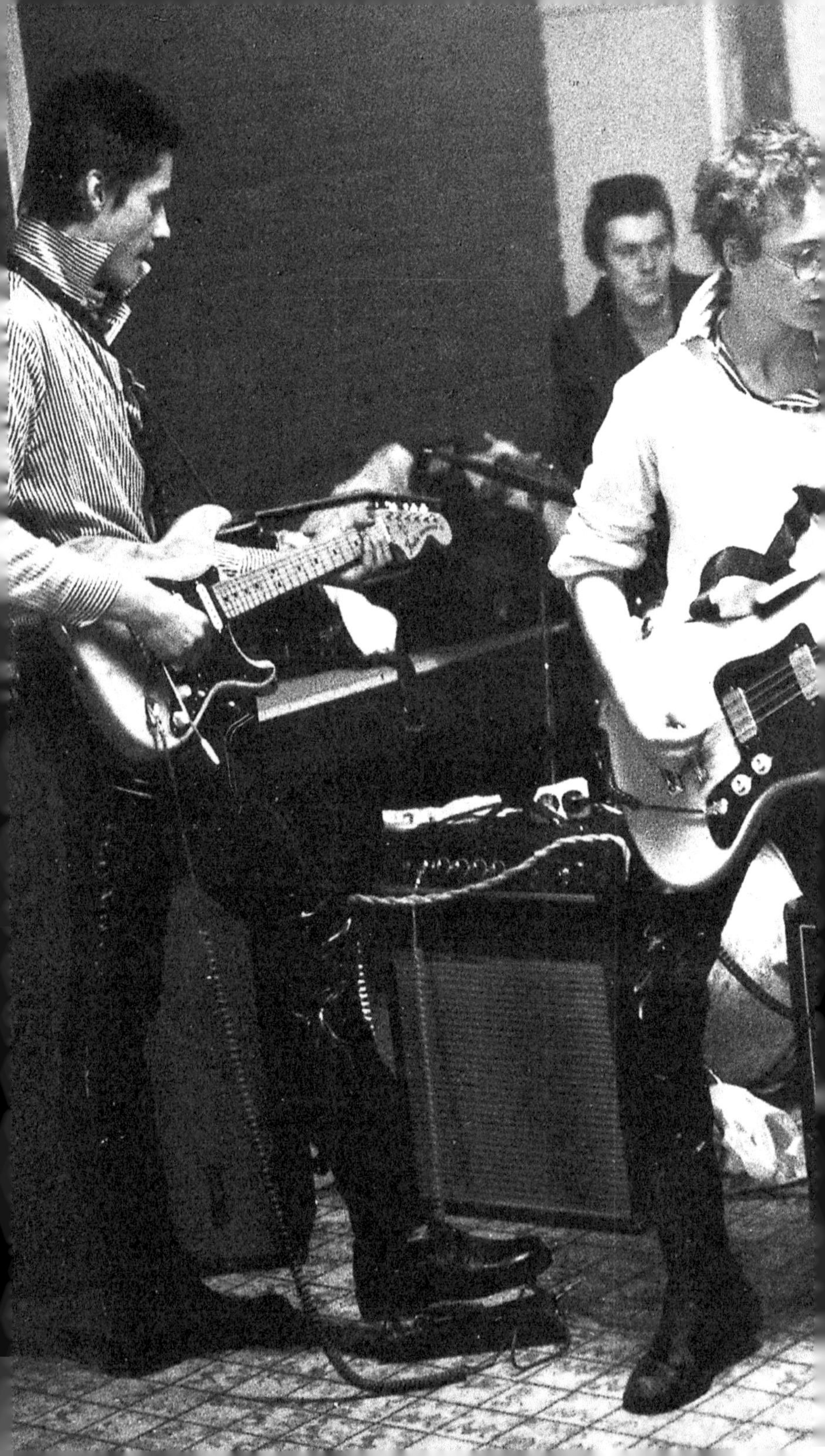

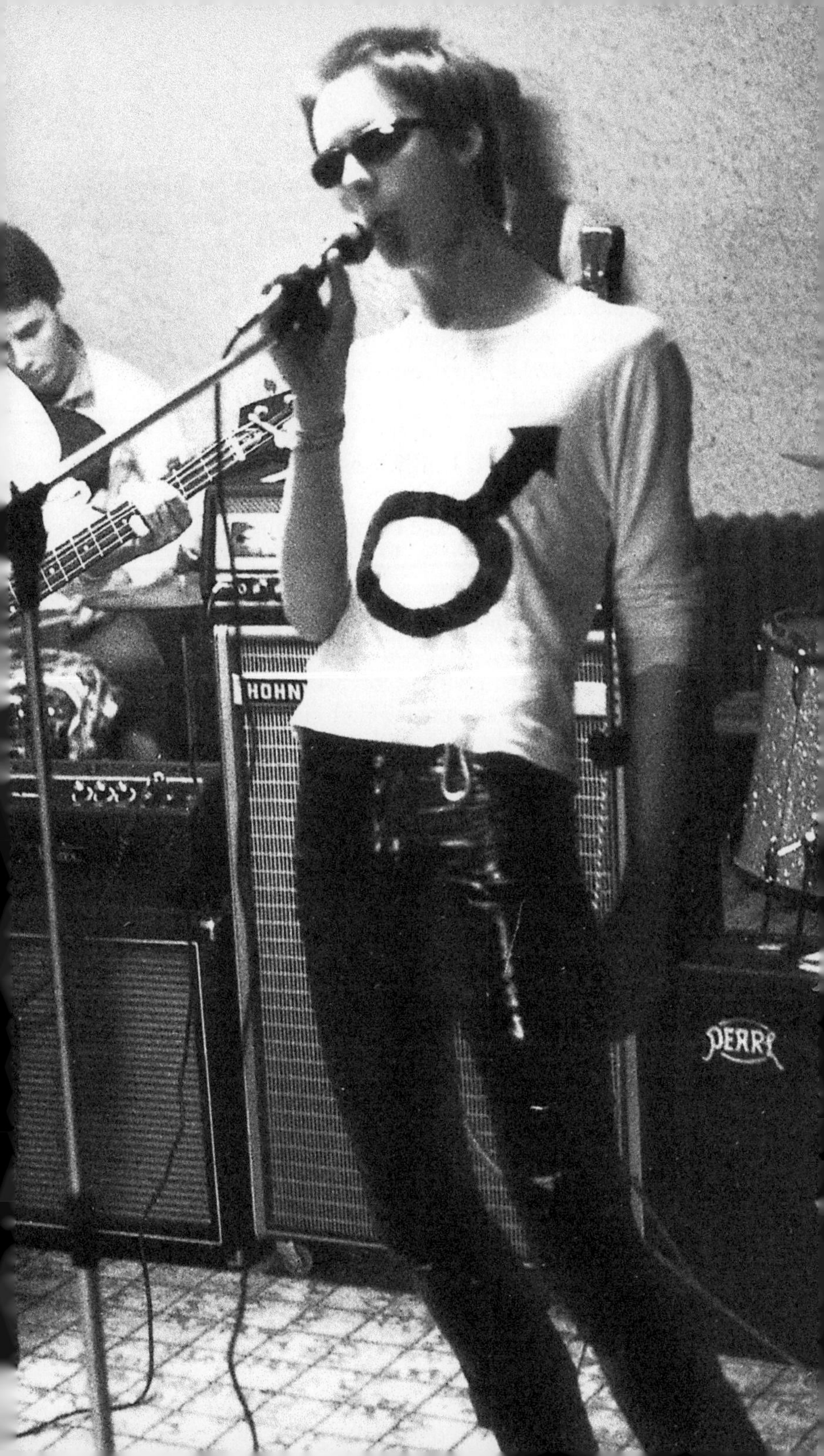
HOHN

gen fand ich auch diese frühen Fotos von Siouxsie so doof, wo sie mit Hakenkreuzen rumlief. Sid Vicious ja auch. Das fand ich abstoßend. Mir war schon als Kind die Problematik des Zweiten Weltkriegs klar. Da musste ich nur mit meinen englischen Cousins spielen. Die hatten große Vorurteile gegenüber den Deutschen. Die dachten noch Ende der 60er Jahre, bei uns brüllen sich alle Leute nur SS-mäßig an.
1977 spielte mein größerer Bruder eine wichtige Rolle für mich. Der ist zwölf Jahre älter, war damals schon etwas zu alt für Punkrock und war so eine Art Szenebeobachter. Er war halt etwas abgeklärter und hat viel eher gecheckt, was cool ist – und was uncool. Und ich habe nachgebrabbelt, was er gesagt hat. Das war ganz klar die Nummer: Der kleine Bruder lernt vom großen. Er hat die Platten gekauft und ich durfte die aufnehmen und hören. »God Save The Queen« und so. Was meiner Mutter als linientreuer Engländerin gar nicht gefallen hat. Auch was dann immer auf meinen Jacken stand. Dieser Labelspruch von *Stiff Records*: ›If it ain't Stiff, it ain't worth a fuck!‹ Die war da sehr enttäuscht. Mit meinen Eltern bin ich in der Zeit nicht klargekommen. Und das wurde auch nicht lockerer. Die fanden das gar nicht gut.
Ich bin damals in Düsseldorf in die Schule gegangen. Aber ich wohnte in Mettmann. Da warst du auf dich alleine gestellt, was Punkrock betrifft. Ich hatte zuerst gar nicht geglaubt, dass hier in Düsseldorf eine Szene ist. Aber es gab angeblich sogar Bands. **Male** und **Charley's Girls**. Das habe ich zuerst für Verarschung gehalten. Ich konnte mir auch nicht vorstellen, dass eine deutsche Band gut ist. So sehr war England das Nonplusultra für mich. Dann hörte ich vom *Ratinger Hof* und ging da nach der Schule hin, auf der Suche nach Gleichgesinnten. Ich war zuerst richtig enttäuscht. Das war so ein Neonladen. Aber tagsüber war da nicht viel zu spüren. Da waren auch noch irgendwelche normalen Leute.
Ich ging da erst mal nicht mehr hin. Aber ich war bereits Punk. Für mich war das Geile, dass ich auf etwas stolz sein konnte. Ich hatte etwas, was andere nicht hatten und auch nicht nachvollziehen konnten. Ich hatte diese Haltung: ›Ich bin der Che-

cker! Ihr seid alle doof. Ihr macht in dieser Maschinerie mit. Aber ich habe das Ganze kapiert.‹ Diese Illusion, das ist ja alleine schon was Geiles. Ich war vorher auch nur irgendein Arsch und null interessant für niemanden. Und auf einmal war ich selbst erklärter Außenseiter. Auf Klassenfeten kuckten mich plötzlich die Mädchen an. Vielleicht nicht so, dass sie mich geil fanden. Aber sie kuckten mich an. Und das war ein deutlicher Unterschied zu vorher. Ich hatte als Punk eine Position bezogen, und zwar innerlich und äußerlich. Wenn man einen Punk auf der anderen Straßenseite gesehen hat oder nur irgendeinen Typen mit Badges an der Jacke, dann hat man sich erst mal dreimal umkreist, oder man ist absichtlich noch mal zurückgegangen, oder man zwinkerte sich zu – und dann wurde auch gleich geredet. Da war ein wahnsinniger Zusammenhalt und eine große Bereitschaft, von den anderen aufgenommen zu werden. Eben weil es so subversiv war und weil nur ganz wenige Leute eine Ahnung davon hatten.

ISI Dass ich Punk klasse fand, das kam wegen *Bravo*. Da gab es schon ab 1977 immer Berichte und Bilder über Punks. Die haben das aber als Mode gesehen. Und das waren dann auch nur diese Modepunks. Mit möglichst vielen Ketten und Sicherheitsnadeln im Gesicht. Die Sicherheitsnadeln auch nur umgebogen und in den Mundwinkel geklemmt. Das sah recht gut aus. Das habe ich am Anfang auch so gemacht.

Zum ersten Mal so richtig auf die Kacke gehauen habe ich im Karneval. Aber danach lief ich immer noch so herum. Das gab ordentlich Ärger. Ich bin dann eine Zeit lang immer ganz normal aus dem Haus gegangen, habe mich umgezogen und bin in den *Hof*. Da war unser erster Proberaum mit ZK. Da war ich noch alleine mit Ingo, unserem ersten Gitarristen.

MARKUS OEHLEN Zwei von den späteren ZK standen eines Tages mit einem mickrigen 15-Watt-Verstärker vor der Tür und sagten: »Seid ihr Charley's Girls? Wir haben morgen ein Konzert auf einer Gewerkschaftsparty in der Kantine bei Mannesmann. Wir wollen auch eine Gruppe gründen. Können wir bei euch mal kurz proben?« Das war unten im *Ratinger Hof*. Im Bierkeller. Wir haben da gerade selber geübt. Wir sind dann nach oben gegangen – zum Flippern.

UWE JAHNKE Carmen hat mit dem *Ratinger Hof* so richtig versucht Leute zusammenzubringen. Die waren bunt gewürfelt. Es gab auch Leute mit langen Haaren. Nicht nur Punks. Es gab keine Uniformität. Das war ein richtiger Schmelztiegel. Das war ihr Grundgedanke. Und das Schöne war, dass das nicht durch irgendeinen Manager oder Selbstdarsteller passierte, sondern durch eine gut informierte, gebildete und nicht auf persönlichen Vorteil fixierte Frau.

CARMEN KNOEBEL Im *Ratinger Hof* trafen sich immer Leute, die ganz aufmerksam kuckten. Dann kam wieder einer mit der neuen Pere-Ubu-Platte. Da hat man gemerkt, da passiert von richtig guten Leuten was ganz anderes. Das war alles sehr bewusst. Das waren keine resignierten Leute. Dieser Witz bei Bands wie Charley's Girls und S.Y.P.H. – da war nirgendwo was Selbstzerstörerisches. Peter Hein war ja der Liebste überhaupt. Der hat sich nie geschlagen. Das war eher ein intelligenter Herausforderer. Und den habe ich auch nie dreckig gesehen.

FRANZ BIELMEIER Wir wollten uns knatschbunt anziehen. Die ganze Mode damals war ja furchtbar dezent. Ich kann mich erinnern: Sommer 78 – und nur Herbstfarben zu kriegen. Also haben wir uns Berufsklamotten gekauft – billige Malerhosen – und gefärbt. Dann hatte einer eine rote Hose, ein gelbes Hemd und eine grüne Jacke. Das fiel total auf. Janie und ich haben sogar Blusen angezogen, nur weil die Muster wenigstens ein bisschen schriller waren. Janie hatte so eine tolle Bluse mit Kirschen. Ramon hat auch tolle Sachen gemacht. Der hat sich zwei Hemden, ein rotes und ein grünes, auseinander getrennt und wieder zusammengenäht. Eine Seite rot, eine Seite grün.

XAO SEFFCHEQUE Wir hatten auch den Schizo-Look. Da war die halbe Seite vom Kopf so richtig gewachsen und wild. So richtig schwarzen Bart und Haare wachsen lassen. Die andere Seite war blond, ganz kurz, Augenbrauen abrasiert. Alles total rasiert. Und auch zwei Anzüge. In der Mitte geteilt. Der ganze Mensch war in der Mitte geteilt. In jeder Beziehung.

MIKE HENTZ Ich bin vier Monate Tag und Nacht als Schizo-Man rumgelaufen. Da gab es nur Ärger. Und seltsame Mechanismen. Wenn ein Passant auf der Straße an mir vorbeilief, musste ich nur bis vier zählen und mich umdrehen. Ich wusste genau: Der steht da und kuckt mir nach. So war das immer. Spätestens nach vier Sekunden standen die. Oder ich stehe an einer Würstchenbude, und ein älterer Herr sagt zu mir: »Wenn du mein Sohn wärst – ich würde dir den Kopf abhacken.« Und dann sagt er: »Aber jetzt spendiere ich dir erst mal ein Würstchen.« Das war wirklich schizo.

PYROLATOR Es gab eine Phase, da habe ich mich alles Mögliche getraut. Vorher habe ich einfach nur Jeans gehasst. Ich habe immer nur Stoffhosen getragen, um mich bewusst gegen diese Hippiebewegung zu stellen und zu sagen: »Ich bin kein Hippie.« Aber dann begann ich aus jedem Schema auszubrechen und habe auch Ausflüge in den *Hof* gemacht, im Schlafanzug. So bin ich auch mal mit DAF aufgetreten. Das fand ich cool. Schlafanzug mit Buttons.

PETER HEIN Was interessant war: Du konntest den Leuten die komischsten Sachen erzählen, und dann haben die das gemacht. Zum Beispiel haben wir jemandem erzählt, dass jetzt Gummi-T-Shirts modern sind. Natürlich hat er nirgendwo ein Gummi-T-Shirt gekriegt und hatte dann so eine Mülltüte drüber. Das war interessant – denn parallel dazu haben wir die ersten Fotos von Londoner Punks in Mülltüten gesehen. Oder wir haben jemandem erzählt, dass sich in London jetzt alle in die T-Shirts wichsen. Dass das das Coolste überhaupt ist. Am nächsten Tag kam er mit Wichsflecken auf dem T-Shirt an.

FRANZ BIELMEIER Viel von der damaligen *message* war ja die Energie. Ich war nie ein aggressiver Mensch. Aber Punk war eine positive Berührung mit Gewalt, Aggression und überhaupt: Ausbrüchen. Auch Pogo. Man hat geschwitzt, und man wusste, dass man für andere Leute Furcht erregend aussieht. Aber man war es nicht. Es war eine Energie, die in Bewegung gesetzt wurde, um etwas auszulösen. Man hüpfte wie ein Kolben in einem Motor.

ROBERT GÖRL Pogo war ja teilweise wahnsinnig aggressiv. Dieses Springen wurde oft so weit getrieben, bis es in eine Schlägerei umgekippt ist. Wer nicht auf diesem Level springen konnte oder wer dagegen springen wollte – plötzlich hat der während dem Pogotanzen auf die Schnauze bekommen.

BERNWARD MALAKA Als ich Pogo zum ersten Mal mitgekriegt habe, dachte ich nur: ›Geil!‹ Das war superarchaische Energieentladung. Im *Hof* gab es hinten eine quadratische Metalltanzfläche. Winzig klein. Drei mal drei Meter höchstens. Und die war immer supervoll. Drum herum standen immer die Touristen, die sich das mal ansehen wollten. Die waren völlig irritiert, wenn jemand aus dem Getümmel auf sie zuflog und ihnen auf dem Fuß landete. Zuschauer, die sich auskannten, hatten beim Pogo ja mehr die Funktion der Sprungfedern beim Flipper. Wenn du da reingepogt bist, haben sie dich in hohem Bogen wieder zurückgeschubst. Da gab es einen, den haben wir Flummi genannt. Der war nett, wenn auch leicht beschränkt. Aber dafür der beste Poger. Der flog wie ein Gummiball durch die Gegend. Hin und her. Und der flog natürlich auch oft voll auf die Fresse. Vor allem wenn die Leute vor ihm zurückwichen. Dann knallte der voll auf den Boden oder in einen Tisch rein. Aber das machte dem gar nichts. Manchmal flog man auch gegen den Kellner. Das ist mir mal passiert. Das war der Volltreffer. Nachdem es im *Hof* so voll war, hatte der drei Lagen Bier auf dem Tablett. Einen richtigen Turm. Das flog alles quer durch den Raum.

MARKUS OEHLEN Die Freitag- und Samstagabende gestalteten sich bald so, dass die Leute meinten alles kaputtschlagen zu müssen. Wir hatten nach jedem Wochenende einen Zentner Scherben wegzuräumen. Die Biergläser wurden leer getrunken und danach zerdeppert. Das war Punk. Das hat die Leute angelockt.

THOMAS SCHWEBEL Das waren die ersten Wellenreiter. Die tauchten auf und wollten einfach so mitmachen. Der *Ratinger Hof* war auf einmal immer proppevoll. Und wir wussten uns nicht anders zu helfen, als diese zu spät Gekommenen mit Verachtung zu strafen.

FRANZ BIELMEIER Gewisse erste Punkzeichen waren schnell out. Sicherheitsnadeln etwa. Oder Schminke im Gesicht. Wir haben uns immer gekringelt vor Lachen, wenn jemand dasselbe gemacht hat wie wir noch vor einem Jahr. Unsere Art war für andere Leute bestimmt manchmal widerlich. Janie hat das extrem gemacht. Der hat die gar nicht angekuckt, wenn der in den *Hof* kam. Die konnten noch so nett sein. Der überspielte seine Unsicherheit mit Schroffheit, Kurzangebundenheit und Ruckartigkeit. Er hatte so was Ruckartiges. Ende Charley's Girls/Anfang Mittagspause haben wir dann sogar eine Distanz zu unseren eigenen Sachen eingenommen – den Leuten etwas angeboten, was sie toll finden konnten, und wenn sie dann so richtig darauf standen, ihnen das wieder entzogen, indem wir uns darüber lustig machten. Das ging von Janie aus. Das ist in seinem Charakter verwurzelt. Sich von sich selbst so zu distanzieren, dass man selbst als Erster über das eigene Produkt lacht. Da ist der Zuhörer ganz verunsichert.

PETER HEIN Wir waren sehr aggressiv. Aber ohne jemandem auf die Fresse zu hauen. Wir haben das anders gemacht. Wir haben nur böse gekuckt.

CAMPINO Janie sah schon lässig aus, wenn er im *Hof* immer auf den Flipper schlug wie ein Wahnsinniger. Aber der hatte keine Idolfunktion für mich. Nur anfangs, als er da immer geflippert hat. Janie kannte sich einfach besser aus. Der war Chef der Clique. Und als ich die ersten Male in den *Hof* kam, waren die da drüben die angesagten Typen. Da hieß es immer: Da vorne stehen die von Charley's Girls. Und Charley's Girls waren Kult, weil Markus Oehlen irgend so einem Proll mal dermaßen in die Fresse gehauen hat. Das war für uns toll. »Mit einem Schlag«, hieß es immer.

MARKUS OEHLEN Da war ich mit Julian Schnabel unterwegs, der damals eine Galerie in Düsseldorf hatte. Der *Hof* war inzwischen eine richtige Anlaufstelle, um sich zu prügeln. Und dazu kamen auch ganz normale Leute hin. Einer von denen kam schon wie ein Hubschrauber über die Straße, zur Tür rein und prügelte mich unter den Flipper. Als man den unter Kontrolle hatte, konnte ich es mir nicht verkneifen, ihm eine zu knallen. Dabei habe ich mir zwei Finger gebrochen. Julian Schnabel war fasziniert. Das kannte der gar nicht. Der war noch ziemlich unbedarft.

RALF DÖRPER In Wirklichkeit waren wir weder Revolutionäre noch Bohemiens. Wir waren Auszubildende. Im *Ratinger Hof* hatte man halt nur eine andere Identität. Man wusste bei manchen Leuten vielleicht gerade noch den Hintergrund. Aber das war eigentlich alles egal. Es galt diese neue *Hof*-Identität. Da hat keiner gefragt, warum Peter Hein am nächsten Tag mit der Straßenbahn nach Rank Xerox fährt. Oder ich zur WestLB.

MUSCHA So ein Typ wie Peter Hein, der wohnte noch in seinem Kinderzimmer bei seiner Mutter. Was damals in Düsseldorf niemand wissen durfte – aber viele doch wussten. Das waren oft Doppelexistenzen.

FABSI Es wusste keiner vom anderen, wie es zu Hause aussieht. Obwohl ja viele von uns aus denselben Stadtvierteln kamen. Viele haben in Bilk gewohnt. Aber wir haben uns nicht in Vierteln oder Gangs getroffen, sondern immer nur im *Hof*.

JÜRGEN ENGLER Du bist in den *Hof* gegangen, und da waren Harry Rag, Thomas Schwebel, Peter Hein und Markus Oehlen. Aber man war nicht befreundet. Das war eine merkwürdige Mischung aus Ablehnung und gemeinsamem Denken. So eine Sache von: ›Ich weiß jetzt wirklich, was Punk ist, und du weißt es nicht.‹ Das Gefühl hatte ich immer. In dieser Hinsicht war Peter Hein der Kopf dieser ganzen Sache. Peter und ich hatten damals den Witz – die Grünen waren ja gerade gegründet worden –, wir gründen jetzt die Grauen. Nur noch Betonsilos. Total auf extrem. Aber gerade das war die Idiotie der ganzen Sache: Wenn etwa die Grünen diese oder jene Position hatten, musste man die gegenteilige Position einnehmen. Man hat sich von jedem Ding mehr einschränken lassen. Und den eigenen Lebensraum eingrenzen lassen. In Bezug auf alles, was mit Respekt und Offenheit untereinander zu tun hat, war das alles ganz böse. Ich hatte immer das Gefühl, ich muss um jeden Millimeter kämpfen. Das war kein Miteinander. Man musste sich jeden Tag beweisen. Und man musste ständig von außen das Okay kriegen.

Auch wenn wir mit **Male** gespielt haben. Da standen mehr Musikerkollegen unten im Publikum als andere. Ich hatte immer das Gefühl, ich stehe ganz schön blöd alleine da. Wenn du in den *Hof* bist: Peter hat dich immer inspiziert. Der musste dir immer auf den Kopf zusagen, was an dir gut oder nicht so gut ist. Der hat deine Jacke angekuckt: »Was ist das denn?« Der hat direkt daran herumgerissen, wenn irgendein Badge dran war, den er nicht mochte. Der nicht cool war. »Was willst du denn mit einem Vibrators-Badge? Scheiße!« Der musste dann ab. Gabi Delgado genauso. Den haben solche Sachen fasziniert. Der hat damit gespielt. Es war immer so: Das ist richtig und das ist nicht richtig. Irgendetwas war »das Ding«. Und etwas anderes durfte daneben nicht existieren. Das war total faschistoid.

THOMAS SCHWEBEL Ein großes Manko dieser Geschichte – dieser Düsseldorfer *touch* – war, dass die alle sehr informiert waren. Das war dieses: ›Ich muss ganz vorne sein und neue Trends aufspüren.‹ Das war so ein Eliteding. Alles wurde taxiert.

UWE JAHNKE Leute wie Janie spielten sich wie Führer einer *gang* auf. Und das wirkte alles andere als integrativ, sondern ausgrenzend und trennend.

PETER HEIN Ich musste halt manchmal Geschmackspolizei spielen. Geschmacksfaschismus. Als Ausgleich für den Real-Pseudo-Faschismus, den die Jungs da trieben. Als Strafe. Dieses ganze: Freunde! Familie! Und all so was. Wenn ich eine Familie gewollt hätte, dann hätte ich gleich zu Hause bleiben können. Ich fand das okay, dass man auch Feindschaften aufbaute. Dafür gab es auch interessante Reibungspunkte. Unser Verhältnis zu S.Y.P.H. war auch immer: »Was machen die wieder Komisches? Aarrghh, das war aber wieder ziemlich gut. Scheiße, dass uns das nicht eingefallen ist.« Aber mit denen waren wir befreundet. Wir haben uns gegenseitig Sachen geklaut. Aber auf eine gute Art.

Es machte auch Spaß, sich mit so einer Haltung durchzuwurschteln. Das war wie Wohnzimmer. Nur ohne Familienanschluss. Das ging niemanden etwas an, wo ich wohnte oder wer ich war. Ich fand, diese ganze Kälte war genau das, was es gut gemacht hat. Wir fanden das klasse, Außenstehende auszugrenzen. Wer nicht dazugehörte, der gehörte nicht dazu.

GABI DELGADO Ich habe da ein bisschen mitgemacht – bei Charley's Girls einmal mitgespielt, dann war ich bei Mittagspause –, ich war mit denen befreundet, aber das waren alles

Kinder. Das war mir bald zu blöd, da rumzustehen und Clash-Lieder mitzusingen, so wie Janie oder Male. Janie war damals auch sehr kindlich. Und Male waren kleine Kid-Punks. Die hatten immer Angst vor mir, weil die dachten, ich hätte ein Messer. Das war alles total kindermäßig. Es ging mir auch gar nicht um Punkmusik. Punk war super Energie, aber die Musik war nicht mein Ding. Das habe ich nicht verstanden, wie kann das sein: eine so neue, frische Energie – aber im Endeffekt immer die gleichen Töne? Wie Chuck Berry oder so.

HARRY RAG Was gute Musik ist und was nicht, hat hauptsächlich Janie bestimmt. Er war die Zentralfigur. Er hatte die meisten Platten, wusste alles am besten, wusste auch alles als Erster, kannte alle Texte, kannte alle Zeitungen, konnte alles zitieren und fuhr auf jedes Konzert.

JÜRGEN ENGLER An dem musstest du dich messen. Das war so: »Haste schon die neue Single von Soundso? Haste nicht? Oh nee! Das ist doch das Beste überhaupt.« Solche Diskussionen gingen da laufend ab. Peter Hein hatte halt immer die meiste Kohle, weil er bei Xerox gearbeitet hat – der hat immer die ganzen Singles gekauft. Und wenn der sagte: »Hey, diese Single – das ist es«, und du hast die nicht gehabt, hast du gleich Minuspunkte gekriegt. Dieses blöde elitäre Denken war dann auch der Killer der ganzen Sache.

HARRY RAG Es gab einen Plattenladen namens *Rock On*. Die hatten jedes Wochenende die neuesten Sachen. Aber sie hatten immer nur fünf Stück. Das war mir bald zu blöd. Ich kam immer zu spät. Ich war eben nicht auf dieser supergeheimen Sonderliste. Da gab es Privilegierte wie Janie. Für den war immer alles reserviert. Deswegen hatte er auch alles. Und deswegen war er der Papst.

FRANZ BIELMEIER Harry Rag hat sich dann seine Platten selber gemacht. Der war im Erfinden der absolute Großmeister. Der kam mal mit einer Single an, wo tatsächlich Charley's Girls »Innenstadtfront« draufstand. Aber wir hatten noch gar keine Platte. Das hatte der getürkt. Er hatte selber mit Schreibmaschine ein Etikett getippt und fotokopiert und auf irgendeine Single draufgeklebt.

HARRY RAG Das war die direkte Reaktion auf den Kult, den die da betrieben. Ich hatte zu der Zeit immer Singles in der Tüte, die absolut selten waren. Weil ich sie selber gebastelt hatte. Die habe ich denen so beiläufig gezeigt: »Habt ihr die schon? Wie? Die habt ihr nicht?« Das machte dann schnell die Runde: »Da gibt's jetzt eine Single von Charley's Girls. Die ist rausgekommen. Ich habe die gesehen.«

PETER HEIN Wir haben uns dann aufgelöst, bevor wir eine Platte aufnehmen konnten. Aufgrund musikalischer Differenzen mit unserem Bassisten. Wir mochten einfach nicht mehr, was der mochte. Das war eigentlich ein okayer Typ, aber der hat immer nur »Sonic Reducer« von den Dead Boys am Bass geübt. Das war mehr die Punkecke. Und das hat uns genervt. Das kannten wir alles schon. Und deswegen wollten wir nicht mehr mit dem spielen. Aber wir wussten auch nicht, wie wir den rausschmeißen sollten. Haben wir einfach gesagt: »Gibt keine Proben mehr!« Einfach die Band aufgelöst. Und am nächsten Tag hatten wir eine neue Band. Ohne dass wir einen Ersatz gesucht haben. Wir hatten also auf einmal keinen Bass mehr. Das wurde später unser großer Vorteil.

FRANZ BIELMEIER Peter Stiefermann – unser Bassist – wollte einfach toll sein und Frauen beeindrucken. Der hatte so eine plumpe Marlon-Brando-Coolness. Und damit ist der bei uns auf totalen Widerstand gestoßen. Wir wollten nicht den ganzen Tag Kaugummi kauen und für die Frauen toll ausschauen. Wir wollten doch provozieren und aufstören und Spießer nerven. Und bei dem war das so eine Macho- und Abdröhn-Nummer, während wir uns echt mit jeder Woche weiterentwickelt haben. Janie hat sich so viele Singles gekauft, dass sich überall Fäden ergeben haben, die wir verfolgen konnten. Gabi und Janie sind zum Beispiel mal für ein paar Tage total auf ein Cover von Spizz Oil abgefahren, wo nur Raffinerien und Industrieteile drauf waren. Das passte gut zu den Phantasien, die wir in Richtung Arbeiterverehrung hatten.

GABI DELGADO Anders als bei den Hippies hatte unsere Arbeiterverehrung aber keinen humanistischen Hintergrund. Wir waren dabei sehr zynisch. Wir wollten für die Menschen nichts

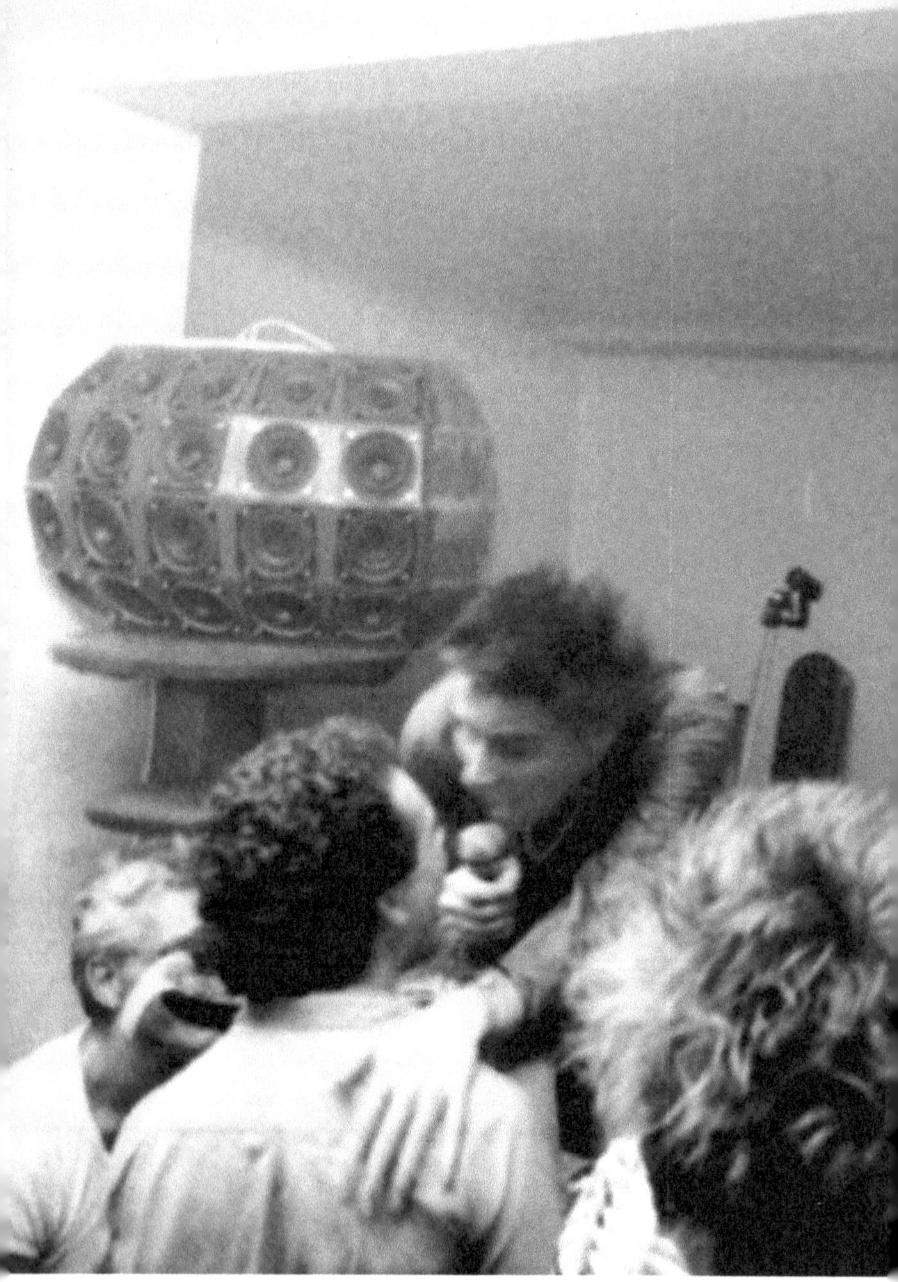

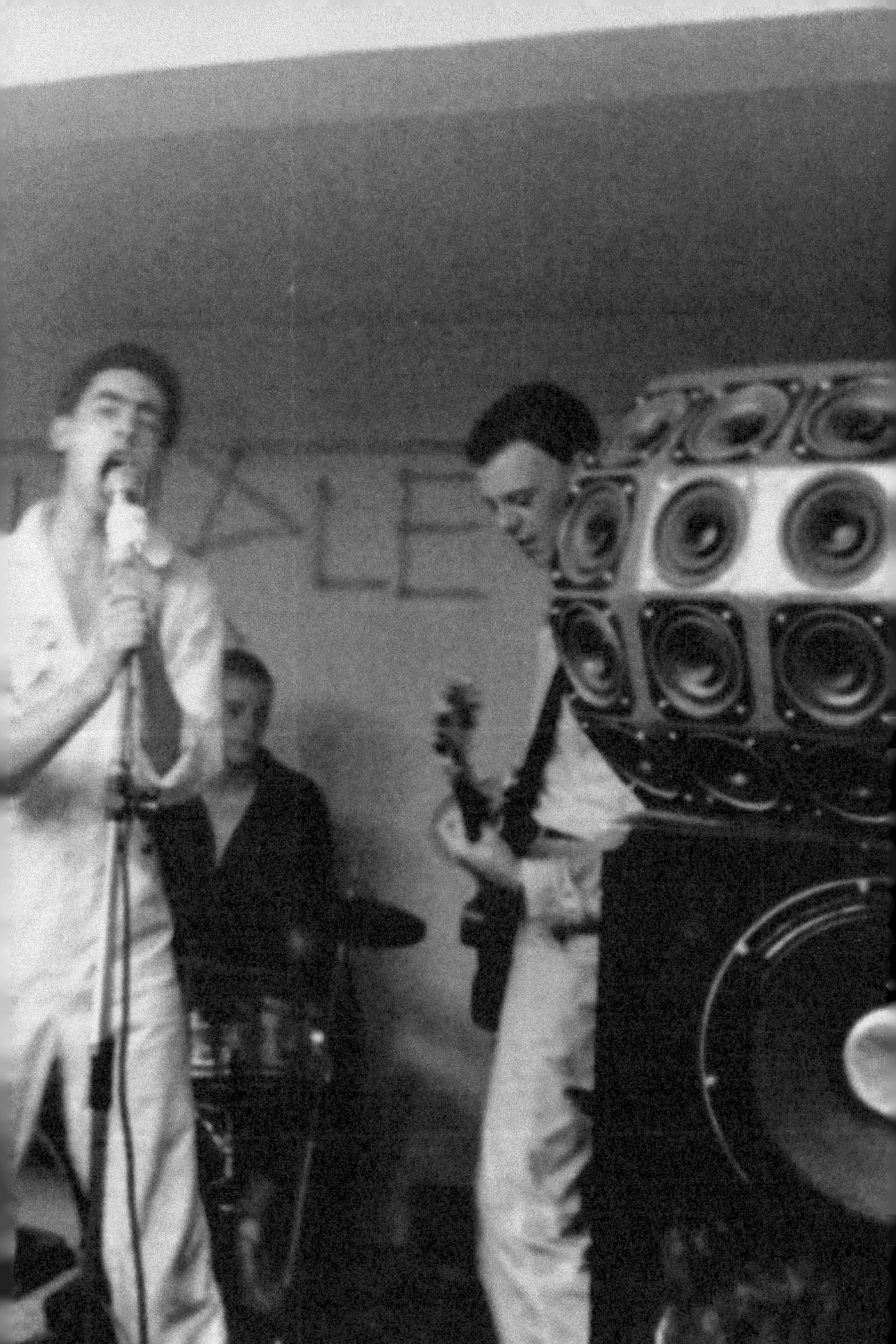

besser oder schöner machen. Wir haben das nur benutzt. Als Muster.

MARKUS OEHLEN Als Gabi Delgado zu uns stieß, waren wir uns schon klar darüber, dass unser Name was aus der Arbeitswelt sein sollte. Gabi und Peter beschlossen dann im *Hof*, dass wir jetzt Mittagspause heißen.

Die modernste Frau der Welt

> Wenn wir den Ku'damm runtergegangen sind, dann sind wir nicht einfach den Ku'damm runtergegangen. Wir hatten unsere eigene Geografie. Wir sind durch Berlin gegangen wie durch einen Dschungel. Das war unser eigenes Parallelberlin. Wir haben die meisten Leute und die meisten Dinge gar nicht wahrgenommen. Ausgeblendet. Einfach durchgesurft. Wir haben unsere eigene Landkarte gemalt, wie Berlin aussieht, welche Anlaufpunkte wir haben, welche Routen wir gehen und welche Abzweigungen wir nehmen. **FETISCH**

BEN BECKER Als ich ganz jung war, bin ich oft geschminkt rumgelaufen – Bowie-mäßig mit Zickzackmustern das ganze Gesicht bemalt. 1977 war ich mal im Jugendhaus Anne Frank in Wilmersdorf. Ich war zwölf. Und alle um mich herum standen auf **Bay City Rollers**. Auf einmal kam Plastic Bertrand. Das war ja Kinderpunk. Aber ich bin voll darauf abgegangen und habe irgendwann nur gemerkt, dass mich alle blöd angekuckt haben. Danach habe ich angefangen, auf Punk zu machen. Meine erste Punkscheibe hat mir meine Mutter mitgebracht. Die war in England. Und Nummer eins war gerade **Damned**. Als ich die auflegte, wusste ich gar nicht, was das sollte. Ich musste das erst mal verstehen. Das war was ganz Neues. Das hat ein halbes Jahr gedauert, bis ich die Platte mochte.

Nachdem sich meine Eltern getrennt hatten, bin ich auch mal mit meinem Vater nach London gefahren. Da hatte ich hinten ein Vorhängeschloss am Turnschuh und habe aus dem Hotel die Kette vom Klo geklaut. Mein Vater ist ja Kommunist. Und er schlenderte mit seiner neuen Freundin hinter mir her. Auf einmal sieht er das Schloss. Der ist ausgetillt! Hat mich gepackt und geschüttelt und angeschrien. Wir standen an der Themse und er: »Kuck dir diese Stadt an. Diese Stadt ist auf Arbeit aufgebaut. Was du da machst, das können sich nur bourgeoise Kinder leisten.« Ich bin dann abgehauen. Das war ein achtjähriger Bruch zwischen mir und meinem Vater. Ich sah das ja ein, sein dialektisches Denken, aber irgendwo gab es auch einen Zwölfjährigen, der sagt: ›Jetzt will ich auf die Kacke hauen.‹ Ich weiß nicht, warum man da einen kleinen Jungen so schütteln muss.

Als ich 13 war, durfte ich zu Hause meine erste große Party machen. Ich habe meine Mutter gefragt. Sie und Otto waren den Abend über sowieso weg. Aber als sie nach Hause kamen, war die Party größer als erwartet. Jemand machte die Tür auf und sagte: »Kommt doch rein. Hier sind die Getränke.« Wir tranken immer ›Grüne Wiese‹ – Bols blau mit Orangensaft. »So, hier!« Blixa saß hinten in einem Flokati-Pullover und hackte Ephedrin. Einer war mit Peitsche unterwegs. In der Badewanne lag ein Transi. Und ich war so besoffen, dass ich hinten bei mir im Kinderzimmer gekotzt habe. Meine Mutter musste mich erst mal unter die Dusche stellen und das Bett neu beziehen. Danach kam Otto und sagte: »Du kannst Party machen, solange du willst, aber als Gastgeber bist du der Letzte, der ins Bett geht!« Er zwang mich zum Aufbleiben. Ich saß dann in der Küche, mit meiner schimmernden Synthetikstoffhose, T-Shirt im Tigerfellmuster mit abgeschnittenen Ärmeln, orangegefärbten Haaren und schwarz lackierten Fingernägeln, fix und fertig, und wartete, dass die anderen Pimmelköpfe irgendwann endlich fertig sind und gehen.

Ansonsten fanden meine Eltern meinen Wandel aber in Ordnung. Die haben mich sogar fast dazu getrieben. Die haben mir meine erste Szenekneipe gezeigt. Das *Moon* in der Bundesallee. Hinter dem Tresen stand Salomé, der Maler. Und die Leute waren in Mülltüten eingepackt.

Dann habe ich Fetisch kennen gelernt. Fetisch war drei Jahre älter als ich. Der wurde mein bester Freund. Und er wurde der Szenekönig.

FETISCH Zwischen elf und 14 habe ich in England gewohnt und bin da aus Versehen in ein **Sex-Pistols**-Konzert geraten. Zuerst war ich irritiert. Aber ich bin viel Skateboard gefahren – und von den Skater-Kids standen viele auf Punk. In England war das eine intensive Bewegung – verspielte Teenageranarchie. Sehr unschuldig und fashionmäßig. Ich kam mir sehr speziell vor. Es war ein eigener Club. Wie eine Kirche. Man hat eine tiefe Verbundenheit gespürt. Dann bin ich nach Berlin – und habe da Leute auf dem gleichen Weg kennen gelernt. Nur weil einer eine abstrakte Hose anhatte. Ich bin am Ku'damm angekommen. Erster Tag. Und dann habe ich so einen Typen gesehen. Das war Jürgen Engler von **Male** aus Düsseldorf. Wir haben gleich rumgekultet.

JÜRGEN ENGLER Ich hatte eine grüne Hose an. Und ein oranges Hemd. Sehr grell. Wir hatten am nächsten Tag einen Auftritt auf einem Festival. Das war zum 17. Geburtstag der Mauer, und gleichzeitig war es die Eröffnung des *SO36*.

FRIEDER BUTZMANN Mit der Eröffnung des *SO36* war Punk für mich vorbei. Da haben zwar noch Punkbands gespielt, aber die wollte niemand mehr hören. Bands wie **Stuka Pilots**. Die waren sehr jung. Und die hatten gar nicht verstanden, dass diese ganzen Nazi-Embleme eine Provokation sein sollten. Die haben das ernst genommen und liefen da mit Hakenkreuzen herum.

UWE JAHNKE Die hatten richtige Uniformen aus dem Dritten Reich. Richtig mit Orden.

FRIEDER BUTZMANN Aber die haben halt auch normale Punkmusik gemacht. Und darum ging es nicht mehr. Im *SO36* habe ich zum ersten Mal deutsche Bands gesehen, die weiterdachten. So wie **Mittagspause**. Das war ein Einschnitt. Und durch das *SO36* hatte unsere Bewegung dann auch in Berlin einen Ort.

PETER HEIN Auf dem Mauerfestival haben wir zusammen mit **Male** und **S.Y.P.H.** gespielt. Was es bis dahin in Berlin an Bands gab – die galten bei uns als Nichtskönner. Hardrockfraktion. PVC etwa. Das war Hardrock für Schwule. Mit Strickpullovern, engen Jeans und Schminke. Das Ganze war, glaube ich, auch von PVC veranstaltet – und hieß offiziell und altmodischerweise »Wall City Rock«-Festival.

HARRY RAG Die einzig gute Berliner Band, die es am Anfang gab, war für mich **Din-A Testbild**. Die hatten einen genialen Gitarristen. Der hatte ganz kurze, gelb gefärbte Haare und einen manischen Blick. Und der Rest machte so einen betörenden Undergroundbeat. Ein Stück hieß »Roboter«. Das ging die ganze Zeit nur: kkkrrrccchhh! Und Mark Eins, der Sänger, rief immer nur: »Wir sind Roboter! Roboter! Roboter!« Fünf Minuten lang. Ohne Pause. Das Stück war aus. Ein paar Leute klatschen. Und Mark Eins sagt: »Ihr braucht nicht zu klatschen! Wir sind Roboter!« Ich stand in der ersten Reihe. Irgendwann fängt der Typ neben mir an und ruft: »Hört doch auf, die Scheiße!« Sage ich: »Was soll denn das heißen? Die sind doch genial.« Und er: »Die sind doch nicht genial, die sind Schrott!« Dann habe ich mich mit dem geprügelt. Richtig schlimm.

FRANZ BIELMEIER Ich bin damals über den Umweg von München nach Berlin geflogen. Ich kam direkt von der Beerdigung von meinem Vater. Damals habe ich mit meiner ganzen Familie in München, wo ich eigentlich herkomme, Schluss gemacht. Weil es nicht dazupasste. Die konnten mir Geld leihen, wenn ich Geld aus denen rausziehen konnte, um es wieder in Musik zu stecken. Aber die Familie besuchen und sich umziehen und die ulkigen Klamotten ausziehen und sich normal anziehen – das habe ich wirklich das letzte Mal bei der Beerdigung von meinem Vater gemacht. Da hat mich Punk katapultiert – noch mal eine Düse drangeschnallt. Für mich war das die Befreiung von Elternhaus und Maßstäben. Ich bin auch nicht darauf gekommen, eine Lehre zu machen. Es war für mich nicht möglich, ein Doppelleben zu führen. Ich war einer der linientreuesten Punks. Auf jeden Fall auch deswegen, weil mir vorher viel gefehlt hat.

Wir hatten dann da im *SO36* Gasmannanzüge an. Dezente Blaumänner aus wasserabweisendem Gabardine mit Druckknöpfen. Wenn du 1978 nachts mit so was in den *Ratinger Hof* gegangen bist, warst du der Lokalstar. Im *SO36* sahen die auch noch sehr gebügelt und ordentlich aus, weil, die waren noch ganz neu.

MARKUS OEHLEN Wir hatten unsere Blaumänner an, unsere Käppis auf, das Band kreischte seit zehn Minuten – dann bin ich als Erster auf die Bühne. Ich hatte hinter der Bühne einen Zehn-Liter-Kanister mit Putzmittel gefunden und eine Leiter – bin also mit Leiter, Putzmittel und Schrubber auf die Bühne –, stieg erst mal auf die Leiter, goss das Putzmittel über das Schlagzeug und schrubbte es anschließend mit dem Besen von oben aus. Nach einer Zeit kam Franz und fing an zu spielen. Nur dang-dang-dang. Noch mal zehn Minuten. Und dann begann erst das erste Stück. Und ich habe gesehen, wie die Leute gebannt waren, wie sie es gehasst haben, aber trotzdem nicht weggehen konnten, weil sie dachten, das ist jetzt das Allerneueste. Und wir hatten ja auch wirklich was Neues. Wir hatten was zu vertreten. Wir wollten ja wirklich eine Revolution. Ich sehe immer noch diesen alten Grauhaarigen von PVC da stehen. Das war ja eine Alte-Männer-Rock-'n'-Roll-Band, die sich einen Punk-Anstrich gegeben hat. Den habe ich immer fixiert, wenn ich ins Publikum gekuckt habe.

FRANZ BIELMEIER Wir haben dann in unseren Monteursanzügen auch richtig Pause gemacht. Einen Tisch auf die Bühne gestellt. Hingesetzt. Döner ausgepackt und was getrunken. Mir fiel das in meiner Aufregung schwer, den Döner zu kauen und runterzukriegen. Alle anderen hatten damit keine Probleme.

FETISCH Ich empfand Mittagspause im *SO36* um Meilen moderner als PVC und die anderen Berliner. Die waren alle ziemlich schlecht. Die sahen so Hobbykeller-mäßig aus. Und Mittagspause brachten »Marmor, Stein und Eisen bricht«, nur mit Geräuschen von einem alten Tonband. Das waren interessante Sounds – die man aus Gitarren oder sonst wie üblichen Geräten nicht kriegte. Das war richtig frisch. Das war auch anders als alles, was ich aus England kannte.

GUDRUN GUT Mittagspause fand ich super. Vor allem wegen dem Schlagzeug. Markus Oehlen war mein großer Held. Sein Schlagzeug war bodenständig, einfach und schlicht. Das war für mich dann so: ›Oh, das kann ich auch.‹ Und dann habe ich gesagt: ›Jetzt spiele ich Schlagzeug.‹

MARKUS OEHLEN An diesem Abend lernte ich auch noch David Bowie kennen, der ja damals in Berlin lebte. Der kam nach dem Konzert an. Zusammen mit Iggy Pop.

THOMAS SCHWEBEL Die rauschten in ihrem cremefarbenen Mercedes an. Bowie sah völlig scheiße aus mit seiner getönten Brille und seinem weißen Anzug. Eher wie ein Zahnpastavertreter.

MARKUS OEHLEN Alle stürzten sich auf Bowie. Vor allem die Berliner Bands hingen an dem wie die Kletten. Iggy Pop verschwand auf der Toilette.

THOMAS SCHWEBEL Außer mir hat den zuerst gar keiner erkannt. Der stand den Rest des Abends daneben und hat Bowie die derbsten Judenwitze erzählt. Und das als amerikanischer Jude. »Wie viele Juden passen in einen VW Käfer? 20! 18 in den Aschenbecher.« Von den Deutschen hat keiner das Gesicht verzogen. Aber die beiden haben sich totgelacht.

MARKUS OEHLEN Ich hatte mich so ein bisschen abgesondert, stand alleine an der Bühne und plötzlich kam Bowie auf mich zu und sagte: »Ah, you are the leader of the Mittagspause.« Der wollte dann unbedingt die Bänder vom Abend hören und meine Telefonnummer haben. Und wir haben dann da rumgesponnen. Die nächsten Tage bin ich dann nicht aus dem Haus gegangen. Weil ich dachte, David Bowie könnte ja anrufen. Hat er natürlich nicht.

INGA HUMPE Iggy Pop und David Bowie hingen damals immer im alten *Dschungel* am Winterfeldtplatz herum. Zusammen mit allen möglichen anderen Berühmtheiten.

BEN BECKER Es gab in dieser Stadt unheimlich viele Künstler und Ausgeflippte. Berlin war so geil mit dieser Mauer rings herum. Hier wurden jeden Tag 36 Millionen Mark reingepumpt, um diese Bastille inmitten des bösen Ostens aufrechtzuerhalten. Und für diese 36 Millionen konnte man eine Menge Spaß haben. Das war für uns so: Die Mauer ist geil. Gut, dass es die DDR gibt!

ANDREW UNRUH Da war dieser Gedanke, dass morgen schon wieder alles vorbei sein kann. Ich dachte mir immer: ›Wenn das mal losgeht, dann ist in Berlin als Erstes Weltuntergang.‹

ANNETTE HUMPE Wenn ich damals zur Verwandtschaft fuhr, in der Nähe von Dortmund, fingen die sofort an zu schreien: »Das ist doch viel zu gefährlich da! Wenn da die Russen kommen!« Aber wenn ich zurück nach Berlin kam und Bahnhof Zoo ausgestiegen bin, war ich immer wahnsinnig erleichtert. Es gab für mich zwei Welten. Westdeutschland war für mich Spießergebrösel. Und Berlin war schön eingekesselt. Das war ein guter Schutz gegen die blöden Westdeutschen. Ich habe mich da total wohl gefühlt. Ich fand die Mauer so was von klasse. Auf der ganzen Welt gab es nicht so eine Situation.

INGA HUMPE Berlin war aber auch echte Verzweiflung. Ich habe darüber wenig später eines der ersten Neonbabies-Stücke geschrieben: »Spaß muß sein«. Das war so: Einsam durch die Straßen gehen, Spielhöllen, und über einer steht »Spaß muß sein«. Dabei ist weit und breit kein Spaß in Sicht. Natürlich war das auch meine Schwarzweißwahrnehmung. Ich sagte einfach: ›Den ganzen Rest, wie ich mir die Welt sonst noch erklären könnte, das lasse ich alles weg.‹ Ich weiß noch, wie ich damals meinen ersten LSD-Trip genommen habe. Und irgendwie habe ich eine Jimi-Hendrix-Platte dazu gehört. Ich dachte: ›Nie wieder so einen Scheiß.‹ Ich bin rausgegangen und habe mich in den Bus gesetzt. Es war früher Nachmittag, und die Schule war gerade zu Ende. Ein paar Kinder kamen rein. Die waren klasse. Aber bei den Erwachsenen sah ich deutlich, wer Medikamente nahm. Ich sah die Ringe unter ihren Augen. Abends bin ich in den *Dschungel* gegangen und sah die Männer als Hunde. Die waren alle wie Hunde. Das hat einiges geklärt, haha. Ich fand Hunde damals das Allerletzte. Das war alles so ein Versuch, ein Wertesystem und einen Halt zu finden. Etwas, das echt und selbst empfunden war. Wo ich mich nicht daran halten muss, was andere sagen.

Ich war damals halt in einem sehr ungeschützten Zustand. Weil ich so viel wahrgenommen habe – aber alles immer nur in meine Richtung. Wenn ich morgens in den Supermarkt ging und die Kassiererin mich anblaffte, dann war der Tag gelaufen. Jede negative Begegnung mit einem Menschen konnte mich im falschen Moment extrem treffen. Ich war absolut unbalanciert.

JÄKI ELDORADO Wir haben dann alle angefangen, mit Speed und allen möglichen komischen Drogen rumzumachen. Tabletten, »Hallo Wach«, Koffein, Poppers – das ist so was wie Salmiaklösung. Das schnüffelt man. Eigentlich so eine Hardcore-Schwulendroge. Das ist ein Chemieflash, der ballert einen völlig weg. Man ist eine Viertelstunde lang völlig im Wahn. Aber danach ist man fertig. Da geht nichts mehr. Da bricht der ganze Kreislauf zusammen. Wahrscheinlich ballert man sich damit jedes Mal 100 000 Gehirnzellen weg. Aber bei uns fiel das unter »Jugend forscht«.

BEATE BARTEL Konkretisiert hat sich diese ganze Punksache auch, als der *Dschungel* in die Nürnberger Straße umzog. Das war dann eher unser Club. Obwohl er wesentlich schicker war.

BETTINA KÖSTER Der war total schick. Das war ein altes chinesisches Restaurant. Die Leute, die da arbeiteten, hatten zwar zum Teil noch lange Haare, aber es war ein ganz neues Styling. Weiße Wände. Ganz karg. Es gab ein Aquarium mit Astronauten drin. Eine Galerie mit weißen Rohrpfosten, die schräg standen. Da saß man oben an Tischen. Unten war die Bar. Und da hat man sich betrachtet.

INGA HUMPE Dann entstanden auch die ersten Bands. Und ab diesem Moment war alles sehr abgegrenzt voneinander. Selbst mit Jäki und Blixa – wir haben nicht mehr miteinander geredet. Das war so ein unausgesprochenes Konkurrenzverhältnis. Es gab die ersten Revierkämpfe. Da wurde jeder verbellt, der in die Nähe kam. Aber es war nicht so, dass man ein glänzendes Fell hatte, sondern es hatte so was Räudiges. Wirklich nicht hübsch. Bei mir war das echte Verzweiflung. Komplettes Unwissen, wo's langgeht. Die ganzen Werte wurden komplett weggekippt. Aber das war auch klasse, das mal zu machen.

ANNETTE HUMPE Ich hatte in Köln mein Musikstudium abgebrochen. Und war nach Berlin gegangen. Zuerst hatte ich da eine Transvestitenband. Die hieß **Pink Wave**. Ich spielte Keyboard und war am unweiblichsten. Obwohl ich die einzige Frau war. Die waren mit Federboa unterwegs und schmissen sich auf die Erde. Aber das hatte noch nichts mit Punk zu tun. Wir machten Disco. Und zwar richtig. Ich dachte mir, wenn Disco, dann will ich das richtig machen. Als ich dann Punk kennen lernte, sah ich von meinem hohen Ross aus, dass Leute, die sich eine kaputte Gitarre gekauft hatten und zwei Akkorde gelernt hatten und die auch noch schlecht spielten, damit ja viel mehr ausdrücken können. Ich war einfach platt: ›Man muss gar nicht Musik studieren, um was Tolles zu machen.‹ Da ging mir so ein Licht auf. Dass das Geniale im Einfachen liegt.

INGA HUMPE Das waren so Mucker, mit denen meine Schwester vorher arbeitete. Und ihr Status in den Bands war oft eine Mischung aus Darling und doofe Diva. Vor Punk waren ja die Musiker äußerst dünkelhaft und superfrauenfeindlich. Ich galt ja auch als supernervig.

Meine Schwester rief mich dann mal an und sagte: »Komm mal in den Übungsraum.« Die hatte irgendwelche Leute, mit denen sie da rummachte. Und auf einmal war ich Sängerin. Wir hießen sofort **Neonbabies**.

ANNETTE HUMPE Inga hat damals kein Instrument lernen wollen, weil ich als Ältere immer schon einen Schritt weiter war.

INGA HUMPE Ich habe durch Punk auf einmal eine Chance gesehen auszudrücken, was ich fühle. Und zwar ganz schnell. Drei Wochen später hatten wir unseren ersten Auftritt. Und da konnte ich ausprobieren, was ich rauszuschreien hatte. Ich hatte eine Menge zu schreien! Das war ja eine Zeit, als alles durcharrangiert wurde. Und dann stellt sich eine da hin – das war bei einer Ausstellungseröffnung von so einem Maler – und fängt an zu schreien. Ich hatte das Gefühl: ›Das hat zum ersten Mal was mit mir zu tun.‹ Wir hatten selbstgebastelte Kostüme. Irgendwelche Tüllröcke und Stiefel. Das sollte so was sein, das Männern Angst macht. Wenn Sex, dann Sex, der übertrieben ist. Nicht schön ist. Eine Deformierung von Sex. Nicht, dass ich innen wirklich so drauf war. Innen war ich natürlich ganz schüchtern. Das war so 'ne Mischung aus Junge und Mädchen. Das hatte so was Jungenhaftes. Rotzig eben. Es ging darum, zu verwirren und die eigene Verwirrung auszudrücken. Das war 'ne totale Mutprobe. Die Leute waren gar nicht so wichtig.

FRIEDER BUTZMANN Ich war damals musikalisch stocksteif. Schon allein so etwas wie Rhythmus nannte ich »Das tödliche Gleichmaß«. Ich hatte mich seit Ende der 60er mit Computermusik beschäftigt. Nachdem Synthesizer aber unerschwinglich waren, habe ich mir einen eigenen Tongenerator gebaut. Quietschofon sagte ich dazu. Ich war 15 und bin in Konstanz in die Stadtbibliothek gegangen und habe mir Schaltpläne von Multivibratoren angeschaut. Dann haben wir eine Zigarrenkiste genommen. Da kam ein Kabel raus, das man an einen Lautsprecher aus einem Radio anschließen konnte. Eingeschaltet wurde alles

mit einem Weichensteller von der Modelleisenbahn. Damit konnte man auch die Tonhöhe verändern.
1977 lernte ich am Flohmarkt in Berlin den Zensor kennen. Der hieß damals noch Burkhardt Seiler und hatte einen Stand mit den allerersten Punksingles, die er gerade aus England importiert hatte. Ich hatte vorher zwar sogar eine Platte von David Bowie – aber ich habe mich ja mit Neuer Musik beschäftigt. Von daher habe ich so was Gekünsteltes wie Bowie als zweitklassig gesehen. Und dann gab es durch Punk auf einmal wieder die aufschreiende Kreatur. Was die Neue Musik sich immer erträumt hatte – die Allverfügbarkeit von Klängen, das ständige Forschen und Drängen –, das wurde da realisiert. Und zwar ganz einfach. Spielerisch und nebenher. In einer unheimlichen Blüte und Breite. Ich war total begeistert.
ZENSOR Frieder war so ein Hüne, mit wallendem Haar und einem langen roten Bart. Der verkaufte da Bananenkuchen. Und bald hatte er ein riesiges **Sex-Pistols**-Badge dazu. Mit Platten hatte ich noch kurz vorher nur als Musikfreund zu tun. Ich war Markthändler – war immer unterwegs auf Pferdemärkten und Krämermärkten.
BETTINA KÖSTER Zu Anfang hatte der Zensor im *SO36* immer eine Art Bauchladen umhängen. Eine Schuhschachtel mit einem Bändchen um den Hals. Damit lief er nach dem Konzert, wenn die Lichter an waren, immer herum. Aber da waren Platten drin, die man sonst nirgends kriegen konnte. Was gerade in New York oder London rausgekommen war. Alles Singles.
FRIEDER BUTZMANN Über den Zensor habe ich auch Gudrun Gut und Mark Eins kennen gelernt. Als wir die das erste Mal besucht haben: Das war beeindruckend. Die waren ganz weiß gekleidet und hatten ganz helle, wasserstoffsuperoxydgebleichte Haare. Die kamen mir vor wie von einer anderen Welt. Das strahlte einen neuen, ganz anderen Lebensstil aus. Auch von ihrer Distanz her. Ich hielt Gudrun Gut damals echt für die modernste Frau auf diesem Planeten. Und ich habe später erfahren, dass Blixa Bargeld das auch so sah. Bei Gudrun war das schon nicht mehr punkig. Das war was anderes. Sie sah ja leicht japanisch aus. Die kam mir so international vor. Trans-

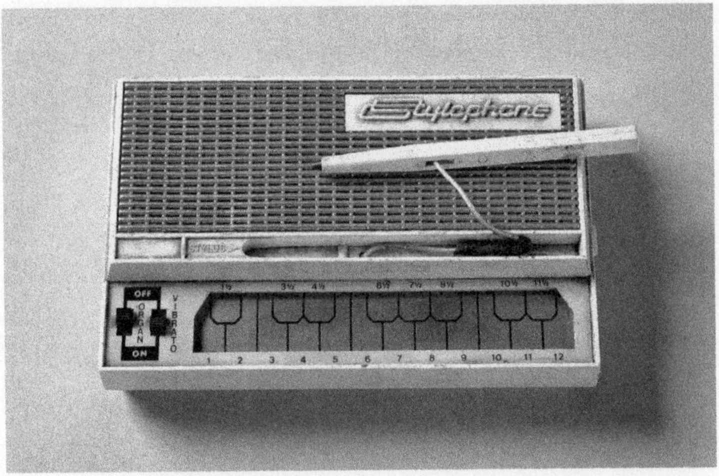

europäisch. Gudrun hat mit Mark Eins ja auch **Din-A Testbild** gemacht. Die haben stundenlang auf der Bühne improvisiert. Dem Wesen nach war das radikal. Es war halt nur musikalisch auf Dauer langweilig.

GUDRUN GUT Am Anfang von Punk hatte ich noch gedacht: ›Ja! So ist es richtig! So muss es sein!‹ Aber bald war mir das alles supersuspekt. Als ich angefangen habe, Bass zu spielen, merkte ich, dass Punk das Gleiche ist wie Rock – nur schneller gespielt.

Bei **Din-A Testbild** hatte ich dann, außer Bass, gleich noch Stylophone gespielt – eigentlich sogar meistens. Das war so ein Minikeyboard, das man mit einem Stift bediente. Der sah aus wie ein Kugelschreiber. Unten war ein Kontakt. Supersimpel! Das war ein Musikinstrument für Kinder. Dazu gab es eine Einführungsplatte, wo Bill Ramsey dir erklärt, wie das funktioniert. Das war so abgefahren! Aber ich weiß nicht: Hat sich nicht durchgesetzt, das Instrument, haha. Auf jeden Fall habe ich das gespielt, weil ich das so lustig fand, einfach ein Kinderinstrument auf der Bühne zu haben.

Das mit **Din-A Testbild** war mir aber bald zu hippiemäßig. Die haben immer riesige Sessions gemacht, wo improvisiert wurde. Das sollte superfuturistisch und ganz modern sein, aber das

Moderne sollte aus der Improvisation geschöpft werden. Nur: Ich fand das zum Anhören nicht gut. Ich fand es immer besser, die Sachen zuerst zu überlegen und dann zu machen.

Teil 2

ICH UND DIE WIRKLICHKEIT

Herbst 1978-Winter 1980

Diktator-Kinder

PYROLATOR Was mir gut in Erinnerung geblieben ist, das waren diese drei tollen Tage bei *Art Attack*. Das war so ein Punkhappening, als Moritz und Frank diese Galerie in Wuppertal hatten.

FRANK FENSTERMACHER Da ging es darum, die einzelnen Aktivitäten zu bündeln. Die Galerie war ja ohnehin eher ein Treffpunkt. Wir haben ja nie etwas verdient. Kein einziges Bild verkauft. Keinen einzigen Kunden reinbekommen. Das war eine Punkgalerie.

MORITZ R® Im Laufe des Jahres 78 waren in Wuppertal noch einige Leute mit kurzen Haaren und Sicherheitsnadeln um den Hals aus ihren Löchern gekommen. Es gab auch gleich einen Moritz R®-Fanclub. Das war interessant – denn das war ja etwas, was Hippies immer abgelehnt haben. Alles was mit Personenkult zu tun hat. Alles was an *Bravo* erinnert. Und jetzt konnte man so ein billiges Popding wieder machen. Indem man es ironisierte. Und sich dabei amüsierte. Das war natürlich nicht so ernst. Kommt plötzlich so ein Typ mit einer Lederjacke und hat einen Moritz R®-Button. Dabei hatten wir noch gar nicht viel gemacht.

MUSCHA Moritz und Frank hatten Punk ja erst kennen gelernt. Vor allem Moritz lief durch die Gegend wie Alice im Wunderland. Aber dann haben sie an diesen drei Tagen gleich so ein Symposium gemacht. Sinn und Zweck war, jetzt mal richtig tiefgründig die Linie klarzukriegen. Das war schon krank in sich. Bei Punk wurde ja einfach impulsiv-hedonistisch agiert. Ich habe da eher schmunzelnd mitgemacht.

MORITZ R® Da kam dann auch ein Junge namens Norbert. Der war glühender **Devo**-Fan. Der hatte uns vorher schon oft besucht und wirkte immer nervös. Der warf erst mal Eier auf die Exponate, um seiner Haltung Ausdruck zu verleihen. Irgendwann hieß es: ›Norbert hat seine Freundin umgebracht und sitzt im Knast.‹ Seine Freundin war Krankenschwester gewesen. Und er hatte sie umgebracht und noch ein paar Tage mit ihr im Bett gelegen. Der war schizophren. Der hatte etwas Destruktives und fühlte sich durch die destruktive Seite von Punk angesprochen.

FRANK FENSTERMACHER Wir zogen dann im Frühjahr 79 nach Düsseldorf und nahmen die erste Plan-EP auf: »Das Fleisch«. Das war eine LSD-Session mit Robert Görl und Chrislo Haas, im Übungsraum von Franz Bielmeier, der gerade nicht da war. Einfach ein billiges Diktiergerät hingestellt, Drogen genommen und auf die Aufnahmetaste gedrückt. Wir waren ja damals drogenmäßiger gepolt als alle anderen.

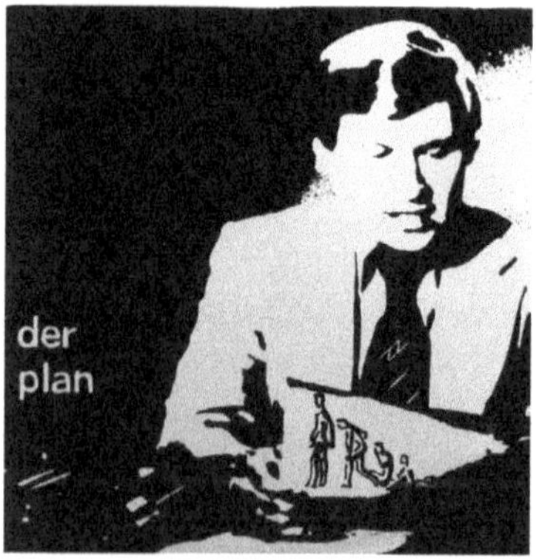

MORITZ R® LSD war für mich unabhängig von der Hippiekultur. Das war einfach eine bewusstseinserweiternde Droge, mit der man alles machen kann. Wir haben nie aufgehört LSD zu nehmen. Bei uns war das kein richtig militantes Antihippietum. Dazu waren wir selbst zu sehr Hippies gewesen, um nicht zumindest zu verstehen, warum die so gewesen sind.

FRANK FENSTERMACHER Ich habe mit den Punks im *Ratinger Hof* immer aufklärerische Gespräche geführt. Dass das alles nicht so schlecht war. Aber das hat nicht geholfen. Die brauchten Hippies als Feindbild. Dabei tauschten sie nur *peace* gegen Gewalt. Und *love* gegen *hate*. Und *happiness* gegen schlechte Laune.

TRINI TRIMPOP Mit Frank und Moritz war ich damals superoft zusammen. Mit denen haben wir bei uns gekocht. Zuerst Lebensmittel zusammen im Kaufhof geklaut. Und dann große Kochorgien gemacht.

MUSCHA Trini und ich, wir waren damals schon etwas gewieftere Feinschmecker. Aber das Lieblingsgericht von Moritz war Miracoli. Haben wir also immer Miracoli-Orgien gemacht. Sowas dauerte dann den ganzen Tag.

TRINI TRIMPOP Muscha und ich haben damals so Pop-Art-mäßig gewohnt. In der Ecke eine bunt angezogene Schaufensterpuppe ohne Arme, Spielautomat, viel buntes Plastikzeug in der Küche, Teller mit Wonderwoman drauf. Punkrock war bei uns immer verbunden mit Pop-Art.

MUSCHA Das waren sehr leere Räume. Alles kompatibel und flexibel gestaltet. Und da standen diese Pop-Art-Elemente. Das war auch diese Philosophie von Marcel Duchamp: Ich habe etwas, aber das verwende ich vollkommen anders, also hat es auch eine andere Aussage. Das war dasselbe wie die Ketten, Kugellager oder Klebebänder der Punks.

FRANZ BIELMEIER Muscha hatte einen Kaugummiautomaten in der Wohnung. Das war damals völlig neu. Einer von uns hat sich da mal einen Kaugummi rausgeholt und gekaut. Muscha ist ausgeflippt. Weil das alles Deko war. Das fanden wir ungeheuer lustig.

TRINI TRIMPOP Dieses Pop-Art-Mäßige, überhaupt diese ganze Offenheit, das kam alles von der Kunstakademie. Beuys hatte da ein Feld bereitet, auf dem man alles machen konnte. Auf der Ratinger Straße ging alles. Toleranz bis zum Abwinken. Da hingen die ganzen Studenten ab. Die waren aus aller Welt von Beuys angelockt worden. Der hatte ja damals noch sein Atelier in der Akademie. Aber als Professor war er schon abgesetzt worden. Auch ein verhängnisvoller Schritt. Von Scheißpolitikern. Wichser.

MORITZ R® Beuys war ja von Johannes Rau von der Akademie verwiesen worden, weil er gesagt hatte: »Ich nehme jeden auf, der bei mir studieren will.« Seine Idee war: ›Jeder ist ein Künstler.‹ Sehr punkig. Und dann ist er gefeuert worden, weil er das nicht bleiben lassen wollte.

ROBERT GÖRL Im *Hof* konnte sich Aktionskunst durchaus mit Punks, Rockern und Teds mischen. Und gerade wenn das passierte, wurde es oft heftig. Da ging es manchmal um ganz einfache Dinge. Um irgendein Powerding. Einer wurde blöd angemacht und schon flogen die Fetzen. Richtig dick. Das war so ein Szenespiel. Einmal war ich da mittendrin. Bei einem Auftritt von Minus Delta t spielte ich Schlagzeug – da ging es so ab, dass der *Hof* kurz und klein geschlagen wurde.

CARMEN KNOEBEL Die lokale Düsseldorfer Rockertruppe hieß Lacarda. Am Anfang konnte ich die immer rauslangweilen, indem ich leise, saumäßig schlechte Musik aufgelegt habe. Aber die fielen immer öfter ein. Teilweise war es vielleicht auch ein Glück, dass das von einer Frau geleitet wurde. Wenn das ein Typ gewesen wäre, der hätte oft eins auf die Mappe gekriegt. Das habe ich auch ausgenutzt. Ich habe nur einmal selber eins auf die Nase gekriegt. Beziehungsweise einen Kinnhaken. Das war einfach irgendein Arschloch. Eher ein Bürotyp. Aber sonst galt noch die alte Rockerehre, dass Frauen nicht angegriffen werden. Das sahen die Punks komischerweise genauso wie die Rocker.

FRANZ BIELMEIER Die Lacardas, die da immer kamen, waren eigentlich schon total *out of time*. Und die wollten sich da ins Rampenlicht setzen, indem sie Schlägereien mit Punks angezettelt haben.

PETER HEIN Die haben sich wahllos auf der Straße irgendwelche Leute gegriffen und mit Motorradketten verhauen. Ich habe mehr als einmal gesehen, dass die im *Hof* eingelaufen sind. Und der war hinterher Schutt und Asche. Die haben mit Gaspistolen durch die Gegend geballert. Oder sich Leute rausgepickt und entweder gleich vermöbelt oder aufs Klo mitgenommen. Das Lustige war, dass da auch Polizisten dabei waren. Zwei oder drei sogar. Einen habe ich mal bei einem Einsatz im Polizeiauto wiedergesehen. Aber der Rest kam natürlich wirklich von der niedersten Stufe.

TRINI TRIMPOP Für die Lacardas war klar, dass diese Punkrocker da nicht echt sind. Punkrocker waren Mittelschicht. Eher intellektuell als Rocker. Punkrocker waren für Rocker lächerlich. Und überhaupt waren sie auch noch laut. Und jemand, der lächerlich ist und zu laut für Rockerohren, der muss einen draufkriegen. Und dann ist Ruhe.

Komischerweise konnten die mich leiden. Vielleicht, weil ich in deren Ton zu reden wusste. Ich war schon im Sauerland – als ich 15 oder 16 war – immer mit Rockern zusammen. Aber sonst haben die ja Leute wie mich regelmäßig verprügelt. Leute, die blaue Haare hatten oder sich ein Loch in die Lederjacke gemacht haben. Das fanden die gar nicht gut. Ein ernsthafter Rocker hätte sich nie mit der Rasierklinge einen Riss in seine heilige Lederjacke gemacht.

TOBIAS BRINK Das mit den Rockern war ätzend. Diese Lacardas haben Punks plötzlich als Rivalen gesehen – aber als Klopper natürlich nicht ernst genommen. Die haben einfach gesagt, dass sie die Einzigen sind, die kloppen können. Und alle anderen sind Pisser. Dabei waren das feige Schweine, die immer nur kamen, wenn sie in Überzahl waren. Die kamen zu zehnt und verkloppten zwölfjährige Minipunks. Ich bin einmal rausgegangen, weil sie einen von uns rausgeholt hatten. Und gerade als ich draußen war, schnappten mich fünf oder sechs von denen und kloppten mich zusammen. Da hatte ich null Chance. Einmal haben sie meine Freundin auch gleich mit verhauen.

MEIKEL CLAUSS Es gab nur wenige, die da mithalten konnten. Chrislo Haas und Mike Hentz von Minus Delta t – das waren schon so ein paar Kaliber an Persönlichkeiten. Chrislo Haas, das ist ja einfach ein Irrer. Und Mike Hentz, der war praktisch immer mit Boxhandschuhen unterwegs. Die Hände von dem sind so groß wie bei anderen Leuten, wenn die Boxhandschuhe anhaben. Egal was die diskutiert haben – es wurde mit Boxhandschuhen diskutiert. Mike Hentz war ein Klopper. Minus Delta t, das war wirklich die allerhärteste Band.

FRIEDER BUTZMANN Damals haben ja viele auf der Bühne so getan, als würden sie gleich alles zusammenschlagen. Und in der Kunstszene war das Schlachten von Hühnern *das* Thema. Ich fand das immer lächerlich. Es gab für mich nur ein einziges Vorbild in dieser Beziehung: Mike Hentz von Minus Delta t – eigentlich ein äußerst lieber, gebildeter Mensch. Aber der hat seine Kunst wirklich gelebt. Ich habe damals mit dem in einem Film mitgemacht, da sollte er so tun, als ob er vom Dach fällt. Der ist wirklich vom Dach gefallen! Oder er sprang auf eine Leiter, zündete sich an und sang: ›Come on, baby, light my fire.‹ So was konnte ich ernst nehmen.

MIKE HENTZ Von Minus Delta t gab es einen Auftritt im *Ratinger Hof*. Da haben wir eine Putzaktion gemacht. Der *Hof* war ja immer ein Drecksladen. Und wir haben gesagt: ›Wir putzen den mal.‹

PADELUUN Ziel des Auftritts war, dass die Leute an diesem Abend nichts trinken. Also saß Robert Görl mit seinem Schlagzeug auf der Theke. Das war die Kunst: Die Leute dazu zu kriegen, dass sie an einem Freitagabend im *Ratinger Hof* nichts trinken.

MIKE HENTZ Wir hatten am Rand, in 15 Zentimetern Höhe, überall Neons liegen. Alle andere Beleuchtung war aus. Es gab nur diese Neonbeleuchtung rundherum. Dann Trockeneisnebel. Und dann fingen wir an zu schrubben. Wir haben richtig Eimer ausgekippt und dann geschrubbt. Und dann Gips darauf – diese Suppe auf dem Boden als Basis für den Gips genommen. Dann kam Fleisch. Und zum Schluss haben wir noch Fliegen freigelassen. Wir hatten extra Fliegenmaden gezüchtet.

MEIKEL CLAUSS Das Konzept von denen war die absolute Antimusik. Die haben Leute beschmissen mit Fischkadavern, Eingeweide von geschlachteten Viechern, Mehl, Beton, mit allem, was man sich vorstellen kann. Der Sound war ein archaischer Krach. Unvorstellbar. Zur Mitte des Auftritts war der *Hof* leer. Da war kein Mensch mehr. Das haben die geschafft. Das war der punkigste Punk überhaupt, weil die sich auch nicht an Klischees orientiert haben. Ich war wahrscheinlich zu blöd, um viel davon zu kapieren. Aber ich habe kapiert, wieso das gut war.

CARMEN KNOEBEL Ich glaube, ich war im *Ratinger Hof* so gut wie immer auf der Höhe der Situation. Nur bei Minus Delta t war auch für mich nichts mehr zu bremsen. Die hatten in keinster Weise kundgetan, was sie vorhaben. Und da ich an diesem Abend nicht arbeiten musste, habe ich auch gar nicht gesehen, was die da reinschleppten. Ich bin halt nur hin, als die Aktion begann. Zuerst sah ich Robert Görl vorne mit dem Schlagzeug auf dem Tresen sitzen. Was ja noch das Schönste an der Sache war. Aber ich bin aus allen Wolken gefallen, als die da mit Tierkadavern rumschmissen. Ich fing an auf die einzuschimpfen, dass sie mich total langweilen. Ich war ja weniger wegen der Schweinerei sauer, sondern wegen dem künstlerischen Anspruch, den die da hatten. Ich fand das eine derartig schlappe Nummer – auch mit diesen Schweinefüßen und Tiergedöns rumzuwerfen –, ich fand das nicht witzig. Mit so einem alten Hut hätten sie in die Kunsthalle gehen können. Aber das Allerschärfste war ja: Als ihnen bewusst wurde, was da los ist, sind sie schnell mit der Kasse verschwunden.

PADELUUN Carmen Knoebel kam auf mich zu – sie war schon etwas angesäuert –, kriegt mit, dass an diesem Abend keine Getränke verkauft worden waren und meinte, ich sollte ihr die Kasse geben. Das habe ich getan. Und ging. Die Scheine hatte ich aber in der Brusttasche, wie es sich für einen guten Kassenwart gehört.

FABSI Wir kamen gerade von irgendwo her und merkten schon: Überall in der Altstadt sind diese weißen Fußspuren. Dachten wir: ›Sind da zig Idioten in Farbtöpfe gefallen?‹ Richtung *Ratinger Hof* kamen uns immer mehr Leute entgegen, die völlig verschmiert waren. Die ganze Ratinger Straße war mit Fußstapfen übersät. Und dann sahen wir die Bescherung. Der ganze *Hof* vollkommen versaut. Mit Zement. Mit toten Fischen, Kadavern und all so einem Kram.

MARKUS OEHLEN Der Laden war voll mit Beton. 20 Zentimeter tief. Wir haben erst mal versucht den Beton wieder rauszukriegen, solange er noch feucht war.

CARMEN KNOEBEL Dann kamen auch noch Lacarda dazwischen. Die kamen richtig über uns hergefallen. Die dachten, das ist sowieso schon ein Schweinestall, und jetzt können sie mal richtig loslegen und uns aufmischen.

GABI DELGADO Einer von diesen Rockern kam reingestürmt, stürzte sich auf den ersten Punk und riss dem mit einem Mercedes-Stern die ganze Backe auf. Das war so ein Schockbild. Da bin ich rausgegangen und habe nachts davon geträumt.

MIKE HENTZ Als diese Schläger reinkamen, kriegt so ein Punkmädel, die da für uns Fotos machte und einen von denen fotografieren wollte, in dem Moment voll einen Strahl Tränengas ab. So richtig aufs Objektiv. Voll in die Fresse.

CARMEN KNOEBEL Irgendeiner konnte noch nebenan Hilfe holen. Ich bin hinter die Theke gehechtet und habe die Polizei gerufen.

ROBERT GÖRL Ich stand da mitten im Raum. Ich habe mich rausgehalten. Ich konnte wieder meine Beobachterposition einnehmen. Zu meinem Glück. Das war richtig heftig. Da floss wirklich Blut. Ein paar Leute haben da echt mit Holzschlägern auf die Rübe bekommen. Die lagen mit aufgeschlagenen Köpfen auf dem Boden.

PADELUUN Ich habe noch nie so eine Schlägerei erlebt wie dort. Einfach so: die Rocker gegen alle anderen. Ich stand immer nur da: ›Bitte nicht schlagen, ich gehöre gar nicht dazu.‹

MIKE HENTZ Das war eine richtige Massenschlägerei. Da war dann der ganze *Hof* solidarisch und hat sich mit denen geprügelt.

CARMEN KNOEBEL Irgendwie waren alle auch so wütend wegen dem ganzen Abend und dem ganzen Scheiß, dass das auf einmal fürchterlich abging. Das war die reinste Schlammschlacht. Da gab es richtig Senge. Aber von unseren Leuten. Markus Oehlen hatte den letzten Rocker noch so lange im Schwitzkasten, bis die Polizei kam. Hinterher waren alle stolz, dass wir die verprügelt hatten. Aber es gab auch Blessuren. Da saßen sich die beiden Gruppierungen dann im Krankenhaus gegenüber.

MARKUS OEHLEN In dieser Notaufnahme erzählte mir dann irgendjemand, ihm hätte man mit dem Besenstiel über den Schädel gehauen. Dem habe ich natürlich nicht gesagt, dass ich das war.

GABI DELGADO Diese Künstler haben uns netterweise diesen Spielplatz *Ratinger Hof* zur Verfügung gestellt. Aber ich war schnell mit diesem Spielplatz unzufrieden. Sobald ich mich da ausgekannt habe, hat mich das nicht mehr amüsiert.

FRANZ BIELMEIER Gabi Delgado ist bei Mittagspause bald wieder ausgestiegen. Eigentlich sollte er ja zusammen mit Janie singen. Aber er kannte kaum die Texte. Deshalb hatte er dann vor allem als Tänzer mitgemacht. So hatte er sich auch selber bezeichnet.

GABI DELGADO Und dann habe ich im *Ratinger Hof* Robert Görl kennen gelernt. Und im Rausch einer Nacht haben wir das ganze DAF-Konzept erschaffen.

ROBERT GÖRL Als es mit DAF losging, begann für mich das Leben im Club. Mein zu Hause ist der Club geworden. Diese biedere Welt da draußen, die gab es für mich gar nicht. Alles, was ich wollte und suchte, gab es im Club. Mein persönliches Glück und mein Gefühl. Das klingt witzig, wenn man das mit Worten ausdrückt. Ich wurde ein richtiges Clubkind. Und was das betrifft, war der *Ratinger Hof* das Zentrum aller Dinge.

GABI DELGADO Im Keller gab es die lustigsten Projekte. Einmal haben sich Robert Görl, Chrislo Haas, Franz Bielmeier und ich getroffen, um so eine Art Punk-Gary-Glitter-Band zu machen.

ROBERT GÖRL Es war eine reine Formierungszeit. Wir zogen alle unsere Kreise. Bei Gabi dachten die Leute noch, er sei bei Mittagspause, aber das war nur noch imagemäßig. Ich hatte mit dem Plan auch nur auf die Schnelle diese »Fleisch«-Single gemacht. Aber vom Image her war ich beim Plan. Obwohl es nur ein Nachmittag war. So was wurde damals sehr wichtig genommen. Das war wie bei Cliquen, die sich ancheckten und teilweise dann auch in andere Bands rübergekippt sind.

MARTINA WEITH 1978 in Düsseldorf – das war so eine Ursuppe. Keiner konnte ein Instrument. Aber jeder, der da rumrannte, spielte mindestens in zwei Bands. Die Kellner und die Bierlieferanten und die Typen am Flipper. Wobei man bei Mittagspause und DAF nie so genau wusste: Wer spielt denn jetzt in welcher Band? Aber mir hat das gezeigt: Jeder kann alles. Im *Hof* konnte jeder alles. Weil jeder alles gemacht hat. Und weil es Publikum dafür gab. Die Leute waren alle ganz gespannt, was da rauskommt.

RALF DÖRPER Der Grundgedanke war: ›Jeder, der unten im Publikum ist, könnte genauso auf der Bühne stehen.‹ Und viele, die im Publikum standen – irgendwann standen die auch auf der Bühne. Natürlich gab es auch die üblichen Typen, die schon immer an der Bar gestanden hatten. Viele von denen hatten sich nach der Renovierung erstmal nicht mehr reingetraut. Aber dann kamen sie wieder an. Und die fanden dann zum Beispiel gut, dass die Mädels auf einmal kurze Röcke hatten und wilder waren als vorher. Deswegen fanden die dann Punk auch gut. Und auf einmal waren sie Teil des Ganzen.

MORITZ R® Da entstand eine ganz eigene Szene. Bisher war man nur Fan von englischen oder amerikanischen Platten – obwohl man die kulturelle Entwicklung, die zu diesen Platten geführt hatte, gar nicht mitgekriegt hatte. Das war alles Konservenkultur, die man in Deutschland seit dem Krieg hatte. Und jetzt passierte etwas Eigenes. Man konnte wirklich mitkriegen, wie die Dinge, über die man im *Hof* mit den Leuten redete, ein paar Tage später als Text oder als Stück auf der Bühne wieder auftauchten. Man hat mitgekriegt, dass kulturelle Entwicklung genau so passiert.

MICHAEL KEMNER Ich bin damals zum ersten Mal in den *Ratinger Hof* gefahren. Ich hatte noch längere Haare. Wenn auch nicht mehr bis zum Arsch. Dann habe ich da die erste englische Band gesehen, die Carmen Knoebel geholt hat: Wire.

CARMEN KNOEBEL Da hatten wir noch nicht mal eine Bühne. Am Anfang haben wir einfach die Billardtische zusammengestellt. Wire hatten auf den Billardtischen gespielt. Die wollten zuerst gar nicht auftreten. Die hatten ja schon Platten raus.

MICHAEL KEMNER Das war für mich das einschneidende Konzert. Die Stücke waren so kurz und knapp. Das war so eine Mischung aus Aggressivität – und trotzdem war es Kunst. Ich stand mit offenem Mund da und habe gesagt: »Das ist das Ding!« Und das empfanden wir alle so. Wolfgang Spelmans, Robert Görl, Pyrolator. Wir waren alle komplett da. Und das war dann natürlich ein Einfluss. Was zählte, war ein neues Denken, eine neue Art von Kreativität, wo es darauf ankam, Ideen schnell zu verwirklichen. Das Motto war: schnell! Schnell spielen, schnell zusammenkommen, kurz mal proben, veröffentlichen.

ROBERT GÖRL Gabi und ich, wir haben ein paar Mal im Keller vom *Ratinger Hof* geübt. Nicht öfter als drei- oder viermal. Da stand ein Schlagzeug. Und Gabi hat auf so einem Stylophone rumgemacht. Das ist ein total bescheuertes Teil. Die primitivste Heimorgel der Welt. Für 15 Mark. Das piepste nur herum. Aber es ging eben um die Energie. Und dieses Nach-vorne-Wollen. Dieses gewisse Selbstbewusstsein, dass man das machen kann. Ich ziehe jetzt das und das durch, und ich weiß: Das

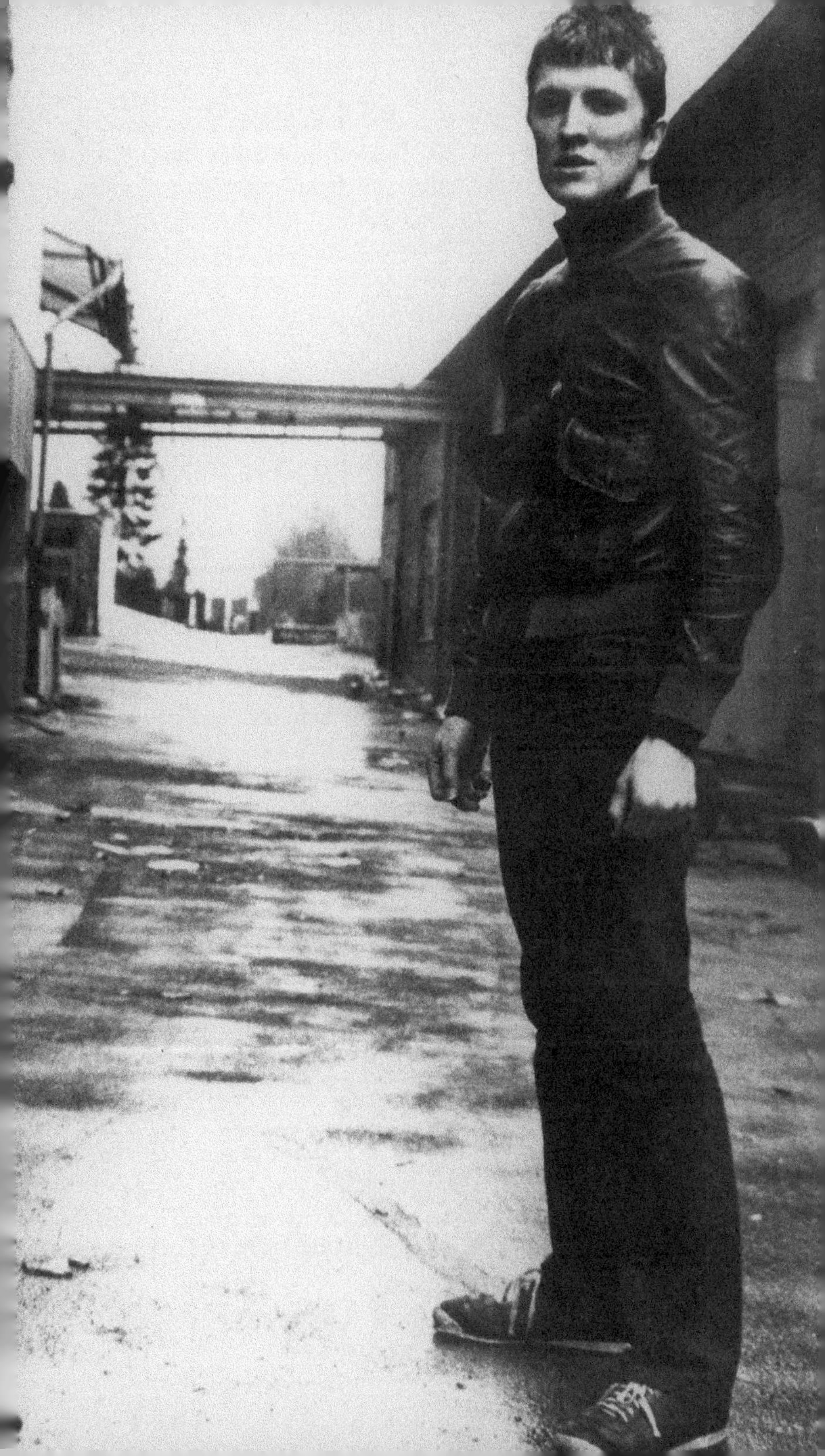

läuft. Weil du eine Vision hast. Das funktioniert ganz einfach. Egal, ob da einer nur ein Trötinstrument hat und auch gar nicht spielen kann. Ich habe mich da in keiner Weise überlegen gefühlt. Vom musikalischen Aspekt her hätte ich sagen können: ›Was ist denn das? Der spielt ja immer nur vier Töne rauf und runter.‹ Aber um mehr ging es auch gar nicht. Man wollte gar nicht mehr hören. Man wollte dieses Rohe hören. Dieses Wagnis.

PYROLATOR Bei Robert Görl war das auch ein Untertreiben des eigenen Potenzials. Robbie ist einer der genialsten Schlagzeuger, die ich je gesehen habe. Als ich ihn kennenlernte war er Jazzschlagzeuger. Und er hatte immer schon, auch im Jazz, einen eigenen Stil, den ich für außergewöhnlich halte. Es gibt für mich nur einen vergleichbaren Drummer, und das war Stu Martin, dieser Jazzdrummer. Der hatte auch, wie Robbie, keine nett klingenden Ride-Becken, sondern schepprige China-Type-Becken als Ride. Und Robbie hatte die auch nicht irgendwo da oben hängen, sondern unten, wo er richtig reinhauen konnte. Er machte nicht »bing-bing-bing«, sondern »krrch!-krrch!-krrch!«. Und dieser Stil, einfach aus der Kraft raus zu spielen, das war Robbie.

ROBERT GÖRL Das Konzept war Gabi und mir schnell klar. Wir haben dann noch ein paar andere Leute dazugeholt: Pyrolator, Wolfgang Spelmans und Michael Kemner.

GABI DELGADO Robert hat dann noch andere Musiker angeschleppt. Die hießen vorher Y.O.U. oder so. Die kannte ich alle nicht. Das waren alles Seiteneinsteiger. Ich war der einzige Szeneauthentische bei DAF. Das war vielleicht auch ein Missverständnis. Ich wollte diese Punkszene ja verlassen. Musikalisch. Ich wollte nur die Attitüde, die Pose und die Energie. Und die wollten in diese Musik rein.

WOLFGANG SPELMANS Unser New-Wave-Einfluss kam stark über Gabi. Der tauchte mit Robert im *Grün In* in Gevelsberg auf und brachte Reggaesingles mit. Gabi hatte feine Antennen für Zeitströmungen. Diese Sicht nach England. Für uns ergab sich die erst durch die ersten Konzerte im *Ratinger Hof*. Es gab für uns damals ein theoretisches Trainingslager und ein praktisches. Das praktische war Gevelsberg. Wir hatten ein ganzes Haus für uns. Da konnten wir wenigstens laut spielen. Und wir haben sehr laut gespielt. Das theoretische Trainingslager war der *Hof*. Da waren wir jedes Wochenende. Das war ein atmosphärischer Laden. Auch von der Aggressivität her. Das war kein sicherer Platz. Vor allem kamen da aber die ganzen Bands aus England hin. **Wire** haben uns alle beeindruckt. Die hatten kurze Stücke, teilweise nur eineinhalb Minuten. Das hat uns beeinflusst, diese ganzen festen Strukturen aufzubrechen. Wir haben ja nie richtige Songs mit A-Teil, B-Teil und Refrain entwickelt. Nach eineinhalb Minuten kam meistens der Break und dann ein neues Stück. Das hatte mit radikaler Form zu tun. Und da war auch Gabi ein Einfluss. Wobei er mich als Sänger gar nicht beeindruckte. Der konnte gar nicht singen. Der hatte musikalisch keine Ahnung. Aber er beeindruckte mich als Gesamtpersönlichkeit. Als charismatischer Entertainer. Und durch die unterschiedlichen Persönlichkeiten gab es ein großes aggressives Potenzial. Da war eine unheimliche Energie.

GABI DELGADO Wir hatten die Möglichkeit, uns drei Monate lang zurückzuziehen. Wie eine Fußballmannschaft. Das war eine WG auf dem Land. Und ich war ja totaler Hippiehasser. Das war für mich alles ein Horror. Ich wusste vielleicht nicht, was ich wollte, aber ich wusste, was ich nicht wollte. Ich fand es toll, Vorurteile zu haben und so richtig mit Scheuklappen durchs Leben zu rennen. Aber ich war charmant und amüsant genug, dass die nicht beleidigt waren. Robert Görl möchte ich da aber ausdrücklich ausnehmen. Der war nie Hippie. So wie Michael Kemner oder Pyrolator. Der war ja so was von jazzig. Immer so: »düdel-düdel-dü.« Der konnte seine Fingerchen gar nicht still halten. Der konnte nicht »ka!-ka!-ka!« machen. Das hat mich genervt.

PYROLATOR Ich hatte bei **DAF** einen anderen Synthesizerstil als später Chrislo Haas, der sehr sequentiell gearbeitet hat. Ich habe mich mehr an **Pere Ubu** orientiert – also eher Livegeräusche und Krach reingebracht.

GABI DELGADO Ich habe da drei Monate lang praktisch alles aus denen rauserzogen. Wie ein kleiner Diktator. Oder ein Diktator-Kind. Aber ich durfte das dann auch sagen. So: »Das muss weg! Dieses Düdel-düdel-dü! Dieses Jazzige. Dieser blöde Break da! Das ist total scheiße!« Die haben das alles bereitwillig gemacht. Weil die halt auch so was machen wollten. Dabei konnte ich gar kein Instrument spielen. Das war von mir aus eher Musikstyling als Musikmachen. Durch diese Zensur entstand dann Musik.

Diese Herangehensweise hatte bei mir eine lange Tradition. Zuerst habe ich Musik immer nur zensiert. Das war meine große Arbeit, meine Obsession. Die Residents – bestimmte Leute fanden die toll. Für mich war das Hippiekacke. Ich habe diese »Duck Stab«-EP von denen genommen – und die Stücke, die gingen, die habe ich gelassen. Die anderen habe ich mit der Schere so zerkratzt, dass man sie nicht mehr abspielen konnte. Das hatte ich ganz am Anfang mit den S.Y.P.H.ern zusammen begonnen. Aber ich habe das viel länger gemacht. Drei Jahre lang. Nur zensiert. Immer subtrahiert. Das natürlich gut überprüft. Aber wenn die nix waren, wurden sie weggemacht. Dann konnte man die nie wieder hören. Und dieses Element habe ich später in Gevelsberg reingebracht. Wenn wir sagten: ›Oh, das erinnert uns an irgendwas‹ – dann galt das nicht mehr. Dann wurde das weggeschmissen. »Oh, das ist wie Devo!« Weg damit! Da gab es richtige Regeln. Alles eliminiert.

Diese Sessions waren eine richtige Selbstfindung. Aber bei den anderen kamen plötzlich so blöde Einflüsse auf, von Experimentalgruppen wie Chrome. Das war mir nicht *straight* genug. Das war mir echt zu blöd. Das war ja das, was ich überwinden wollte. Mich interessierte das diktatorische Element in der Musik. Es gab Stücke, die ich echt gut fand. Aber die wurden alle nicht aufgenommen. Die dachten, sie machen erst mal so eine abgehobene Instrumentalplatte. Und daraus entstand einige Zeit später diese komische LP *Produkt der Deutsch-Amerikanischen Freundschaft*. Das fand ich nicht gut. Damit wollte ich nichts zu tun haben.

PYROLATOR Wir haben *Produkt der Deutsch-Amerikanischen Freundschaft*, dieses erste DAF-Album, dann ohne Gabi aufgenommen. Ich hatte Gabi ja immer für einen äußerst schlechten Sänger gehalten – und darauf gedrungen, doch lieber mit einem richtig guten Sänger zu arbeiten. Bis Gabi gefeuert wurde. Wir hatten dann auch verschiedene Sänger zur Probe eingeladen. Aber die fanden wir alle zu schwierig.

HARRY RAG Zwischendurch haben sie auch mich mal als Sänger probiert. Aber ich war wohl so schlecht – und vor allem Robert Görl und Wolfgang Spelmans hatten so große Pläne –, dass sich das nach einem Tag auflöste.

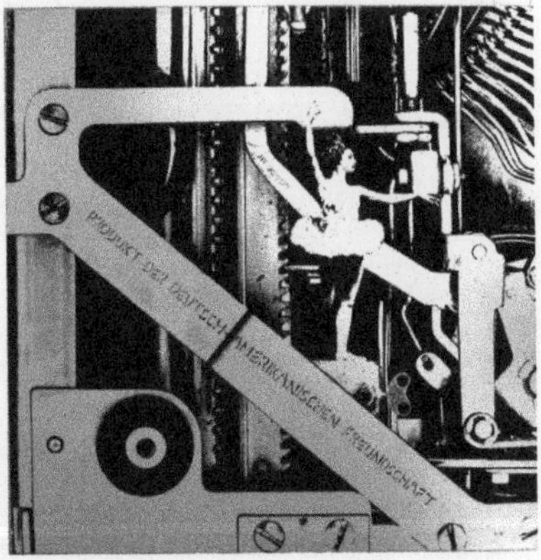

GABI DELGADO Irgendwann sind sie wieder angekommen. Und ich habe wieder mitgemacht.

ROBERT GÖRL Als wir den ersten DAF-Gig hatten – im *Ratinger Hof* –, war Gabi schon wieder dabei. Er hat sich dann auch den Namen mit ausgedacht: Deutsch-Amerikanische Freundschaft! Wir wollten einen harten und provokativen Namen. Und dieser Name hatte das. Er war total abstrakt. Hat sich aber auch politischer Propaganda bedient. Damals gab es ja im Osten die deutsch-sowjetische Freundschaft.

Als wir sagten, ›wir heißen jetzt DAF, wir machen einen Auftritt‹, da kamen auf einmal 1000 Leute. Das ist für mich immer noch ein Phänomen. Es wurde richtig auf uns gewartet. Wir hatten noch nie gespielt, und die erste Platte war noch lange nicht draußen, aber der *Hof* konnte die Leute gar nicht unterbringen. Da waren draußen noch mal so viele wie drinnen. Das hat sich rumgesprochen, dass was passiert, dass diese Formation jetzt was macht. Das fanden die Leute interessant. Auch dass wir nicht so gitarrenorientiert waren. Bei uns hatte das von Anfang an einen großen Elektronikeinschlag. Damit haben wir uns von anderen Bands abgehoben.

PYROLATOR Der erste Auftritt – das war schon die Richtung, die später auf *Die Kleinen und die Bösen* zu hören war. Wir waren superstraff. Wir hatten ja in Gevelsberg jeden Tag geübt. Unsere Straffheit kam an Wire heran. Die haben auch aufeinander gesessen wie eine Eins. Und so ein Gefühl hatten wir auch. Wenn wir ein Punkstück spielten – so in dem Tempo: tatatatatatatatatata –, dann waren wir da alle drauf. Und es gab keinen, der da rumgeschlampt hätte.

FRANK FENSTERMACHER Beim ersten Auftritt von DAF sagten alle: ›Mann! Die können ja spielen!‹ Vom Energietransport her war das so ein kraftvoller Auftritt. Aber es war kein Punk, sondern irgendwas anderes. Das Repertoire von Mittagspause oder S.Y.P.H. kannten ja alle in- und auswendig. Das waren Hymnen zum Mitsingen. Das war eher dieses Sich-selber-feiern. Bei DAF war das eine andere Art von Musikern als bei den ganzen Punkbands, die ja eher aus Dilettanten bestanden. Deshalb kam der Auftritt auch nicht gut an, weil ihnen dieser Dilettantismus fehlte.

HARRY RAG Dass Robbie spielen kann, das war allen klar. Und Wolfgang Spelmans war ein genialer Gitarrist. Der hat sehr frei gespielt, hatte aber trotzdem enormen Druck nach vorne. Wie überhaupt die ganze Band. Bis auf Pyrolator, der sich eher zurückgehalten hat, weil, der hatte zu der Zeit auch einen Bart.

CAMPINO Im Februar 1979 spielten die ganzen Düsseldorfer dann zum ersten Mal in Hamburg: DAF, Male, Mittagspause, S.Y.P.H. und Der Plan. Das war das erste große Punkfestival von Alfred Hilsberg in der *Markthalle* – und das war fest in Düsseldorfer Hand. Wir sind alle zusammen hingefahren, um unsere Bands zu unterstützen.

FABSI In Hamburg lief alles in Leder herum. So richtig Ramones-mäßig. Und wir kamen da in bunten Anzügen an, mit Schlips und Badges. Alles Second Hand. So was kannte man damals noch gar nicht. Second Hand war ja einzig und allein für arme, alte Leute. Wir fielen da total auf.

CAMPINO Das war schon ein wenig cliquenmäßig. Da hieß es gleich, dass es Stress geben sollte. Irgendwelche Jungs aus Hamburg tauchten auf, die jemandem aus Düsseldorf mit dem Messer ans Leder wollten. Und da haben wir uns halt zusammengetan. Ein paar Düsseldorfer gegen einen Haufen Hamburger. Das war ein ziemliches Gerenne an der Bühne. Ein paar Ohrfeigen. In Hamburg wehte gleich ein anderer Wind. Damals war ja in der Punkszene ein wahnsinniger Zustrom. Und in Hamburg gab es eben viele Hafenprolls, die kurz vorher noch auf AC/DC standen – und jetzt auf Punk.

PYROLATOR Dieses »Into the Future«-Festival war für DAF klasse. Gabi ist auf die Bühne gegangen, hat sich das Mikrofon genommen und hat gesagt: »Ey! Hier in Hamburg! Keine Punks oder was? Nur tausend Hippies!« Der hat die auf das Übelste beschimpft. Und die haben nur geglotzt. Die waren viel zu verdattert, um sich wehren.

FRANK FENSTERMACHER Wir sind da noch als Weltaufstandsplan aufgetreten. Moritz und ich alleine. Robert Görl wollte sich nicht mit uns in die Nesseln setzen. Der wollte nicht mit uns Dilettanten auftreten. Wir hatten so richtig Schiss. Vor allem, weil wir gehört hatten, dass diese Hamburger Großstadtpunks immer für eine Schlägerei gut sein sollten. Wir legten – wie wir das bei Mike Hentz gesehen hatten – lange Dachlatten bereit, die sehr abschreckend wirkten, wenn man sie über dem Kopf schwang – die aber auch schnell kaputtgingen. Außerdem spannten wir eine trübe Folie quer über die Bühne, zwischen uns und dem Publikum, sodass alles hinter so einem Schleier blieb und die Bühne auch nicht so ohne weiteres zu entern war.

MORITZ R® Wir haben einen Sequencer laufen lassen. Dann haben wir eine Plastikfolie quer vor die Bühne gespannt. Und mit Sprühdosen draufgesprüht, während der Sequencer ablief. Wir sind zum Glück weitgehend auf Desinteresse gestoßen.

HARRY RAG Bei »Into the Future« waren wir mit S.Y.P.H. gerade in einer sehr experimentellen Phase. Das kam nicht so gut an. Im Gegensatz zu Male. Ich hatte noch in der Garderobe mit Jürgen Engler gewettet, wer wohl mehr abräumen wird – Mittagspause oder Male. Sage ich: »Ist doch klar. Mittagspause ist der Hit.« Sagt er: »Nee, wir sind der Hit.« Bei Male war dann auch prompt die ganze Halle am Tanzen. Mittagspause kam gar nicht an. Die hatten ja immer diese Tendenz, sich kollektiv zu verkleiden. In Hamburg sind die alle als Kapitäne aufgetreten.

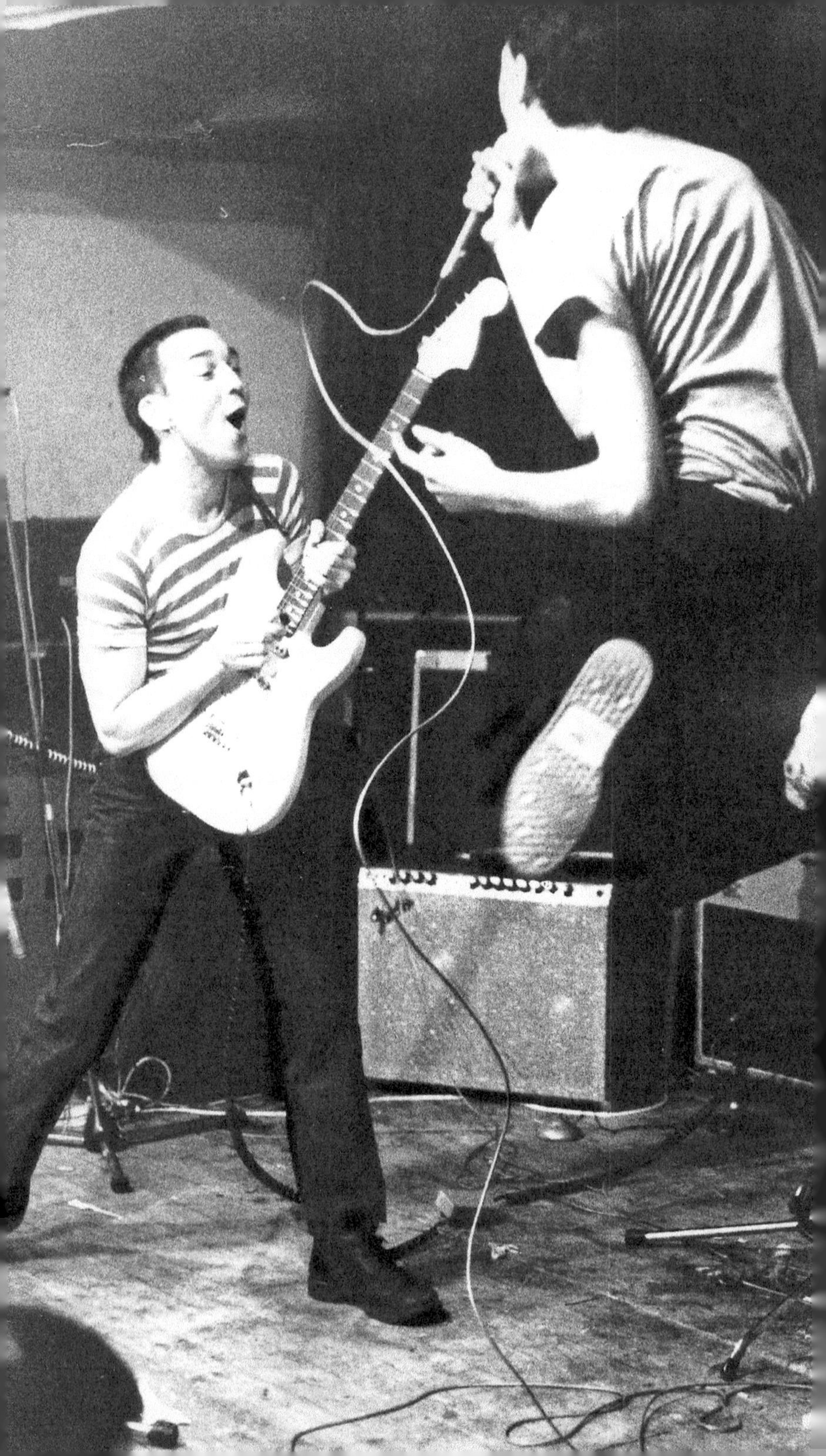

THOMAS SCHWEBEL Das war, glaube ich, mein erstes Konzert mit Mittagspause, nachdem ich von S.Y.P.H. weg war. Wir waren da alle in weißen Hosen, Kapitänsmützen und Holzfällerhemden – die ja damals das Uncoolste überhaupt waren. Aber das war natürlich auch Absicht, denen Angriffsfläche zu bieten. Die fingen sofort an uns zu beschimpfen: »Bäh, Village People!« Oder: »Die sind ja schwul!«

ALFRED HILSBERG Die Punks empfanden das als pure Provokation. Die hatten ja bereits wieder angefangen sich zu uniformieren. Mit ihren Lederjacken. Und dass sich da nun vier Leute in karierten Holzfällerjacken auf die Bühne stellten – das war ja auch eine Uniform. Nur eine völlig absurde Uniform. Zumindest emotional haben die Punks das sofort als gegen sich gerichtet verstanden. Die versuchten dann Mittagspause von der Bühne zu holen.

CAMPINO Im Vergleich zum nächsten Festival, wo wir mit ZK spielten, war das aber noch tolerant. Man konnte immer noch spüren, dass da ein Sammelbecken für Randgruppen und Andersdenkende war. Diese erste Hamburger Nacht war für mich die Bestätigung, dass es im ganzen Land genügend Leute gab, die genauso dachten wie ich. Das war ein tolles Gefühl, hier in Deutschland in so einem Riesenhaufen von Punks herumzulaufen.

Krawall 2000

NINA HAGEN Für mich hat Punk schon in Ostberlin angefangen. Für mich war aber auch Roxy Music schon Punk. Wir haben uns mit schwarzem Papier einzelne Zähne weggemacht. Schwarze Lippen gemacht. Mit Pomade die Haare in merkwürdige Richtungen frisiert. Ich habe damals auch schon eigene Texte geschrieben, aber die durfte ich nicht singen. Weil die Behörden immer dachten, die sind von Wolf Biermann.

JÄKI ELDORADO Nina hatte ja in der DDR schon ein gewisses Maß an Karriere gemacht – im Schlagerbereich. Dann ist sie mit Biermann rübergekommen.

NINA HAGEN Nachdem ich aus dem Osten rauskam, hat mich gleich die *CBS* unter Vertrag genommen. Die haben mir Geld gegeben und haben gesagt: ›Kuck dich um in der Welt und hör dir Musik an.‹ Und dann bin ich nach London. Da fing gerade Punk an. Ich dachte: ›Das ist ja große Super-Klasse-Kunst.‹ So habe ich mir das Berlin der 20er Jahre vorgestellt. Aber um purer Punk zu sein, war ich schon ein bisschen zu versaut. Ich war ja schon 23 – viel älter als die jungen Punks.

Das Erste, was ich da mitgekriegt habe, waren die Slits bei ihren Proben. Ich dachte im ersten Moment: ›Um Gottes willen, die Mädels können ja gar kein Instrument spielen.‹ Aber die haben trotzdem tolle Musik gemacht. Als ich wieder in Berlin war, da dachte ich: ›Es wäre schön, mit einer Punkband Musik zu machen.‹ Aber es gab in Berlin noch keine Punkband. Ich habe jedenfalls keine gefunden. Nur diese vier Jungs von der ehemaligen Lokomotive Kreuzberg. Mit denen habe ich dann die Nina Hagen Band zusammengestellt. Aber ich habe bald gemerkt, dass die nicht offen genug waren. Das war so ein Ego-Haufen. Die waren alle mal in der SEW – Sozialistische Einheitspartei Westberlins. Ich hatte ein Lied, das hieß »Pank«. Das hatten Ari von den Slits und ich zusammen geschrieben: »Unterdrücken, das kannst du mich nicht. Ich bin nicht deine Fickmaschine. Spritz-spritz, das ist ein Witz! Haha, Schätzchen! Wir müssen auseinandergehen. Ciao-ciao, du alte Sau!« Und da hat Herwig Mitteregger gesagt: »Also, Punk, das spiele ich nicht.« Und ich: »Wieso denn nicht? Bist du blöde?« »Nee, das ist ein Ausdruck des Kapitalismus.« Und ich: »Überhaupt nicht! Im Gegenteil!« Für mich war mit Punk eine urkommunistische Energie ausgebrochen. Ich habe mich dann auch früh von denen getrennt, haha.

THOMAS SCHWEBEL Mit Nina Hagen wollten wir nichts zu tun haben. Auch weil schon die Band von ihr so scheiße war. Das war alte deutsche Rockmusik. Also genau das, gegen was wir waren: Frickel-Heinis mit ausgefuchsten Gitarrensolos und Orgelgejaule.

JÄKI ELDORADO Plötzlich gab es jemanden, der Punkrock für die Spießer machte. Obwohl das weder inhaltlich noch stilistisch zusammenpasste. Von uns hätte schon deswegen niemand was mit diesen Leuten gemacht, weil die schon so scheiße aussahen. Aber in der Welt, in der Nina halt immer noch verwurzelt war, waren eben auch Lokomotive Kreuzberg cool.

BEATE BARTEL Mitte 78 habe ich Jäki nach Hamburg gefahren. Er war in Berlin zum Schluss sehr unglücklich. Sehr desorientiert.

JÄKI ELDORADO Ich hatte schnell keinen Bock mehr auf Punk. Das war bald immer prollmäßiger geworden – kaum noch *up to date*. Die Punks fingen sogar an, sich die Ecken auszurasieren, nur weil Sid Vicious vorne schon ein wenig licht war. Ich lief dann eher wie ein Ted herum. Richtig mit Tolle. Das überschnitt sich auch in der Mode mit Punk. Plötzlich trugen alle Leopardenzeug und diese Creepers mit den dicken Sohlen.

KLAUS MAECK Jäki hat von Anfang an im *Rip Off* gearbeitet – das war der Plattenladen, den ich dann machte. Wobei das zunächst eher ein Treffpunkt als ein Plattenladen war. Es gab ja auch noch kaum Platten. Aber bei mir hatte sich schon diese Idee entwickelt, unabhängig produzierte Platten zu verkaufen. Weil es in den normalen Plattenläden so was ja nicht gab.

JÄKI ELDORADO Nach Berlin empfand ich Hamburg als sehr verschlafen. Die große Zeit der Reeperbahn war vorbei. Der Kiez war richtig schlimm zu der Zeit. Anfang 79 gab es wirklich nur einen Laden, in den man gehen konnte. Das war das *Krawall 2000*.

FRANK Z Das war der erste Punktreff in Hamburg. Das war auch normalerweise was anderes, aber da haben wir am Wochenende immer unseren Punkabend gemacht. Und dann entwickelte sich das in kürzester Zeit zu *dem* angesagten Treff.

RALF HERTWIG Das *Krawall* war direkt am Hafen – Weiterführung der Hafenstraße. Ein fertiger Laden. Eine Kneipe mit einer ganz kleinen Bühne. Auf dem Klo lagen immer die Punkleichen. Es gab ständig Schlägereien.

ALFRED HILSBERG Das war ein Horrorladen. Da ein Konzert zu erleben, war die reine Qual. Ich habe mich immer draußen hingestellt und mir das von da angekuckt. Drinnen war es nicht aushalten. Da gingen nur 50 Leute rein. Aber 200 waren drin. Da ist einer auf dem anderen rumgetrampelt. Die Bands wurden berotzt. Die Bands rotzten zurück. Das fanden die alles toll.

FRANK Z Da waren oft mehr Leute vor der Tür als drinnen. Weil drinnen alles voll war. Auch wenn meistens nur Bands spielten, die wir einfach angesprochen hatten. Nur für Getränke. Ohne Eintritt. Aber dadurch, dass das so große Kreise zog und jedes Wochenende 400 Leute kamen, zog das auch irgendwelche Idioten an, die sich mit den Punks anlegten. Das entglitt jeder Kontrolle.

Im *Krawall 2000* waren die Leute sehr jung. Das hatte auch eher einen proletarischen Background. Damit ging einher, dass auch Leute kamen, die man heute als Faschos bezeichnen würde. Da gab es einen HSV-Fanclub, die hießen »Die Löwen«. Das waren teilweise richtige Nazipunks. Einer der unglaublichsten Vertreter aus dieser Szene war Neger-Heiner. Ein Schwarzer. Der war aber Hardcore-Nazi. Da passte gar nichts. Völlig schwachsinnig.

JÄKI ELDORADO Viele Leute, die inzwischen Neonazis sind, waren damals mit in diesem Punkklüngel. Da gab es auch einen Schwarzen namens Heiner. Der hatte eine Band, die hieß Savage Army – also SA. Und der trug auch SA-Uniform.

FRANK Z Der hatte auch voll diese Nazi-Attitüde. Savage Army war eine Gruppierung von Terrorpunkern. Die haben immer wieder Stunk gemacht. Normale Prügeleien waren im *Krawall* ja an der Tagesordnung. Aber die kamen mit Messern. Ich kann mich an eine Situation erinnern, wo plötzlich einer von denen, draußen vor der Tür, einen von uns mit dem Springmesser bedrohte. Und die haben sich auch in der *Markthalle* immer wieder Leute gegriffen und zusammengeschlagen. Die Punks waren halt nicht organisiert. Sodass sie sich auch nicht effektiv wehren konnten. Da waren 1000 Leute. Und fünf, die Stunk machten. Und diese fünf waren in der Lage, diese 1000 zu terrorisieren.

JÄKI ELDORADO Dieser Heiner war sogar ein schlauer Typ. Lustigerweise haben diese Leute aber Sid Vicious im Hakenkreuz-T-Shirt genauso nach dem ersten Augenschein beurteilt, wie das die Hippies auf der anderen Seite taten. Nur dachten sie halt: ›Ah, einer von uns!‹ Dagegen gab es mit den Linken immer diese Debatte: ›Ist Sid Vicious Nazi?‹ Die waren schockiert. Was einerseits genial war. Aber andererseits: Natürlich war ich gegen Nazis. Das verstand sich ja von selber. Wir waren da mal in der Clique unterwegs, als wir auf Udo Lindenberg trafen. Und bevor wir noch einen Ton sagen konnten, meinte er erst mal so chefmäßig: »Ja, erst mal hier kucken, ob ihr Nazis seid!« Der überprüfte dann unsere Klamotten auf Hakenkreuze, weil er wissen wollte, ob er überhaupt mit uns reden kann.

KERSTIN EITNER Ich habe damals für die *taz* gearbeitet. Ich war seit den Gründungsversammlungen dabei. Für diese ganzen Alternativen dort waren Punks einfach Faschisten. Die wollten sich damit auch nicht auseinandersetzen. Auch mit der Musik nicht. Musik sollte ja progressiv sein. Verschnörkelt. Aber dieses Verschnörkelte zeigte sich auch im Umgang miteinander. Alles wurde ständig diskutiert. Es kam aber nichts dabei raus. Ich wollte immer gerne was machen. Aber man saß immer nur da und diskutierte. Ich habe dann an der Uni eine Basisgruppe mitgegründet. Im Vergleich zu der abgehobenen Diktion, wie sie in diesen ganzen männlich dominierten K-Gruppen herrschte, war das mit unseren Jungs noch harmlos. Aber für einige waren und blieben wir die Doofen, weil wir nicht *Das Kapital* gelesen hatten. Für deren Begriffe hätten wir erst mal die ganze Theorie aufarbeiten müssen, um überhaupt den Mund aufmachen zu dürfen. Das war ganz anders als bei den Punks. Da war der Umgang miteinander sehr klar. Da waren auch Frauen dabei, die sich überhaupt nichts gefallen ließen. Die hatten eine extrem große Klappe.

DIEDRICH DIEDERICHSEN In *Sounds* habe ich Punk auch deswegen rückhaltlos unterstützt, weil meine Kollegen einen überaus konservativen Geschmack hatten. Vorher hatte ich in Punk ja auch lange keinen echten Bruch gesehen. Da ging es aber auch noch um Bands wie Big Balls & The Great White Idiot. 1978 habe ich dann Devo in der *Markthalle* gesehen. Da hatte ich komplett den Eindruck, dass es neu war. Das war keine Ausdruckskultur mehr, sondern eine geplante Performance. Das fand ich super. Ich fand alles gut, was superkünstlich war und das auch noch zur Schau stellte und aggressiv vortrug. Mitte 1979 bin ich dann zu *Sounds* gekommen. Die hatten in einem Anfall von Irrsinn gedacht: ›Wir sind jetzt zu alt.‹ Die suchten drei Redakteure unter 25. Ich wusste gar nicht, was ein Redakteur ist. Und ich war eigentlich als Redakteur für Außermusikalisches eingestellt. Aber in dieser Situation wurde ich dann zum Vertreter dieser neuen Sache. Ich habe mich auch gleich mit Leuten wie Alfred Hilsberg verbündet.

ALFRED HILSBERG Nach meinem »Rodenkirchen is burning«-Zweiteiler hatte ich ein Jahr später noch eine zweite Serie über deutschen Punk in *Sounds*. Die hatte als Zwischenüberschrift: »Neue Deutsche Welle – Die Revolution ist vorbei – Wir haben gesiegt«. Seitdem galt ich als derjenige, der die Neue Deutsche Welle erfunden hat. Dabei ist mir dieser Begriff gegen meinen Willen zugeordnet worden. Er kam zwar von mir, aber ich hatte denen bei *Sounds* gesagt, sie sollten ihn bitte nicht verwenden. Sie haben es doch getan. Und ich durfte mich jahrelang darüber ärgern, dass ich als Punkpapst bezeichnet wurde. Ich fing dann auch an, unter einem Pseudonym zu schreiben. Es gab in *Sounds* immer diese Pamphlete von Gröfaz und Goldmann – über die es heftigste Auseinandersetzungen gab. Das waren Jäki und ich. ›Bildet Banden! Zerschlagt alle Plattenläden! Verhindert, dass in allen Plattenläden, außer bei *Rip Off*, Platten gekauft werden!‹

Kriminalitätsförderungsclub

TOMMI STUMPF Der Kriminalitätsförderungsclub wurde schon 1976 von Sador Weinschlucker und mir gegründet. Aber damals ging es noch nicht um Musik. Das war mehr so eine Art Gymnasiastengag.

KÄPTN NUSS Ich kenne das selbst nur als Legende: Sador Weinschlucker ist ein ehemaliger Klassenkamerad und enger Freund von Tommi gewesen. Die haben dann diesen Club aufgemacht: KFC.

TRINI TRIMPOP Tommi Stumpf und ich haben uns auf einer Party kennen gelernt. Bei Peter Fatzke, diesem Kellner vom *Ratinger Hof*. Und zwar zu einer Zeit, als es hier noch keine Punkband gab. Jedenfalls nicht so, wie ich Punk verstehe. Es gab nur Male. Diese Gymnasiasten, die sich für eine Punkband hielten. Wir haben dann halt gesagt: ›Machen wir doch selber eine Band. Irgendwie.‹ Tommi kannte Zonker – und hat gesagt: ›Der muss dabei sein.‹ Ob ich jemanden kenne, der Schlagzeug spielen kann. Ich kannte keinen. Dann habe ich Tobias gefragt. Der war Praktikant bei mir im Hort. Ich habe damals in einem Kinderhort gearbeitet. Und Tobias hat dann halt Schlagzeug gelernt. Von null auf hundert. Das war der wahre Beginn von Punk in Deutschland. Die erste richtig harte Punkband, das waren wir: KFC.

XAO SEFFCHEQUE Ich habe damals die erste Probe von denen mitgekriegt. Wo jetzt der Fernsehturm und der Landtag stehen, war damals noch ein altes Hafenbecken. Da gab es auch alte Handelsgebäude. Muscha hatte da ein Loft.

MUSCHA Das war mit Blick aufs Wasser. Da war hier noch Hafen. Volle Industriegegend. Entsprechend gab es im Keller riesige Gewölbe.

TOBIAS BRINK Wir hatten den versyphtesten Proberaum, den es gibt. Dunkel, ungeheizt natürlich, in einem ultrakalten, tiefen Drecksloch, wo Müll drin lag und Ratten drin waren und wir dann.

MEIKEL CLAUSS Ich habe KFC mal gesehen, da war ich selber noch nicht dabei. Das war in einer Art Bunker. Da saß ein Schlagzeuger, der sah aus wie Superman. Riesige Muckis, schwitzend, hinter seiner Kiste: ratatata! Nur gekloppt. Wie eine Maschine. Und ein Gitarrist, der konnte überhaupt nicht spielen, hatte aber eine raketenmäßige Flying-V-Gitarre, pechschwarz gefärbte Haare, breitbeinig, die Gitarre hing fast am Boden und nur so: waahh! Wirklich nur darauf rumgehauen.

XAO SEFFCHEQUE Muscha hat die so ein wenig wie wilde Tiere vorgeführt: »Kuck mal, was ich da gefangen habe.« Der Bassmann hieß Zonker. Der hatte einen ganz billigen Bass. Den spielte er mit Kronkorken. Muschas alter Freund Trini Trimpop hat gesungen. Das war das einzige menschliche Wesen bei denen.

MUSCHA Ich fand beim KFC vor allem Tommi interessant. Das war ein junger Wilder. Sein Ehrgeiz bestand darin, sich hinsichtlich Rumpöbeln und Zerstören ganz nach vorne zu spielen. Aber nur auf sicherem Terrain. Der kommt ja aus gutem Hause. Sein Vater war Terroristenanwalt. Und da wollte ich hin und wieder seine Konsequenz testen. Ich habe da gemeine Tricks angewandt. Er bekam mal von seiner Oma 800 Mark zu Weihnachten und wedelte damit herum. Ich habe ihn sofort in den *Ratinger Hof* mitgeschleppt und gebrüllt: »Lokalrunde!« Und er musste alles bezahlen. Tommi fing richtig an zu weinen, weshalb ich von Trini ziemlich kritisiert wurde. Der war ja Sozialpädagoge. Der sagte: »Du kannst die Psyche so eines Jungen zerstören, wenn du den so hoppnimmst!«

TOBIAS BRINK Tommis Vater kam ja aus der kommunistischen Szene. Der war Anwalt für Linke. Der hat mal einen bekannten RAF-Terroristen als Pflichtverteidiger verteidigen müssen: Karl-Heinz Dellwo. Und dann haben die RAF-Leute den VW-Käfer von Tommi in die Luft gesprengt. Die dachten, das Auto gehört seinem Vater. Seitdem hatte Tommi einen großen Hass auf Linke und Anarchos.

TRINI TRIMPOP Tommi hatte eine schwierige Persönlichkeit. Aber das hat sich erst später gezeigt. Der kam ja aus einer fast intellektuellen Familie. Vater Rechtsanwalt. Und die Mutter eine sehr souveräne, aber lockere Frau. Durchaus traditionelle Werte, aber nicht konservativ rechts. Sehr liberal. Und zu der Zeit gab es immerhin die RAF. In der Familie von Tommi wurde damit sogar offen sympathisiert. Die haben nicht in dieses Geschrei eingestimmt: ›Die RAF sind alles Verbrecher!‹ Die haben den politischen Ansatz verstanden, den diese RAF-Leute hatten. Und Tommi auch.

TOBIAS BRINK Wegen Tommis Hass auf die Linken gab es auch ein paar Missverständnisse, wir kämen aus dem faschistoiden Lager. Das war völliger Quatsch. Aber damals gab es ja auch Leute, die das gar nicht gut fanden, dass ich mich Fritz Fotze genannt habe. Die fanden das frauenverachtend. Die waren teilweise richtig aggressiv.

TRINI TRIMPOP Provokation des Publikums war beim KFC von Anfang an Konzept. Wir wollten nie einfach nur Unterhaltung bieten. Selbst auf die Gefahr hin, dass die Leute gehen. Damit haben wir aber nichts neu erfunden. Das war auch schon das Konzept von Suicide. Ich habe die damals gesehen, im *Max's Kansas City*. Ich wusste gar nicht, was mich erwartet. Ich fahre zum ersten Mal nach New York. Ganz alleine. War also sowieso etwas ängstlich. Und dann lande ich gleich im *Max's Kansas City* und sehe Suicide. Das Konzert geht los. Und Martin Rev geht sofort mit diesem bösen Gesicht in die Zuschauer, packt jemanden am Kragen, kuckt den Nächsten böse an, nimmt eine Rasierklinge und schneidet sich damit in die Wange. Das Blut läuft nur so raus. Das war so geil. Und dann komme ich halt nach Hause und erzähle das so richtig mit Begeisterung. Das ist dann beim KFC zu unserem Konzept geworden. Nicht, dass wir uns hinsetzten und sagten: ›Das machen wir auch.‹ Wir haben es einfach probiert. Weil wir das geil fanden.

TOBIAS BRINK Tommi und ich haben die Band mehr oder weniger gegründet. Aber Trini hat das super beeinflusst. Er hat uns zu sich eingeladen – dann haben wir gekocht, und er hat ein bisschen gekifft, und wir hatten geile Ideen. Trini hat das mit dem Kiffen nie so eng gesehen. Das wurde von Tommi extrem kritisiert. Kiffen wurde ja mit Hippies assoziiert. Tommi hat das gehasst. Kiffen war für den das Allerletzte. Drogen überhaupt. Das war absolut verboten. Tommi störte auch, dass Trini Sozialarbeiter war. Das war ein absolutes Schimpfwort. Student, Sozialarbeiter und Kiffer – das waren Attribute, die nicht akzeptiert werden konnten.

TRINI TRIMPOP Bei diesem ganzen Punkding war überhaupt eine gewisse Intoleranz dabei. Die Hippies waren in vielen Sachen lockerer drauf. Bei den Punkern war alles immer Attitüde. Da war nur Kraft da.

TOBIAS BRINK Aber Trini war ja mindestens zehn Jahre älter als wir damals. Der hat sich von Tommi nichts bieten lassen. Er hatte eine nette Art, diesen Hass und dieses negative Element von Tommi auszugleichen. Der hatte diesen besonderen Witz.

TRINI TRIMPOP Es gibt ja von Beethoven dieses »Für Elise«. Das haben Tommi und ich dann umgestellt: »Für Elli«. Das war bei ihm zu Hause. Da stand natürlich ein Klavier. Das Intro hat ja jeder Klavieranfänger drauf. Tommi spielte das, und wir haben spontan einen Text dazu gemacht: »Elli, ich bin munter, hol mir bitte einen runter.« Mehr war das nicht. Und fertig war der Song.

TOBIAS BRINK Wenn wir da die ersten Takte gespielt haben, meinten die Leute immer, da kommt ein Oldie von Beethoven. Und dieser Humor war Tommi auch gar nicht fremd. Jedenfalls am Anfang. Tommi stand extrem auf Karneval. Er hat sich mal als Superman verkleidet – aber ganz billig –, sich einfach ein rotes Handtuch als Umhang hinten in den Kragen gesteckt. Da sind wir hinten im Rosenmontagszug mitgelaufen. Und Tommi hat ein Schild hochgehoben: »Der Kriminalitätsförderungsclub grüßt alle Kriminellen«. Da waren wir noch auf den ersten 100 Metern, da hat uns die Polizei schon rausgedrängt.

Hinterher sind wir in den *Hof* und haben gesoffen, und da entstand das Foto für unser erstes Plakat. Da stand er auf der Bühne und hatte die Hose hinten runtergezogen. Man sah seinen Arsch, er kuckte sich um und schrie in die Kamera. Auf dem Bild stand: »Kack dich aus, Alter! Der KFC ist da!«

Das allererste Konzert war dann in Solingen. Der Laden hieß *Jazzkeller*. Das war dann zwar schon klar, wie das laufen wür-

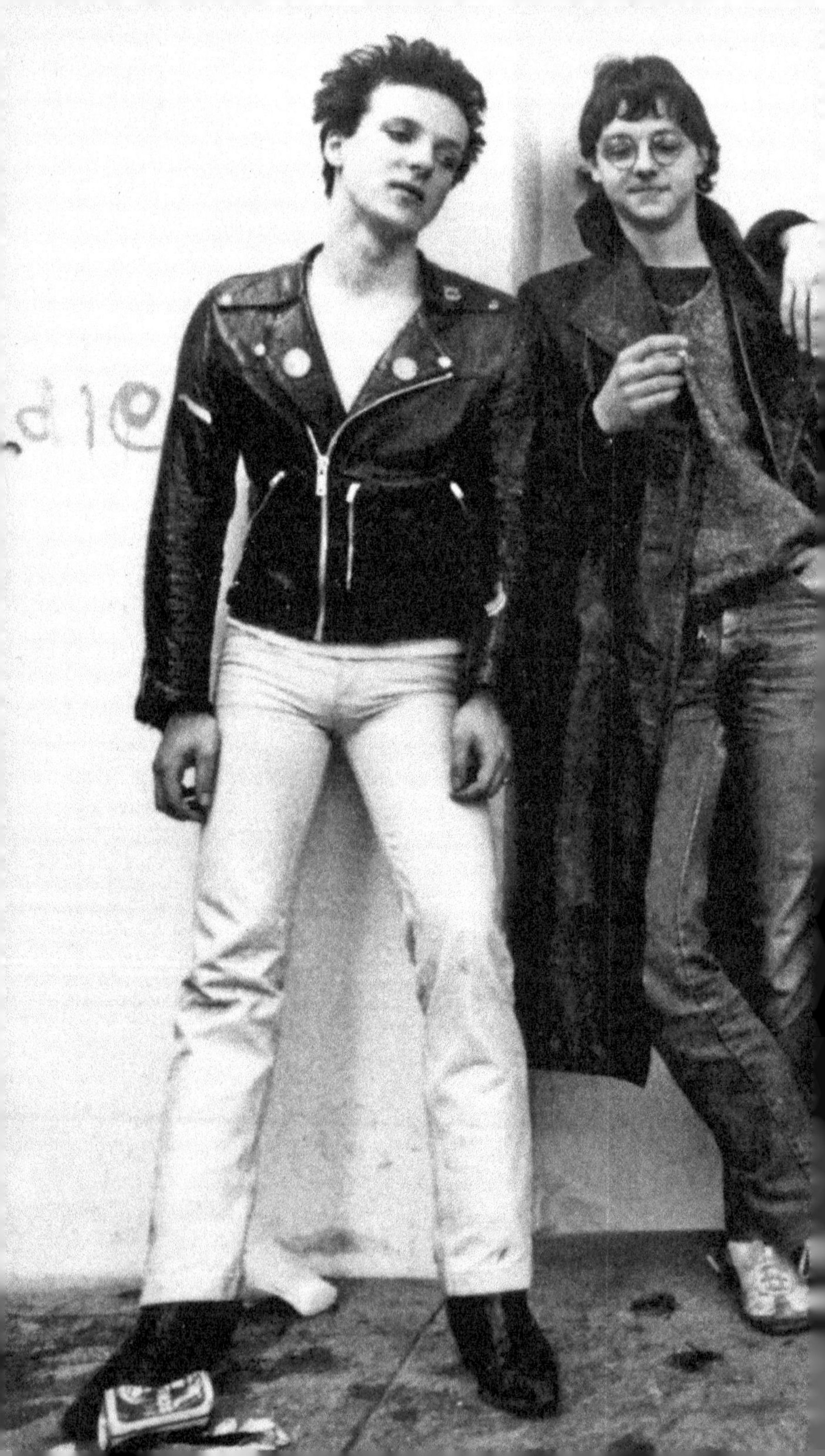

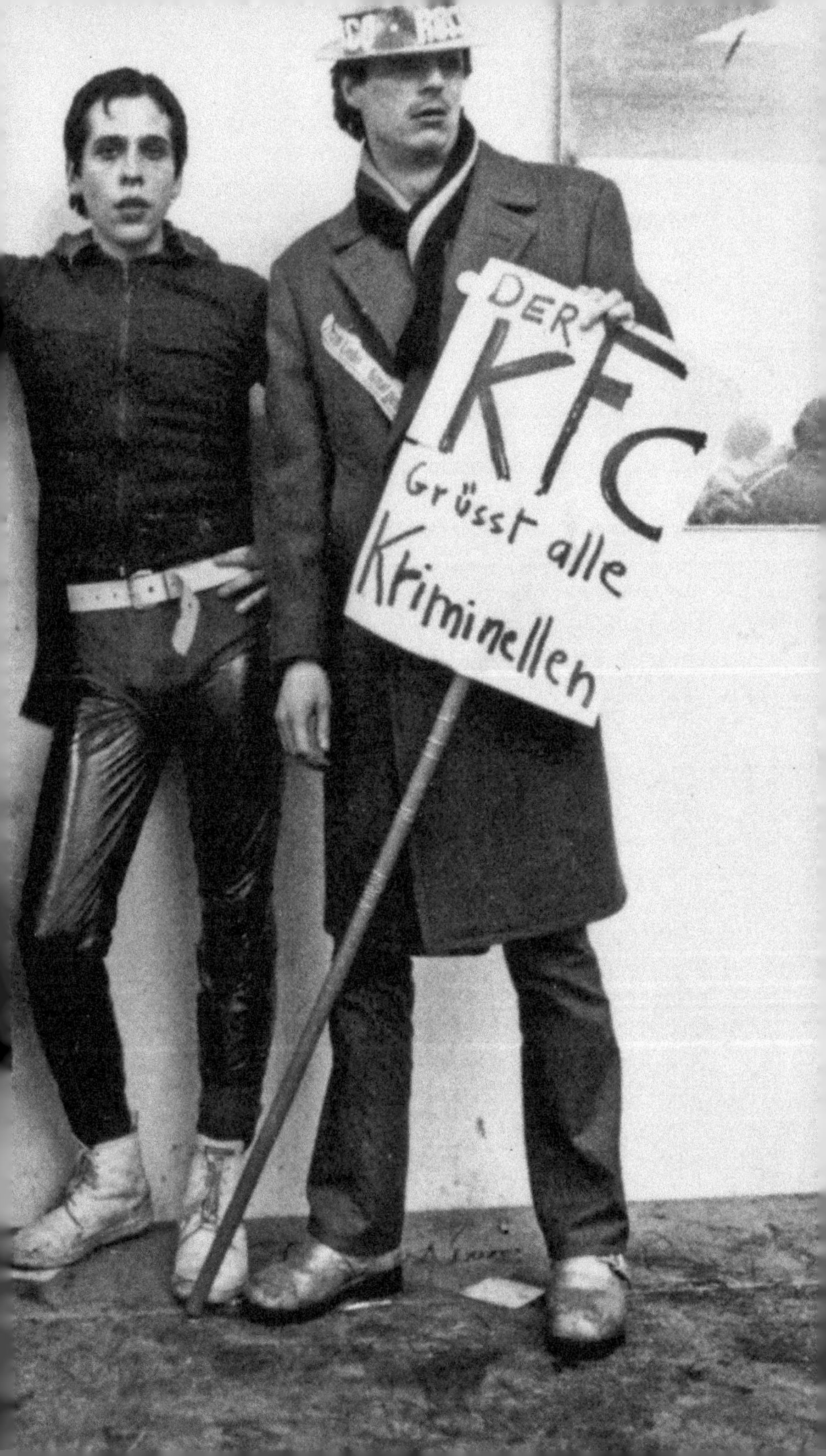
DER
KFC
Grüsst alle
Kriminellen

de – wir hatten schon bei den Proben geplant, wie hart und schnell wir spielen müssen, damit wir den gewünschten Effekt kriegen –, aber Tommi ist schon bei diesem ersten Auftritt ziemlich entglitten. So: Gitarre kaputtgemacht und angezündet. Ich fand das Quatsch, die Gitarre kaputtzumachen, wenn man gar keine Kohle hat.

TRINI TRIMPOP Tommi hat das in seinem Alkoholwahn schon so richtig auf die Spitze getrieben. Wir saßen danach alle zusammen und haben uns gewundert, wie schwer es war, diese Gitarre kaputtzumachen. Aber von einer Band wie dem KFC konnte man auch erwarten, dass sie mindestens eine Gitarre kaputt macht. Obwohl das keine durchkonzipierte Show war. Das war spontan. Das fing bei uns immer schon vor dem Auftritt an: Wenn wir wo reinkamen, dann waren wir da – wir waren laut, und wir waren nicht gerade intelligent in unserer Lautstärke. Ob wir mit unseren Sachen rumgeschmissen haben, ob wir Soundcheck gemacht oder rumgepöbelt haben: Das war laut! Wir haben keinen Wert darauf gelegt, besonders intellektuell rüberzukommen. Eher auf Rock-'n'-Roll-mäßige Bosheit. So wie Kiss auch böse waren. Und da hat man immer gleich gemerkt, dass ein Feedback entsteht. Eine besondere Atmosphäre. Wir haben die Leute oft richtig verschreckt. Aber wir wollten halt ernst genommen werden. Wir dachten: ›Über uns soll man nicht lachen. Niemals!‹ Die Sex Pistols waren auch nicht zum Lachen. Die ganze Punkrockbewegung war nicht zum Lachen. Ich habe für den KFC auch extra immer meine Klamotten im Schrank gelassen. Das passte einfach nicht. Ich bin schon damals gerne auf Flohmärkte gegangen und habe da mein ganzes Geld gelassen. Schlaghosen, von erst kurz vorher. Oder Hemden mit van-Gogh-Bildern draufgedruckt. Aber das habe ich nur privat getragen – beim KFC nicht. Da hatten wir, von der Kleidung her, eher so eine Art SM-Stil. Rote Plastikhosen und so.

TOBIAS BRINK Bei mir war das so: Ich kam ja aus dem Internat und hatte da immer Probleme. Prügeleien und so. Ich wollte da nur raus. Ich hatte keinen Bock auf Schule oder Ausbildung. Dann kam ich endlich da raus – Tommi kennen gelernt – das war geil. Wir waren sofort absolute Blutsbrüder. Wir haben alles extrem gemacht. Wir haben gesagt: ›Wenn wir Musiker sind, wenn wir eine Band sind, dann sind wir extrem darin. Was anderes gibt es nicht. Keine Freundin. Wir leben für die Band. Wir sind so enge Freunde, dass wir alles zusammen machen. Dass wir extrem zusammenhalten.‹ Also wirklich so eine harte Verschwörung. Wie Rocker das auch machen. Ich bin dann mal zu Tommi nach Hause gekommen. Der wohnte mit seinem Bruder bei seinen Eltern. In so einem ganz guten Viertel in Düsseldorf. Und da haben wir uns mit Teppichmessern »KFC« in den Arm geschnitten. Als ich kam, hatten die das schon gemacht. Richtig über den ganzen Unterarm. Und dann habe ich eben nachgezogen. Sah aber auch wirklich geil aus.

THOMAS SCHWEBEL Mit Mittagspause hatten wir als Hausband im *Hof* schon ein wenig Topstatus. Wir waren am längsten dabei – in verschiedenen Bands. Ich hatte von S.Y.P.H. »Industrie-Mädchen« als Szenehit mitgebracht. Aber geprobt haben wir weiterhin unten im Keller, zwischen den Bierfässern, die da rumstanden – und dann eben dieses popelige Schlagzeug von Markus Oehlen.

PETER HEIN Letztendlich hat dann Franz angefangen, Bass zu spielen. Er hat seine Gitarre einfach wie einen Bass gespielt. Wir merkten so langsam, wie originell das eigentlich ist, ohne Bass.

MARKUS OEHLEN Franz hatte zuerst eine Gitarre, die fiel schon fast auseinander. Und wir sind dann richtig auf die Suche gegangen, nach der schlechtesten Gitarre überhaupt. Wir sind in ein Musikhaus und haben Gitarren getestet. Und gekauft haben wir die billigste und hässlichste. Aber die hatte 15 Knöpfe. Franz hat die dann immer so tief eingestellt, dass sie mit dem Schlagzeug eine Einheit bildete. Ganz dumpf. Auf billigen Kassettenaufnahmen hast du im Hintergrund einen Bassisten gehört. Aber da war niemand.

FRANZ BIELMEIER Ich hatte einen Transistorverstärker. Ziemlich großes Ding. Und da habe ich alles rausgedreht. Die Mitten völlig raus. Es waren nur tiefe Bässe und hohe Höhen drin. Das klang dann wie ein Bass. Wenn ich auf der dicken E-Saite gespielt habe, da hat wirklich der Boden gezittert.

MARKUS OEHLEN Dann hatten wir die Idee mit den Xerox-Datenkassetten. Das ergab später auf der Aufnahme von »Testbild« so ein schreiendes Geräusch. Bei manchen Konzerten lief das aber auch permanent durch. Das schrie dann immer im Hintergrund.

PETER HEIN Diese Quietschtapes waren bei uns in der Firma Abfall. Damals gab es ja diese erste Generation von elektrischen Speicherschreibmaschinen. Das funktionierte mit normalen Kompaktkassetten. Und die haben dann halt so herumgequietscht, wenn du sie auf einem normalen Recorder abgespielt hast. Und weil wir fortschrittlich und künstlerisch sein wollten, haben wir gedacht: ›Da machen wir was damit.‹ So: ›Geil! Nehmen wir. Hört sich futuristisch an.‹

FRANZ BIELMEIER Ich wollte auch nie so spielen können, dass ich etwas besonders gut oder schnell spielen kann. Ich wollte nur wie eine Uhr spielen. Besonders regelmäßig.

HARRY RAG Franz war für mich die charismatischste Figur in dem Ganzen. Absolut. Vor allem von der Pose her. Janie war der Intellektuelle. Der hat bei Mittagspause die meisten Texte gemacht und gesungen. Das war aber ein normaler Typ. Die eigentlich zentrale Figur war Franz. Auch die Identifikationsfigur. Der hatte was Schelmisches, Dämonisches. Der schwebte immer ein bisschen. War aber sehr freundlich. Seine Ausstrahlung, das war Mittagspause. Er hatte so was Glamouröses: extrem modisch – aber immer verändert. Bei ihm lief immer irgendwas ab. Einmal kam er in den *Hof* und hatte seine Haare wie ein Leopardenfell. Ganz kurze blonde Haare mit schwarzen Flecken. Das war damals der Hammer! Und durch solche Sachen hat er auch die ganze Szene geprägt. Wie er sich bewegte, wie er sprach und die Haltung, wie er Gitarre spielte – dieses: ra-Tata! Ra-Tata! – mit so einer Genauigkeit – das war wie ein Film, den man sich ansah. Dagegen wirkte ich wie ein Milchbubi. Und alle anderen auch.

CAMPINO Superwichtig war auch Carmen Knoebel. Totale Idealistin. Die hatte so eine Mutterfunktion für alle. Und das war wichtig, diese Anerkennung von dieser Seite. Ich habe die nie als Geschäftsfrau gesehen. Die hat mich immer ermutigt. Egal, was ich für eine Scheiße abgeliefert habe. Die hat mich immer gedeckt. Die hat immer gesagt: »Mach weiter!« Das war ein Verlust, als sie abgewandert ist. Danach ist es mit dem *Hof* scheiße geworden.

CARMEN KNOEBEL Ich hatte halt auch eine Partnerin. Die war ein wenig anders gelagert. Ich hätte gerne mehr Bands geholt. Das widersprach aber ihren Wünschen. Deshalb bin ich auch gegangen, und meine Partnerin hat den *Ratinger Hof* alleine weitergemacht. Das wurde so ein Luschending. Da passierte nicht mehr viel.

THOMAS SCHWEBEL Carmen hat dann die Produktion der Doppelsingle von uns bezahlt. Imi Knoebel hatte damals eine ganze Ausstellung nach New York verkauft – was unglaublich war. Und dadurch gab es eben Spielgeld für uns. Die Aufnahmen waren aber völlig chaotisch, weil niemand von uns je zuvor in einem Studio war. Und das waren auch noch richtige Hippies, die überhaupt nichts mit uns anfangen konnten. Schon wie wir da mit unserem absurden Schlagzeug ankamen. Mit Ziegelsteinen in der Bassdrum und kaputten Becken, die einen Sprung hatten, aber die deswegen auch ganz besonders klangen. Die schlugen die Hände über dem Kopf zusammen.

MARKUS OEHLEN Die haben einfach nicht das gemacht, was wir wollten. Wir waren für die nur kleine Idioten. Ich durfte nicht mein eigenes Schlagzeug aufbauen, sondern musste das nehmen, das da stand. Und das war auf Jazzrock gestimmt. Ganz hoch. Also das genaue Gegenteil. Da hätte einer von uns sagen müssen: ›Das isses nicht. So geht das nicht!‹ Aber keiner hat was gesagt. Die Tatsache, dass wir so was Heiliges wie eine Schallplatte aufnehmen durften, hat uns völlig eingeschüchtert. Und dann hatten wir auch den Druck durch das Geld. Das kostete und musste alles schnell gehen, und man konnte nie etwas noch mal machen.

FRANZ BIELMEIER Das Studio war in einer Schule untergebracht. Im Keller. Es gab sogar ein Acht-Spur-Mischpult und eine abgetrennte Kabine. Wir fanden das toll. Carmen Knoebel hat Sekt mitgebracht. Wir haben Ephedrin geschmissen. Sogar Janie hat Ephedrin geschmissen. Aber wir haben den Sound nicht hingekriegt. Die haben einfach nicht geglaubt, dass wir so klingen wollen, wie wir klingen. Die haben auch gesagt, meinen Gitarrensound könne man im Studio gar nicht aufnehmen, weil das nur sehr tiefe Bässe seien. Deshalb kommt das auf der Platte auch nicht bassig rüber. In Natur war das viel wuchtiger. Eher wie Gary Glitter.

THOMAS SCHWEBEL Unser Sound ist auf der Platte gar nicht drauf. Auf Konzerten war das gewaltig. Obwohl es überhaupt nicht rockig war. Solos und Rockdynamik waren für uns ja das Letzte. Franz Bielmeier hat nur so Brrrooohhh!-Brat-Akkorde gespielt. Aber da im Studio hatten wir nicht das *know-how*, um uns gegen diese frickeligen Langhaarigen durchzusetzen, die da an den Knöpfen drehten. Und mit ihrem halb gelernten Studiowissen haben die dann auch noch die Mikros völlig blöde hingestellt.

MARKUS OEHLEN Die waren froh, als wir wieder weg waren. Zum Glück hat das kaum was gekostet. Carmen Knoebel hat 1000 Mark für die Aufnahmen gezahlt. Mehr war das nicht. Und Carmen hatte zu der Zeit ja wirklich viel Geld. Der Erfolg von Imi wurde damals gleich nach außen gekehrt. Carmen konnte sich einen silbernen Cadillac leisten. Wir sind dann im Cadillac durch die Stadt gefahren und haben Papst gespielt. Die ganze Band. Die Platten aus dem Auto gereicht. Eine richtige Show abgezogen.

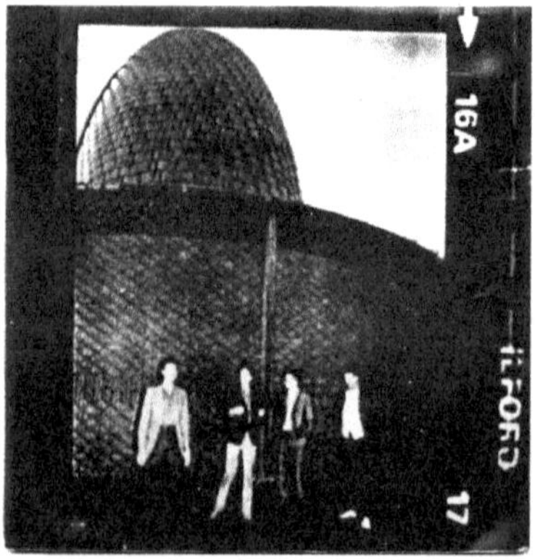

BERNWARD MALAKA Es gab eine Gestalt – die hat mich besonders fasziniert: Zonker. Mit dem hatten seltsamerweise sowohl **Mittagspause** als auch der **KFC** zu tun. Auf Konzerten stand der immer nur herum. Und war ganz bleich. Der pflegte das Erscheinungsbild des leeren Blicks. Der war stumm wie ein Fisch. Ein bisschen autistisch. Wir haben uns so ein Erscheinungsbild ja auch manchmal als Pose gegeben. Aber bei Zonker war das echt. Dieses Teilnahmslose.

FRANZ BIELMEIER Diesen lobotomisierten Eindruck, das hat Zonker extra gemacht. Der hat sich auch immer zugesoffen und hat erzählt, dass sein Vater die Klapsmühle leitet. Oder er würde in einer Waschmittelfabrik arbeiten – und hat mir dann immer von ionischen Tensiden erzählt und hat dabei immer so schwachsinnig gekuckt.

TOBIAS BRINK: Im Grunde, muss ich zugeben, war der anfangs beim KFC. Das war eigentlich ein ganz junger Typ. Kam aber daher wie so ein alter, fieser Typ.

MUSCHA: Der hat sich auch immer mit so ekelhaften 45-jährigen Lehrerschlampen getroffen. Tommi Stumpf hätte nach seiner Mutti gebrüllt, wenn ihn so eine Alte angepackt hätte. Insofern war Zonker eine richtige *personality*. An dem war nichts Artifizielles. Den konnte ich zwar kaum ertragen – aber den fand ich richtig klasse.

TRINI TRIMPOP: Zonker war auch Epileptiker. Der konnte jederzeit auf der Bühne einen Anfall kriegen. Und wir wussten genau, was wir dann machen mussten, um den zu retten. Auf den Rücken legen, was in den Mund tun, damit er sich nicht die Zunge abbeißt, und alles festhalten, damit er sich nicht beim Herumfuchteln verletzt. Das wäre eine Aktion gewesen! Das hätte super ausgesehen! Aber irgendwann durfte er dann von seinen Eltern aus nicht mehr bei uns mitmachen.

BERNWARD MALAKA Als ich den KFC zum ersten Mal sah, stand ich mit Franz, Janie und Jürgen Engler im *Hof*. KFC kamen rein und hatten riesige Badges an der Jacke. Bei den Badges lief die Mode ja so ab, dass es zuerst fast handtellergroße Badges gab. Und dann wurden die immer kleiner. Immer dezenter. Und wir fingen halt an: »Ey, das müssen Punks sein. Kuck mal, die haben sogar Badges. Und so große! Geil!« Da wurden die richtig sauer. Aber das war immer das Problem vom KFC: Die waren immer einen Schritt zu spät.

JÜRGEN ENGLER Die kamen rein – völlig ungestylt. Einfach nur eine Kindersonnenbrille. Daran konnte man schon die Poser erkennen. Dazu dicke Klobo-Badges, wo »Punk« draufstand. Die kamen rein und haben direkt einem Freund von mir aufs Maul gehauen.

MARKUS OEHLEN Zum Einstand bestellten die 50 Bier auf einmal. Zu zweit! Ich kellnerte gerade. Dann saßen sie da und haben die 50 Gläser ausgesoffen. Der ganze Tisch stand voll Altbiergläser. Das war deren Art sich vorzustellen. Und danach hat Tommi Stumpf seinen Schwanz rausgeholt.

JÜRGEN ENGLER Die haben sich da vollgesoffen. Immer nur ganze Tabletts mit Bier bestellt. Tommi und Tobias. Nur gesoffen bis zum Umkippen und dann diese Klobo-Badges durch die Brustwarzen gezogen – so richtig durchs Fleisch. Das fanden die total geil. Voll gesoffen. ›Wäähhh!‹ Und durchgestochen. Und mit Blut rumgeschmiert. So richtig, dass ich gesagt habe: ›Uuuh, das ist nicht das, was ich unter Punk verstehe. Das ist nicht das Ding. Die haben das missverstanden.‹

TOBIAS BRINK Jürgen Engler hat man damals nie ernst genommen, weil er immer so nett und aufgeschlossen war. Der war Nichtraucher und Antialkoholiker. Und wir haben gesagt: ›Als Punk darfst du alles machen. Nichts darf dir peinlich sein.‹

MEIKEL CLAUSS Male, das waren Milchbubis. Angsthasen. An sich keine Punks. Die waren einfach zu schwach. Zu ängstlich. Zu scheu. Die konnten bei diesem harten Ding nicht mithalten.

JÜRGEN ENGLER Das waren beim KFC diese Sid-Vicious-Klischees. Und Sid Vicious war für uns einfach ein Depp. Janie und ich, wir waren die absoluten Antialkies. 150 Prozent gegen Alkohol. Total. Im *Ratinger Hof* lief oft »Drinkin' Wine, Spo-Dee-O-Dee« von Jerry Lee Lewis. Janie und ich, wir haben im Chor statt »Wine, Wine, Wine« immer »Milch, Milch, Milch« gesungen. Janie hatte dann immer noch diese Zeile: ›Wir trinken Milch aus'm Europack, denn das bringt uns auf Zack!‹ Campino hatte sogar einen »I drink milk«-Badge. Janie und ich waren tierisch eifersüchtig auf diesen Badge. Wir wollten den unbedingt auch haben.

RALF DÖRPER Ich gehörte eher zu den Cola-Trinkern. Das war dann sehr bewusst, um sich gegen Leute wie KFC abzugrenzen.

Mit Cola hatte man aber auch 'nen ganz anderen Effekt als mit Bier. Ich war da mal extrem hektisch. Total aufgedreht. Da hatte ich extrem viel Cola getrunken und versehentlich Ephedrin-Pillen genommen. Das hat mich erschreckt, dass mich das so fertiggemacht hat.

TOBIAS BRINK Wir waren dann eben die Säufer. Die Primitiven. KFC war das Feindbild. Wir fühlten uns überhaupt nicht etabliert in dieser avantgardistischen Szene. Aber wir wollten das auch gar nicht. Wir wollten uns abgrenzen, von diesen ›Künstlern‹ und ›Pseudointellektuellen‹, wie wir gesagt haben. Und um uns abzugrenzen, haben wir eben gesagt: ›Wir wollen nicht diskutieren. Wenn du uns blöde kommst, kriegst du was aufs Maul.‹ Wir waren aber echt nicht die klassischen Schläger. Wir haben uns viele Gedanken gemacht. Wir wollten nie den Harten markieren. Das war einfach alles so intensiv.

FRANZ BIELMEIER Wenn die dachten, das wäre Punk, wenn sie sich in der Pissrinne fotografieren lassen, dann war das vielleicht für die Punk. Für uns war das doof und geschmacklos. Besonders wenn man der Sohn eines Rechtsanwalts ist, so wie Tommi Stumpf, oder von einem Arzt, so wie Tobias. Und wenn das so langsam durchsickert.

CAMPINO Die haben doch auch nur Aufstand im Kinderzimmer gemacht. Die haben sich aufgeführt, als ob sie die Einzigen aus der Arbeiterklasse wären. Dabei hatten die gar nichts damit zu tun. Ich habe das wenigstens nie versucht zu verwischen.

THOMAS SCHWEBEL Das war nur dieses Ding: Das ist jetzt mein Feld, das ich hier abstecke. Ihr seid nicht mehr die Punkhelden, ihr seid Kunstwichser. Das Komische ist ja, dass KFC diese Prollecke vertreten hat, gegen Kunstwichser wie Peter Hein. Obwohl Peter Hein als Einziger fast einen Prollhintergrund hatte. Tommi Stumpf hat wie ein krummer Hund darunter gelitten, dass er aus einer gutbürgerlichen Familie kam. Die haben sich da alle andere Rollen zugelegt.

TOBIAS BRINK Tommi hat alles abgelehnt. Das war egal was. Der fand alles scheiße. Außer sich und die Band. Für uns waren die anderen alle Penner. Künstler. Die waren viel zu langsam. Viel zu leise. Wir waren extrem intolerant. Wir hatten aber auch nie den Anspruch, tolerant zu sein. Wir haben gesagt: ›Das sind alles Idioten. Wir sind die einzig gute Band. Wir sind die Besten‹, hähä!

FRANZ BIELMEIER KFC haben vor allem darunter gelitten, dass wir sie nie ernst genommen haben. Und um uns zu übertreffen, haben sie sich halt so prollig gegeben und Altbier tablettweise bestellt. Komischerweise hatten die auch genug Geld dafür. Von uns hat das keiner gemacht.

TOBIAS BRINK Wir soffen da echt Unmengen. Male und Mittagspause, die fanden das zum Kotzen. Am liebsten hätten die uns das gesagt. Aber die hatten Angst. Die rannten teilweise mit Lederjacken und Stiefeln herum. Und keiner hatte was drauf. Das war lächerlich. Wir hatten höchstens mit Gabi Delgado zu tun. Der konnte uns akzeptieren. Der war auch auf dem harten Trip. Obwohl er selber eher ein schmächtiges, verspieltes Kerlchen war. Der war nur vom Kopf her so hart. Aber sonst hatte nur noch Immendorf Verständnis für uns. Der hat oft mit uns gesoffen und gelacht.

BERNWARD MALAKA Auf einmal buhlten die mit uns um die Gunst der Künstler. Die hatten richtig das Problem, dass sie sich beweisen mussten. Das war ein Drama. Aber man merkte schon, dass sich das zuspitzte. Dass man vorsichtig sein musste. Tommi und sein Bruder waren ja beide im Boxverein. Die Stumpfs. Richtige Pöhler. Gefährliche Typen.

JÜRGEN ENGLER Die wollten nur herumprollen und Leute verprügeln. Wir haben mit Male mal ein Konzert mit denen gemacht. Da wollten wir gerade anfangen zu spielen. Da kam Tommi Stumpf auf die Bühne und riss unserem Gitarristen die Gitarre weg: »Hey, das ist meine Gitarre!« So völlig dumm. Er hatte seine kaputtgeschlagen.

Der Tod in Gummistiefeln

BETTINA KÖSTER Punk hat mir anfangs nicht mehr gesagt als die Sachen vorher. Ein wichtiges Erlebnis war aber: Kurz vor dem Abitur traf ich Helmut Hattler von Kraan. Kraan fand ich noch gut, weil die kurze Haare hatten. Und der erzählte mir, er hätte kein Abitur. »Wie? Du hast kein Abitur gemacht?« Nee, in der Schule wäre er sehr unglücklich gewesen. Und dann hätte er kurz vor dem Abitur die Schule abgebrochen. Und das hätte ihm noch keinen Tag leid getan. Ich sagte: »Das finde ich klasse!« Am nächsten Tag ging ich zur Schule und sagte: »Ich kündige!«

Ich habe mir dann ein Saxophon gekauft. Aber beim Saxophon kommt es ja darauf an, dass man viel übt. Und bei mir im Haus hat so eine Asozialenfamilie gewohnt. Der Vater hat gesoffen, die Frau hat sich prügeln lassen und hatte noch einen Sohn aus erster Ehe – der war etwa 20. Zudem hatten sie noch drei kleine Jungs – sechs, fünf, und drei Jahre. Die haben unter mir gewohnt. Und denen ist mein Saxophon tierisch auf die Nerven gegangen. Eines Tages hat man den Stiefsohn auf dem Spielplatz nebenan gefunden. Der hatte sich mit E605 vergiftet. Eine Woche später starb der Vater. Schließlich wurde die Mutter mit Nervenzusammenbruch ins Krankenhaus eingeliefert. Zwei Wochen später klopft es an der Tür. Das waren die drei kleinen Brüder. Und die sagten, jetzt hätten sie schon ihren Bruder verloren und ihren Vater. Und ihre Mutter würde heute aus dem Krankenhaus kommen und ich sollte doch bitte nicht mehr Saxophon spielen, sonst wären sie Waisen. Deshalb bin ich nach Berlin gezogen und habe in einer Punkband angefangen, haha.

Dann habe ich eine Wohnung gesucht. Konnte aber nur eine Ladenwohnung finden. Dachte ich: ›Dann mache ich halt einen Laden auf. Einen Kleiderladen.‹ Das war Frühsommer 1979. Ich strich gerade draußen den Türrahmen, da fuhr Gudrun auf dem Fahrrad vorbei. Ich hatte die schon ein paar Mal gesehen und fand sie ziemlich cool. Und sie: »Was machst du denn da?« »Na, diesen Laden renovieren.« Und dann habe ich sie gefragt, ob sie mitmachen will. Das wurde dann der legendäre *Eisengrau*-Laden, hähä. Auf den Namen sind wir gekommen, weil das auf dem Deckel der Holzfarbe für die Regale stand.

GUDRUN GUT Ich hatte im *Eisengrau* eine Strickmaschine und strickte da Strumpfhosen für Männer. So: Strumpfhose anstatt Hose. Schick! Außerdem Pullover. Fast alle grau. Mit schwarzen und weißen Streifen. Konstruktivistisch. Es gab aber auch noch die bunte Variante mit Fransen – unten als Abschluss. Aber auch mittendrin. Fransen, wo sie nicht hingehören. Fransen waren total out. Und deswegen habe ich sie benutzt. Und auch die Farben: orange und rosa. Magenta und kanariengelb. Farben, die sich beißen. Die mussten dann zusammen. Das war Antimode-Mode.

BEATE BARTEL Ich hatte Gudrun schon immer aus der Ferne gesehen. Und ich dachte: ›Die finde ich toll.‹ Damals lief sie meistens mit einem Overall durch die Gegend.

GUDRUN GUT Der gelbe Overall – das war Devo-Chic. Das war für mich ein modernes Kleidungsstück. Einfach, schlicht, minimal. Den hatte ich mir auch selber genäht. Damals war ich schwer am Schneidern. Aber so was gab es auch nirgends zu kaufen.

BETTINA KÖSTER Zur gleichen Zeit habe ich auch Blixa kennen gelernt. Der hat in einem Kino gearbeitet, wo immer *Rocky Horror Picture Show* lief. Das war der einzige Film, den die noch hatten. Und Blixa war der Vorführer. So jemanden wie Blixa hatte ich noch nie gesehen. Wenn er die Straße entlanglief, haben sich die Leute umgedreht. Er war ganz dünn und blass. Hat ausgesehen wie eine Kreatur von sonst wo. Er hat Gummimäntel getragen – aber schön geschneiderte – und Gummistiefel. Und das war im Sommer. Es war warm. Der hat gewirkt wie ein Alien. Wie der Tod in Gummistiefeln.

BEN BECKER Blixa kam mal in den *Dschungel* und hatte sich die Haare und die Kopfhaut eingeschnitten. Die Haare mit dem Rasierapparat sowieso total wirr geschnitten. Der hatte Stellen auf dem Kopf, die ganz kahl waren. Aber dann hatte er sich wohl zu Hause noch Verletzungen zugefügt, indem er in diese kahlen Stellen mit der Rasierklinge schnitt. Außerdem rannte er im Taucheranzug herum und mit Gummistiefeln. Und ein kleiner Junge wie ich hat da halt komisch gekuckt. Wir haben ja immer Leute fertiggemacht. Aber Fetisch hat gesagt: ›Den lassen wir in Ruhe.‹ Fetisch wusste immer: welche Klamotten, welche Musik – der war der Kopf des Ganzen. Für mich war er so ein großer Bruder. So ein Szenekönig. Genau wie Blixa. Und da hat Fetisch immer gesagt: ›Den Typen müssen wir respektieren. Der hat was Besonderes.‹

ALEX HACKE Ich habe Blixa kennen gelernt, lange bevor wir **Neubauten** machten. Er und ein anderer Typ haben das *Tali*-Kino betrieben, wo nur *Rocky Horror Picture Show* lief. Die haben die ganze Kohle verkokst und dem Verleih nie was bezahlt. Ich bin als 13-, 14-Jähriger nach der Schule da hingefahren, um auf der Straße und im Foyer herumzuhängen. Die *Rocky Horror Picture Show* hat uns natürlich nicht interessiert. Das war einfach ein super Platz, um am frühen Abend andere Punker zu treffen. Und dann sind wir zur Friedrichstraße gefahren und haben uns zollfrei süßen Sekt gekauft. Und den haben wir dann verballert. Und dann war uns schwindlig. Und dann haben wir gekotzt.

ANDREW UNRUH Blixa und ich waren zusammen auf derselben Schule gewesen. Ich war einmal sitzen geblieben. Dadurch war ich in Blixas Klasse gerutscht. Zu dieser Zeit trommelte ich auf allem, was Resonanzraum hatte. Mülleimer, Plastik, Metall, Schränke und vor allem Schulbänke. Damit habe ich teilweise richtige Performances hingelegt. Allerdings nur auf Partys. Blixa hatte damals schon eine Band. Auch wenn die nur vor sich hin dümpelte. Immerhin hatte er einen Übungsraum, den ich mitbenutzen durfte. Dort bin ich mal mit einem Dutzend leerer 20-Liter-Blechcontainer aufgelaufen – quasi ein großes Schlagwerk aus verschieden klingenden Trommeln. Und das Beste war, dass es nichts gekostet hatte. Ich habe damit gleich ein Percussionsolo hingelegt. Von da an war ich Gastmusiker. Blixa ging nach der Zehnten ab, und ich machte noch Abitur. Während er im Kino arbeitete.

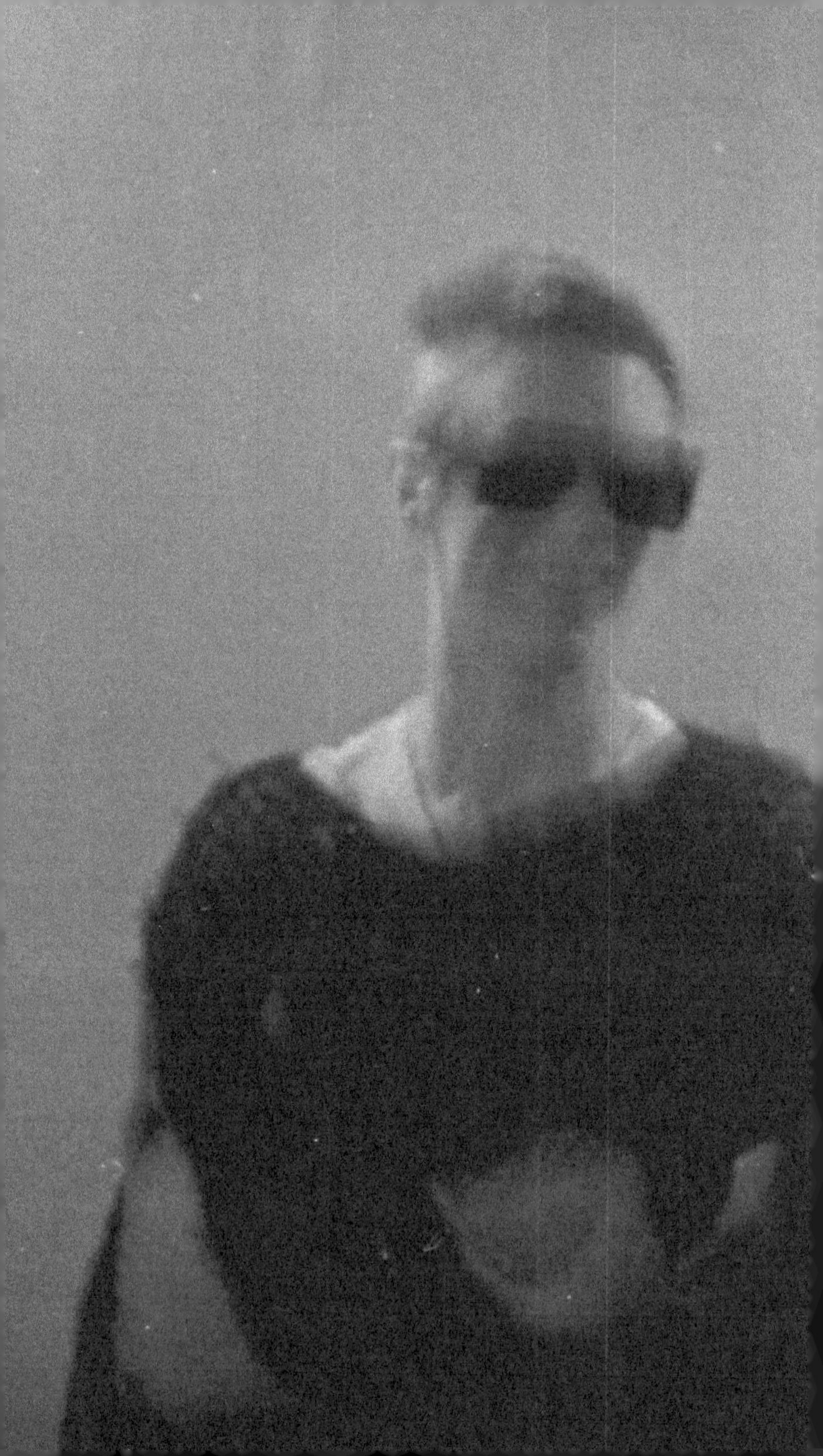

BLIXA BARGELD Ich habe zu dieser Zeit viele verschiedene Dinge gemacht. Ich bin ja Schulabbrecher. Ohne irgendeine Berufsausbildung. Ungelernte Hilfskraft. Arbeitsamt. Sozialhilfe. Arbeitsbeschaffungsmaßnahme. Auf dem Friedhof Torf schaufeln. Von einer Seite auf die andere. Und dann von der anderen Seite wieder auf die eine. Das habe ich nicht lange ausgehalten. Ich bin quasi rausgeflogen. Und hatte dann keinerlei Anspruch mehr. Auch nicht auf Sozialhilfe.
In dieser Zeit war in der Stadt ein gewaltiger Umbruch. Es war deutlich spürbar, dass sich etwas Neues ausbreitete. Ich hatte bis dahin gar nicht die Absicht, Musiker zu werden. Es hätte nicht viel gefehlt, und ich wäre Maler geworden. Das waren ja alles dieselben Leute. Dann habe ich im Kino gearbeitet. Und in derselben Zeit habe ich angefangen Musik zu machen. Eben mit dem Hintergrund: ohne finanzielle Mittel! Ohne Instrumente! Anders ging das gar nicht. Ich hatte ja nicht mal eine Wohnung.
ALEX HACKE Es gab eine messbare Energie in der Stadt. Jeder war auf der Suche. Jeder hat was Neues gemacht. Ich fand mich – so als Kid aus Neukölln – plötzlich in einer wuchernden Untergrundszene wieder. Auf dem Höhepunkt meiner pubertären Schaffenskraft.
BLIXA BARGELD Alex war dann auch einer von diesen *Eisengrau*-Frequentierern. Der kam immer nach der Schule vorbei. Der war da erst 13 – aber der war schon musikmäßig drauf.
ANDREW UNRUH Im *Eisengrau* gab es auch hinten noch Räume. Da hatten sich die Mädels ein Hochbett aus Rohrgerüst gebaut. Das hat mich ziemlich gekickt. So was hatte ich noch nie gesehen. Das war superstabil. Festgedübelt. Und obendrüber war der Spruch gesprüht: ›Wer schläft, verpasst.‹
FETISCH Als ich klein war, fand ich vor allem Gudrun supersexy. Die hatten diesen Laden in der Goltzstraße. Ben und ich waren da noch kleine Wichser. Da haben sie Super-8-Filme gezeigt, wo sie mit ihren Stiletto-Absätzen aufblasbare Männerpuppen zertreten haben. Ich hatte einen eisenharten Schwanz in der Hose, als ich das gesehen habe.
BETTINA KÖSTER Ben Becker ist auch immer zum Schuleschwän-

zen zu uns gekommen. Der war unser Stammgast am Flipper. Der war süß. Alex, Ben und die kleine Meret. Die war acht oder so. Und Fetisch war sein bester Freund.

BEN BECKER Ich bin über Wochen nicht mehr zur Schule gegangen. Ich hatte ja enorme Freiheiten zu Hause. Das Problem war nur: Das Ding verselbständigte sich. Es gab Probleme in der Schule. Und es gab Probleme draußen. Und die wurden so vehement, dass meine Eltern nicht mehr wussten: ›Wie fängt man den wieder ein?‹ Ich war nicht mehr zu bremsen. Ich bin losgerannt und bin so lange gerannt, bis ich gegen eine Wand lief. Meine Eltern mussten sich dann mit irgendeinem Arschloch von Schuldirektor über so eine Kacke unterhalten. Und das morgens um neun. Mein Ziehvater geht auch lieber abends ein Bier trinken, als morgens um sieben aufzustehen und sich mit so einem Arschloch zu unterhalten, über seinen 13-jährigen Sohn, aus dem angeblich überhaupt nichts wird, und wie soll das alles weitergehen?

ZENSOR Zur gleichen Zeit wie Gudrun und Bettina das *Eisengrau* habe ich dann meinen Plattenladen aufgemacht – den *Zensor*. Und ich hatte auch schon ein Label im Kopf. Wobei mich vor allem der Gedanke der Unabhängigkeit interessierte. Und zwar ohne gleich ein politisches Label machen zu müssen. Das schien ja vorher kaum anders möglich zu sein.

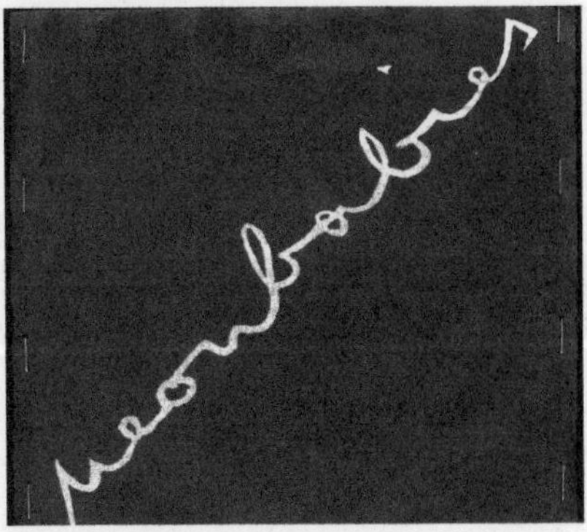

INGA HUMPE Ich glaube, dass wir, mit unserer ersten Neonbabies-Single, die Ersten in Deutschland waren, die selber eine Platte rausbrachten. »Blaue Augen« war die allererste Independentsingle. Dieses schwarze Cover mit dem grünen Neonschriftzug, das haben wir selber gemacht und zusammengetackert und sind damit in die Plattenläden gegangen. Das Gute war dabei, dass wir von dem System keine Ahnung hatten. Und nachdem wir deswegen auch keine Angst hatten, brachen wir alle bestehenden Regeln. Wir sind da rein, und ich habe gesagt: »Hier, kuckt mal! Wollt ihr das haben? Das ist super! Das kriegt ihr nie wieder!« Und die so: ›Hä?‹

ANNETTE HUMPE Ich von mir aus hätte das nicht gemacht. Mir war das peinlich, da hinzugehen und mit Augenaufschlag zu sagen: »Dürfen wir unsere Platte da hinstellen? Das bin ich.« Ich wollte schon immer von der Musik leben. Ich wollte nie was anderes machen. Also wollte ich auch, dass meine Platten so in den Laden kommen, dass ein Vertreter die in der Tasche hat. Und nicht, dass mich der Verkäufer ankuckt und sagt: »Was will die denn mit ihrer selbst gepressten Ssscchhhei-be!«

ZENSOR Das war klasse, als Inga und ihre Schwester kamen. Die Single war ja nur schwarz, aus Pappe und zusammengeheftet. Aber es war der beste deutsche Popsong aller Zeiten. Ich fand das auch so mutig. Man macht das – macht ein kopiertes Cover drauf – und sorgt selber dafür, dass die Welt davon erfährt. Ich empfand das immer wie Briefeschreiben. Sehr persönlich. Es waren ja meistens Dinge, die keine Chance hatten, mehr als 500 Stück zu verkaufen.

ALEX HACKE Ich bin meistens nachmittags im *Zensor* eingetrudelt, um diese seltsame Musik zu hören. Du gingst durch den Laden, und alles war obskur und aufregend. Eine Produktion war seltsamer als die andere. Und da standen ausgewachsene Menschen und hörten sich diese vollkommen obskure Musik an.

PYROLATOR Das war in Düsseldorf dasselbe. Es gab auf einmal eine Subkultur der Schallplatte. Dann hat man wieder eine Platte entdeckt, auf der nur Rosa Rauschen war. Und das war dann ganz spannend. Dass sich jemand so was traut. Und dass da keine große Firma mehr dahinter sein muss. Man hat entdeckt, es gibt jetzt Leute, die machen selber Schallplatten. Und die vertreiben die auch noch selber.

FRIEDER BUTZMANN Das war die eigentliche politische Dimension: Als mir klar wurde, dass man Schallplatten selber machen und vertreiben kann. Dass man die vor allen Dingen schnell machen kann. Heute aufnehmen, morgen rausbringen. Und dass man die auch selber verkaufen kann und das Geld dadurch wieder reinholt. Dass das also wirklich jeder machen kann. Das war das Ende des Künstlers. Man macht intensiv Geräusche und Töne. Aber man lebt auch intensiv. Wie Blixa gehaust hat! Der hatte einfach einen Keller als Wohnung. Und zwar einen *richtigen* Keller. Blixa und Andrew haben dieses Todes- und Betonmäßige tatsächlich gelebt.

In die Zukunft

> Ich war dabei, als Käptn Nuss – unser Bassist – seinen Namen gekriegt hat. ›Käptn Nuss‹ war ja damals die Alternative zu Nutella. Jedenfalls haben wir nach unserem ersten Auftritt in Hamburg gleich noch ein Schnapslager aufgebrochen. So ein Büdchen. Jeder kam mit einer Flasche Schnaps raus. Nur Käptn Nuss – der damals noch Ferdinand hieß – kam mit einem Glas ›Käptn Nuss‹. Seitdem hat er den Namen weg.
>
> **TRINI TRIMPOP, KFC**

CAMPINO Der letzte Anstoß für mich, endlich selber was zu machen, kam schließlich durch meinen Bruder. Der hatte schon immer gesagt: »Mann, wenn du das gut findest, dann mach doch eine Band!« Und ich immer: »Jaja!« Schließlich hat er mir zu Weihnachten ein Mikrofon geschenkt. Ich bin dann in diesen Plattenladen gegangen, das *Rock On*, und habe gesagt: »Ich kann singen. Kennt ihr jemand, der Gitarre spielen kann?« Ich habe dann erst mal Male kennen gelernt. Das lief alles nur über Musik. Es hat absolut gereicht, wenn man Jungs getroffen hat, die auch noch auf Punkrock standen. Wenn beide gegrinst haben, war das eine solide Basis. Man musste auch gar nicht mehr wissen. Male war eine Schülercombo, die überall ihren Namen hingespritzt hatten. Ich hing eine Zeit lang bei denen im Proberaum herum. Und da waren auch andere Typen, die eine Band gründen wollten. Und dann haben wir uns da entschieden: ›Wir machen jetzt auch was.‹ Am Anfang haben wir immer im *Ratinger Hof* geprobt, bei Mittagspause im Proberaum.

ISI Später sind wir in einen Kleingartenverein umgezogen, am Kittelbach in Derendorf, wo auch Fabsi zu uns gestoßen ist.

FABSI Ich wollte mir eigentlich einen Bass kaufen. Aber meine Freundin sagte: »Hör mal, ich kenne eine Band – die suchen einen Schlagzeuger.« Ich also mit meinem Käfer da hin. Die Mutter von Isi hatte im Kittelbach eine Beziehung zu so einer Laubenkneipe. Und da übten die zwischen den Bierfässern.

Und dann stand ich da. Und da kuckten die mich an. Und ich sage: »Ich bin Fabsi und so – würde gerne Schlagzeug spielen.« Dann habe ich ein bisschen darauf rumgekloppt. Ich hatte noch nie am Schlagzeug gesessen. Und da sagt der: »Aber in zwei Wochen ist Auftritt!« Sage ich: »Kein Problem! Kauf ich Schlagzeug!« Dann habe ich mir so eine Taiwan-Kiste gekauft und musste mir innerhalb von zwei Wochen das Programm reinknüppeln.

CAMPINO Damals war ja ›No more heroes‹ die angesagte Einstellung. Ich wollte auch auf keinen Fall als Poser oder Wochenendpunk eingestuft werden. Part-Time-Punk – das war das Schlimmste, was man einem Kollegen reindrücken konnte. Und deswegen war ich am Anfang ganz puristisch. Bloß keine Effektgeräte. Nur Gitarre, Bass, Schlagzeug und Gesang. Und vor allem hatte ich diese Idee: ›Es gibt keine Bühne. Wir sind alle gleich.‹ Ich hätte mich auch zum Konzert nie umgezogen.

FABSI In Holzbüttgen – bei unserem ersten Konzert – sind wir ganz normal in Schlaghose und Synthetikpullover aufgetreten. Wir hatten damals noch so einen leicht veränderten Hippiechic. Die Schlaghosen enger genäht. Das sah natürlich superscheiße aus. Aber auch wieder geil. Die Sachen wollte kein Schwanz haben. Das war das Billigste vom Billigen. Bei mir war das immer so: Wenn ich mich selber ekelhaft fühlte, dann war es gut.

CAMPINO Ich ging dann auch nicht auf die Bühne, sondern blieb unten im Publikum. Die Folge war nur: Niemand hat mich gesehen. Und das alles vor meinem Bruder. Der wohnte damals in Berlin und ist extra für unser erstes Konzert nach Düsseldorf gekommen.

FABSI Letztendlich hat dann doch der Schlagzeuger von Male für mich gespielt. Ich wurde nur so zum Schlagzeug gestellt. Und Campi hat das ganze Konzert mit dem Rücken zum Publikum gestanden. Danach hat Campis Bruder, John, die Band so zusammengeschrien. Vor allem ihn: »Ihr müsst nach vorne kucken! Du musst nach vorne singen! So wird das nie was! Du Arschloch!«

CAMPINO Der hat mich tierisch angeschissen. Aber er hat wich-

tige Sachen gesagt. Die sofort Richtungsänderung für mich bedeutet haben. Die ich richtig mit dem Löffel gefressen habe. Er hat gesagt: »Wenn du auch nur eine Mark Eintritt verlangst, dann musst du da was abliefern. Sobald du dich in den Mittelpunkt stellst, möchten die Leute unterhalten werden. Die Leute wollen nicht die Wahrheit. Und die wollen nicht von dir gelangweilt werden. Überleg dir was!« Der hat uns auseinandergenommen. Aber er hat sich wenigstens interessiert. Meine Eltern haben sich ZK nie angesehen. Und auch unsere Platten später haben meine Eltern einen Scheiß interessiert. Wir waren einfach nur die Idioten. Die haben mich halt machen lassen, solange ich in der Schule einigermaßen was abgeliefert habe.
Nach dem Konzert haben wir überlegt. Für mich war schon vorher klar, dass wir uns von dieser Stumpffraktion abheben wollen: Lederjacke, niemals lachen und die Sex Pistols möglichst eins zu eins übersetzen. Wir haben dann gesagt: ›Okay, wir gehen jetzt aufs Ganze. Wir bauen nur noch Scheiße‹ – und haben uns eher an Chaostypen wie den Damned und Johnny Moped orientiert. Also mehr: kompletten Unsinn abliefern. Und haben halt die Entertainernummer eingeschlagen. Und das wurde von den Leuten auch akzeptiert. Das war das Gute daran. Solange du originell warst, wurdest du auch anerkannt.
XAO SEFFCHEQUE Was Campino mit ZK gemacht hat, fand ich in Ordnung. Aber im Grunde kopierte er Peter Hein. Campino hat ihm alles abgekuckt. Bewegung für Bewegung. Ton für Ton. Fehlintonation für Fehlintonation.
MORITZ R® Peter Hein hatte ja einen ganz eigenen Gesangsstil entwickelt. Er hatte aussagemäßigen Gesang überhaupt erst der deutschen Sprache angepasst. Absolut unverwechselbar. Und deswegen: Als ich Campino das erste Mal gehört habe, war mir klar: Das ist Peter Hein. Campino war immer ein geradezu devoter Fan. Wenn Peter Hein anwesend war, hat sich Campino immer sofort an ihn rangehängt.
FRANZ BIELMEIER Ich fand die Art, wie er Janie verehrte, sehr charmant. Der hat eben respektiert, dass Janie einen Schritt weiter vorne ist. Vor ZK hatte Campino eine Band, deren Name ihnen immer ganz peinlich war: Inhuman. Wir hätten gar

nicht über so was geredet. Wir waren eben da. Und das Publikum war auf der anderen Seite. Aber die Leute um Campino waren anders. Klar war, dass uns eine gemeinsame Sache verbindet. Aber die kamen eben immer ganz frischweg an und meinten: »Ist das jetzt gut? Ist das noch cool?« Aber nicht naiv. Sondern immer so halb lustig.

THOMAS SCHWEBEL ZK waren vor allem deswegen akzeptiert, weil jedem klar war, dass Campino die geborene Rampensau ist. Ein Bühnenmensch. Als die zum ersten Mal im *Okie Dokie* in Neuss gespielt haben, war das erst das zweite Konzert von denen – Campino war 16 –, aber man hat gesehen, dass der sich auf der Bühne superwohl fühlt. Da gab es sonst niemanden. Peter Hein wirkte auf der Bühne eher gequält. Der war gar nicht locker. Der hat da eher seine Neurosen ausgelebt. Oder versteckt.

FABSI Von seinen Bewegungen her hat Peter Hein mich stark an jemanden erinnert, der einfach nicht ausbrechen kann. Dabei war Mittagspause *die* Band. Und bei uns stand noch nicht mal der Name. Wir wussten nur: Wir müssen einen Namen haben. Und der hieß irgendwie Zum Kotzen oder so. Und daraus wurde ZK. Die gängige Interpretation war dann natürlich Zentralkomitee.

UWE JAHNKE Als dieses Festival in Neuss schon fast vorbei war, tanzte auf einmal eine ganze Rockergang an.

MARTINA WEITH Da war tierisch Stress mit Lacarda. Weil das ja eigentlich sogar eine Gang aus Neuss war. Ich war da zusammen mit Proll-Heike. Die hieß Proll-Heike, weil, die konnte nicht anders heißen. Die war Punk, kam aber wirklich aus der untersten Ecke. Die war superdick. Krankenpflegerin. Wenn du die als Freundin hattest, dann hattest du echt eine Freundin fürs Leben. Die hat dich überall rausgehauen.

UWE JAHNKE Zuerst hatten wir uns überlegt: Jeder bewaffnet sich. Mit Stuhlbeinen und allem. Aber als die kamen, haben alle Fracksausen gekriegt. Das waren ja alles richtige Ecken.

MARTINA WEITH Irgendjemand ruft: »Lacarda kommt!« Alle Punks: ›Wi-wi-wi!‹ Wie die Hühner. Weg waren die. Das waren Pfeifen! Da kommen 20 Lacardas – und 200 Punks hauen ab.

Die waren natürlich auch superjung. Alle klapperdürr. Und Lacardas waren gestandene Kerle. Sahen echt Furcht einflößend aus. Jedenfalls steht Proll-Heike, mit ihrem dreifachen Nietengürtel in der einen Hand, in der anderen irgendeinen Knüppel, ganz alleine im Saal. Der erste Rocker stürmt durch die Tür. Das war ja nur so ein schmaler Eingang. Und sie: »Komm her, Schoko!« Der Rocker hat nur gesagt: »Ich glaub's nicht!« Und ist wieder gegangen. Proll-Heike. Meine Fresse! Ein Tier. Ein unglaubliches Tier!

CAMPINO Die Lacardas haben die Punks dann eben draußen verhauen. Und zwar dermaßen.

UWE JAHNKE Irgendwann kam auch ein Mannschaftswagen von der Polizei. Aber die blieben lieber innen sitzen, bis alles vorbei war.

FABSI Danach konnte ich mein schönes neues Schlagzeug wegwerfen. Die Fußmaschine gebrochen. Alles Schrott. Aber das war dann richtig Punkrock: Sind wir zu dem Musikgeschäft gefahren. Ich sage: »Geh ich erst mal alleine rein.« Sage ich: »Ich habe mir hier die Kiste gekauft. Gerade mal 14 Tage her. Kucken Sie sie an: Alles im Eimer. Hat 1000 Mark gekostet. Aber taugt nichts!« Und er: »Kann gar nicht sein!« Sage ich: »Kuck mal aus dem Fenster. Die Jungs da draußen. Das ist die Band. Du willst doch noch länger hier verkaufen!« Und dann habe ich eine Yamaha-Kiste gesehen. Die sah richtig stabil aus. Er sagt: »Das kostet aber 1 700 Mark!« Ich sage: »Gut!« Habe ich ihm 700 Mark auf den Tisch gelegt und bin damit raus – zack, rein in den Käfer. Das war dann immer unser Schlagzeug bei ZK.

CAMPINO Was toll war: Wir konnten sofort in anderen Städten spielen. Wir hatten unseren Proberaum neben dem von so einer Hardrockband. Die sind nie über Wuppertal hinausgekommen. 20 Kilometer weiter war Schluss für die. Und wir sind sofort zum Festival nach Hamburg in die *Markthalle* eingeladen worden.

FABSI Wir haben schnell noch mit Gold »ZK« auf den Käfer gesprüht. Dann noch mal bei Isi hoch. Hat Mutter Isbert uns noch mal lecker Stullen gemacht. Leberwurstbrote. Und es ging los. Ich war der Einzige über 18, Campi war 15. Musste ich also fahren. Vater Frege – also der Vater von Campi – sagte: »Wenn ihr am Sonntag um zwei Uhr nicht hier seid und er nicht seine Hausaufgaben macht, könnt ihr nächstes Mal vergessen.«

CAMPINO Als wir nach Hamburg fuhren, das war wie Peterchens Mondfahrt. Auf jeder zweiten Raststätte haben wir aussteigen müssen, um Fußball zu spielen. Wir kamen uns vor wie King Louie. Wir fahren nach Hamburg und haben da auch noch was zu tun.

TOBIAS BRINK Ich weiß noch, wie wir Sommer 1979 zu diesem zweiten Festival von Alfred Hilsberg in Hamburg gebrettert sind. Da waren von diesen ganzen Düsseldorfern sonst nur noch ZK, glaube ich. Und wir: KFC. Wir hatten riesige alte Fords. Diese Schleudern aus den 60er Jahren. Ich hatte einen giftgrünen 17M. Trini hatte ein 20M-Coupé. Mit Vier-Liter-Maschine. Alle Seitenfenster versenkbar.

TRINI TRIMPOP Das war lustig, wenn wir so unterwegs waren. Wir hatten aufgeblasene Pariser, als Fuchsschwanzersatz, an der Autoantenne hängen.

KÄPTN NUSS Und es war natürlich überall »KFC« draufgesprüht. Tobias hatte zwei Tage vor diesem »In die Zukunft«-Festival bei mir angerufen und gefragt, ob ich mitspielen will. Ich fragte: »Wo spielt ihr denn in Hamburg?« »*Markthalle*!« Ich dachte nur: ›Klasse!‹ Durch meinen Bruder, der Jazz machte, kannte ich einige Musiker aus Düsseldorf, die nach Hamburg gegangen waren. Die träumten von Konzerten in der *Markthalle*. Aber die hatten keine Chance. Und das waren Könner. Und ich hatte eben auch schon ein paar Jahre Musik gemacht. Ich hatte in so einer Revivalband gespielt. Alles mögliche. Aber keinen Punk. Ich hatte das zwar schon mal im Radio gehört und fand das nicht schlecht. Aber sonst war Punk ja verpönt. Das war Musik für solche, die nichts können. Merkwürdigerweise hatte ich mir aber in den vorigen Sommerferien meine Haare – ich hatte vorher Matte bis fast zum Arsch – komplett abgeschnitten. Auf Mecki. Aber das war mir nicht bewusst, dass das etwas mit Punk zu tun haben könnte. Es war also eher so, dass ich diesen ganzen Leuten mal zeigen wollte, dass man auch schnell in die *Markthalle* kommen kann. Wir haben ja nicht einmal geprobt. Das Konzert war freitagabends. Ich hatte mich am Donnerstag von meiner Klassenlehrerin verabschiedet. Ich war ja 16, hähä. Und am nächsten Morgen holten mich Tobias, Tommi und Trini mit dem Auto ab. Da lernte ich überhaupt erst Trini kennen. Im Auto auf dem Weg nach Hamburg.

ALE SEXFEIND Die Situation am Eingang der *Markthalle* war für mich als 15-Jährigen wahnsinnig beeindruckend. Da waren richtig viele Punks. Das war anders als in meinem Vorort. Und da waren Typen dabei – so was hatte ich noch nie gesehen. Von der Härte her. Das waren richtige Schränke. In Lederjacken mit Nieten. Und ich hatte noch lange Haare. Ich habe es dann vorgezogen, doch lieber wieder zu gehen.

ALFRED HILSBERG Drinnen waren schon 1200 Leute. Und draußen noch mal 500, die nicht reinkamen. Da wurden die Absperrungen umgerissen – alles niedergewalzt. Die Leute wollten unbedingt rein. Die kamen aus Hunderten Kilometern angereist. Obwohl, haha – sie wären wahrscheinlich erst gar nicht gekommen, wenn sie gewusst hätten, was auf sie zukommt. Beim ersten Festival hatte es mich ja ziemlich genervt, wie intolerant die Punks gegenüber Mittagspause waren. Und ich habe mir gesagt: ›Dann kriegen sie eben genau das vor die Nase gesetzt, was sie so scheiße finden.‹

KLAUS MAECK Das wurde dann sehr aufregend. Alfred hat immer versucht, die verschiedensten Bands und auch Fans zusammenzuführen. Er hat zwar KFC spielen lassen – aber nur, weil auch Gruppen wie Din-A Testbild spielten. Das war Absicht.

ALFRED HILSBERG Ich hatte die Illusion, dass sich, durch diesen Zusammenprall an Stilrichtungen, der eine oder andere positiv mit kreativer Arbeit beschäftigt, anstatt das nur abzulehnen. Aber es gab von Anfang an heftigste Auseinandersetzungen.

BETTINA KÖSTER Ich war ja völlig schockiert. Ich bin da mit Din-A Testbild aufgetreten. Ich war 18 oder 19 – zum ersten Mal in meinem Leben auf der Bühne. Und die trugen schon die Leute mit blutigen Gesichtern aus der Halle, bevor das Konzert überhaupt anfing. Da gab es ein Mädel, die lief mit einem Fleischerhaken durch die Leute. Den zog sie einem andern Mädel durchs Gesicht. Das haben sie dann rausgeschleppt. Und andauernd flogen Sachen auf die Bühne. Ich wusste gar nicht, was mit mir passiert.

JÜRGEN ENGLER Wir hatten ja schon auf diesem »Into the Future«-Festival von Alfred gespielt. Spätestens damit waren wir so was wie die Clash von Deutschland. Bei »In die Zukunft« hatte ich meine Punkphase schon fast abgelegt. Mich hatte immer schon Rockabilly fasziniert. Ich hatte leichte Schmalztolle. Teddyboyklamotten – und bin damit aufgetreten. Das war damals eine Kriegserklärung. Gerade in Hamburg. Da haben sich Teds und Punks ja so bekriegt – die haben sich gegenseitig abgestochen. Eine Kreuzung der Stile war nicht erlaubt. Alle haben mir vor dem Konzert gesagt: »Du wirst dein blaues Wunder erleben. Die werden dich auf der Bühne killen.«

ALFRED HILSBERG In Hamburg gab es eine strikte Trennung zwischen Punks und Künstlern. Die Leute hier haben alles, was Kunst war, als feindlich betrachtet.

JÄKI ELDORADO Hier ging es immer nur um Inhalte. Was sich in Berlin frei und ungezwungen irgendwo zwischen Künstlern, Linken, Rechten und Prolls abgespielt hatte, war 1979 in Hamburg schon in so ein korrektes, linkes Prollspektrum abgedriftet. Mit extrem vereinfachten Sichtweisen. Und das hatte mehrere Dinge zur Folge: Erst mal bedeutete Punkrocker zu sein dann nicht mehr: ›Man benimmt sich respektvoll anderen Leuten gegenüber!‹ Und dann gab es hier auch nie interessante Punkbands. Weil immer der letzte Kick an Wahnsinn fehlte. Die kopierten alle nur, was in England los war.

CAMPINO Die Leute in Hamburg haben überhaupt nicht kapiert, was los ist. Die fanden das gar nicht lustig, als ich in bayerischen Lederhosen auf die Bühne ging. Ich bin gar nicht erst zum Bühnenrand, weil ich dachte, ich kriege gleich eine gesemmelt. Das waren heftige Typen, die da vorne standen.

FABSI Wir hatten die Scheiße in der Hose. Campi, Isi – das waren ja junge Kerle. Und dann singt Campi auch noch »Heimweh«. Eine grässliche Version von so einem Freddy-Quinn-Schlager. Wir hatten das noch nie gespielt.

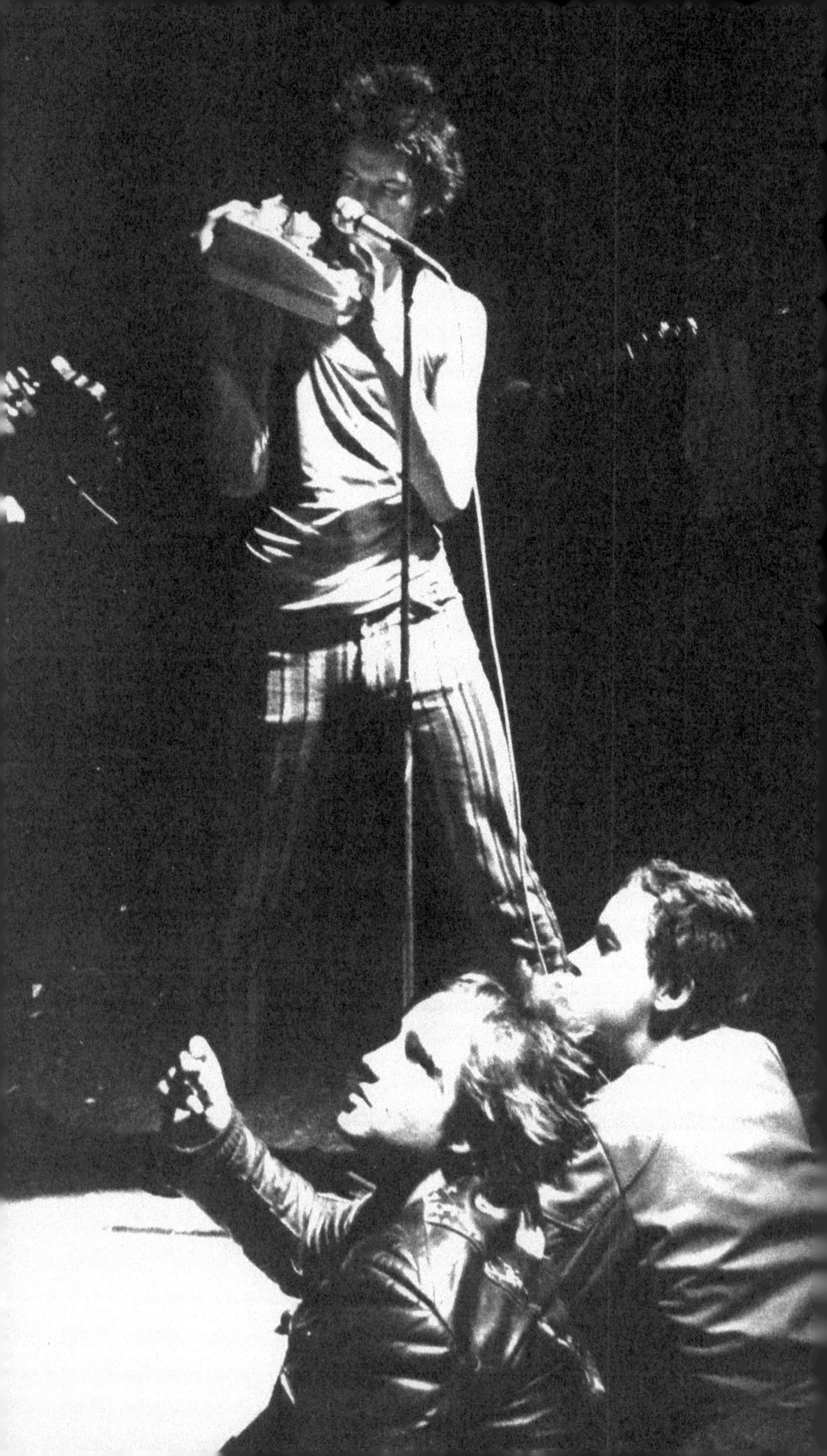

ISI »Heimweh« bedeutete die Trennung von unserem Gitarristen Dieter. Unser Übungsraum am Kittelbach war ja ein Keller. Überhaupt nicht abgedichtet. Da war alles nur Krach. Wir kannten unsere Akkorde und wie das Stück geht – irgendwo bekam man schon halbwegs einen Eindruck. Aber Dieter hast du nie gehört. Dieter hatte eine astreine Gibson Les Paul. Und da hat er immer vor seinem Verstärker gehangen und war am Rumdrehen. War aber immer eher leise. Wir haben uns darüber nie groß Gedanken gemacht. Wir dachten: ›Der kriegt das schon gebacken.‹ Aber in Hamburg haben sie ihn natürlich voll aufgedreht. Beim Auftritt selber konnte ich noch gar nicht so darauf achten. Ich war froh, dass ich lebte. Aber die hatten das eben mitgeschnitten. Und das war eine echte Überraschung, als wir hinterher die Aufnahme gehört haben. Der konnte gar nicht spielen! Das war einfach nur schief. Die Gesichter von Campi und Fabsi, als sie das das erste Mal gehört haben – denen flog alles weg. Das war krakenkrass! Danach waren wir einer weniger.

CAMPINO Was die Leute wollten, war so etwas wie KFC. Auch möglichst solche Texte. Ein Lied von denen hieß »Folter für Travolta«: »Alle woll'n dasselbe, Travolta in die Elbe. Alle woll'n das Gleiche, Travolta seine Leiche.« Das war typisch Trini.

TOBIAS BRINK Trini hatte gute Texte und gute Ideen. Sah gut aus. In Hamburg hatte er so ein »Fromms macht frei«-Kondom-T-Shirt. Und er war eben maßgeblich daran beteiligt, dass bei uns dieses Drei-Akkord-Ding verwirklicht wurde. Das klang auch gut, einfach.

TRINI TRIMPOP Wir waren in Hamburg die einzige Band, die vom ersten Moment an Vollgas gegeben hat. Die anderen, die da mit uns aufgetreten sind – Din-A Testbild und so –, das war alles so ohne Eier. So kraftlos, so intellektuell, so eine Kopfsache.

KID P Ich fand vor allem das Stumpfsinnige am KFC gut. Das war eben Prollrock. So wie Oasis heute. Nur mit größerem Anspruch. Das spiegelte sich ja schon im Namen wieder. Aber ohne dass es so verklemmt wie bei den anderen Punkbands

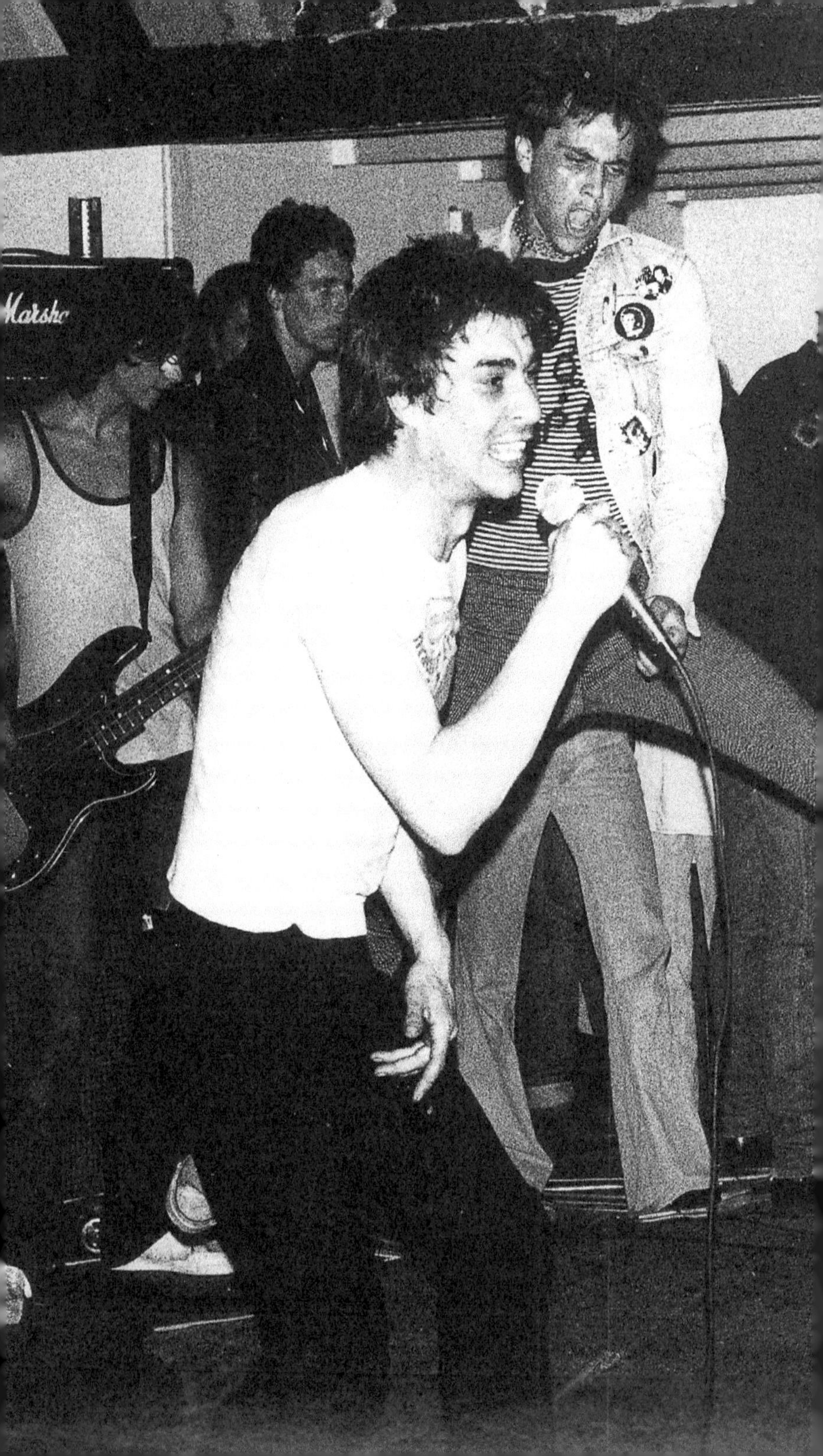

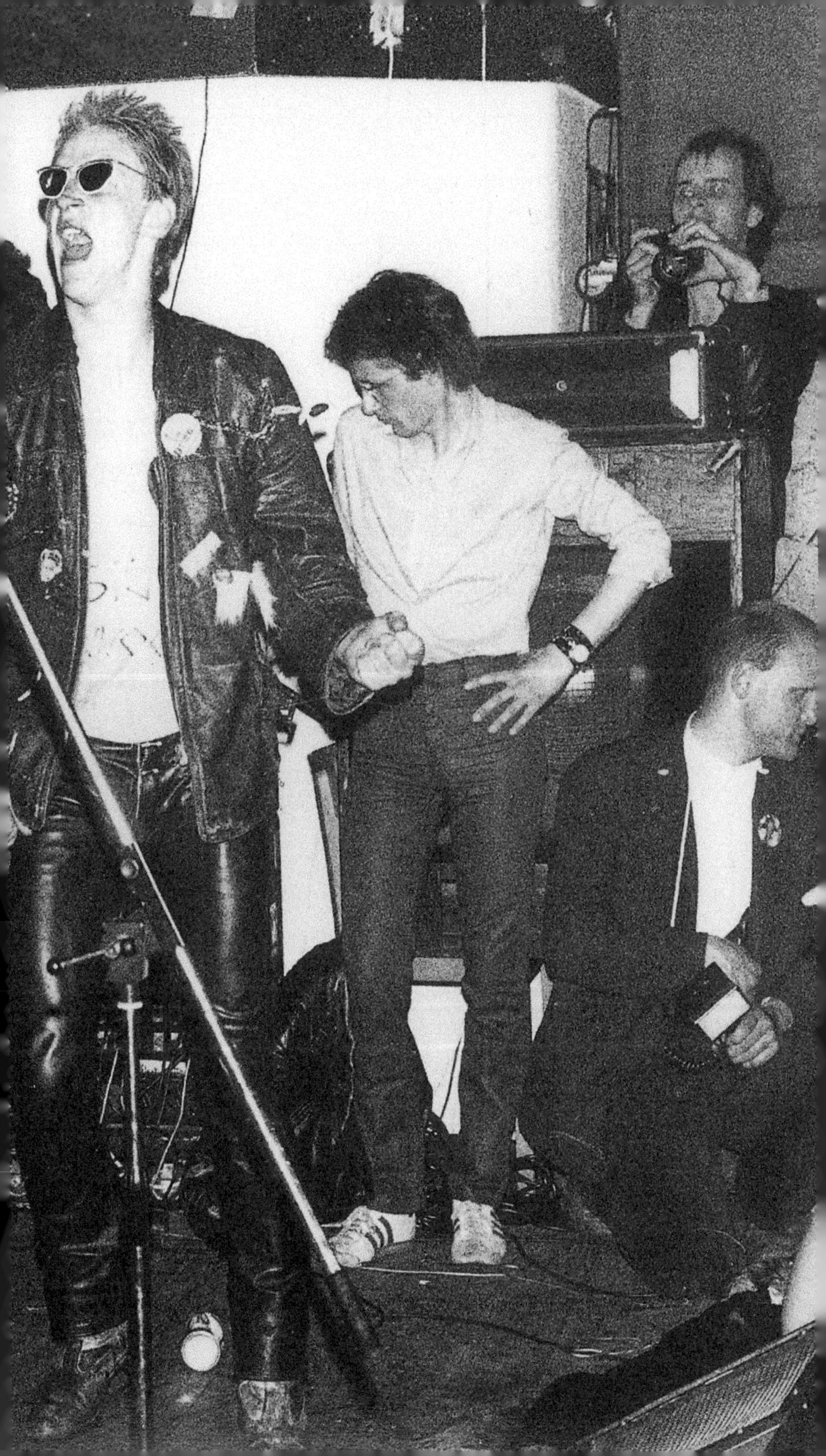

war. Im Gegensatz zu dieser ganzen Hamburger Punkszene war der KFC richtig schillernd. Glamrock. Punk war ja nichts anderes als linksradikaler Glamrock.

TRINI TRIMPOP Die Band von Frank Z war auch noch geil. Das war kurz bevor er mit Abwärts anfing. Ich kann mich noch an diesen Song von ihm erinnern: »Ich heiße Frank und hab ne Uhr um.« Fand ich einen super Text.

AXEL DILL Mit Blender hatten wir ja schon ein Jahr lang diesen neuen Stil gespielt: Pogo. Und das haben wir nach diesem Festival so rübergezogen. Margita, unser Bassist und ich haben dann mit Mufti – also FM Einheit – und Frank Abwärts angefangen.

FM EINHEIT Mir war früh klar gewesen, dass ich Musiker werden wollte. Aber was ich in der Schule an Musik vermittelt gekriegt hatte – Harmonielehre –, das hat mich einen Scheiß interessiert. Was mich interessiert hat, das war Kommunikation. Ich komme aus einer großen Familie. Ich habe noch sieben Geschwister. Da war es normal, dass man sich mit anderen Menschen auseinandersetzt. Wir hatten auch eine etwas freiere Erziehung. Mein Vater war in Bochum Architekt. Es war aber auch so, weil wir so viele Kinder waren: Immer wenn was in der Straße passiert ist, sind die Leute zu meinen Eltern gekommen. »Das muss eines von ihren Kindern gewesen sein!« Einfach, weil wir anders waren.

Mit 15 oder 16 habe ich dann in meiner ersten Band gespielt. Die hieß Bertha & Friends. Das war das, wozu manche Leute Krautrock sagen. Aber das war eine beeindruckende Szene: Can, Kraan, Amon Düül. Das war zum ersten Mal nicht mehr wie Peter Kraus – wo einfach Amerika übersetzt wurde. Das hat Spaß gemacht. Auf jeden Fall viel mehr Spaß als Schule. Ich hatte nur einen einzigen guten Lehrer in der Zeit. Der Rest war ein Haufen von Schwachköpfen. Ich konnte nichts von dem annehmen, was die mir da erzählen wollten – einfach, weil das für diese Leute selbst auch nicht funktioniert hatte. Nur dieser eine Lehrer hat mich beeindruckt. Der meinte zu mir, es macht keinen Sinn, hier abzuhängen, wenn man mit dem, was man lernt, gar nichts anfangen will. Deshalb wäre es doch besser, sich zu überlegen, was man will, und das dann auch zu machen.

Ich bin dann irgendwann in der Klasse aufgestanden: »Das ist Zeitverschwendung!« Es ging mir einfach darum, meinen eigenen Weg zu finden. Mein Vater meinte dann eine Weile, ich müsste Musik studieren. Aber Student war mein Feindbild an sich, hähä. Das wollte ich nie werden. Ich wollte nicht in WGs sitzen und diskutieren. Und ich hatte eben diese Idee, dass man am besten lernt, wenn man sich einfach wo reinschmeißt und was tut. Zur gleichen Zeit – 1978 – bin ich über Punk gestolpert und nach Hamburg gezogen. Und mit **Abwärts** habe ich dann einiges dafür getan, dass man sich von dieser buchstäblichen amerikanischen Besetzung abgesetzt hat. Das war das, was ich an Punk gut fand. Dass wir angefangen haben, unsere eigene Musik zu machen. Ich wollte zum Beispiel nicht Congas spielen, so wie bei **Bertha & Friends**. Und Schlagzeug hatten wir schon. Also habe ich angefangen mit Kofferradio, Kinderspielzeug und Metallblechen.

FRANK Z Mufti hatte mehr so eine Künstlerattitüde. Ein Instrument konnte der gar nicht spielen. Aber der hatte einen ganzen Kasten mit allem Scheiß. Spielzeuginstrumente, Haushaltsinstrumente – weiß der Teufel. Das war natürlich für manche Punker die pure Provokation.

FM EINHEIT Das kam auch stark durch Margita, dass es bei **Abwärts** anfangs eine ganz andere Schiene war. Ein bisschen versponnen.

MARGITA HABERLAND Ich habe bei **Abwärts** viel gelernt. Ich hatte unglaubliche Schwierigkeiten mit rhythmischer Präzision. Aber ich merkte genau, wie viel besser es ist, wenn man auf den Punkt kommt und nicht so herumeiert. Wir haben ja auf den Punkt gespielt – ganz ohne Maschinen. Und ohne intellektuelle Vorgaben. Das kam alles aus deinem eigenen Impuls heraus. Das wurde transportiert und zunächst auch akzeptiert. Was direkt rauskam, war in Ordnung. Dadurch hat man auch als Person eine große Stärkung erfahren.

FRANK Z Die Sachen sind von Anfang an so richtig zusammen entstanden. Jeder trug seinen Teil zu einer Art Symbiose bei.

Die Identifikation mit der Band war dadurch auch sehr stark.

AXEL DILL Dadurch entstand etwas Neues. Das war lustig. Nur Margita hatte bald einen harten Stand. Nicht nur, als schon etwas ältere, äh, Musikerin, sondern weil sie die Musik immer so anarchistisch aufbrach. Sie war von uns allen am punkigsten. Frank hat immer aufgezählt: ›Maschinenland. Computerstaat.‹ Wie in einem Comic. Und er hat da wenig über den Tellerrand geblickt. Margita hat das immer relativiert. Frank behauptete etwas. Und sie setzte das Gegenteil dazu. Durch Margita traf das alles erst richtig frisch aufeinander.

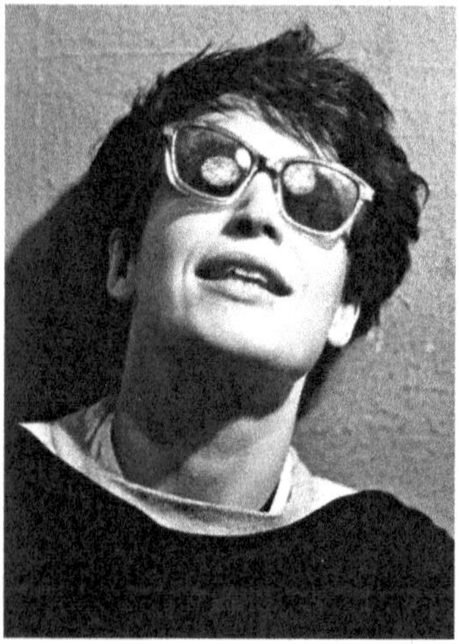

FM EINHEIT Deswegen hat sie dann auch Probleme gekriegt. Vor allem mit Franco. Während ich das eh noch nie verstanden hatte, dass man Bands macht, wo nur Männer zusammen spielen. Und ich hatte mit meinen Kinderspielzeugen wohl auch eher ein gemeinsames Verständnis mit Margita.

MARGITA HABERLAND Ich kam mit meinen Ideen immer schwerer durch. Das wurde immer mehr abgeblockt. Und das hat mich schließlich dazu gebracht, die singende Säge zu entwickeln – von der Art her, wie ich Geige gespielt habe. Ihhhh! Damit kam ich dann durch. Aber dadurch bin ich auch in eine Rolle gedrängt worden: die Künstlerin, die immer Schwierigkeiten macht.

Die Welt ist schlecht, das Leben schön

> Ich habe es gehasst, als auf einmal die ersten Hippies zu Punkkonzerten gingen und sich da auf den Boden setzten. Das war ein absolutes Hippiezeichen. Meiner Freundin Proll-Heike wurde das irgendwann zu viel. Die packte so einen blonden Hippie an den Haaren, zerrte den hoch, schüttelte ihn und schrie ihn an: »Pog, du Sau!« Der arme Kerl wusste gar nicht, wie ihm geschah. Der wusste gar nicht, was pogen ist. **MARTINA WEITH, ÖSTRO 430**

TRINI TRIMPOP Seit Ferdi – also Käptn Nuss – dabei war, hatte das ganze KFC-Ding noch mal einen Extrakick gekriegt. Der war ja gar kein richtiger Punker. Der war Musiker, ausgebildeter Bassist. Dreimal die Woche Unterricht. Und der konnte wirklich geil spielen. Normal wäre es der übliche gute Krach gewesen. Aber wenn du jemanden am Bass hast, der weiß, was er macht, dann wird das besser als normal.

Tommi spielte auch eine supergeile, Stooges-mäßige Gitarre. Er hatte nur das Problem, dass er nie mit sich zufrieden war. An sich war der kein aggressiver Typ. Der hat gerne gekocht. War gerne unter Freunden. Sehr kommunikativ, hatte ein sehr humanistisches Weltbild. Ich weiß nicht, was bei dem schiefgelaufen ist. Diese Gewaltsache hat bei ihm so eine Eigendynamik bekommen. Er wurde immer schwieriger. Hatte auch große Alkoholprobleme. Und dann wurde er oft cholerisch und wusste gar nicht mehr, was er sagte.

TOBIAS BRINK Am Anfang gab Trini da noch was Persönliches rein und hat das auf seine nette Art gefärbt. Der hatte weder diesen Anspruch, plötzlich technisch perfekt zu sein, noch hat er dieses Gewaltding von Tommi mitgemacht. Als der weg war, war das nur noch starr.

TRINI TRIMPOP Ich dachte, Tommi und ich wären Freunde. Bis wir uns mal in der Altstadt getroffen haben und er mir sagte, einfach so im Nebensatz: »Und übrigens, du bist jetzt nicht mehr unser Sänger!«

KÄPTN NUSS Das tat mir leid, dass Trini auf einmal weg war. Denn dadurch fing das mit der Gewalt und dieser ganzen Aggression erst so richtig an.

TOMMI STUMPF Wir lösten die Band auf. Aber Ferdi wollte nicht so einfach aufgeben. Er wollte die Band professionalisieren. Irgendwann hatte er mich überzeugt und wir beschlossen, einen zusätzlichen Gitarristen anzuheuern: Meikel.

MEIKEL CLAUSS Ich komme aus einem ziemlich reichen Viertel von Düsseldorf. Oberkassel. Ich hatte immer versucht da auszubrechen. Aber eigentlich ziemlich beknackt. Mit Drogen. Als es bei mir mit Punk anfing, hatte ich diese ganze Hippiezeit gerade erfolgreich überlebt. Ein Jahr vorher wäre ich drogenmäßig fast gestorben. Von daher war das Geile an Punk für mich nicht dieses Sich-selber-Kaputtmachen. Das hat mich eher abgenervt, weil ich das schon von den Hippies her kannte. Und ich kannte auch nur bescheuerte Punks. Von der Schule. Die haben halt **Status Quo** auf hart nachgespielt. Die waren richtig blöd und konnten auch nix spielen.

Ich habe immer schon harten Rock gemacht. Richtig brutal. Ich fand Iggy Pop supergeil. Und Ferdi wusste das und hat mich gefragt, ob ich nicht mit beim **KFC** spielen wollte. Ich habe mir dann eine Kassette von denen angehört. Da hat Tommi Stumpf richtig gut Gitarre gespielt. Ganz einfach zwar, ganz primitiv – der konnte nix –, aber es klang gut. Und Ferdi hat mir dann halt von dem ganzen Chaos erzählt, was die so machen. Die ganzen Prügeleien. Und dann habe ich mir die angekuckt und mich erinnert: Stimmt, ich habe die schon mal gesehen – damals in diesem Bunker. Die Attitüde hat mich also viel mehr angezogen: Dieses Harte – auch so kaputt –, das fand ich richtig geil. Ich dachte: ›Hey, das ist gut. Wenn man das jetzt noch mit Musik verbindet.‹

Ich habe dann versucht, dieses Gemeine von der Gitarre her zu integrieren. Ich fand auch diese Idee gut, dass man im Punk negative oder sogar archaische Charaktereigenschaften ausleben konnte. Das war ein gutes Lebensgefühl. Einmal richtig schnell abspritzen. So richtig in die richtige Richtung, und dann war es das auch.

Einer meiner ersten Eindrücke vom KFC war: Ich sah Tommi und Tobias im *Ratinger Hof*. Die standen ein paar Typen gegenüber. Einer hatte so eine Nazifrisur – offensichtlich ein früher Naziskinhead. Es gab eine hitzige Diskussion. Und Tommi wandte sich – ziemlich link – von dieser Diskussion ab. Der Typ entspannte sich ein wenig, worauf der Kopf von Tommi herumschnellte und ihn voll im Gesicht traf. Das Blut spritzte wie bei einer Sau aus dem raus. Und Tobias räumte in die andere Richtung auf. Ich fand das einfach geil. Ich habe da an denen gesehen, was ich gerne an mir selber gesehen hätte.

TOBIAS BRINK Das waren drei oder vier nazimäßige Typen. Die trieben sich da immer herum. Das fanden wir absolut ekelhaft. Und Tommi hat das dann halt schlau gemacht. Der hätte nie gesagt: ›Ich hau dir gleich aufs Maul!‹ Der hat ihm plötzlich eine gegeben, und dadurch waren alle fertig.

MEIKEL CLAUSS Bis ich beim KFC war, hatte ich noch nie jemandem was getan. Eher war das anders herum. Ich war ein hübscher Teenager gewesen – hippiemäßig lange Haare und so. Und ich bekam immer von allen Prolos auf die Fresse – richtig mit krankenhausreif und so. Und mit dem KFC habe ich gelernt mich zu wehren. Das war wirklich ein Kriminalitätsförderungsclub.

TOBIAS BRINK Meikel hat sich zuerst nie gekloppt. Bis ihn mal – in der Kneipe neben dem *Hof* – irgendein Arschloch blöd anmachte. Er kam zu mir rüber: »Da ist so ein Idiot, der hat mich blöd angequatscht.« Sage ich: »Wieso blöd angequatscht? Hau ihm doch eins aufs Maul!« Da meinte er: »Aber da sind noch zwei andere dabei.« Sage ich: »Macht doch nichts. Die hauen dann schon ab. Soll ich mitkommen?« Sagt er: »Nee, ich mach das jetzt mal.« Er ist hingegangen und hat dem aufs Maul gehauen. Sind die alle abgehauen. Und er kam strahlend zurück: »Hey, die habe ich erledigt.« Seitdem war er immer der Sieger.

BERNWARD MALAKA Mit Meikel wurde das dann richtig hart. Mit Tommi war das eher Quatsch. Sich provozieren, aber im Grunde cool bleiben dabei. Höchstens sich gegenseitig durch den total überfüllten *Hof* schleudern und alle Biergläser abräumen und die Tische umkippen. Die anderen waren dann immer mehr geschädigt als wir.

KÄPTN NUSS Als ich zum KFC kam, waren diese Feindseligkeiten mit anderen Bands schon vorhanden. Es hieß grundsätzlich, die anderen sind alles Blödmänner, und wenn sich die Gelegenheit ergibt, dann verpassen wir denen ein paar. Timmi, der Bruder von Tommi, hat einen von Kraftwerk mal abends in der Disco getroffen und am Schlips durch den halben Laden gezogen. Weil, wir fanden Kraftwerk scheiße. Wir fanden aber auch Mittagspause scheiße. Die fanden aber uns auch alle scheiße. Es hieß immer: Wir vier gegen den ganzen Rest. Das war schon vorprogrammiert. Wenn wir abends in den *Hof* gingen, kam immer jemand und wollte Ärger machen.

PETER HEIN Wir haben versucht, uns aus körperlichen Auseinandersetzungen rauszuhalten. Das war ja das, was uns von Lacarda unterscheiden sollte. Deshalb fanden wir auch nicht okay, was der KFC da machte. Die Schlägereien gingen erst mit dem KFC los. Zwischen Mittagspause und dem KFC war dann Krieg angesagt. Von uns aus war das eine reine Geschmacksfrage. Aber die wollten uns immer gleich verprügeln. Zum Glück haben die Kellner im *Hof* zu uns gehalten. Deswegen konnte man auch mal austesten. Dafür hat sich der KFC eher an Leuten aus unserem Umfeld schadlos gehalten. Die wurden dann auf dem Heimweg verprügelt.

FRANZ BIELMEIER Die haben mich gehasst. Ich war einer von den erklärten Erzfeinden von Tommi Stumpf, weil ich ihm von Grund auf zu künstlerisch oder zu feinsinnig war. Nicht richtig punkig. Oder weil ich mir nie Geld verdienen musste. Wenn der mich gesehen hat, mussten ihn seine Freunde immer festhalten. Ich hatte mal eine Lederjacke an, die ich mir besser nicht angezogen hätte. Die hatte ich mir in einem scheißteuren Laden auf der Kö geholt. Ich war dann damit bei einem Konzert. Da hat Tommi Stumpf mir voll einen *yellow* ins Gesicht gerotzt.

TOBIAS BRINK Wir hatten keine Freunde im *Hof*. Aber für Tommi waren die ganzen Leute dort überhaupt keine ernst zu nehmenden Gegner. Er hat dann auch Janie von Mittagspause verkloppt. Der hatte da über so Proleten wie uns abgelästert. Die standen immer da, gut gestylt, und flipperten da herum. Aber mit Janie eine Schlägerei – das ist ja ein Witz. Tommi hat ihm eher deswegen aufs Maul gegeben, um zu zeigen, wo wir sind.

MEIKEL CLAUSS Die ganzen Mittagspause-Typen waren eh Flaschen. Das waren nur ein paar Hiebe. Nur so: tack-tack! Und schon war es vorbei. Das waren halt Leute der ersten Stunde, die gesagt haben: ›Wir sind die Einzigen!‹ Und wir haben das auf unsere Art gelöst.

FRANZ BIELMEIER Die haben da Janie vermöbelt und mich angerotzt. Aber wir haben uns nicht gewehrt, weil, wir waren Feiglinge, Janie und ich. Die haben den verprügelt, weil die Mittagspause scheiße fanden. Nur aus ästhetischen Gründen. Bei denen ist das immer so eine ästhetische Abgrenzung gewesen, Leute zu verprügeln und anzurotzen. Von daher konnte ich das auch immer noch akzeptieren.

MIKE HENTZ KFC haben so getan, als wären sie meine Feinde, aber sobald ich mit denen ein Bier getrunken habe, war das in Ordnung. In Düsseldorf waren das nicht so bitterböse Fehden wie in Hamburg. Und es war auch nicht so krank wie in Berlin.

JÜRGEN ENGLER Was 1978 nur im *Ratinger Hof* stattgefunden hatte, war bereits 1979 zu einem Flächenbrand in ganz Deutschland geworden. Plötzlich fielen die Vorstadthorden bei uns ein. Da kamen die ganzen Schnauzbärte mit dicken Badges und meinten – weil der KFC das vormachte –, Punk ist saufen und rumprollen.

FRANZ BIELMEIER Mit Mittagspause hatten wir zum Glück einen gewissen Status. Janie und ich, wir sagten zueinander: »Das wären genau die Leute, die uns normalerweise vertrimmen würden. Komisch, dass die uns jetzt nichts tun.«

JÜRGEN ENGLER Viele von uns glaubten auch mitsaufen zu müssen, um mithalten zu können. Auch Campino und Janie sind ziemlich alkmäßig draufgekommen und waren dann einfach anders. Zwischen denen und mir hat sich eine echte Kluft gebildet.

MARKUS OEHLEN Der *Ratinger Hof* war ja immer umlagert von Punks. Es spielte sich alles mehr draußen ab. Die ganze Straße war in Beschlag genommen. Und am Wochenende kamen immer mehr Leute in die Altstadt und wollten sich prügeln. Und zwar nicht nur die Landeier. Uns haben ständig irgendwelche Fußballfans überfallen. Fortuna kam gern rosenmontags vorbei. Dann gab es noch diese Footballmannschaft – heute heißen die »Rhine Fire«. Die kamen da im Kostüm – in voller Montur – und trainierten mit den Punks, hähä.

RALF DÖRPER Es gab immer so eine Touristenschar – meistens Zugereiste aus dem Ruhrgebiet –, die wohl Fotos gesehen hatten, wo jemand eine Sicherheitsnadel in der Backe hatte und die dann sagten: ›Haha, wie geht denn das?‹ Und versuchten das nachzumachen. Die haben gar nicht gemerkt, dass die Sicherheitsnadeln nur reingehakt waren. Sondern haben die wirklich durchgestochen. So richtig stumpf.

PETER HEIN Außer irgendwelchen Deppen kannte ich keinen, der sich mit Sicherheitsnadeln wirklich selbst verstümmelt hätte. Diejenigen, die sich das wirklich durchs Fleisch gezogen haben, waren echt nur Dorfdeppen. Das machte ja sonst keiner.

MORITZ R® Dieses ganze ironische Moment des Punk ist selbst von den Punks der zweiten Generation nicht mehr verstanden worden. Die haben das ernst genommen. Auch dieses ›No Future‹. Wir haben uns davon dann explizit distanziert und bewusst gegenteilige Parolen verbreitet. Etwa: ›Die Welt ist schlecht, das Leben schön!‹ Abgesehen davon, dass wir mit dem Plan ja auch musikalisch Gegenpositionen eingenommen haben. Wir haben das Humorvolle bis zur Albernheit überbetont. Bis alle dachten, wir wären total kindisch. Wir wollten einfach nicht, dass der Witz und die Ironie des Punk in so einen neuen Bierernst münden.

Brontologic

HARRY RAG Im Umfeld von **DAF** hing dann auch verstärkt Chrislo Haas herum. Ich weiß noch, wie ich nach einer Party bei *Ata Tak* übernachtet habe. In dem Zimmer schliefen noch fünf oder sechs Musiker. Am nächsten Morgen wachte einer nach dem anderen völlig zerknittert auf. Auch Chrislo. Der war spindeldürr. Klein. Und ganz weiß. Irre!

MIKE HENTZ Chrislo wollte dann in England Karriere machen. Der hat **Minus Delta t** verlassen, weil er mit **DAF** Kohle machen wollte. Der hat sich einen MS-20 besorgt und hat sich vier Monate lang Tag und Nacht die ganze Technik reingezogen. Den ganzen Winter über saß er an dem Ding und hat getüftelt.

CHRISLO HAAS Meinen MS-20 und den Sequencer hatte ich mir extra für **DAF** gekauft. Da waren wir nach Holland gefahren. Hasch gekauft. Hasch vertickt. Eine Woche später hatte ich die 3000 Mark, die ich für die Kisten brauchte.

GABI DELGADO Ich habe mich enorm gefreut, als Chrislo Haas reinkam. Das war viel besser als mit Kurt. Chrislo war viel punkiger. Der war eher der Krachtyp. Der hat Krach gemacht auf dem Synthesizer.

PYROLATOR Chrislo hat halt diesen ganzen Elektronik-Body-Sound in den Übungsraum gebracht. Der hat diesen **DAF**-Sound entdeckt. Der ist immer angekommen und hat seinen MS-20 an einen Bassverstärker angeschlossen. Normal gehst du mit dem Synthesizer ja direkt ins Mischpult. Einmal meinte er zu Robert: »Eine Bassdrum muss so klingen« – und hat an seinem MS-20 herumgedreht. Und schon hatte er eine Bassdrum. Wir waren alle völlig baff.

Nach unserer ersten Platte kam die Entscheidung: ›Wir wollen Erfolg haben. Wir wollen nach England.‹ Gabi war wieder fest dabei. Und ich habe die Band vor die Wahl gestellt: entweder Gabi oder ich. Ich hatte keine Lust mit so einem Sänger. Und dann ist halt die Entscheidung gegen mich gelaufen. Und da hatte ich sogar noch Glück. Danach sind ja alle anderen der Reihe nach rausgeflogen.

GABI DELGADO Kurt Dahlke ging als Erster. Nichts gegen Kurt. Ich respektiere den total. Aber Mann – das wurde dann superstark, als Chrislo da war. Das war so ein radikaler Typ. Der hatte das, was diesen ganzen Softies bei uns fehlte. Chrislo, Robert und ich – wir drei – das war was. Das war Army-Power. Das war richtig paramilitärische Organisation. Wir waren einfach radikaler. Ich war mit Chrislo gleich am Anfang mal bei Tchibo. Da haben die uns blöd angemacht, weil wir blöd aussahen. Da hat der – woooooffff! – mit einem Handgriff die ganze Tchibo-Theke weggeräumt. Und so: »Sieg Heil!« Und wir sind dann rausmarschiert, dass die alle die Hacken zusammengeschlagen haben vor Angst. Und da dachte ich: ›Das entspricht meiner Art.‹

Ich bin als Gastarbeiterkind in asozialen Siedlungen aufgewachsen. Da habe ich gelernt, dass man auch böse und radikal sein muss. Natürlich ist es erstrebenswert, der weise, weiche Typ zu sein. Intelligent. Aber der größte Meister kann da stehen, und da kommt so ein *hool* mit dem Baseballschläger und haut dem auf den Kopf, und der große Meister ist fürs Leben geschrottet. Und deswegen – wenn dich einer blöd anmacht – musst du auch in der Lage sein zu sagen: »Pass auf, du kriegst gleich in die Fresse!« Du musst auch mal einem in die Eier treten können. Und das musst du auch ausstrahlen. Das ist eine wichtige Sache, wenn man ein Mann ist, hähä.

PYROLATOR Diese ganzen Naziattitüden waren auch ein Grund, warum ich mit der Band nicht mehr klargekommen bin. Wobei Gabi einfach mit der Attitüde sympathisierte. Der war gar nicht mal dieser Meinung. Der zeigte nur nach außen: ›Ich bin rechts!‹

XAO SEFFCHEQUE Robert war nie ein Fascho. Der war immer ein politisch unreflektierter Mensch. Und Gabi war nicht intelligent genug, als dass er so was reflektiert hätte. Gabi war ein Blender – *the great pretender* war der.

UWE JAHNKE Gabi Delgado-Lopez – das war so ein Luftgeist. Eine Kunstfigur. Ein Modefuzzi. Kurz bevor der auf die Punkschiene umschwenkte, hatte er noch eine Matte bis zum Hintern. Die längsten Haare von Wuppertal. Und auf einmal diese

Ideologie: ›Ich hasse alle Langhaarigen!‹ Und so einer galt als tolle Persönlichkeit. Das war keine Persönlichkeit. Höchstens eine flatterhafte Persönlichkeit. Die englischen Punks hatten eine gute Bezeichnung für so jemanden: *Wanker* – Wichser!

PYROLATOR Denen ging es einfach um dieses Spiel: Wer provoziert am meisten? Chrislo hatte in Graz ja eine Band gehabt – die hieß HJ. Die hatte Auftrittsverbot.

CHRISLO HAAS Die 70er Jahre waren ja Kleinbürgertum in vollendeter Form. Deswegen hat es ja auch so Spaß gemacht, diese Leute zu provozieren. Aber das musste wirklich überlegt sein. Es ging mir immer darum: Wo sind Schwachpunkte? Wo wird geheuchelt?

RALF DÖRPER DAF hatten ja auch Texte wie »Die lustigen Stiefel marschieren über Polen«. Aber bei all diesen Sachen ging es vor allem um dieses Moment, dass du was Deutsches machst. Das war schon eine bewusst deutsche Musikbewegung.

ROBERT GÖRL Das war wichtig, dass das in Deutsch war – dass zu so einer progressiven Musik plötzlich Deutsch möglich war. Die Engländer und Amerikaner hatten bis dahin das Monopol auf moderne Musik. Und deutsche Jugendliche hatten keine andere Wahl, als Englisch zu hören. Wir waren der Bruch einer Vorherrschaft. Das wurde verlangt. Danach haben sich die Leute gesehnt. Und trotzdem hatten wir zu kämpfen. Das war so ein Kampf nach vorne. Und zwar ganz aus unserer individuellen Energie heraus. Wir hatten ein paar Auftritte. Drei oder vier. Aber dieser ewige Drang hörte nie auf. Gabi und ich sind kurz mal mit einer Kassette bei der *EMI* und ein paar anderen großen Plattenfirmen herumgegangen. Aber die sind da überhaupt nicht drauf eingestiegen. Obwohl zu unserem ersten Konzert 1000 Leute gekommen waren. Da gab es keinerlei Verständnis für das, was wir machten.

PYROLATOR Was für eine Chance auf einen Plattenvertrag hatte man denn damals als Musiker? Und das war ja schon die Zeit, wo wir wirklich dachten: ›Jetzt haben wir was ganz Neues entdeckt. Das müssen wir den Plattenfirmen zeigen – dass es da eine ganz tolle neue Musik gibt.‹ Und dann ging man da hin, spielte denen das Band vor und war zehn Minuten später wieder draußen. Zu Robbie Görl meinte einer dieser A&R-Leute: »Lassen Sie mir die Kassette mal da. Ich höre mir das am liebsten auf der Heimfahrt in meinem Porsche an.« Dabei kam man doch mit so etwas Kraftvollem wie Punk an! Und auf so eine Situation hatte man natürlich keinen Bock.

MORITZ R® DAF gingen mit ihrer ersten Platte überall hausieren und wurden überall abgelehnt. Aber wir waren uns, auch mit dem Plan, unserer Sache weiterhin sicher. Wir wussten schon, dass diese Plattenindustrietypen die längste Zeit das Sagen hatten. Dass wir eine eigene kulturelle Entwicklung in Gang gebracht hatten. Das war aber das Einzige, was mich an diesem Gedanken des Deutschen interessierte. Es ging mir nicht um die Nation. Ich fühlte mich in so einer geklonten Popkultur einfach unwohl. Wobei mir die Idee einer eigenen Popkultur – und das ist das Paradoxe – erst richtig plausibel wurde, als ich 1979 zum ersten Mal in Amerika war. Da habe ich gemerkt, wie es ist, wenn man sich in einer authentischen Popkultur bewegt. Und wie toll es ist, wenn Leute aus ihrem eigenen Umfeld heraus Kunst entwickeln, anstatt immer nur zu importieren. Das ist viel witziger.

PYROLATOR Lustig war ja, dass ich mit dem Plan ähnliche Tendenzen auszustehen hatte wie vorher bei DAF. Moritz hat ja stark mit der Attitüde sympathisiert. Auf jedem Plan-Cover musste irgendwo ein Hakenkreuz auftauchen. Moritz und Frank wollten das so. Da ging es um Provokation. Und ich habe mich nie durchsetzen können. Es ist mir nie gelungen, dieses Element herauszuhalten.

PADELUUN Der Plan hatte ja auch – beim ersten Auftritt, den sie überhaupt unter diesem Namen machten, also dann schon mit Kurt – hinter der Bühne ein Netz mit Lichtern aufgehängt, die per Steuerung Hakenkreuze zeigen sollten.

FRANK FENSTERMACHER Ich erinnere mich vor allem daran, dass wir völlig futuristisch auftraten. Ganz in Weiß und mit riesigen Masken auf den Köpfen. Die waren hauptsächlich aus Styroporverpackungen gemacht. So große Dinger, in denen normalerweise Fernseher verschickt werden. Die wurden zusammengeschnitten – zusammengesteckt – aneinandergeklebt.

MORITZ R® Ich habe **Kraftwerk** immer um ihre Haltung zu den Medien beneidet. Die waren sehr konsequent, was die Herausgabe von Informationen angeht. Die konnten echt ein Mysterium aufbauen. Aber mit so einer Plaudertasche wie Frank – wenn man sich da etwas ausgedacht hatte, hat Frank das schon immer ausgeplaudert, bevor überhaupt was passiert war. Das ging schon beim ersten Auftritt los. Da wollten wir mit unseren Masken wie eine Bombe auf der Bühne einschlagen. Aber Frank musste natürlich schon vorher durch die Menge laufen.

MARKUS OEHLEN Die Musik vom **Plan** mochte ich ja sehr gerne. Aber sie hatten sich durch Moritz und seine Malerei so eine Aura geschaffen. Das war mir zu viel. Diese Kitschbilder von Moritz.

MORITZ R® Unsere stark visuelle Seite kam auch daher, dass wir immer ein schlechtes Gewissen hatten, weil wir so viel Playback hatten, nachdem wir kein Instrument spielen konnten. Aber dadurch scheinen wirklich Innovationen geboren zu werden. Indem man aus der Not eine Tugend macht. Ich hatte ja Punk zu Anfang als etwas unglaublich Witziges verstanden. Und wunderte mich dann, dass das so ernst wurde. Und gegen diese Tendenz habe ich dann auch mit meinen Bildern gearbeitet.

PYROLATOR Wir fanden ja auch Zirkus gut. Aber nicht diesen ungebrochenen Zirkus. Sondern eher die gefährlichen Clowns. Solche wie Ronald McDonald etwa. Der sieht nach außen sehr nett aus. In Wirklichkeit ist es die Maske des amerikanischen Kapitalismus.

MORITZ R® Meine Bilder haben oft kleine Geschichten erzählt. Das waren oft Alltagsbeobachtungen. Und ihre Entsprechung in der Musik waren für mich eben Popsongs. Die sind ja auch eine eher kleine Form, die bestimmte Themen in knapper Weise behandeln und damit auch Leute ohne theoretischen Background ansprechen. Ich fand, so etwas kann das eigene Lebensgefühl viel wirksamer beeinflussen als konzeptionelle Kunst. Ich beneidete immer die Popmusik, dass sie eine Hitparade hatte. Dass sich die Qualität eines Produktes bei den Massen beweisen musste und nicht durch das Dekret eines Theore-

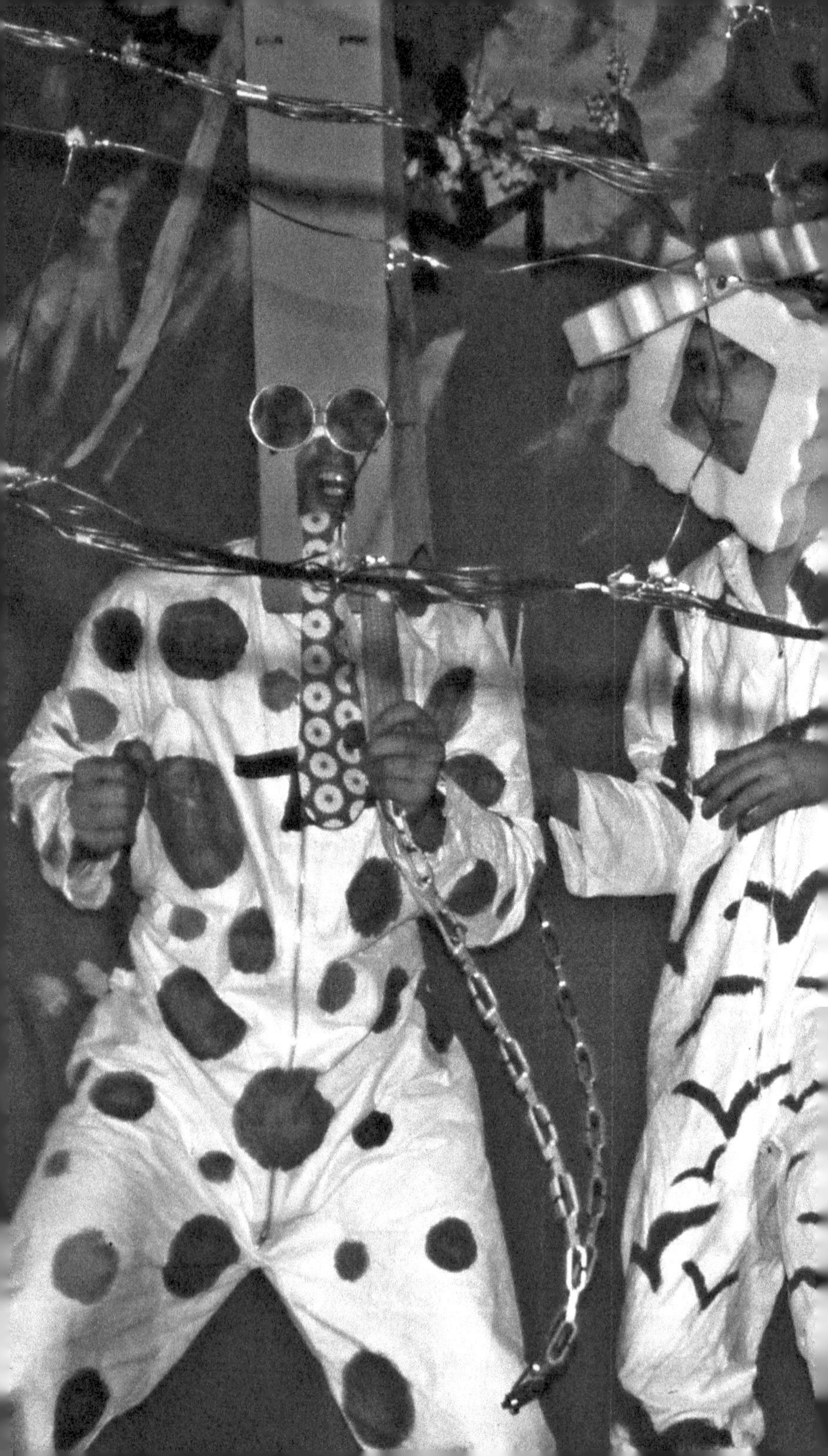

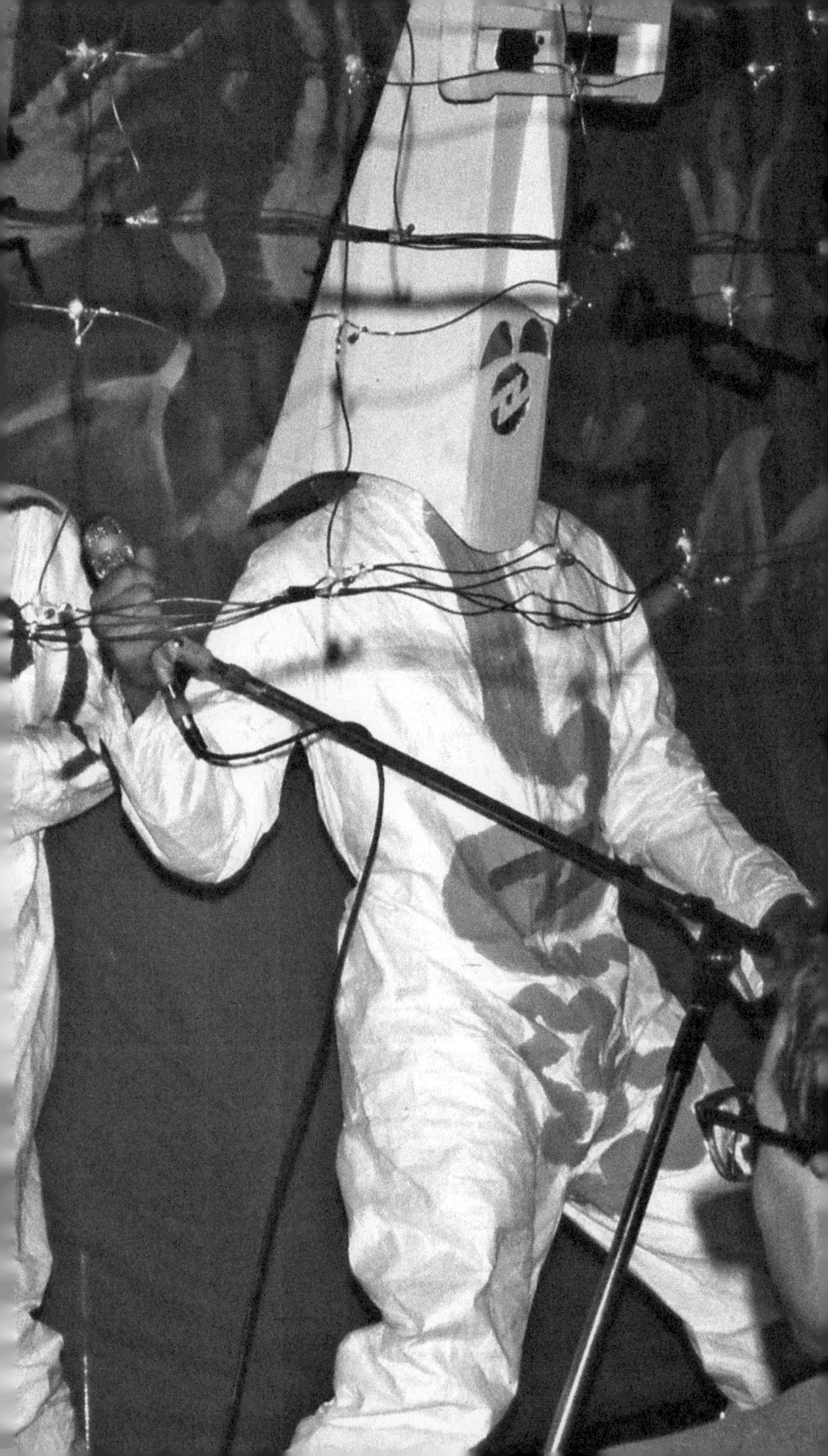

tikers erklärt wurde. Ich dachte, es wäre schön, wenn es so etwas wie »Die aktuelle Bilderparade« geben würde.

FRANK FENSTERMACHER Was unsere Tendenz zu humorvollen Sichtweisen betrifft: Wir wollten Betroffenheit nicht dadurch ausdrücken, dass wir uns betroffen geben. Aber es war ganz schwierig, diese lustige Musik durchzusetzen. Damals machten ja die meisten Leute furchtbar ernste Musik.

PYROLATOR Wir hatten zum Beispiel öffentlich behauptet, wir finden Cornelia Froboess gut. Das war eine Katastrophe für einen Punk. Wir fanden Sachen gut, die niemand gut fand. Das ging immer mehr in Richtung Gebrauchsmusik – Flughafenmusik – Fahrstuhlmusik. Und wir haben dann auch etwas völlig anderes gemacht als alle anderen Leute.

MORITZ R® Wir wollten ja nicht nur deutsche Texte machen, sondern auch deutsche Musik. Und nachdem es mich maßlos enttäuscht hatte, eines Tages zu merken, dass die meisten deutschen Schlager nur Coverversionen von amerikanischen Stücken waren, blieb das Kinderlied die einzige Tradition, auf die wir noch zurückgreifen konnten. Aber das entsprach mir auch sonst. Ich hatte es nicht eilig, erwachsen zu werden. Ich wollte so lange wie möglich spielen. Und der Begriff, den wir uns für diese Herangehensweise ausgedacht haben, war eben ›Geri Reig‹. Den hatte ich aus Amerika mitgebracht. Mit den Kids dort hatte ich ja Musik auf Plastikschüsseln gemacht. Und da gibt es ein Wort – *to jerry-reeg*. Das heißt so viel wie ›frickeln, improvisieren, etwas notdürftig reparieren‹.

PYROLATOR Die Aufnahmen zu unserer *Geri Reig*-LP haben sich dann so zugetragen: während der Sessions Drogen nehmen, die Sessions aufnehmen und das im nüchternen Kopf analysieren. Sagen wir mal: ›Die Stelle von Zählerstand 360 bis 365 ist interessant. Die spielen wir jetzt mal nach.‹ Also Ideen sammeln mit Hilfe von Drogen.

FRANK FENSTERMACHER Wir haben eben LSD genommen. Hauptsächlich um locker zu werden. Aber ich bin in solchen Zuständen auch nachts auf Friedhöfen rumgelaufen und habe Stimmen von Toten aufgenommen. Manches ergab sogar Sinn, haha. Das meiste von *Geri Reig* hat dann allerdings doch Moritz getextet. Und er hat das auch gesungen. Das war immer der Streit: Wer singt?

PYROLATOR Frank ist eigentlich der bessere Sänger. Aber Moritz hat es doch immer wieder geschafft, Frank darin zu bestätigen, dass er kein guter Frontmann ist, haha.

PADELUUN Der Plan hat dann so eine komische Maschine gekauft – den Brontologic. Ein riesiges Teil. Groß wie ein Schreibtisch. Aus silbernem Blech, mit Hunderten von Anschlüssen. Gebaut hatte es ein gewisser Werner Lambertz. Der hatte mit Jeans ein Vermögen gemacht und wollte sich einen Computer bauen, der automatisch gute Musik generiert – wo keine Fehler gemacht werden. Und wenn du damals so was haben wolltest, musstest du es dir selber bauen. Dieses erste Teil hat er sogar noch aus Telefonrelais gebaut. Damals gab es zwei Musikcomputer in Deutschland. Einen hatte Klaus Schulze, und einen hatte er. Man nannte das allerdings noch nicht Computer. Das waren halt Synthesizer oder Sequencer. Und der Brontologic war eben ein großer Sequencer – also ein reines Steuergerät –, bei dem du mit Kabeln die Takte gesteckt hast.

MORITZ R® Du konntest damit alles Mögliche stecken. Das war alles mit tausend Kabeln. Jeder Impuls, der aus dem Ding rauskam, war ein eigenes Kabel. Das war total unübersichtlich. Sah aber irre eindrucksvoll aus – mit dieser geschliffenen Metalloberfläche – und dann auch noch mit diesem absurden, gitarrenförmigen Ding, das Werner Lambertz extra für Kurt dazu gebastelt hat.

PYROLATOR Das war sozusagen die Fernbedienung für den Brontologic. Damit konntest du ihn auf jede erdenkliche Art und Weise steuern. Du konntest die Melodie teilen, doppelt so schnell laufen lassen, halb so schnell, vorwärts, rückwärts, sie auf einem bestimmten Punkt rotieren lassen, diesen Punkt weiterschieben ...

MORITZ R® Ich fand das dann schon wieder altmodisch. Mit diesem Ding wurde durch die Hintertür wieder so eine Rockpose eingeführt. Auch wenn es nur entfernt einer Gitarre ähnelte – aber das war ja das Instrument, das abzulehnen war. Davon wollten wir ja gerade weg. Ich fand das ein bisschen blöd. In

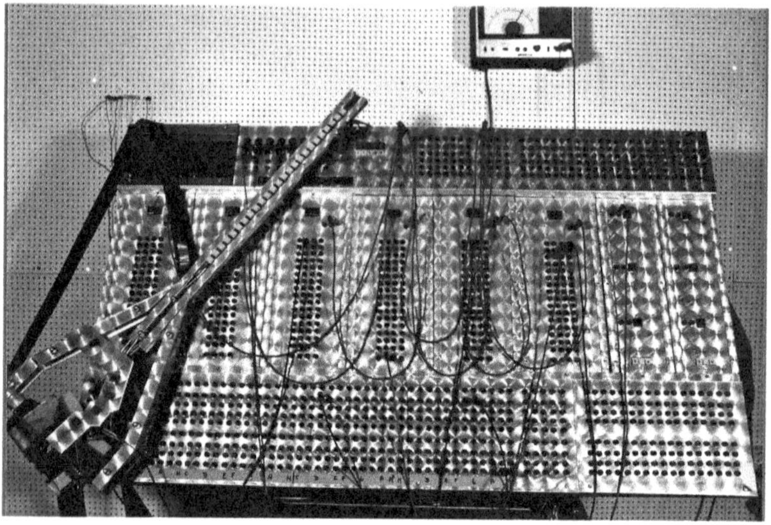

solchen Punkten hatte ich immer Schwierigkeiten mit Kurt. Da war er nicht hundertprozentig geschmackssicher.

ROBERT GÖRL Selbst so ein moderner Junge wie Kurt sah in diesen reinen Sequencer-Loops noch nicht die Zukunft. Aber vielleicht lag es auch daran, dass ich vom Schlagzeug kam – ich hatte keine Schwierigkeiten, etwas zu akzeptieren, was sich die ganze Zeit rhythmisch wiederholt. Ich dachte gleich: ›Das ist richtig heiß!‹ Minus Delta t wollten mal eine Bassmelodie haben. Die habe ich ihnen auf dem Sequencer eingestellt. Die haben dieses Ding fasziniert, aber auch skeptisch angeschaut: »Gut! Aber der wiederholt sich ja dauernd. Was soll das? Mach mal weiter. Was kommt jetzt?« Und ich habe gesagt: »Das ist es schon!«

Große Füße, kleiner Kopf

> Der ganze militante Soldatenlook von DAF – das kam nur von diesen kleinen Soldatenfiguren von Airfix, mit den Plastikplättchen an den Füßen. **PETER HEIN**

ROBERT GÖRL Dann haben wir uns von heute auf morgen entschlossen: ›Wir gehen nach England!‹ Zack! Wir wussten nicht mal, wo wir in England wohnen sollten.

GABI DELGADO Unser Konzept war: Keine Angst! Und deshalb: Ab nach England. Auch aus dem Gedanken: Hier checkt uns eh keiner.

FRANZ BIELMEIER Gabi war zu der Zeit mein bester Freund. Er und Robbie sind mit dem Grundkonzept von DAF in einer Kladde zu mir gekommen und haben gefragt, ob ich mitmachen möchte. Ich war Feuer und Flamme. Aber ich konnte nicht ... ich wäre aber gerne ... Heike war damals hochschwanger. Und dann war Gabi ganz schnell aus meinem Leben verschwunden. Die haben einen kleinen *deal* in London klargemacht. Und innerhalb einer Woche waren die weg.

MICHAEL KEMNER Wir sind nach England, weil wir wieder einen Schritt weiter gehen wollten. Unser Geldgeber und Manager war Bob Giddens. Der war Engländer und hatte dort auch noch ein paar Beziehungen. Aber der hat gearbeitet. In Quakenbrück in einer Fahrradfabrik hat er sich Geld gespart.

PYROLATOR Bob war dort Akkordarbeiter. Und das Geld, das er sich da mühsam verdient hat, hat er der Band zur Verfügung gestellt. Er war nur so blauäugig, dass er keinen Vertrag gemacht hat.

CHRISLO HAAS Wir haben vor England in einer alten Fabrik in Düsseldorf die Stücke eingeübt. Ich hatte meinen VW-Bus, in dem ich wohnte. Ich habe ja jahrelang in Autos gewohnt. Mit dem sind wir dann nach England gefahren.

MICHAEL KEMNER Wir haben in London in so einem Keller gewohnt. Alle fünf Leute zusammen in einem Raum mit separater Küche. Wir haben da gewohnt, gegessen und Musik gemacht.

WOLFGANG SPELMANS Das waren nur ein paar Pritschen in einem Raum. Keiner hatte die Möglichkeit sich zurückzuziehen.

ROBERT GÖRL Das war ein harter Film, den wir da durchgezogen haben. Das war wirklich so: Ich gehe nach Hollywood, muss da aber erst mal Teller waschen. Ich habe echt Teller gewaschen. Es blieb mir auch nichts anderes übrig, als dass ich mir die Finger beim Tellerwaschen aufschneide, in irgendeinem Grindelrestaurant. Wir hatten ja kein Geld.

MICHAEL KEMNER Es zeigte sich, dass jetzt unbedingt Erfolg hermusste. Vor allem Robert war sehr verbissen. Bei dem war alles immer auf die Musik bezogen. Er konnte gar nicht mehr abschalten. Oft saß er am Tisch und hat nur noch vor sich hin gestarrt. Und wenn man ihn gefragt hat: »Robert, was ist denn los?« – meistens hat er wieder darüber nachgedacht, wie die Struktur der Musik auszusehen hat. Oder das Styling.

ROBERT GÖRL Ich wollte dauernd was machen. Ich hatte wahnsinnig viel Energie. Ich wollte immer nach vorne. Ich wollte nach vorne rennen und die ganze Welt bekommen.

WOLFGANG SPELMANS Robert und Chrislo haben viele, viele Nächte zusammen an den Synthesizern gearbeitet. Chrislo hatte seinen MS-20 in der Küche aufgebaut. Der schlief da sogar – hatte also sein Equipment unmittelbar neben dem Bett stehen. Fast jede Nacht, Stunden um Stunden, liefen diese Kisten. Er hat in den Strukturen immer wieder Dinge völlig gekippt und weggeschmissen. Und fing wieder bei null an. Und dieser MS-20 ist halt vom Sound her sehr aggressiv. Und kann tödlich abnerven. Ich habe oft kein Auge zugemacht.

MICHAEL KEMNER Wir haben uns schließlich einen Proberaum gemietet. Den musstest du zuerst bezahlen. Und dann konntest du stundenweise da rein.

CHRISLO HAAS Da gab es zwischen Görl und mir manchmal magische Momente. Man hatte mit diesem alten, analogen Equipment ja Zugriffsmöglichkeiten. Wenn Görl am Schlagzeug ein bisschen schneller wurde, konnte ich auch schneller drehen. Oder ich konnte ihn bremsen – indem ich die Sequenz ein bisschen langsamer machte. Richtig unter Kontrolle konnte man analoges Equipment allerdings nie kriegen. Das konnte man sich abschminken. Aber das war auch der Reiz: dass die Dinger lebten! Ich hatte ja meistens Backing-Tapes von zwei Kassettenrecordern und dann noch live Sequencer dazu. Das konntest du damals noch nicht synchron laufen lassen. Aber wenn die dann – wie drei Metronome – langsam immer mehr zusammenliefen: Das war die Magie!

ROBERT GÖRL Wir haben uns dann tagelang im *Rough-Trade*-Laden eingenistet – dem damaligen Tempel der Independentkultur, haha – und haben denen Tapes vorgespielt. Gerade so, dass sie uns nicht rausgeschmissen haben. Wir waren halt ›die Deutschen‹. Da hingen plötzlich immer diese Deutschen herum, die sagen, sie machen Musik und haben auch ein Tape dabei. Und über *Rough Trade* hat dann Daniel Miller von *Mute Records* von uns erfahren. Wir sind dann schnell mit der ersten Single bei *Mute* gelandet. Wir haben es geschafft!

MICHAEL KEMNER Die »Kebapträume«-Single haben wir dann in Rochdale, in der Nähe von Manchester aufgenommen. Bob Giddens hatte es tatsächlich geschafft, dieses Cargo Studio aufzureißen, in dem schon Gang of Four und The Fall aufgenommen hatten. Und von Gang of Four waren wir beeindruckt, weil die so einen geilen, harten, knackigen Sound hatten.

ROBERT GÖRL Da haben wir zehn Stücke aufgenommen. Aber da gab es schon die ersten Schwierigkeiten. Das Ergebnis war okay, aber vom Gefühl her hat es sich mühsam angefühlt.

WOLFGANG SPELMANS In Rochdale gab es auf der Straße auch ein paar Mal Ausschreitungen wegen Chrislo. Einmal hatten wir im Studio eine Pause gemacht und waren unterwegs, um was zu essen aufzutreiben. Und er ließ es dann so heraushängen, dass er mit der National Front sympathisiert. So richtig mit »Heil Hitler«-Gruß. Wir kamen da ins Studio zurück und haben ihm gesagt, dass er uns nach Möglichkeit mit solchen Sachen verschont in der nächsten Zeit.

ROBERT GÖRL Das ging teilweise schon auf die Nerven. Aber Chrislo hatte eben vorher mit Minus Delta t zu tun. Der hat immer die Extreme ausgereizt.

GABI DELGADO Chrislo war einfach ein extremer Typ. Der hat dieses Spiel – Kokettieren mit Symbolen und so – sehr *straight* gespielt.

CHRISLO HAAS Ich habe auch Skinheads provoziert. Und ich bin auch nicht skinheadmäßig rumgelaufen. Ich hatte halt nur von Mike Hentz ein Uniformhemd von der NS-Auslandsorganisation in Amerika geschenkt gekriegt. Der hat die mal angeschrieben. Dann haben sie ihm immer Propagandamaterial und Hemden geschickt. Das war so ein Hemd mit der SS-Rune auf dem Ärmel und einem Totenkopf – einfach ein geiles Hemd.

WOLFGANG SPELMANS Wir haben zu der Zeit selber mit der Skinheadform sympathisiert. Wir hatten in London zum ersten Mal gehört, dass diese Skinheadbewegung aus dem Arbeitermilieu entstanden war und gar nicht unbedingt mit Nazis zu tun hatte. In erster Linie sprach uns aber das radikale Outfit an. Und das hieß für uns auch: möglichst kurzer Haarschnitt. Vom Outfit her waren wir Skinheads.

GABI DELGADO Ja, hähä, die Skinheads haben mir gefallen. Das war so ein Schönheitsideal. Große Füße, kleiner Kopf. Unten schwer. Gute Bodenhaftung. Dicke Treter. Kannste überall hintreten. Passiert dir nix. Kleiner, rasierter Kopf. Das hat mir so gut gefallen – das bin ich nie wieder losgeworden. Ich habe immer gedacht: ›Große Füße, kleiner Kopf! Das isses.‹

ROBERT GÖRL Am Anfang war unser Outfit sehr einfach. Jeans, normale Halbschuhe, Cordjacken und T-Shirts. Wir hatten nie die **Sex Pistols** kopiert. In England kamen eben noch die extrem kurzen Haare dazu. Wir wollten *straight* rüberkommen. Aber das heißt nicht, dass wir in der Aussage Militaristen waren. Wir wollten halt eine starke Energie rauslassen.

GABI DELGADO Ich habe von den Skinheads viel gelernt. Mich hat die Rolle des Aggressors extrem interessiert. Weil es auch einen seltsamen Schrecken birgt, sich selber als Aggressor zu sehen. Und einen totalen Schutz liefert. Wenn du sozial auffällig lebst, dich nicht richtig einreihen kannst, dann bist du viel geschützter, wenn du der Böse bist. Und mit so einem militärischen Auftreten und so einer *straightness* kriegst du auch die Sachen, die du willst.

PYROLATOR Was DAF sich vorhalten lassen müssen, oder mit was sie eben jetzt leben müssen: Sie haben andere Leute gnadenlos ausgenutzt. Bob Giddens zum Beispiel. Aber volle Kanone. Der hat zwei Jahresgehälter in diese Produktion gesteckt, weil er gedacht hat: Das ist das Ding seines Lebens. Jetzt hat er endlich eine gute Band gefunden, die er auch in England pushen kann. Auch dass DAF vorher mit »Ich und die Wirklichkeit« auf so einem Sampler waren – das lief nur durch Bob. Und dann wurde er sitzen gelassen. Das war eine uncoole Aktion. Bob wurde richtig zur tragischen Figur.

ROBERT GÖRL Ich würde sagen, dass Bob einfach nicht lange genug im Auto saß. So was dauert seine Zeit. Und er ist auf dem Weg ausgestiegen. Während wir weitergefahren sind. Das fand ich schwach. Aber wir haben ihn nicht rausgeschmissen. Das hat sich im Kampf ergeben. Den habe ich irgendwann einfach nicht mehr gesehen.

GABI DELGADO Diese Härte hat mit der Zeit alle anderen rausgedrängt. Der Erste von dieser Fünferbesetzung war Michael Kemner. Bei »Kebabträume« war der ja noch am Bass.

ROBERT GÖRL Auch Kemner saß nicht lange genug im Auto. Es hat sich immer mehr gezeigt, dass Gabi und ich am meisten wollten. Und die Leute konnten mit unserer Gangart nicht mehr mithalten. Es gab Hunderte Gespräche des Durchhaltens. Aber es war klar, dass wir nicht zurückgehen. Bevor wir zurückgehen, weil einer schwach wird, musste der Schwache gehen. Kemner konnte nicht mehr mithalten. Der hat heulend im Keller gehockt und eine totale Lebenskrise bekommen. Seine Freundin war noch in Deutschland und so weiter. Das war der Erste, der abgewichen ist.

GABI DELGADO Kemner war dieser Lifestyle zu hart. Der war geflohen vor der Army. Fahnenflucht! Weichei! Hähä! Das war auch das Image von dem: *Not tough enough!* Der ist untergetaucht. Und wir waren halt auch sehr mit uns beschäftigt. Paramilitärisch – *survival of the fittest*. Ich bin mit Robert sogar noch zu einer Polizeistation. Weil Kemner plötzlich nicht mehr da war. Die wollten uns gleich verhaften, so wie wir aussahen. So böse deutsche Skinheads. So richtig verarmt. Und fragen da nach Michael Kemner. Ob der vielleicht im Krankenhaus liegt. Dachten die, wir haben irgendeinen Typen verprügelt, hähä. Ein paar Wochen später haben wir dann gehört, er hatte Probleme mit den Zähnen.

MICHAEL KEMNER Zuerst hatte ich Spannungen mit Chrislo. Der war einfach ein extremer Mensch. Der konnte Menschen sehr verletzen, wenn er Lust hatte. Der war sehr egozentrisch. Sehr aggressiv. Der kam eben aus der Performanceecke. Für ihn war das Ganze eine Art Performance. Der hat gerne mit Gefühlen gespielt und bewusst provoziert. Und Leute auf ihr Verhalten geprüft.

Und ich bin dann auch krank geworden. Ich hatte tierische Probleme mit den Zähnen. Ich war nicht krankenversichert und nichts. Bin eine Woche mit einer vereiterten Backe rumgelaufen. Und das unter diesen extremen Bedingungen. In einem Raum mit sechs oder sieben Leuten. Gabi hatte ja dann auch noch seine Freundin da. Irgendwann war mir das alles zu viel, und ich bin zurück.

GABI DELGADO Ich hatte zu dem Zeitpunkt schon viel geliebt. Männer und Frauen. Angefangen hatte es mit Männern. Dann beides. Dann hat es sich aber doch eindeutig auf Frauen fixiert. Und das fanden ein paar Leute ganz schön scheiße, dass ich da jetzt mit einem Mädel ...! Keiner hatte Sex, außer mir, hähä. Aber ich war eben der Prinz.

CHRISTIAN, NA KLAR

RALF DÖRPER Nachdem Thomas Schwebel zu Mittagspause gegangen war, wurde ich loses Mitglied von S.Y.P.H. Bei denen gab es ja verschiedene Phasen. Ur-S.Y.P.H. war Punkrock gewesen. Dann gab es diese experimentelle Phase. Und ich hatte eben so Synthesizer-Performances gemacht. Mit Einspielungen vom Radio.

MARKUS OEHLEN Ralf Dörper ist ja teilweise nur mit Kurzwelle aufgetreten. Der stand alleine auf der Bühne und hat nur am Radio rumgedreht.

RALF DÖRPER Diese Mittagspause-Doppelsingle ist ja die allererste Produktion überhaupt gewesen. Diese S.Y.P.H.-Single »Viel Feind, viel Ehr« war dann die zweite. Ebenfalls bei Carmen. Und da sind auch zwei Stücke von mir drauf. Eines hieß »Stammheim«, mit Einspielungen von Radionachrichten zur RAF-Jagd.

HARRY RAG Deutschland war ja zu dem Zeitpunkt sehr hysterisch. Deswegen war besonders Christian Klar – wie der die Polizei immer an der Nase herumgeführt hat – für mich ein Riesenspaß. Das RAF-Cover dieser Single sollte dann halt eine Provokation sein. Typisch Punk. Direkt durch das Cover schon sagen: ›Wenn du diese Platte kaufst, dann springt dich was an. Da ist was Gefährliches drin.‹

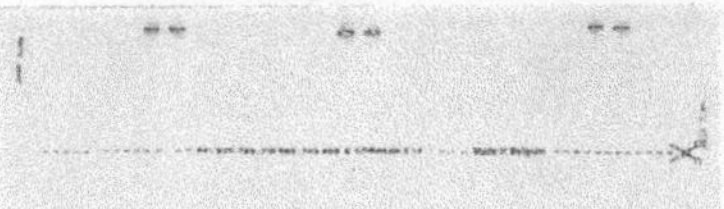

RALF DÖRPER Die Faszination war vor allem, dass man mit solchen Dingen so schocken konnte. Nur, mit der Platte war das noch mal eine andere Qualität an Öffentlichkeit als mit dem *Ostrich*. Wir haben da ein anderes Schockspektrum angetestet. Aber ansonsten war das eher ein identifikationsförderndes Statement als ein politisches. Mit Hakenkreuzen konntest du die Linke schockieren. Mit dem Baader-Meinhof-Cover die Rechte. Aber wir haben uns nicht eindeutig pro oder contra dazu gestellt.

UWE JAHNKE Ralf Dörper war eigentlich okay. Aber sein Beitrag zu S.Y.P.H. bestand oft darin, bei den Konzerten politische Geschichten vorzutragen oder aus der Mao-Bibel vorzulesen – und überhaupt die Ansichten zu wechseln wie andere Leute die Hemden. Aber Provokation war halt auch eine absolute Modeerscheinung. Das war chic, diese Terroristenästhetik reinzubringen.

HARRY RAG Wegen der Bilder auf dem Cover hatten wir prompt Ärger. Dabei waren die aus dem *Stern*. Das war nur dieser Kinderwagen von der Schleyer-Entführung. Und auf der Rückseite Christian Klar. Aber das waren berühmte Fotos. Die wurden millionenfach gedruckt. Jeder Bundesbürger kannte die in- und auswendig.

CARMEN KNOEBEL Das hat mir gerade so gefallen, dass man anfangen konnte alles zu benutzen. Das war ja vorher alles in fester Hand. Die Copyrights waren überall schon draufgedruckt. Und jetzt scherte man sich um so was nicht mehr.

HARRY RAG Eine »Christian-na-Klar-Produktion«, haha. Und dazu der Titel: »Viel Feind, viel Ehr«. Prompt haben sich mehrere Druckereien geweigert, das zu drucken. Die haben das Ganze ewig verzögert und dann angerufen: »Nee, der Betriebsrat hat sich zusammengesetzt.« Deswegen mussten wir die Cover fotokopiemäßig machen. Einfach DIN-A 4. Und die auch so lassen. Das wäre zu viel Arbeit gewesen, die auf Singlegröße zu schneiden. Und wie hätten wir die zusammenkleben sollen? Dann haben wir die ganzen Cover mit Heftklammern zusammengeknipst. Rundherum. Damit man es aufschneiden musste, um an die Platte zu kommen. 500 Stück. Wir haben eine Woche gebraucht.

UWE JAHNKE Ich habe wegen dem Cover noch richtig Stress bekommen. Der Vater von Harry Rag war ja so ein gediegenkonservativer Malermeister. Wenn wir da seine eigene Adresse draufgeschrieben hätten – sein Vater hätte ihn direkt erschossen. Der hätte den geköpft. Und den Stress habe dann ich bekommen. Und zwar mit den Eltern meiner Freundin. Deren Adresse wurde nämlich als Kontaktadresse abgedruckt.

HARRY RAG Nach dieser Single kam relativ bald unsere erste LP. Die haben wir Rudi Dutschke gewidmet. Das war ein Kindheitshero für mich gewesen. Ich hatte viel über ihn gehört. Von meiner Mutter. Die hatte als Kind auf der Straße mit ihm gespielt. Das war der Nachbarssohn. Die waren vom Sandkasten bis zur Schule befreundet. Mein Onkel sogar, bis Dutschke an den Folgen dieses Attentats starb – genau in der Zeit, wo wir im Studio waren. Da wurde der herrschende Geist gleich noch mal deutlich. Ich erinnere mich an einen Abend bei den Eltern meiner Freundin, wo auch die ganzen Onkels und Tanten am Tisch saßen. Gut situierte Leute. Ich kam da rein und zeigte stolz unsere Platte. Und da stand unten links: »Für Rudi Dutschke«. Die waren schockiert. »Das ist doch einer von der RAF!« Völlig absurd! Aber damals wurde das alles in einen Topf geworfen. Die allgemeine Meinung war: Dutschke ist der Ziehvater des Ganzen.

Vor allem wegen der Texte hatte Holger Czukay zunächst nicht viel mit unseren Sachen anfangen können. Auch musikalisch – unsere ersten Sachen waren einfach schlecht gewesen. Soundmäßig. Unmögliche Rhythmen. Aber Holger hat uns akzeptiert. Und er hat gute Sachen gesagt. Und für uns war er halt eine Respektsperson. Wir waren ja 20 Jahre jünger.

HOLGER CZUKAY Musikalisch kamen mir S.Y.P.H. anfangs schülermäßig vor. Von der Struktur konnte ich da nichts Neues erkennen. Sie waren auch zu sehr von meiner eigenen Band infiziert. Und Can kannte ich schon, haha.

HARRY RAG Ich war oft bei ihm. Immer wenn ich was hatte, habe ich es ihm vorgespielt. Und im Laufe der Treffen hat er gemerkt, dass sich bei uns wirklich was tut. Mich hat einfach genervt, dass viele Punkbands wieder in denselben alten Beat verfielen. Das Problem war nur: Alle, die das nicht taten, konnte man sich kaum anhören. Ich weiß, wovon ich rede, weil man sich all unsere Platten kaum anhören konnte, haha.

UWE JAHNKE Wir hatten etwas sehr Gespaltenes. Vor allem zu Beginn haben wir Songs gemacht, die nach bestimmten Mustern entstanden sind. Aber wir hatten auch den Wunsch, damit zu brechen. Und das war es auch, was mir an Punk gefallen hat: etwas außerhalb der Norm zu machen.

HARRY RAG Den Punkbegriff habe ich immer sehr weit gefasst. Zuerst fielen darunter ja auch elektronische Sachen. Und ganz ruhige Sachen. Punk war für mich nie festgeschrieben, sondern reich und vielfältig. Oft war es so: Wir haben ein Stück gemacht, es auf der Bühne gespielt – und damit war das uninteressant. Für uns war eine gelungene Probe nur dann, wenn wir auf dem Heimweg sagen konnten: ›Heute haben wir schon wieder fünf tolle neue Stücke erfunden.‹ Wir hatten am Entdecken von neuen Sachen mehr Interesse, als etwas zu perfektionieren. Und das war ja auch eine Form von Punk. Indem man sich diesen Zwängen entzieht und sagt: ›Warum braucht man denn überhaupt ein Schema? Das ist ja eigentlich nur das, was man zu Hause auswendig lernt und dann auf der Bühne vorführt. Das ist doch kein Punk.‹ Wir hatten ein Stück, das hieß »Euroton«. Das war nur ein Ton, auf den zwei unteren Saiten der Gitarre. Da entstand eine Frequenz wie eine indische Meditationsformel. 20 Minuten lang! Ein-Akkord-Power! Und dann einen Staubsauger auf die Bühne und das Geräusch dazu gespielt. Das mochte dann wirklich keiner mehr. Das war wie Zerstörung.

UWE JAHNKE »Euroton« war natürlich auch wieder Provokation. Aber das war ein Superstück. Das war dieser eine Akkord bis zum Abwinken. Und das war sogar von Thomas Schwebel. Als wir das aufnahmen, war der schon lange bei Mittagspause und machte Ska. Aber der war am Anfang überhaupt nicht poppig ausgelegt.

MARKUS OEHLEN Im Sommer 1979 waren Thomas Schwebel, Peter Hein, Carmen Knoebel und ich nach England gefahren. Und da hatte ich auf dem Bahnhof einen Schwarzen gesehen. Das gab es ja damals bei uns so gut wie gar nicht. Ich sagte: »Kuck mal, eine Fehlfarbe.«

THOMAS SCHWEBEL Wir haben dann da die Specials gesehen, als

gerade die erste Single rauskam. Und nachdem wir Reggaefans waren, fanden wir Ska einfach obergeil. Wollten wir sofort auch machen. Und dann haben wir uns überlegt: Wenn wir schwarze Musik machen, obwohl wir da gar nicht hinpassen, sind wir ja wirklich die klassischen Fehlfarben. Einfach so ein billiges Ding. Fehlfarben – das sind ja diese falschen Zigarren. Das ist der Verschnitt, hähä.

MARKUS OEHLEN Zu Hause haben wir Skahütchen aufgesetzt, Anzüge angezogen und unser ganzes Programm ziemlich flott auf Ska umgeschrieben. Und zwar lange bevor Peter Hein das mit Fehlfarben weitergeführt hat.

PETER HEIN Wir waren schon mit Mittagspause die volle Skaband. Wir hatten ja nur elf oder zwölf Stücke. Und statt neue Stücke zu machen, haben wir eben neue Stilrichtungen gemacht.

CAMPINO Bielmeier und Janie waren vom Kopf her einfach schneller. Im Gegensatz zu mir haben die sofort kapiert, dass die Clash keine Verräter sind, nur weil sie dann andere Musik machten. Und die beiden waren auch die Ersten, die Ska gut fanden.

THOMAS SCHWEBEL In dieser Zeit, im Herbst 1979, war ich mal längere Zeit in Berlin. Dann kam Peter Hein auch noch. Wir wohnten beim Zensor. Am Wochenende, nach Ladenschluss, gab es im Keller immer Sessions mit den *Eisengrau*-Mädels. Blixa Bargeld hing auch herum und brüllte irgendwas rein. Der war so eine kaputte Nervensäge. Peter Hein ist dann immer gegangen. Der fand das grauenvoll. Dem war das zu viel kaputter Berliner Junkiechic.

Und dann haben wir uns an dem Wochenende überlegt: Wir machen ein Mittagspause-Konzert. Als Ersatz für Markus Oehlen und Franz Bielmeier hatten wir zwei Berliner; haben mit denen kurz geprobt, ein paar Handzettel verteilt, dass halb Mittagspause übermorgen in der *Music Hall* spielt. Da kamen 400 Leute!

Und zu diesem ganzen Umfeld gehörte auch ein 14-jähriger, blonder Punk namens Benni, der wild durch die Gegend rannte und nervte. Das war Ben Becker. Mit dem und ein paar anderen zogen wir da immer um die Häuser.

BEN BECKER Fetisch und ich hingen viel mit Mittagspause zusammen. Da ging gerade diese Skazeit los. Es gab ja auch diesen Clash-Film *Rude Boy* – wo die eine alte Schwarzenbewegung aufgriffen. Das färbte sofort auf uns ab. Für unsere Begriffe liefen schon zu viele Idioten mit Bondage-Hosen herum. Deshalb haben wir angefangen, Hüte und Anzüge zu tragen. Die Punks in der *Music Hall* verstanden das überhaupt nicht. Irgend so ein Punker, so ein Pimmelkopf, sagte zu Thomas Schwebel: »Ey, ick will dir mal wat sagen: Die Hüte! Die Hüte, wa? Die Hüte haben Punkrock kaputtgemacht.« Das wurde bei uns so ein Schlagwort. Wir waren ja nicht wirklich zu Schlips- und Hutträgern geworden. Wir wussten durchaus um die Bedeutung des Wortes »rude«.

Ich habe Fahrräder geklaut. Und habe mir damit mein Geld verdient. Ich hatte einen Dietrich und bin in Wilmersdorf rumgelaufen, habe Keller aufgeschlossen und Fahrräder geklaut. Oder ich bin mit Fetisch abends losgezogen – und wir haben geklaut. Einmal war eine Kunstveranstaltung in einer Disko. Ein Super-8-Abend. Und in dem Moment, als das Licht ausging, haben wir alle Handtaschen und alle Rotweinflaschen und alles geklaut, was nicht niet- und nagelfest war. Und sind dann die 500 Meter zu mir nach Hause, nicht ohne drei Autos zu demolieren und einen Feuermelder einzuschlagen. Ich fand ›No Future‹ einfach geil. Ich weiß gar nicht, wie viele Autos ich verbrannt und zerstört habe. Ich bin nachts rumgefahren und habe Mercedes-Benze kaputtgehauen, Backsteine reingeschmissen oder Benzin drübergekippt. Ich kam mir vor wie die ganze Baader-Meinhof-Bande zusammen.

FETISCH Andreas Baader war für mich der Original-Punkrocker. Der war natürlich ein Scheißdreck ohne Ulrike Meinhof. Aber für mich war der total kultig. Statt einer Gitarre hatte der halt ein MG. Der ist hier am Nollendorfplatz mit einer Plastiktüte mit Äpfeln und einem MG drin auf die Fresse geflogen. Genau wie während seiner Terrorausbildung in der Wüste: alle anderen in Kampfanzügen – und er mit hautengen Schlaghosen und Plateauschuhen. So was hat mich super fasziniert. Das klingt jetzt total undifferenziert, aber scheiß der Hund drauf: Deutsche Helden! Abenteurer! Für einen Jugendlichen, der *Deutsche Heldensagen* lesen wollte: Das war die RAF. Die haben mir viel Kraft gegeben. Wobei es mir nicht darum ging, eine wilde Zeit zu haben. Ich habe Punk sehr ernst genommen. Aber es ging durchaus darum, irgendwas zu zerstören. Einfach zerstören.

BEN BECKER Wir sind mit zwölf Leuten aus dem *Schizzo* losgezogen und haben gesagt: ›Jetzt hauen wir in der Niedstraße alles kaputt.‹ Dann sind wir da wie die Wahnsinnigen durch und haben die ganze Straße zerlegt. Das hat super Spaß gemacht – durch eine Straße zu laufen und zum Gehen nicht den Gehsteig zu nehmen, sondern die Autos selber. Am nächsten Tag stand in der *BZ*: ›Die Polizei sucht einen kleinen Mann mit Hut.‹ Das war ich.

FETISCH Wegen uns gab es auch mal eine Massenschlägerei im *SO36*. Das war irgend so ein kulturell wertvolles Festival – von einer Zeitschrift gesponsert. Wir sind da sozusagen spontan aufgetreten. Ohne dass wir was konnten. Wir hatten uns irgendwie reingequatscht. Wir sahen halt geil aus. Auf jeden Fall am allergeilsten von allen. Aber wir hatten noch nie irgendwas gemacht. Nach 30 Sekunden hat unser Gitarrist, der nicht Gitarre spielen konnte, irgendeinem ›Born to be wild‹-Rocker eine volle Bierdose an den Kopf geworfen. Der Rocker war drei Köpfe größer als wir. Und der war nicht alleine. Die anderen Rocker sind ausgeflippt. Dann wurde der Strom abgestellt, und wir wurden vom Hinterausgang in Kofferräumen von irgendwelchen Autos weggefahren. Das Festival war damit gelaufen. Das musste wegen uns abgebrochen werden.

FRANK Z Das *SO36* war ja mitten in Kreuzberg. Das war ein ehemaliger Supermarkt. Ein riesiger, flacher Raum. Völlig leer geräumt. Und ringsherum war Neonbeleuchtung. Ich erinnere mich an eine Berliner Avantgardeband, die dort aufgetreten ist. Und bei den Punks war ja Avantgarde nicht angesagt. Die wussten also, was ihnen blühte – und kamen in Müllsäcke gewickelt und mit Sturzhelm auf die Bühne. Die sind dann natürlich erst recht beworfen und berotzt worden.

ANDREW UNRUH Das waren die **Notorischen Reflexe**. Aber diese

Bierdosenbombardements – das war ja alles nicht unbedingt böse gemeint, haha. Das haben die Leute auch aus Stimmung gemacht. So wie sie woanders die Hüte hochwerfen.

BEATE BARTEL Ich habe dann kurzfristig tatsächlich für den SFB als Tontechnikerin arbeiten dürfen. Ich hatte aber schon angefangen Musik zu machen. Und zwar mit meiner Nachbarin. Wir gingen nicht aus, sondern machten zu Hause lustige Sachen. Trällerten herum, hatten Spaß. Und irgendwann haben wir uns dann auch schon als Mania D. verstanden. Meine Nachbarin wurde auf der Arbeit so von ihrem Chef gerufen. Ich fand den Namen irrsinnig cool. Ich dachte: ›Das ist der beste Name für was immer ich tue.‹ Das steht ja für manische Depressionen. Und ich bekam in Berlin einfach Depressionen – Mania D., haha. Gudrun hatte ich ja schon immer mit ihrem Overall durch die Gegend laufen sehen. Und dann habe ich sie mal im *SO* angesprochen: »Hast du nicht Lust, bei uns in der Band mitzumachen?« Und sie: »Gerne. Ich habe da sogar noch jemanden.« Dann kam Bettina gleich mit. Das war wirklich nur: ›Du gefällst mir. Lass uns was machen.‹

BETTINA KÖSTER Zuerst sorgte Gudrun dafür, dass Beate und ihre Freundin bei uns im *Eisengrau*-Keller proben konnten. Und dann haben Gudrun und ich auch noch mitgemacht. Nach einer Weile waren wir nur noch zu dritt.

Ich fand es viel einfacher, nun mit Frauen zu spielen. Als ich noch bei Din-A Testbild war, haben die Jungs ihre Verstärker immer unheimlich laut gedreht. Ich konnte mich selber gar nicht hören. Das hat keinen Spaß gemacht. Bei Mania D. haben wir aufeinander gehört. Es war weicher, angenehmer. Und es war auf einmal möglich eine Frauenband zu machen. Aber es war nur möglich, weil wir es gemacht haben.

BEATE BARTEL Es ging darum: Wir nehmen uns die Freiheit, dies zu tun. Das war die Revolte. Ich habe damals Bass gespielt. Und ich habe den Bass geliebt. Aber mein Ziel war nicht, die schnellste Bassistin der Welt zu werden und 100 Techniken auf einmal spielen zu können. Das machen Jungs so gerne. Es ging

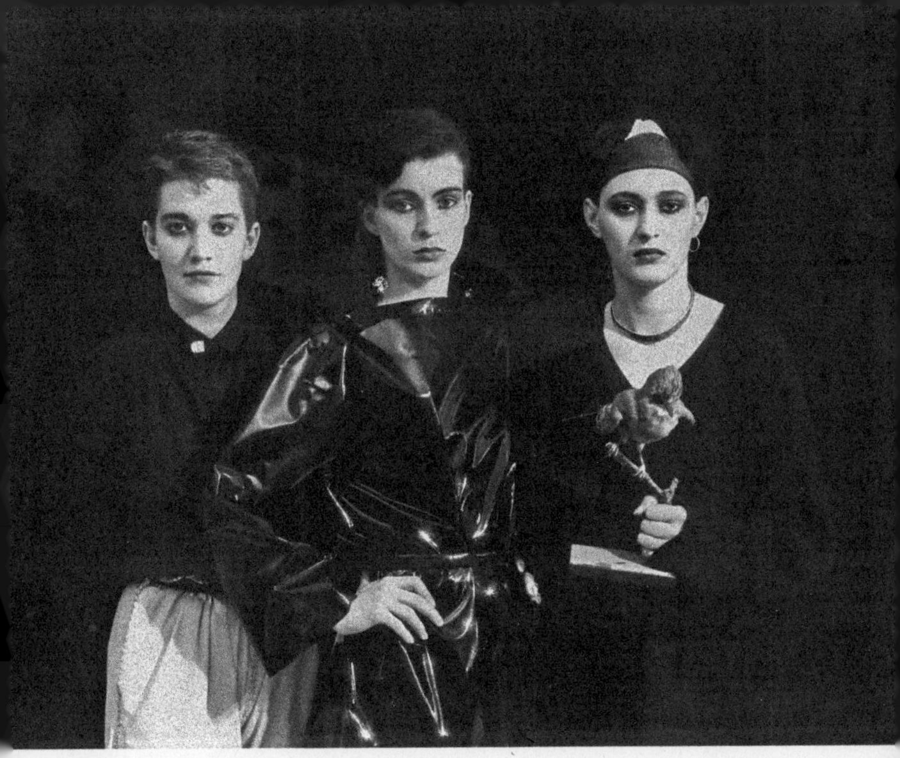

mir nur darum, den richtigen Ton zur richtigen Zeit zu spielen. Der Bass ist ein Gebrauchsgegenstand wie jeder andere auch.

GUDRUN GUT In manchen Umgebungen fühlt man sich ja als Frau nicht so wohl. Und dieses Business war überhaupt nicht weiblich. Es war ausgesprochen männlich. Auch dieses Gockelgehabe. Das hatte nichts mit weiblichem Selbstverständnis zu tun. Deswegen war es wichtig, sich zu Frauenbands zu verbünden. Da konntest du ganz locker ausprobieren, ohne dass es diesen üblen Geschlechterkampf gab. Eine Frau bringt einen anderen Aspekt in die Musik rein. Wenn eine Frau da ist, dann ist die Band anders. Das gibt einen anderen Sound.

BETTINA KÖSTER Was ein bisschen komisch war: Wir hatten uns ja entschlossen, so als Stilmittel, genau die Instrumente zu spielen, auf denen wir noch nie Unterricht hatten. Eigentlich ist das ja hirnrissig. Denn es war für uns immer das Schwierigste, das Musikalische einigermaßen hinzukriegen. Und die Einzige von uns, die kein Instrument spielen konnte, war Gudrun. Ich konnte gut Gitarre spielen. Viel besser als Saxophon, hähä. Gudrun war die Einzige, die kein ordentliches Instrument spielte, sondern nur Schifferklavier gelernt hatte. Und die hat auch den Vorschlag gemacht. Wobei – das Tolle daran war, dass wir neue Sachen entdecken konnten. Das waren dann nicht mal die drei oder vier Punkakkorde. Wir hatten gar keine Akkorde.

BEATE BARTEL Ich hatte dann am Paul-Lincke-Ufer einen Proberaum aufgetan. Wir probten da eine Woche.

BETTINA KÖSTER Da waren auch noch andere Bands. Männer. Die saßen da teilweise seit zwölf Jahren und haben immer für den ersten Auftritt geübt. Die Bärte waren schon am Fußboden festgewachsen.

BEATE BARTEL Da war so eine Nachbarband. Die haben immer Witze gemacht: »Na, ihr klingt ja scheiße!« Und dann packten wir schon nach einer Woche unsere Sachen. Fragten die: »Was macht ihr denn? Aufgeben?« »Wir fahren nach Wuppertal zum Auftritt.« »Was? Wir proben hier schon zehn Jahre und hatten noch keinen Auftritt.« Und wir so: »Na, dann probt mal weiter, Jungs.«

BETTINA KÖSTER Das war Herbst 79. Auf so einer Kunstparty. Kraftwerk waren auch da. Die kamen da mit ihrem schönen Mercedes 600, mit dem sie immer Erkundungstrips unternahmen. Und die fanden uns dann auch sehr amüsant, hähä. Wir waren ja auch unglaublich frisch und unbefangen. Wir waren gar nicht beeindruckt von anderen Leuten oder anderen Sachen. Es war uns natürlich wichtig, was andere Leute machten, aber es war uns nicht wichtig, was diese Leute dadurch für eine Wichtigkeit haben sollten. Es gab in dieser Punkanfangszeit für alle nur ein und dieselbe Ebene. Eindeutig. Und ganz bewusst. Auch dass wir dann sofort in New York gespielt haben. Das war auch noch im Herbst 79.

FRANZ BIELMEIER Mein Vater war ja gestorben, als ich 17 war. Im Herbst 1979 habe ich dann viel Geld geerbt. Ich habe sofort geheiratet. Mit 18. Zwei Kinder gemacht. Markus Oehlen hatte mich noch gewarnt. Aber es war eben die erste Liebe.

HARRY RAG Franz war einfach der Extremste. Der hat Punk auch am extremsten ausgelebt. Der hat konsequent nicht gearbeitet. War immer sehr gestylt. Haare gefärbt. Jedes Mal in einer anderen Farbe. Die Wohnung war auch total gestylt. So eine Mischung zwischen 50ern und Jahr 2000. Wie in einem John-Carpenter-Film.

FRANZ BIELMEIER Harry Rag hat ja damals eine Malerlehre gemacht. Wir haben alles knallbunt gestrichen und 50er-Jahre-Sachen besorgt. Es gab keine zwei Wände in der gleichen Farbe. Die eine Wand rot, die Decke gelb, die andere Wand türkis. Alles war knallbunt.

HARRY RAG Das war aber nicht gestylt im Sinne von modisch. Es hatte eher diesen existenziellen *touch*. Ganz spärlich. 50er-Jahre-Möbel. Seine Frau war auch nur in Lack und Leder. Schwarz wie die Nacht. Heike hatte auch so eine Erotik. Überall lagen Pornohefte herum. Und ich war natürlich fasziniert. Ich hätte insgeheim vielleicht sogar Lust gehabt, so zu leben. Aber ich hätte gar nicht den Mut gehabt, mich so vor meinen Eltern oder meinen Freunden auszuleben. Und parallel habe ich gedacht: ›Vielleicht brauchst du das auch gar nicht.‹ Weil ich ja sowieso dauernd bei Franz war.

THOMAS SCHWEBEL Franz und Heike hatten sich dermaßen in eine eigene Welt abgeseilt, dass es einfach zu einem Knall kommen musste.

FRANZ BIELMEIER Ich hatte dann sogar mein eigenes Label: *Rondo*. Aber meine Beziehung zu Heike wurde stressig. Sie hat mich öfters fertiggemacht – sich mit anderen Männern an der Theke im *Ratinger Hof* amüsiert. Ich habe zuerst meinen Augen nicht getraut. Ich habe gedacht: ›Da ist der liebste Mensch, den ich kenne, und sogar der ist in Wirklichkeit ein schlechter Mensch, der üble Sachen macht.‹ Außerdem kannte mich ja die Hälfte des Publikums. Weil ich der respektierte Monroe von *Rondo* war. Und nachdem mein Herz so offen lag, dass das sogar andere Leute mitgekriegt haben, habe ich auf alles nur noch ganz emotional reagiert. Ich habe die Art verloren, mit den Leuten noch so umgehen zu können wie vorher. Ich habe dann auch immer mehr Trips gefressen.

JÜRGEN ENGLER Der hat nur noch gekifft wie blöde. Jedes Mal wenn ich ihn gesehen habe – der hat mich gar nicht mehr richtig wahrgenommen. Wir hatten wegen **Male** mal eine Besprechung bei ihm zu Hause. Und seine Frau rief ihn aus der Küche. Und er starrte einfach weiter in die Luft. Irgendwann, nach einer Minute, zuckte auf einmal sein Kopf herum, und er sagte: »Was gibt's?«

FRANZ BIELMEIER Wir waren dann mit **Mittagspause** im Studio, um diese »Herrenreiter«-Single für *Rondo* aufzunehmen. Das Studio hieß »Klangwerkstatt« und gehörte zwei Leuten. Einer davon hat hauptberuflich als Produzent für die *EMI* gearbeitet. Das war Horst Luedtke. Der wollte, dass wir noch ein bisschen kommerzieller werden. Den Text glätten. Das war einer der Ersten, der sich einfach ein Stück von unserem Punkkuchen abschneiden wollte – den so ein bisschen marktgerecht überziehen wollte. Das hatte ja in Deutschland bis jetzt noch keiner richtig gut vermarktet. Von daher war der auf Punkssuche. Der wollte auch *Rondo* kaufen und hat uns Geschichten erzählt, von einer genialen Werbestrategie. Von Leuten in Taucheranzügen, die er in die Fußgängerzonen schicken wollte. Wir haben uns über den nur totgelacht. Wir hätten das nie gemacht.

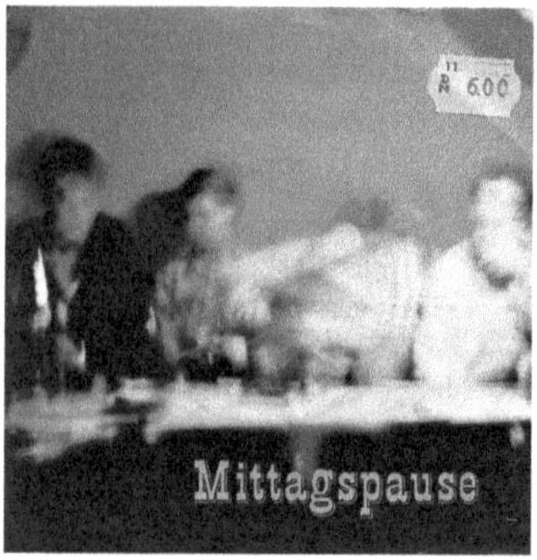

XAO SEFFCHEQUE Das erste Mal, dass mich Musik so richtig beeindruckt hat, das war bei »Herrenreiter«. Da habe ich richtig Gänsehaut gekriegt. Da war plötzlich eine Qualität drin, die ich von anderer Musik in dieser Form nicht kannte. Es war faszinierend – ohne auch nur irgendwie angloamerikanisch zu sein. Und dann dieser simple Refrain. Das ist bei denen gar nicht so bewusst abgelaufen – bei mir erst recht nicht –, aber die haben die deutsche Fahne ganz neu definiert: »Schwarz – der Himmel unserer Zukunft! Rot – die Erde der Vergangenheit! Gold – die Zähne unserer Väter!«

MARKUS OEHLEN Wir haben mit Mittagspause nie groß nachgedacht. Und wir haben auch nichts geplant. Das war einfach Spaß. Wir waren uns gar nicht bewusst, wie gut das war, was wir ursprünglich gemacht haben. Plötzlich kamen Effekte dazu. Synthesizer. Es wurde immer komplizierter. Ich war froh, dass ich irgendwann den Viervierteltakt hingekriegt habe. Aber dass das für die Sache gar nicht gut war, das ist mir nicht aufgefallen. Peter Hein hatte auch auf einmal so seltsame Ambitionen. Einmal kam er plötzlich mit den Beatles an – dem *Weißen Album*. Ich sage: »Was willst du denn damit?« »Habe ich mir gerade gekauft.« Ich sage: »Kennst du das denn nicht?« Der hatte sich vorher nicht mal um Beatles gekümmert. Der ist direkt mit Punk eingestiegen. Deswegen war es auch so frisch. Aber dann wollten wir alles auf einmal. Wir wollten witzig sein. Und es hat sich dann in eine Richtung entwickelt, wo es einfach kaputtgehen musste.

HARRY RAG In der Zeit wurde ja, durch diese Vier-Spur-TASCAM-Maschine, zum ersten Mal so was wie Home-Recording möglich. Du konntest in deinem eigenen Wohnzimmer deine eigenen Platten aufnehmen. Das war eine Befreiung. Aber gleichzeitig fing auch dieser Schwachsinn an, dass jeder ganz alleine Platten machte. Ich war dann ja auch immer bei Franz und habe da meine Platten aufgenommen und abgemischt.

FRANZ BIELMEIER Ich hatte ein kleines Vier-Spur-Gerät und ein Mischpult im Keller. Ich habe sofort vier Singles rausgebracht – mein Geld in Musik gesteckt. Diese vier *Rondo*-Singles – das war meine Erbschaft. Für einen vernünftigen Menschen wäre abzusehen gewesen, dass das Geld immer weniger wird. Aber für mich nicht. Ich habe mir nie Geld verdienen müssen. Ich hatte immer Geld. Ich war in einer Zwischenwelt. Und das hat mich dann auch immer mehr von Mittagspause abgebracht. Ich saß nur noch mit meinem Tonband in meinem Keller und habe Sachen probiert. Alles völlig verschlafen.

PETER HEIN Franz wurde so langsam komisch. Der hat sich durch *Rondo* von uns allen wegbewegt. Auch durch seine Ehe. Ich habe nicht mal mitgekriegt, dass sein Vater gestorben war. Und dass er auf einmal viel Geld hatte. Vor allem ist er durch seine Trips auf so ein komisches Musikverständnis gekommen. Seine Aqua-Velva-Platte war ja fast schon *easy listening*. Und dazu hatte ich einfach keinen Draht. Und das war dann das Ende von Mittagspause.

BERNWARD MALAKA Ich weiß noch, als wir mit Male im Studio waren und diese »Clever & Smart«-Single aufnahmen, wollte Franz uns dauernd so komische Rumbakugeln in die Hand drücken.

PETER HEIN Die letzten Mittagspause-Proben waren seltsam – irgendwo zwischen südamerikanischer Musik und Acidrock, hähä. Wir haben uns eh nur noch zweimal die Woche getroffen – und eher ganz normal geprobt. Meistens habe ich nur zugesehen, dass ich wieder wegkomme. Da wurde einfach zu viel gekifft. Und ich habe ja weder gekifft noch sonst was genommen. Aber wahrscheinlich war ich die meiste Zeit sogar selber bekifft, nur wegen der Rauchschwaden in der Luft.

MARKUS OEHLEN Die Notwendigkeit, Fehlfarben zu gründen – bei Peter Hein und Thomas Schwebel war das wohl der Wunsch nach mehr Professionalität. Als Schlagzeuger habe ich es bestimmt auch nicht mehr gebracht. Weil ich zu schlecht war. Außerdem hatte ich ja auch noch ein klares Ziel – und das war die Kunst. Das war die Malerei. Meine ersten Ausstellungen hatten noch viel mit Punk zu tun. Das waren teilweise auch Soundcollagen – so ein wildes Gemisch mit Stranglers-Musik. Aber das war eher nebenbei. Und ich musste mich dann wirklich entscheiden. Weil, ich hatte fiese Erlebnisse. Ich war plötzlich bei einigen Ausstellungen nicht dabei, wo alle anderen Kollegen dabei waren. Und der Galerist kam zu mir und sagte: »Ach, Markus Oehlen, Sie sind doch jetzt Musiker, oder?« Obwohl er genau wusste, dass ich Künstler bin.

THOMAS SCHWEBEL Den Namen Fehlfarben mochte zuerst keiner. Aber wir hatten eben beschlossen, dass die erste deutsche Skasingle sofort gemacht werden muss. Wir haben Fehlfarben ja nur für diese Single zusammengestellt. Und der Name blieb uns dann einfach.

MICHAEL KEMNER Die »Freiheit & Abenteuer«-Single ging ganz schnell. Ich war ja mit DAF in England gewesen. Bin zurückgekommen. Ins Krankenhaus gekommen. An den Zähnen operiert worden. Eine Woche später waren schon die Proben mit Fehlfarben. Die kannte ich ja alle. Ich habe mich mit denen auch besser verstanden als mit DAF. Bei Fehlfarben ging es um Spaß. Das war nie so: Wir gründen jetzt eine Band und machen Karriere. Wir waren halt auf Specials und dachten: ›Mischen wir Ska mit Punk.‹ Peter Hein hatte ein bisschen Geld. Und drei Wochen später sind wir schon im Studio »Klangwerkstatt« gelandet. Bei Leuten, die noch deutlich in ihrer Hippiephase steckten.

PETER HEIN Ich war von Punk ziemlich genervt. Es gibt ja auf der Skasingle die Zeile: »Es ist zu spät für die alten Bewegungen« – das bezog sich nicht nur auf Hippies, sondern auch auf Punks. Auf alle alten Bewegungen. Das war meine Stimmung. Genau wie in diesem DAF-Stück: »Alle gegen alle«.

FRANZ BIELMEIER Thomas Schwebel und Janie konnten mit Fehlfarben einfach schneller und besser realisieren, was sie wollten. Das war genau wie der Text von Janie: »Wechsle die Freunde wie andere das Hemd.« Das war egal. Das war auch korrekt. Und dass daraus etwas Festeres geworden ist, das war, weil es sich bei mir in eine andere Richtung entwickelte. Nämlich geradewegs ins Irrenhaus. Ich bin dann freiwillig in die Klinik gegangen. Und Janie und Thomas sind weiter vorne auf der Trendwelle gesurft. Wir hatten bei Mittagspause ja schon Ska gespielt. Aber vom Klang her war das total scheiße. Es ging uns eher um diese Grundhaltung der Originalität. Nicht um Gefeiertwerden oder Ruhm. Fehlfarben war dann schon viel normaler. Das war Musik von Fans. Man hörte deutlich, woher sie kam. Und das war bei Mittagspause verboten.

PETER HEIN Im Vergleich zu Mittagspause fand ich Fehlfarben oft ein bisschen banal. Aber Mittagspause hat sich ja anders als gedacht angehört. Wir waren nie gut genug, um so zu klingen wie unsere Vorbilder. Wir fanden etwas gut – und wenn wir es gespielt haben, war es etwas völlig anderes. Und außer uns hat ja keiner gewusst, was das eigentlich sein sollte. Mittagspause galt als das eigenständigste Ding in Deutschland – wahrscheinlich, weil es das Nachgemachteste überhaupt war. Und mit Fehlfarben lief das dann so, dass Franz mich mal anrief und sagte, er hätte einen Gig mit Mittagspause. Aber den könnten wir ja wohl nicht machen. Und ich sagte: »Kann sein.« Darauf fragte mich Franz, ob wir nicht als Fehlfarben da spielen wollen. Und dann haben wir in zwei Wochen ein Set auf die Beine gestellt. Purer Ska. Pure Specials. Bis wir ein paar Monate später gesagt haben: ›Hat ja auch keinen Sinn, nur die Neger nachzumachen.‹ Diese Popschiene von Fehlfarben, das war aber auch besetzungsbedingt. Bei Fehlfarben waren auf einmal nur noch Leute, die spielen konnten. Bei Mittagspause waren nur Dilettanten. Deshalb waren wir ja so gut.

Geräusche für die 80er

> Es gab drei oder vier Punks, die bald alle bei den Nazis gelandet sind. Die Hamburger Neonaziführer der frühen 80er, die kenne ich alle aus der Zeit, als sie noch Punks waren. Aber ich kenne sie alle als Typen, mit denen man auch reden konnte: »Hey, hör mal auf, auf diesen Typen einzutreten.« »Böh! Na gut.«
> **DIEDRICH DIEDERICHSEN**

ANDREAS DORAU Ich war auf der Gesamtschule – so ein klassisches SPD-Projekt in der Trabantenstadt: Junge, linke Lehrer hinstecken, die dann Hooliganschüler unterrichten sollen. Und das klappte überhaupt nicht. Die Schule war der blanke Horror. Da ist man hinterher am Fahrradständer so richtig zum Verprügeln abgeholt worden. Von irgendwelchen Schlägertypen aus benachbarten Schulen. Das war so ein Ritual. Und irgendwie habe ich es immer geschafft, drum herumzukommen. Ich bin entweder mit Bauchschmerzen früher nach Hause gegangen. Oder habe mich so lange versteckt, bis ich mir sicher sein konnte, dass niemand am Fahrradständer wartet.

Meine Mitschüler haben mich gehasst. Aber ich glaube, das wollte ich auch. Ich habe nicht Fußball gespielt – mich nicht mal dafür interessiert. Ich habe einfach gemerkt, dass ich mit diesen Hauertypen keine Basis finde. Was ich wollte, das war Gitarre spielen. Ich flog aber bei jedem Gitarrenlehrer raus, weil ich nie übte. Dann hat meine Schwester mich an Holger Hiller vermittelt. Der hat natürlich auch gemerkt, dass ich nicht übe. Aber er hatte halt seinen MS-20 und seine Vier-Spur-Maschine und sagte: »Dann lass uns doch stattdessen Stücke machen.« Und meine Mutter hat das als Gitarrenunterricht bezahlt.

Gleichzeitig kam diese Artikelserie von Alfred Hilsberg in *Sounds*. Das hat mir Mut gemacht. Da wurde immer gesagt: ›Das kann jeder. Da ist eine Platte, da macht einer nur bumm-bumm-bumm – aber das ist ganz toll.‹ Ich dachte nur: ›Das kann ich ja auch!‹ Meine erste deutsche Platte war dann die LP von Male. Eigentlich fand ich die gut. Aber Holger Hiller führte mir anhand von Griffbildern vor, dass das ja nur eine etwas modernere Form von Rockband ist – im Grunde aber banal. Ich holte mir dann gleich die Mittagspause-Doppelsingle, die erste DAF und die »Fleisch«-Single vom Plan. Ich habe mich als 15-Jähriger richtig auf diese deutschen Sachen gestürzt. Da sah ich was. Das war dieselbe Verweigerung, mit der ich dem begegnete, was ich nicht wollte. Das war Musik, die an meiner Schule niemand hörte. Darum ging es ja auch: möglichst das komplette Gegenteil hören. Und so kam ich da eben rein. Als Punk hätte ich mich damals allerdings nicht bezeichnet. Wenn man in Hamburg im Anzug herumlief, so wie ich mit 15, war man eher New Waver.

ALE SEXFEIND Punkrock sah in Hamburg vor allem aggressiv aus. Lederjacken. Stiefel. Punkrock hatte hier nichts Spielerisches. Aber das fand ich auch geil daran. Das war so: ›Kein Scheiß!‹ Du bist da draußen rumgelaufen und hast deiner Umwelt zu verstehen gegeben: ›Ich finde euch scheiße! Und ich habe euch hiermit den Krieg erklärt!‹ Man probierte das einfach als Haltung aus. Es gab ja noch keine Erfahrungswerte, ob das überhaupt lebbar ist. Es gab nur: Jetzt! Und innerhalb dieses Jetzt wurde um die Definitionshoheit gekämpft. Und da gingen die einzelnen Gruppierungen so weit, dass sie sich prügelten. Letztendlich wegen Frisuren.

GODE Damals waren die Teds hier in Hamburg gerade dabei, die Rocker abzulösen. Ich war mal mit einem Freund im *Angel Place*. Das war hier so die Hells-Angels-Kneipe. Dieser Freund war zwar kein Angel, aber der gehörte dazu. Das heißt, es wäre ihm nicht viel passiert, hätte er deren Motorräder schief angekuckt. Normalerweise hätte es da nicht nur auf die Fresse gegeben. Die waren hart drauf. Bei denen hat man sich begrüßt, indem man sich voll auf den Kopf gehauen hat. Bumm! Und die richtigen Teds, die mehr schon in Richtung Rocker gingen, haben das übernommen. Die haben sich auch begrüßt, indem sie sich in die Schnauze gehauen haben.

Wohingegen wir, etwa bis Ende 1979, gar nicht aggressiv waren. Wir haben uns nur diesen aggressiven Habitus gegeben. Aber 1979 kamen die Dorfpunks dazu. Die sonst zum HSV zum Prügeln gingen. Die haben sich dann, wenn es ein Konzert gab, eine Sicherheitsnadel durchs Ohr gezogen und haben sich eigentlich nur prügeln wollen.

RALF HERTWIG Oft zog man im Karolinenviertel los. Provozieren. Ärger machen. Autos demolieren. Schaufensterscheiben und Telefonzellen einschmeißen. Einen Papierkorb in Brand setzen. Ich weiß nicht mal mehr warum. Einfach aus Spaß. Total schwachsinnig.

GODE Und dann hat irgendeine Zeitung geschrieben, dass sich in England Punks und Teds prügeln. Letztendlich hat das keiner hinterfragt. Auf einmal war es so: Teds und Punks hassen sich. Und wenn man sich getroffen hat, hat man sich auf die Schnauze gehauen. Man brauchte nur eine Tolle sehen oder einen Punker, und je nachdem, wer in Überzahl war, hat die anderen zusammengeprügelt.

FRANK Z Die Teds wussten immer, wenn Punkkonzerte waren. Da gab es immer Ted-Alarm. Das wurde so richtig durchgesagt – dass die Punks nur in Gruppen von mindestens zehn Leuten nach Hause gehen sollten. Weil die Teds schon immer auf versprengte Punks gewartet haben.

GODE Die Teds hatten das *Elvis* am Steindamm – nicht weit von der *Markthalle* weg. Und wenn die Punks am Hauptbahnhof auf die S-Bahnen warteten, kam immer ein Schwung Teds aus dem *Elvis* – richtig mit Baseballschlägern. Ich habe da ein paar Mal derbe auf die Fresse gekriegt. Meistens bin ich dann mit einem Sackschützer vom Eishockey herumgelaufen. Weil, die haben immer am liebsten in die Eier getreten.

RALF HERTWIG Oft standen schon 100 oder 200 Teds vor der Halle. Keiner wollte den Anfang machen und zuerst raus. Teds waren ja immer richtige Brecher. Es gab keine Teds, die gebaut waren wie Andreas Dorau. Teds waren immer genauso breit wie groß. Und irgendwann musste man eben doch raus. Da war zwar auch immer viel Polizei. Aber man musste durch ein Spalier von Teds. Meistens fing dann irgendwer von uns an zu laufen. Und die Teds fingen auch an zu laufen. Das war ein einziges Spießrutenlaufen.

Auch in der U-Bahn. Das war alles ein irres Gelaufe. U-Bahn rein. U-Bahn raus. Aber selbst wenn ich wahnsinnig Schiss hatte – es war auch prickelnd. Oft war das ja auch gar nicht mit richtigen Schlägereien. Das war eher *teasen*. Einmal haben sie mich dann aber erwischt. Stiegen ein paar Teds ein. Ich habe mich ganz klein gemacht. Den Kragen mit den Badges nach innen geklappt. Aber sie kamen halt doch an: »Willst du was aufs Maul haben oder was?« Und ich: »Ich muss jetzt aussteigen. Meine Mutter ist ganz krank!« Mich als ganz armen Willi dargestellt. Das war alles so ein Spiel. Das war eine Zeit, wo Jugendliche stark in Gruppierungen lebten: Popper, Teds, Mods, Rude Boys, Punks. Und das erste Beeindruckende in meinem Leben war eben Punk gewesen. Vorher war ich Sweet-Fan. Aber mit den ersten Punkplatten hörte das schlagartig auf. Als Gymnasiast fand ich halt dieses rebellische, anarchistische Element gut. Viele meiner Freunde haben sich die Haare gefärbt und Stachelfrisuren gemacht. Meine Eltern waren ja eher Mittelstand. Mein Vater hat in einer Bank gearbeitet. Aber es gab viele Punks aus gehobenem Hause. Und wir alle haben das als Spiel angesehen.

GODE Ich empfand es zwischendurch als ultragefährlich. Das eskalierte mal eine Zeit lang so richtig. Gerade Bergedorf war für Punks absolut verbotenes Pflaster. Da wurde auch mal ein Punk von Teds vor die U-Bahn geworfen.

JÄKI ELDORADO Da gab es so einen Typen bei den Punks, der hatte auf einmal ein Bein ab. Der hüpfte noch eine Zeit lang mit herum und war plötzlich weg.

FRANK Z Das mit den Teds war wie ein Spuk. Plötzlich liefen überall diese Rock 'n' Roller herum und hatten als Feindbild die Punker entdeckt. Ich erinnere mich da allerdings eher an eine der genialsten Szenen, die ich je erlebt habe. Das war bei einem Motörhead-Konzert in der *Markthalle*. Motörhead waren ja eigentlich langhaarige, tätowierte Biker-Typen – aber so hart und schnell wie sie waren, auch durch diese einfache Struktur der Musik, hatten sie durchaus Punkattitüde. Die waren von daher akzeptiert. Und dann kam eben wieder eine Horde von etwa 40 Teds an, um Terror zu machen. Aber die sind ein bisschen zu früh aufgelaufen. Die dachten, das fängt um acht an. Das begann aber erst um neun. Es waren also noch kaum Punks da. Ich stand im Vorraum. Und die liefen so an mir vorbei nach drinnen. Nach ein paar Augenblicken hörte ich von drinnen ein tierisches Getrampel. Die Tür flog wieder auf, und die ganze Horde Teds rannte wie wahnsinnig raus. Alle in völliger Panik. Und ihnen auf den Fersen: die ganze Motörhead-Crew. Inklusive Lemmy und Filthy Animal Taylor. Alle mit Baseballkeulen, Latten und Eisenstangen, die sie hinter denen her schwangen. Draußen, auf dieser erhöhten Plattform, haben sie sie dann erwischt. Und dermaßen zusammengehauen. Ein paar von den Teds flogen von ganz oben die ganze Stahltreppe runter. Das war eine eindrucksvolle Vorstellung, hähä.

KLAUS MAECK Während dieser Punk-Ted-Auseinandersetzungen gab es mal eine richtige Ted-Offensive auf das *Rip Off*. Die haben den ganzen Laden verwüstet. Und ich war nicht gegen Vandalismus versichert. Weil ich nicht wusste, dass man sich gegen Vandalismus extra versichern muss.

JÄKI ELDORADO Als Hippiehochburg war das Karolinenviertel schnell auch von Punks frequentiert. Und dann kamen halt immer die Teds. Ich bin von denen ein paar Mal richtig übel zusammengehauen worden. Vor allem am Wochenende kamen regelmäßig 200, 300 Teds vorbei. Und dann gab es regelrechte Schlachten. Ein besonders wahnsinniger Kollege, ein Punk, hat bei uns im *Rip Off* mal eine ganze Batterie von Molotowcocktails gebaut. Einfach, weil wieder mal Freitagabend war. Die Teds haben sich immer auf dem Heiligengeistfeld gesammelt. Und wir waren im Viertel drin. Und dann gab es Straßenschlacht. Weil man halt aus England gehört hatte, dass man das so macht.

GODE Das entwickelte sich dann zu dem einen, großen Showdown, einer Massenschlägerei im Karoviertel. Hunderte von Leuten auf jeder Seite. Das war auch richtig angekündigt. Man wusste: Heute ist endlich mal Abrechnung! Schrecklich pubertär. Aber auch ungeheuer aufregend – wie bei diesen Gangfehden in den 50er Jahren in Harlem. Aber komischerweise war das von Anfang an anders – nicht wie die ganzen Schlägereien vorher. Die waren ja eher immer kurz, aber heftig gewesen: Peng! Voll auf die Glocke! Diesmal gab es zuerst Vorhutschlägereien. Immer wieder kleine Gruppen, die sich gegenseitig provozierten und mit den Knüppeln drohten. Richtige Kontaktschlägereien gab es kaum. Das war mehr gegenseitiges Provozieren und Anschreien. Immer vor und zurück. Mal rannten die Teds – und die Punks flüchteten. Dann wieder umgekehrt. Nur wenn einer mal zu langsam war, gab es was auf die Glocke. Es flackerte überhaupt nur einmal so richtig auf. Da fingen die Teds an, Pflastersteine auszugraben und zu werfen. Und dann gab es kurzzeitig richtig auf die Fresse. Wir haben uns dann Richtung *Marktstube*, in unser Revier, zurückgezogen. Da sah man eben auch, wie sich die Polizei nachher die einzeln weggehenden Splittergruppen griff. Das war die letzte Teds-Punks-Prügelei. Danach ging es in Richtung Verbrüderung und ›Was soll der Scheiß eigentlich?‹.

JÄKI ELDORADO Das Ganze hatte meistens eh eine andere Qualität: Das war noch ohne Messer und solche Scherze. Das war eher Sportsgeist. Und wir waren dann auch richtig stolz, wenn wir zur Abwechslung mal gewonnen hatten. Außerdem war es halt chic, wenn man mit einem blauen Auge überlebt hatte. Von einem blauen Auge konnte man ein paar Tage zehren.

DETLEF DIEDERICHSEN Jäki war in Hamburg die Leitfigur. Er war der Mann, der im *Rip Off* für Ruhe sorgte. Wenn er hinter dem Ladentisch stand, gab es keinen Ärger. Auf den wurde gehört. Als wir mit Ede und die Zimmermänner anfingen, Ska zu machen, waren wir auf einmal kurzfristig cool bei den Punks. Ska war für die Punks okay, weil: Jäki Eldorado fand Ska okay.

DIEDRICH DIEDERICHSEN Jäki fand ich klasse. Auch als ersten Rude Boy Hamburgs. Der lief so Rude-Boy-mäßig herum, wie noch nie ein Rude Boy herumgelaufen ist. Immer im schwarzen Two-Tone-Anzug, mit schwarzem Lederhütchen und schwarzweiß gewürfelten Accessoires. Einfach ein origineller Typ, der allein durch seine Anwesenheit die ganze Szene zusammenhielt und repräsentierte. Ein freundlicher Mensch, der jeden Abend in der Nähe war und immer eine positive Ausstrahlung hatte.

Das war in dieser Zeit äußerst selten. In der *Marktstube* gab es ja jeden Abend Prügeleien. Und dazwischen jemand, der wirklich von allen Seiten Respekt genoss – das war total wichtig.

JÄKI ELDORADO Ich war damals wahrscheinlich ganz niedlich. Viele Leute meinten, dass ich auf jeden Fall auf die Bühne müsste. Und ein paar wollten sogar Platten mit mir machen. Aber da kam bei mir nicht viel raus. Ich habe ja immer versucht in Bands zu spielen, aber dafür fehlte mir komplett das Selbstvertrauen. Das ging gar nicht. Mir fehlten die Konsequenz und das Durchhaltevermögen. Hinzu kam noch diese Loser-Romantik, die ja im Punkrock ihren festen Platz hatte. Wo dann meine persönliche Entwicklung – die ja eigentlich herzlich wenig damit zu tun hatte, in was für einer Szene ich mich bewegte – einfach ins Bild passte. Ende 79 hatte ich nicht mal mehr eine Wohnung. Das war schon fast pennermäßig. Aber anstatt konsequent einen Schritt weiterzugehen und mit der Situation zu arbeiten, habe ich immer versucht da rauszukommen. Was bei vielen Leuten in Aggressivität und auch in künstlerischer Auseinandersetzung endete – natürlich auch oft in Heroin –, das endete bei mir in so einem banalen Verständnis, dass man halt arbeiten muss. Aber es ist immer so was zurückgeblieben: ›Das ist eh verkackt! Künstlerisch habe ich es eben nicht drauf!‹

FRIEDER BUTZMANN Mit Gudrun Gut und Bettina Köster hatte ich dann auch diese Gruppe Liebesgier. Ich weiß noch, wie wir Silvester 79 zu diesem dritten Festival von Alfred Hilsberg in der *Markthalle* fuhren. Das hieß »Geräusche für die 80er Jahre«. Bettina saß hinten und ich vorne auf dem Beifahrersitz. Und Bettina sagte: »Morgen ist der erste Tag der 80er Jahre. Und das wird unser Jahrzehnt.« Was nicht ganz verkehrt war – wenn auch das große Geld von anderen Leuten verdient wurde. Was ein, zwei Jahre später als Neue Deutsche Musik verkauft wurde, diese Neue Deutsche Welle-B, diese naiven Songs, das hat Liebesgier zuerst gemacht. Einfache Texte mit Sprechgesang. Einfache Strukturen. Eine Mischung aus kurzen, nai-

ven Stücken und Spaß am Krach. Nur: Wir waren sicher nicht harmlos. Ein Stück von Gudrun, »Ich spür eine Gier in mir«, klang im Übungsraum wie ein Fliegerangriff. Das hat irre Spaß gemacht. Vor allem Gudrun und mir. Unsere Sängerin Elke dachte immer, dass wir deshalb so klingen, weil wir es eben nicht so gut können wie etwa David Bowie. Und wenn wir üben, dann klingen wir eines Tages so gut wie Bowie. Das dachten Gudrun und ich nicht. Wir wollten nie etwas anderes machen als das, was wir machten. Wir wollten nicht auf angloamerikanischen Pop hinaus.
Deshalb kamen auch solche Dinge zustande wie dieses »Waschsalon Berlin«. Wir fühlten uns ja als Frontstadt. Wir waren stolz. Nur, im Gegensatz zu dem, was Ideal dann mit »Ich steh auf Berlin« sagten, waren wir nicht stolz auf die Stadt. Sondern auf uns. Auf diese Einheit von Leben und Arbeiten. Wir gingen ja damals alle in Waschsalons. Und einmal saß ich eben da, und in der Maschine lief das Programm ab. Und ich dachte: ›Daraus mache ich ein Stück.‹ Ich habe mit der Uhr gestoppt, wie lange die Waschgänge dauern, das Ganze durch einen bestimmten Faktor geteilt – und fertig war die Struktur für »Waschsalon«: Vorwaschgang, Hauptwaschgang und Schleudern.

BLIXA BARGELD Bei der ersten Single von Frieder Butzmann, »Waschsalon Berlin«, haben wir bei ihm in der Wohnung gesessen und die 1000 Platten in die 1000 Hüllen gesteckt. Frieder, Andrew, Gudrun und ich. Und 1000 Platten sind eine ganze Menge zum Eintüten. Das war dann die erste Produktion vom Zensor.

ZENSOR Frieder hatte ewig gespart, um sich ein Vier-Kanal-Tonbandgerät zu kaufen. Und ich hatte ja auch noch keine Erfahrungswerte, wie unabhängiges Musikbusiness aussehen könnte. Alfred in Hamburg, Carmen in Düsseldorf und ich in Berlin, wir waren ja die Einzigen, die überhaupt so was machten. Die Stärke war aber auch, dass man spontan war und nicht an das Geschäft dachte. Wir brachten »Waschsalon« heraus und wurden sofort ›Single des Jahres‹ in Andy Warhols *Interview*.

RALF HERTWIG Das war auf einmal ein ganz anderes Selbstbewusstsein. Kurz vorher hatte man ja nicht einfach Platten machen können. Wer überhaupt Musik machte, war schon etwas Besonderes. Und wer auch noch Platten machte, der war Gott.

ALFRED HILSBERG Ich hatte zuerst gar kein eigenes Label machen wollen. Ich wusste ja gar nicht, was das ist. »Geräusche für die 80er« war dann aber schon so ein pädagogisches Gesamtkonzept von mir, haha. Da durften die Punks und die Künstler auch auf *Zickzack* aufeinanderprallen. Nicht nur auf dem Festival selbst.

DIEDRICH DIEDERICHSEN Ich interessierte mich zuerst überhaupt nicht für deutsche Bands. Ich war eher arrogant und dachte: ›Ich will lieber die richtigen Sachen und nicht etwas, was Leute von nebenan machen.‹ Die Erleuchtung kam mir erst bei »Geräusche für die 80er«. Dieses: Jeder kann es tun! Auf einmal empfand ich es als irren Effekt, wenn einer meiner Freunde auf der Bühne stand. Ich dachte: ›Genau! Es ist ja viel besser, wenn man das selber macht, als wenn man Produkte kauft.‹ Da merkte ich erst, dass es einen Zusammenhang gab, der von Talking Heads und Devo bis zu Abwärts reichte – das war alles der Aufbruch derselben, neuen Bewegung.

KLAUS MAECK Die *Markthalle* war ausverkauft. Und natürlich wussten wir alle, dass es Zoff geben würde. Vor allem Minus Delta t war klar, dass sich die Punks so eine avantgardistische Performance nicht gefallen lassen würden. Deshalb hatten sie, mit unserem Wissen, Abwehrmaßnahmen getroffen.

MIKE HENTZ Minus Delta t war vollkommen strategisch. Wir hatten immer Absprachen: Was ist, wenn der Strom abgedreht wird? Was ist, wenn das Publikum uns niederschreien will? Normalerweise hatten die Punks einen gewissen Respekt vor uns. Weil wir prügeln konnten. Und weil wir Power hatten. Weil wir unsere Inhalte durchsetzen konnten und uns nicht durch Anspucken und zehn Liter Bier über den Kopf abhalten ließen. Ich bin vor keiner Schlägerei geflüchtet. Aber nachdem ich Hamburg kannte, wusste ich, dass dieser Auftritt besonders hart werden würde. Ich kann mich erinnern: FM Einheit hatte damals sein erstes Abwärts-Konzert. Er probierte gerade die Bassanlage aus. Auf einmal sieht er uns, wie wir große Kübel aufhängten. Ganz oben. Im Gestänge über der Tanzfläche. Und er fragte: »Was macht ihr denn da?« »Ooch, ein paar Sicherungsmaßnahmen.«

KLAUS MAECK Die hatten über der Mitte des Raums gefüllte Wassereimer befestigt. Unter der Decke. Mit langen Seilen, die hinter die Bühne gingen. Aber dann war die *Markthalle* noch viel voller, als wir das gedacht hatten. Wir haben denen gesagt: »Macht das nicht! Wir haben die Situation nicht unter Kontrolle. Die Halle ist so voll, die Punks sind so wild – wenn die noch wütender werden, weil sie auch noch kübelweise Wasser drübergeschüttet kriegen ...!«

RALF HERTWIG In Hamburg wurde ja immer wahnsinnig viel Wert gelegt auf Glaubwürdigkeit. Und wir galten mit den Coroners komischerweise als glaubwürdig. Dabei kam unser Sänger, Jörn Zimmermann, aus reichem Hause. Jörn war auf meiner Schule einer der Ersten gewesen, der ein Moped hatte. Und er hatte immer eine Lederjacke mit ›Iggy Pop‹ hintendrauf. Er wurde sogar Iggy genannt. Der hat sich auch gerne geprügelt und auf der Bühne immer in die Brust geschnitten.

GODE Meistens hat er gegen Ende eine Flasche zerschlagen und sich damit die Brust aufgeschlitzt. Klar hatte das auch einen gewissen Showeffekt. Wir waren uns gar nicht bewusst, was wir mit diesen Dingen für eine Wirkung hatten. Aber das war keine Show. Das musste einfach raus.

RALF HERTWIG Gode, der Gitarrist, nannte sich Gode Bullshit. Er sah aus wie ein blonder Sid Vicious. Lederjacke mit Nieten. Die Haare bleichblond gefärbt und in einer einstündigen Prozedur in einzelnen Stacheln hoch.

GODE Ich habe mir auch mit verrosteten Sicherheitsnadeln die Ohren durchgestochen oder am Oberkörper herumgeschnitten. Das war bei mir wie bei vielen anderen Punkern auch. Es gab da viele Leute, die nicht so schmerzempfindlich waren. Deshalb mussten die auch zu groben Mitteln greifen. Nicht nur beim Pogo. Ich erinnere mich an einen, der hieß Brecher. Der ist immer mit total zerschlitzten Unterarmen herumgelaufen. Und ich brauchte das genauso – so eine stärkere Stimulation, um wieder normal zu werden. Damit konnte ich mein krankes Körpergefühl kompensieren.

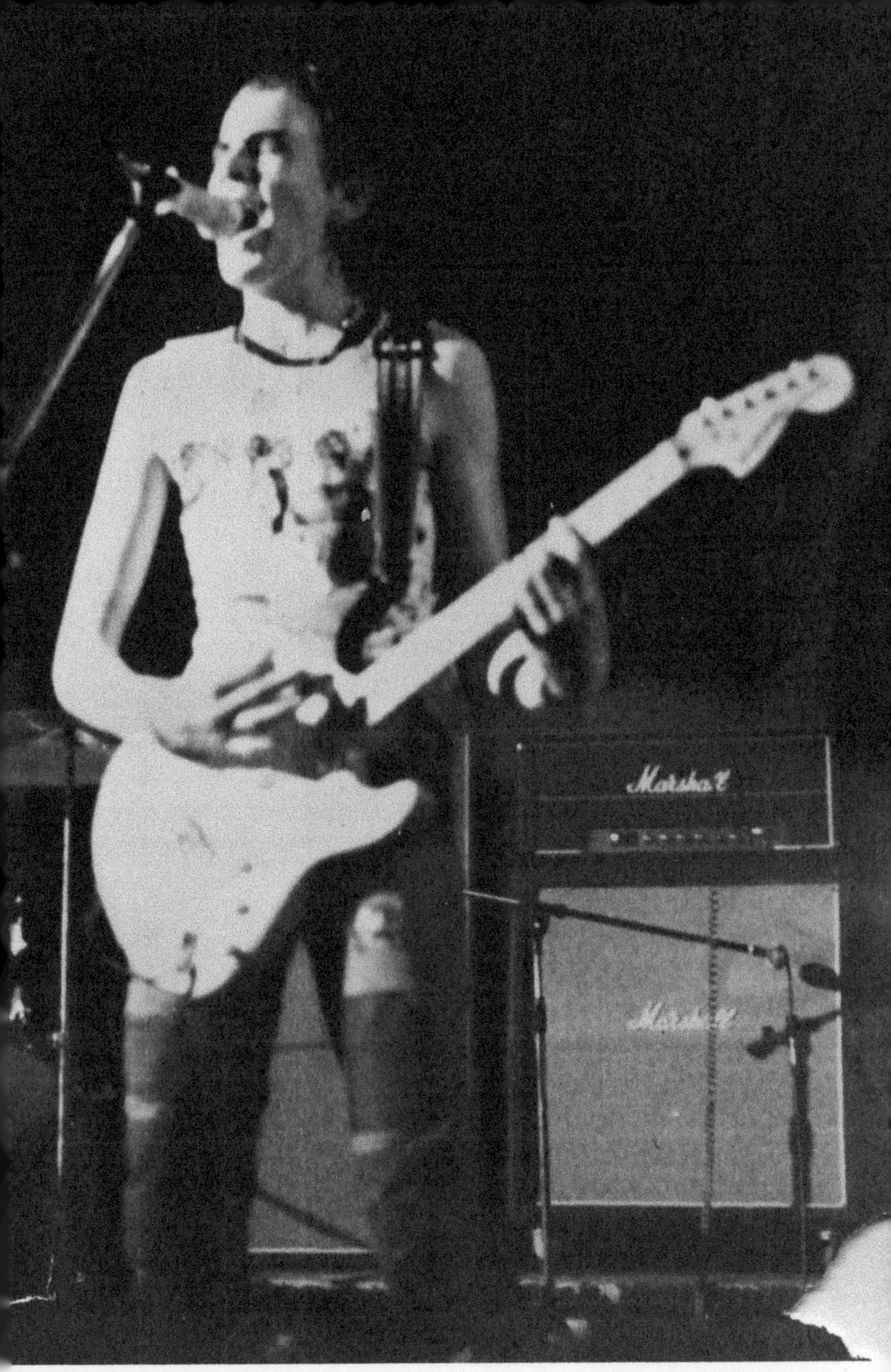

RALF HERTWIG Gode war ja Messdiener gewesen. Und als Weihnachten war, wollte er unbedingt »Ihr Kinderlein kommet« mit neuem Text bringen. »Maria, die Fotze, hat ihre Unschuld verloren«, haha! Total bescheuert! Aber das war seine Auflehnung gegen sein katholisches Elternhaus.

GODE In Hamburg sind vielleicht fünf Prozent Katholiken. Aber von den ersten Punkern waren fast die Hälfte Katholiken und ehemalige Messdiener. Ich wurde mit diesem ganzen Sündenbegriff so erstickt, dass ich bescheuert wurde. Der Text war natürlich auch superpubertär – mit Jesus, dem in den Arsch gefickt wird. Aber für mich war das der Bruch von echten Tabus. Es war für mich ungeheuer wichtig, gegen die Kirche anzugehen. Das war fast Therapie. Als ich das in der *Markthalle* sang – das war ein irres Gefühl. Als ob ich schwebe. Das war wie eine unheilige Handlung, die ich ausführen musste, um mich von diesem ganzen Scheiß zu befreien, der mir mein Leben lang in den Kopf gehämmert worden war.

RALF HERTWIG Ich war ja erst 16 – der Jüngste überhaupt von allen, die aufgetreten sind. Und ich fand das alles einfach unglaublich. Ich hatte vor den Coroners noch nie Schlagzeug gespielt. Und das war gleich mein erster Auftritt. Wir hatten vorher nur dreimal geübt. Ich war also eh wahnsinnig aufgeregt. Hinzu kam, dass ich mir mit Nivea-Creme noch die Haare hochstellen wollte. Davon waren aber meine Hände irrsinnig glitschig geworden. Und durch den Angstschweiß konnte ich die Trommelstöcke nicht mehr halten. Die wanderten bei jedem Stück immer weiter nach vorne – bis sie mir fast aus der Hand fielen. Das war der Alptraum. Bei einem Stück waren Instrumente und Rhythmus um einen Dritteltakt auseinander. Die Instrumente fingen an – und ich hing am Schlagzeug einen Dritteltakt hinterher. Das haben wir aber das ganze Stück über durchgehalten. Völlig obskur. Aber wir waren die Abräumer! Der größte Erfolg war ein Text von Jörn, mit dem er kurz vorher angekommen war: »Ich möchte nur besoffen sein – ich kotze wie ein Schwein!« Und dann der Refrain: »I don't know – I like alcohol!« Da hat die ganze Halle mitgebrüllt. Die Leute waren so dankbar. Die konnten ja mit dieser ganzen Avantgarde vorher und nachher null anfangen.

FRIEDER BUTZMANN Elke, unsere Sängerin, wurde gleich mal von ein paar Bierflaschen getroffen. Und unsere Ersatzsaxophonistin, Eva Gösling, wurde übel an den Armen gebissen. Von den Ätztussis. Das war eine Mädchenpunkband aus Kreuzberg. Mit stark politischem Hintergrund. Hausbesetzer. Für die waren wir intellektuelle Arschlöcher.

ALEX HACKE Ätztussis waren für uns Hippiepunks. Verwaschene-Pullover-Alternative-Müslifresser! Ehemalige Hippies, die jetzt kurze Haare hatten, aber von ihrem Lebensstil und ihrer Ideologie her immer noch Hippies waren. Die ganze Kreuzberger Anarchoszene bestand aus solchen Leuten.

MIKE HENTZ Die Punks haben dann in den Pausen zwischen den Stücken immer die Sänger verprügelt. Und zwar von wirklich allen so genannten Kunstbands, die vor uns spielten – Salinos, Liebesgier und Tempo. Bei Tempo sagten die Berliner Punks: ›So, jetzt spielen Tempo, diese Scheißpopper!‹ Dann waren die alle schon vorne und hatten Bier in der Hand, um es denen drüberzukippen. Einer von Tempo hat sich dann unterstanden, jemandem den Stinkefinger zu zeigen. In der nächsten Pause sind fünf Berliner Punks auf die Bühne gestürmt, haben den einfach voll vermöbelt und ihm noch eine Flasche über den Kopf gezogen. Bevor wir überhaupt anfingen, wussten wir also schon: Wir dürfen keine Pausen machen. Es war aber nicht so, dass wir Angst gehabt hätten. Wir waren richtig geil auf den Auftritt. Wir hatten die Wasserkübel aufgebaut. Sogar padeluun hatte eine Dachlatte in der Hand. Auch wenn er damit ganz hinten stand.

PADELUUN Ich wusste einfach: Wenn Minus Delta t kommen, wird auf der Bühne der sicherste Platz sein. Ich war ja schon vorher in Frankfurt mit denen aufgetreten. Das war megagenial. Mike Hentz hatte so einen Staubsaugerschlauch, ich spielte Bohrmaschine, und Karel Dudesek stand mit einer Kreissäge an einem Tisch. Und das noch mal über die PA verstärkt – das war echter Metal. Dann hat Karel angefangen, mit der Kreissäge den Tisch zu zerlegen. Aber nicht so, wie man das halt macht, sondern voll mit der rotierenden Säge reingehauen und dieses Ding durch die Gegend geschleudert, dann ganz und gar weggeschmissen, Teile genommen, ins Publikum geschmissen. Die Leute waren völlig ratlos. Zwei Typen, Mike und Karel, haben da einen kompletten Saal aufgemischt. Da sah ich wirklich Energie. Und da merkte ich auch – ich lief dann auch durch den Saal –, wo 1000 Leute standen: ›Die haben keine Chance gegen mich.‹ Das war superinteressant. Das Thema Gewalt war ja damals allgegenwärtig, durch die RAF und die Bedrohung, die ja von allen Leuten als real erlebt wurde, dass der nächste Weltkrieg vor der Tür steht. Und das war dann wichtig zu sehen: Ich habe Stärke. Und gegen die ist nicht anzukommen. Was ich aussage, dieser Geist ist einfach stärker. Ich werde nicht zu Klump geschlagen. Okay, die Leute haben auf mich eingeschlagen, aber ich habe das nicht gespürt.

MIKE HENTZ Wir hatten in Hamburg extra drei 500-Watt-Dampflampen mitgebracht. Die normale Bühnenbeleuchtung hatten wir ausgemacht. Da oben auf der Bühne waren nur diese gleißenden, grellbläulichen Lampen, die im Schlagzeug oder sonst wo hingen. Wir haben uns noch Dachlatten zurechtgelegt und sind in grünen Chirurgenanzügen auf die Bühne. Und die Punks haben genauso reagiert, wie wir das erwartet hatten. Die haben die Bühne gestürmt – und wir haben sie mit den Dachlatten wieder runtergeprügelt.

KERSTIN EITNER Die Punks waren völlig konsterniert. Mike Hentz ist ja keiner Schlägerei aus dem Weg gegangen. Und das merkte man. Dem war das alles egal. Der hat einen Knüppel genommen und hat richtig reingehauen.

MIKE HENTZ Wir haben unsere Performance dann bis zum Ende gemacht und sind gegangen. Und als die Punkband nach uns spielte und die ganzen Punks so richtig *happy* waren, haben wir die Leinen von unseren sechs Wasserkübeln gezogen. Der ganze Pulk vorne war plitschnass. Wir sagten: »Danke schön! Auf Wiedersehen!« Und dann wussten sie Bescheid.

Computerstaat

> Wir wurden sogar mit unserem Plattenladen ständig vom Verfassungsschutz beobachtet. Oder von sonstigen Komikern. Ich konnte immer Männer mittleren Alters beobachten, die unauffällig an der Ecke gegenüber standen und mit ihren Plastiktüten redeten. **KLAUS MAECK**

NINA HAGEN Ich hatte mich damals von meiner ersten Westband getrennt und wohnte mit ein paar Punks auf dem Bauernhof von dem Komiker Otto. Der hat uns den zur Verfügung gestellt. Außerhalb von Hamburg. Und da kamen plötzlich, mitten in der Nacht, Jäki und sein Bruder Niki an. Die waren zwei Stunden durch den Schnee gestiefelt. Wir haben dann da ein Programm einstudiert, mit dem wir auf Tour gehen wollten: die ›Babylon will fall‹-Show.

KLAUS MAECK Jäki und sein Bruder haben diese Band Who Killed Rudi gemacht, die erste Skaband mit deutschen Texten – außer Fehlfarben. Und Jäki hatte ja schon immer eine Verbundenheit zu Nina Hagen. Er hat für *Zickzack* auch eine Coverversion von einem alten Nina-Schlager aus der DDR aufgenommen: »Ich bin da gar nicht pingelig, wenn ich dich brauch, dann klingel ich«, haha. Und später hat sie ihn und Niki als Begleitband rekrutiert.

JÄKI ELDORADO Wir fanden das toll. Die richtige Nina-Hagen-Band zu sein. Nachdem die erste so scheiße war. Mit Who Killed Rudi haben wir versucht Ska zu spielen. Das konnten wir natürlich gar nicht. Aber es war lustig. Und das war der Fehler, den wir mit Nina gemacht haben: Nachdem die damals ja ein echter Megastar war, gab es natürlich ein total professionelles Umfeld. Plattenfirmentypen. Tonleute. Und für die waren wir nur: ›O Gott! Jetzt kommen die Dilettanten!‹ Die hatten nur einen Gedanken: Wie kriegen wir diese Leute, die überhaupt nichts können, dazu, wenigstens so ähnlich wie Nina-Hagen-Band zu klingen. Und wir waren nicht stark genug zu sagen: ›Wir können tatsächlich nichts außer Krach machen. Aber wir machen das nach unseren Vorstellungen. Dann funktioniert das auch.‹ Da habe ich mich zuquatschen lassen. Wir haben nichts gekonnt und trotzdem so getan, als ob wir da mitmachen könnten.

AXEL DILL Die konnten einfach nicht spielen. Und für Musiker war das damals halt noch ein bisschen blöd. Die hatten immer nur LSD gefressen – aber noch nie Musik gemacht. Aber ich fand es konsequent von Nina, das zu versuchen. Das war damals ja nur in unseren Kreisen die Regel. Dieses: Wir müssen nicht Musik spielen können. Wir können das auch so. Nina zeigte damit auch, dass sie einen Scheißdreck auf Erfolg gab.

KLAUS MAECK Ich fand den Ansatz interessant, eine Punkband zu nehmen, die wirklich nicht spielen konnte. Und auch nicht spielen können sollte. Um das einem breiten Publikum vorzuführen, was so was ja noch nie gesehen hatte. Und das geschah eben in einer Testvorstellung im Audimax.

FRANK Z Jäki hat uns alle umsonst beim Nebeneingang reingeholt. Das war mehr so eine Revue. Nina wurde zu Playback auf einem Kinderwagen reingeschoben. Da haben die Leute noch geklatscht. Da war noch großer Jubel. Das fanden alle total geil.

KLAUS MAECK Jäki mit Nina Hagen auf der Bühne! Einer von uns! Ich fand das toll. Auch wenn die erste Hälfte der Show vom Band kam. Was alleine schon eine gewagte Geschichte war. Denn so etwas tat man ja damals nicht.

FRANK Z Die sahen alle unheimlich gut aus. Jeder auf der Bühne war tierisch gut gestylt. Da waren auch noch zwei Leute von so einer Schwulentruppe dabei. Nur, das Konzept war noch nicht richtig schlüssig, hähä. Ich fand das zwar alles extrem mutig – aber irgendwann mussten sie halt auch spielen. Und das konnten sie nicht.

NINA HAGEN Ich wollte bei diesem Starstatus nicht mitspielen. Ich war da eher wieder das kleine Blümchen, das ich sowieso bin. Aber der Weg zur Band mit Jäki war ein guter Weg. Die jungen Punks fanden das super. Nur die Normalos waren sauer. Die wollten das Alte sehen: Aber das Alte war nicht mehr da.

FRANK Z Das sollte der erste Auftritt von der Welttournee werden. Die Welttournee dauerte eine Viertelstunde. Weil die Leute brüllten und Sachen warfen und ihr Geld zurückwollten. Ninas Mutter hat dann dafür gesorgt, dass die ganze Tournee abgebrochen wird. Das war eine Katastrophe.

DIEDRICH DIEDERICHSEN Das ging so was den Bach runter! Dass es nicht das kommerzielle Potenzial haben würde wie die alte Nina Hagen Band, war klar. Aber ich fand Nina Hagen ja auch furchtbar. Von daher empfand ich das als eine totale Durchkreuzung der Nina-Hagen-Kultur. Ich fand toll, dass hier der Industrie ihr neuestes Produkt kaputtgemacht wurde. Dass diese beschissene, alte Nina Hagen Band weg war. Es war nur traurig, dass das technisch nicht klappte – für Jäki.

JÄKI ELDORADO In meiner persönlichen Wahrnehmung war das ein komplettes Desaster. Und dem folgten auch fünf Jahre, wo ich nichts mehr gemacht habe. Während andere Leute ihr Leben planten, hatte ich überhaupt keine Richtung mehr.

FRANK Z Unmittelbar nach diesem Megaflop von Jäki haben wir mit Abwärts diese »Computerstaat«-Single gemacht.

FM EINHEIT Da lief ich noch unter dem Namen Frank S – Frank S und Frank Z, haha. Man hatte damals ja keinen normalen Namen. Man war ein Kürzel. Das war wie dieses Image von Devo. Da gab es kein Individuum. Die sahen alle gleich aus. Und bei Abwärts ging es auch nicht darum, sich als Musiker einen Namen zu machen – sondern als Band. Ich war ein Teil von einem größeren Ganzen. Und darin war ich für das Radio zuständig. Ich habe bei Abwärts Radio gespielt. Und so kam es zu meinem Namen. FM ist ja das amerikanische UKW. Mir sagte mal jemand: ›Du bist anscheinend die FM-Einheit von Abwärts.‹ Und Franco – der hatte mit Abwärts ja seine politische Phase auch endgültig hinter sich – war das Propagandainstrument, hähä.

FRANK Z »Computerstaat« hing damit zusammen, dass damals gerade die Fahndungsmethoden immer mehr verfeinert worden waren. Diese EDV-mäßigen Planungskonzepte von Horst Herold – vor allem sein Rasterfahndungs-Computersystem – waren ja noch kurz vorher gar nicht möglich gewesen. Computer hatten ja damals nur ein paar Leute, die damit herumexperimentiert haben. So was wie elektronische Datenerfassung ist am Anfang komplett über die staatlichen Institutionen gelaufen. Und diese Dinge empfand man als reale Bedrohung. Das war eine noch nie dagewesene Stimmung – da stand Deutschland kurz davor, so ein absoluter Polizeistaat zu werden. Ich weiß noch, wie ich in so eine Kontrolle komme – und sofort hält mir irgendein Arschloch die Maschinenpistole in die Fresse. Für »Computerstaat« hat dieses Klima klar den Ausschlag gegeben. Und das war ja auch so eine allgemeine Hysterie. Das ging nicht nur gegen die RAF. Die *Bild*-Zeitung wiegelte die Leute auch gegen Punks auf. ›Punker-Terror!‹ Bis Mitte der 70er hieß es immer: ›Rockerterror!‹ Und dann: ›Punkerterror! Punkrocker!‹ Und als solcher war man für alles verantwortlich. Das war so eine aufgehetzte Stimmung. Richtig pogrommäßig. Wie so Judenverfolgung.

ANDREAS DORAU Da lief in der *Bild*-Zeitung jeden Tag eine richtige Hetzkampagne: ›Diese Punks! Die sind eine Gefahr für uns alle!‹ Jeder, der kurze Haare und Badges hatte, war eine Punkersau. Ich ging einmal bei mir in der Gegend durch die Straßen. Da hält neben mir mit quietschenden Reifen ein Auto. Und vier Typen sprangen raus. Normale Arbeitertypen. Und riefen: »Na warte, du Punkersau! Wir schlagen dich tot!« Ich rannte um mein Leben. Und die hinter mir her. Zum Glück habe ich sie abgehängt.

FRANK Z Wenn du damals als Punker alleine durch die Straßen gelaufen bist: Das war echt hart – wie Spießrutenlaufen. Ständig haben einem vor der *Marktstube* die Teds aufgelauert. Die Bullen sowieso. Aber oft auch ganz normale Leute. Ich war permanent in irgendwelche Sachen verwickelt, weil ich auf der Straße von irgendwelchen Wichsern angemacht worden bin. Einmal bin ich richtig zusammengeschlagen worden. Ich wusste gar nicht, was das für Typen waren. Die sahen eher aus wie Faschos. Ich war da zu Fuß unterwegs. Die haben mich geschnappt. Zwei Mann haben mich festgehalten und einer hat mir immer nur auf die Fresse gehauen.

AXEL DILL Wir sind mal nach dem Proben noch zum Italiener.

Da sind die anderen ein Stück vor mir hergelaufen. Und da kam uns so ein Hippie entgegen. Ich daddelte als Letzter hinterher. Und der haute mir voll auf die Fresse. Einfach im Vorbeigehen. Und ging weiter. Ich wusste gar nicht, was los war.

RALF HERTWIG Mit der Polizei war das auch so ein Spiel. Die kamen immer mit ihren Mannschaftswagen an. Dann wurde alles, was punkig aussah, um den Block gejagt, reingetan und in die Wache Budapester Straße gefahren.

KERSTIN EITNER Das lief immer mehr auf eine ganz neue Polizeistrategie hinaus: Jeden Tag durch das Karolinenviertel fahren und sämtliche Punks einsammeln.

KLAUS MAECK Am Ende dieser ganzen Auseinandersetzungen mussten wir mit dem *Rip Off* umziehen. Weil auch noch alle Nachbarn revoltierten. Es hatte immer mehr Ärger gegeben. Zuerst mit den Teds, später mit den Poppern, mit den Dealern und sogar mit den Zuhältern – was vor allem am *Krawall 2000* lag. Das war ja am Fischmarkt. Und da war Zuhälterterritorium.

GODE Die Teds haben sich nicht ins *Krawall* gewagt. Da hat nie ein Ted seinen Fuß reingesetzt. Aber die Zuhälter haben das mal richtig auseinandergenommen. Im *Krawall* waren ja am Schluss nur noch diese Dorfschlägerpunks. Einige von diesen besoffenen Deppen haben die Straßennutten angemacht. Und das fanden die Loddels nicht so witzig. Die sind mit Baseballschlägern und Schäferhunden gekommen, und dann gab es richtig auf die Fresse. Ich war gerade in der Wohnung ein Stockwerk höher und lag mit meiner Freundin Caro im Bett. Wir haben da eine Nummer geschoben und das zuerst nicht mitgekriegt. Die Punks haben die Zuhälter nur ankommen sehen und versucht, noch irgendwie aus dem Laden rauszukommen. Die sind aus den Fenstern gesprungen und alles. Ich bin dann hintenrum runter – man konnte nicht direkt von der Wohnung in die Kneipe. Der Laden war platt! Da hatten ein paar Leute so richtig gebrochene Arme und zerschlagene Nasen. Und danach war es vorbei mit dem *Krawall 2000*.

Dann haben wir auch die Coroners aufgelöst. Wir hatten ja absolut originär sein wollen. Aber mit diesen ganzen Arschlöchern, die sich jetzt Punks nannten, hatten wir nichts mehr am Hut. Deswegen haben wir gedacht: ›So, jetzt machen wir was ganz Neues: New Wave!‹

RALF HERTWIG Das ging ganz schnell. Plötzlich war Punk out. Und wir benannten uns in Front um. Unter diesem Namen machten wir zwei Singles bei *Zickzack*. Aber im Grunde wussten wir damals selber nicht mehr, was wir machen wollten.

DIEDRICH DIEDERICHSEN Am Anfang war ja nicht klar gewesen, was Punk überhaupt war und welche Grenzen es hatte. Und solange das der Fall war, brachte Punk alle möglichen exzentrischen Figuren hervor. Aber bald war Punk immer weniger der Ort für Exzentriker und sonstige expansive Persönlichkeiten. Die mussten zu neuen Ufern. Und was zurückblieb, waren Gruppen wie Slime. »Wir wollen keine Bullenschweine!« Das war eine andere Ausrichtung. Ich erinnere mich an ein Clash-Konzert, über das ich in *Sounds* geschrieben habe, unmittelbar nach einer Rundum-Festnahme von 200 Punks. Clash galten ja inzwischen als Verräter. Die wurden provoziert und angespuckt – bis Joe Strummer mit der Gitarre zurückschlug und irgendeinen Typen am Kopf traf. In der *Marktstube* war danach richtig Revolutionsstimmung. Alle brüllten durcheinander: »Strummer hat den totgeschlagen!« Und es war klar: Heute passiert noch was. Die *Marktstube* war irrsinnig voll mit Leuten, die zu allem entschlossen waren. Gegen Clash. Gegen »die Schweine«. Gegen »das Kapital«. Und dann kam gegen drei Uhr morgens das Opfer an. Mit einem kleinen Kopfverband. »Ey, du hast überlebt!« Strummer meinte am nächsten Tag im Interview zu mir: »Hamburg ist die beste Stadt der Welt. So eine Energie habe ich noch nie erlebt. Die muss man richtig nutzen.«

JÜRGEN ENGLER Für mich war Punkrock endgültig gegessen, als wir hier in Düsseldorf mit Male das Vorprogramm von Clash gemacht haben. Das war ein Schlag vor den Kopf. Die haben uns behandelt wie Scheiße.

FABSI Wir waren da mit ZK schon am frühen Abend geschlossen hinter der Bühne – und Clash konnte nichts dagegen machen. Die haben da vorne erst mal Fußball gespielt – die Verstärker als Tore genommen und die zigmal umgetreten. Und die Roadies mussten immer wieder aufbauen. Was für eine Drecksbande! So viele Arschlöcher auf einem Haufen habe ich selten erlebt. Die kamen alle in Anzügen mit Goldkettchen daher. Und haben sich dermaßen als Superstars benommen. Und dann haben sie vor dem Auftritt ihre Bondage-Hosen angezogen und ihre krachfarbenen Hemden. Und Joe Strummer stand ewig vor dem Spiegel, hat Posing geübt und sich gekämmt.

JÜRGEN ENGLER Das war so: ›Was? Das sollen die Köpfe dieser Punkbewegung sein – die alles anders machen wollten? ›No more heroes‹ und so? Das ist doch genau das Gleiche wie früher!‹ Und plötzlich war für mich alles unten durch. Das war die Enttäuschung schlechthin.

DETLEF DIEDERICHSEN Ich kann mich erinnern, wie Male hier in einem Kiezladen auf St. Pauli spielten. Da hatten sie schon diese »Clever & Smart«-Single. Da war schon Ralf Dörper mit seinem Synthie dabei. Und im Publikum waren fast nur Hardcore-Punks. Male waren wirklich gut. Ziemlich hart auch. Aber der erste Song war zu Ende – und es war mucksmäuschenstill. Die Punks haben nicht reagiert. Die standen nur da, hatten ihr Bier und waren angepisst. Irgendwann sagte Jürgen Engler: »Na, ihr habt früher aber auch mal mehr Power gemacht.« Und da sagte einer von denen so auf Hamburgisch ganz trocken: »Da habt ihr auch noch nicht so eine Kackmusik gemacht.«

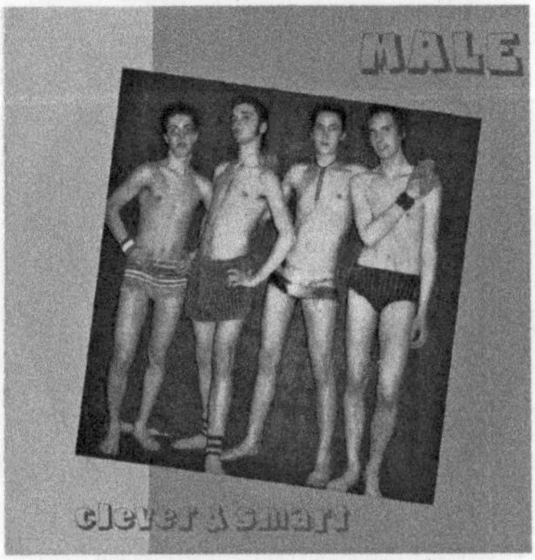

JÜRGEN ENGLER Wir wollten ja von diesem klassischen Drei-Akkorde-Ding weg. Punk wurde erfunden, um zu sagen: ›Wir machen was anderes. Alles, was alt ist, wird ausradiert. Alles neu!‹ Und uns da jahrelang nicht weiterzuentwickeln – das war für mich undenkbar. Aber die Leute standen nur da und waren irritiert.

Was dann nur noch mal die Bestätigung war: Wir haben zusammen mit ZK in Bremen gespielt. Bremen war ja ein richtiges Aso-Pflaster. Da war es unheimlich hip, sich gegenseitig anzurotzen. Die haben uns von oben bis unten berotzt. Das war so was von ekelhaft! Ich habe mir das ganze Konzert über nur gedacht: ›Was soll das? Was mache ich hier?‹ Und danach habe ich zu Campi gesagt: »Weißt du was? Ich habe keinen Bock mehr auf die Scheiße. Das ist mir zu asozial geworden. Das ist alles nicht mehr das, woran ich geglaubt habe.«

FABSI Male kamen gar nicht gut an. Und wir hatten nach den ganzen Misserfolgen auch gesagt: ›Wenn das Konzert in Bremen nicht klappt, lösen wir uns auf.‹ Und dann legten wir so ein geiles Konzert hin. Mit einem Mal standen auch Mädchen auf uns. Und wir haben natürlich weitergemacht.

CAMPINO Male wurden ja damals sauhoch gehandelt – und waren auch überregional am schnellsten bekannt. Die hatten auch viel mehr Hitpotenzial als Mittagspause. Sie waren zwar die grüneren Jungs, aber die bessere Band. Und wir waren bis dahin, gegenüber Male, immer die Band gewesen, die halt auch noch spielte. Nie wäre jemand auf die Idee gekommen, plötzlich Male vor uns spielen zu lassen.

ISI Wir hatten mit ZK nur totale Verwirrung mit den Gitarristen. Nach der *Rondo*-Single ist unser Stammgitarrist Ingo abgehauen. Der wollte bei Rheinmetall beruflich tierisch was bringen. Und seine Eltern und seine Freundin waren auch nicht so für ZK. Da haben wir noch in einem Keller geprobt, wo auch andere Bands waren. Und dort haben wir durchklingen lassen, dass wir einen Gitarristen brauchen. Auf einmal kam die Freundin von einem Typen an. Schön mit langen Haaren. Lila Halstuch. Ein Hippiemädel. Aber sie hatte eine Gitarre und einen Verstärker. Als ZK-Gitarrist brauchte man damals keine besonderen Voraussetzungen. Am Anfang hat das mit ihr auch gut geklappt. Wir haben ein paar Wochen geprobt. Dann stand ein Auftritt in Berlin an. Also mussten wir ihr wohl oder übel mal sagen, wie es bei diesen Auftritten zugeht. Dass da auch mal hochgespuckt wird, dass da auch mal was raufliegt. Einen Abend vorher hat sie angerufen: »Ich kann nicht!« Da habe ich schnell noch versucht Gitarre zu lernen.

CAMPINO Zu den Proben haben wir uns immer mit diesen ALDI-Plastiktüten getroffen. Da hatte jeder vier, fünf Dosen drin. Dosenbier ist ja das Letzte. Wenn man da angekommen ist, ist man biermäßig wirklich auf der untersten Stufe. Und genau das fanden wir geil. Dieses: trinken und wegschmeißen. Kein Pfand und kein Getue. Da waren wir happy. Im Proberaum treffen, Verstärker aufreißen, das Bier trinken und an diesen Liedern rummurksen. Ich hatte nicht eine ZK-Probe, wo ich nicht betrunken gewesen wäre. Früher war ich immer dicht. Ich dachte, das gehört dazu. Und mir war auch meine Stimme peinlich. Irgendwie war mir das alles so entsetzlich peinlich. Vor allem dieser Moment im Studio, wenn ich meine Stimme alleine hörte – da bin ich immer gestorben. Ich habe das nicht ausgehalten, wenn ich nichts getrunken hatte. Genauso, wenn wir in eine andere Stadt gefahren sind: Oft bin ich ja von Fabsi und den anderen aus der Schule abgeholt worden. Dann sofort erst mal Bierchen aufgemacht. Für uns ging die Party schon im Auto los.

FABSI Wir hatten zuerst den Käfer. Und dann einen ganz alten Escort-Kombi. Oben immer die schwere Ampeg-Box drauf und hinten die Instrumente. Alle mit Bierbüchse. Nur ich musste immer nüchtern bleiben, weil ich gefahren bin. Als Kuddel mit 15 kam, war Campi 16. Später war Isi alt genug. Aber unseren Teddyboy konnte man ja nicht fahren lassen, weil er immer sturzbetrunken war.

CAMPINO Das Konzert selber war dann nie so wichtig. Teilweise war ich um 19 Uhr so breit, dass ich überhaupt keine Ahnung mehr hatte, was ich überhaupt machte.

FABSI Und dann immer das Spiel: die Leute pünktlich nach Hause bringen – Isi grundsätzlich voll betrunken bei sich vor der Haustür rauswerfen. Meistens fiel er einfach aus dem Auto und hat sich erst mal übergeben. Der wohnte in einem Mietshaus zwischen zwei Plakatwänden. Eine davon hat er sich immer ausgesucht und hat dagegengereihert. Rechts oder links. Einmal hatte ich bei so einer Gelegenheit schon die ganze Zeit das Gefühl, dass hinter uns ein Wagen war. Und ich mit diesem Haufen Bekloppter im Auto. Ich fahre in die Straße bei Isi.

Hinter uns dieser Wagen. Und Isi macht die Tür auf. Kübelt direkt auf den Bürgersteig. Direkt den Bullen vor die Füße.

Teil 3

DIE GUTEN UND DIE BÖSEN

Frühling 1980 – Winter 1982

Koks-Vampir

Von den Neuen Wilden hat mir eigentlich nur Kippenberger gefallen. Vor allem dieser Klassiker von ihm, wo du nur so komische hakige Formen siehst. Haken nach rechts, Haken nach links, aber du kannst beim besten Willen kein Hakenkreuz erkennen. Das Bild heißt: ›Ich kann beim besten Willen kein Hakenkreuz erkennen.‹ Ich fand das total komisch. Leider hat er auch total extrem gelebt. Er ist ja schon lange tot.

MORITZ R®, DER PLAN

WOLFGANG SPELMANS Wir hatten in London vor allem zu Wire ein freundschaftliches Verhältnis. Ihr Manager hatte uns in sein Büro eingeladen und Auftritte mit ihnen angeboten. Wir haben uns dann mit Wire öfters im Pub getroffen und was getrunken. Und die hatten auch nichts dagegen, dass wir zu ihnen in den Übungsraum kamen und bei den Proben zuschauten. Wir traten dann zusammen mit ihnen im *Electric Ballroom* auf. Wire waren ja unsere absoluten Favoriten. Die konnten eine unheimliche Energie in einen Konzertsaal bringen. Und die waren natürlich Headliner. Die fuhren da mit ihren riesigen Aluminiumcases über die Bühne. Und wir haben unser Equipment aus Pappkartons aufgebaut. Wir hatten noch nie vor so einem großen Publikum gespielt. Da waren 1200 Leute. Die ganze Presse. Wir waren dermaßen aufgeladen.
GABI DELGADO Wire waren zu der Zeit die Gruppe, zu der man in London einfach hin musste. Und an diesem Abend haben wir deren Stadt erobert. Wir haben die einfach an die Wand gespielt. Die waren ganz schockiert, was wir da für eine Energie freigesetzt haben.
WOLFGANG SPELMANS Wir hatten uns dadurch in London einen Namen gemacht. Wir waren hinterher total euphorisch. Alle Leute behandelten uns als Sensation. Und Wire waren völlig fertig. Die sagten: ›Mit DAF spielen wir nicht mehr.‹ Danach war der Kontakt abgebrochen. Wir haben uns nie mehr getroffen.

ALFRED HILSBERG Ich habe DAF damals in England besucht, als die im Studio waren. Da haben sie mir zum ersten Mal das Album vorgespielt: *Die Kleinen und die Bösen*. Das war für mich ein unglaublicher Kick. Das war so was von einem Traum von Musik. Ich konnte mir bis dahin gar nicht vorstellen, dass eine deutsche Band so gut werden könnte. Ich merkte, dass das die Realisierung des Traums war, den sie so lange verfolgt hatten.

ROBERT GÖRL Wir hatten ziemlichen Erfolg in England. Obwohl die Engländer nicht mal unseren Namen aussprechen konnten. Für die waren wir einfach D-A-F. Aber die waren schon interessiert, dass das German-American-Friendship bedeutete. Dass es dann aber Berührungspunkte mit Skinheads gab – das lag nicht an Assoziationen mit solchen Wörtern. Wir haben einfach so viel mit Energie gearbeitet – das ging gar nicht anders, als dass da militärische Kräfte auf uns zukamen. Auf einmal tauchten eben Jungs in unserem Publikum auf, die auf wahnsinnige Power standen. Und die hatten kahl geschorene Köpfe.

CHRISLO HAAS Ich war der Einzige, der mit den Skins gut klarkam. Mike Hentz hatte mir mal einen Karton mit Liliput-Ausgaben von *Mein Kampf* geschenkt. Davon hatte ich immer welche dabei. Ich weiß noch, wie Gabi einmal tierisch Stress gekriegt hat, weil die bei der Zugabe auf die Bühne wollten, um selber zu spielen. Da habe ich *Mein Kampf* verteilt – und die waren happy.

ROBERT GÖRL Wir hatten mal einen Auftritt in Middlesbrough. Das war das Härteste, was ich je erlebt habe. Middlesbrough ist eine volle Industriestadt, in so einer Art englischem Ruhrgebiet.

GABI DELGADO Da stand das Atomkraftwerk mitten in der Stadt, hähä. Direkt am Hafen. Das fand ich sehr konsequent.

ROBERT GÖRL Wir fuhren da ganz alleine hin. Und dann kam echt die große Überraschung. Als wir zum Soundcheck zur Halle gingen, haben schon 100 Skinheads auf uns gewartet. Wir waren von Skinheads gebucht worden. Das war ein Skinclub. Aber wir waren nicht so drauf, dass wir den Schwanz einziehen. Es war genau andersherum: ›Heute geben wir Gas!‹

Wir sind dann wieder ins Hotel, und als wir abends zurückkehrten, war die ganze Halle gesteckt voll mit 700, 800 Skins. Man konnte die Vibrationen richtig greifen. Das war klar: Wir dürfen jetzt wirklich nur noch Gas geben. Denn wenn wir das nicht tun, sind wir verloren.

Dann gab es einen hammermäßigen Auftritt. Wir kamen auf die Bühne – und wir waren dort nicht alleine. Der Anführer der Skins stand mit verschränkten Armen – powermäßig, breitbeinig – auf der Bühne und meinte: »Come on, guys.« So: ›Jetzt wollen wir mal sehen. Entweder ihr bringt es – oder wir machen zuerst euch platt und dann euer Equipment.‹ Wir haben so reingedroschen! Ich habe auf mein Schlagzeug mit so einer Wucht geschlagen, und Gabi hat seine deutschen Texte so rausgeschrien ...

GABI DELGADO Da war so eine Hölle. Nur Skins. Und der oberste Führer von denen auf der Bühne. Wir starteten mit »Gewalt«. Das fanden die ziemlich seltsam. Die haben ja nur Ska gehört. Dann haben wir »Kebapträume« mit diesem Refrain ›Deutschland, Deutschland, alles ist vorbei‹ gespielt. Und dann schwenkte das um. Plötzlich nur noch »Deutschland! Deutschland! Sieg Heil!«. Dann kam »Mussolini« mit der Adolf-Hitler-Zeile. Da standen die alle wie eine Eins, haha. Und der Führer die ganze Zeit mit uns auf der Bühne. Wie so eine Art Zensor. Das hat mir gefallen. Aber das war natürlich superwild. Die haben sich geprügelt wie die Tiere!

ROBERT GÖRL Dann waren die voll drauf. Die haben nur getanzt und sind gesprungen. Und nachdem der Anführer gemerkt hat, dass wir so richtig Schub geben, ist er von der Bühne gesprungen und hat uns spielen lassen. Wäre es nicht so gewesen, hätte er seine Jungs raufgewunken. Ich habe dann von anderen Engländern gehört, dass die Middlesbrough kannten. Und auch diese Halle. Da war es schon oft passiert, dass eine Band, die es nicht brachte, einfach platt gemacht wurde. Da hatte keine Gitarre noch einen Hals, da stand kein Verstärker mehr. Nichts. Das war kein Spaß. Und das war auch keine Show mehr.

GABI DELGADO Wir hatten also so eine Art Kriegerkaste kreiert. Eine eigene DAF-Kultur. Das war ja nicht nur Musik. Das war nicht nur Style. Das war eine Art zu leben. Extrem radikal. Keine Angst. Das klappte sehr gut mit Görl, Haas und mir. Spelmans wurde so langsam ein Fremdkörper. Aber der Nächste, der gehen musste, war lustigerweise Haas – der Mitinitiator dieses Paramilitärischen. Aus dieser Hassenergie musste sich ja etwas entwickeln, damit das gut wird. Nämlich Liebe. Liebe musste da rein. Weil man auf Dauer nicht so leben kann. Deswegen musste aus diesem Männerbund so was Homoerotisches werden, wie sich das dann zwischen Robert und mir herauskristallisierte. Und da war für Haas kein Platz mehr. Haas war auch zu undiszipliniert. Der hatte ein gewisses asoziales Verhalten. Der hat sich nie gewaschen. Wir haben ja alle auf einem Fleck gehaust. Völlig illegal.

ROBERT GÖRL Wir hockten zu sechst ein knappes Dreivierteljahr in diesem Keller aufeinander. Und Chrislo – irgendwann lag der nur noch herum. Und hat nur noch gestänkert. Er wollte keine Gigs mehr machen. Er wollte zu keiner Plattenfirma. Er wollte gar nichts. Einfach unten im Keller flacken und vor sich hin stinken, haha. Haas war ja ein guter Freund von mir. Ein richtiger Buddy. Aber den haben wir die letzten Male nur noch mitgeschleppt, wie einen stinkigen Sack. Der war an der negativen Oberfläche des Ganzen hängengeblieben. Ich hatte damals ja auch viel Punk in mir. Ich fand auch gut, dass er die Leute vor den Kopf stieß und in Tabus reinschlug. Dafür stand auch DAF. Aber Haas hatte nur dieses eine Ding – den Aspekt des Negativen. Irgendwann sagten wir: »Das war es jetzt! Haas! Geh!«

GABI DELGADO Das war während dieser aufkeimenden Liebe zwischen Robert und mir. Wir waren genervt von anderen Menschen. Unterwegs hatten wir immer ein Doppelzimmer und haben uns unterhalten: »Wir machen eine andere Gruppe. Wir nennen die Deutschland.« Wir dachten: ›Ist ja kein Wunder, dass wir so konventionell gedacht und es mit Musikern probiert hatten.‹ Am Anfang von DAF hatte es ja die ganzen Maschinen noch nicht gegeben. Wir hatten uns ja Menschen suchen müssen. Aber 1980 gab es auf einmal viele neue Maschinen. Und wir wollten viel lieber mit Maschinen arbeiten.

Zuerst wurde es aber noch richtig hart. Wir hatten das ganze Geld verplempert. Hatten weder Geld noch Wohnung. Gar nichts. Dann wurde das noch paramilitärischer. Wir haben so richtig auf der Straße gelebt. Und da war es gut, eine gewisse Härte zu haben. Wir haben da alle angehauen. Wenn man auf der Straße steht, dann benutzt man diese ganz spezielle Intuition. Man ist da wie so ein Tierchen. Man wittert geradezu. Man geht da rein und kriegt einen Kaffee und ein Brötchen, und dann geht man da rein und lernt jemanden kennen, wo man schlafen kann. Man entwickelt spezielle Instinkte.

ROBERT GÖRL Ich habe in einem leer stehenden, total verrotteten Haus in Camden Town gewohnt. Mitten im Winter. Heizung gab es nicht. Ich habe da auf so einer versyphten Matratze in einem eiskalten Raum geschlafen, wo kein Mensch war. So richtig mit Zeitungen ausgepolstert – gegen den ganzen Syph und die Kälte. Da ging es ums Überleben.

WOLFGANG SPELMANS Wir hatten nach diesem Kellerloch die unterschiedlichsten Schlafmöglichkeiten. Wir haben uns überall herumgetrieben. Nach einem Auftritt ist Daniel Miller von *Mute Records* aufgetaucht. Und wir haben ihm von unserem Problem erzählt. Ich habe dann einige Wochen bei ihm im Arbeitszimmer gewohnt. Ich konnte mich zum ersten Mal seit einem Jahr wieder zurückziehen und ein bisschen zur Ruhe zu kommen.

GABI DELGADO Ich bin bei einer Freundin von Gudrun Gut untergekommen. Carrie. Wegen der bin ich wie noch nie in meinem Leben zusammengeschlagen worden. Von Skinheads lustigerweise. Damals bin ich ja auch als Skinhead rumgelaufen und war mit Carrie in einem Pub. Da kamen ein paar Skins und wollten die anmachen. Und ich sage: »Hey, lasst die mal in Ruhe!« Da sagen die: »Wo bist denn du her? Du bist doch kein Engländer!« »Ich bin Deutscher. Sieg Heil!« Ein Wort gab das andere. Vollkommen im Suff. Zuerst: »Deutschland und England!« Aber fünf Minuten später: »Du Arschloch!« Und als wir rausgingen, sind sie uns hinterher und haben mich total vermöbelt.

WOLFGANG SPELMANS Im Frühjahr 1980 kamen wir über London nach Berlin und haben eine Tour mit der Band von Gudrun Gut, Beate Bartel und Bettina Köster gemacht – Mania D. Wir haben uns auch schnell angefreundet. Und in diesem Umfeld tauchte auch öfters Blixa Bargeld auf. Immer ganz in Gummi. Wir waren inzwischen alle auf dem Ledertrip. Und Blixa war voll auf Gummi. Ich habe den nie anders gesehen als in Gummijacken und ganz normalen, schwarzen Gummistiefeln. Ich habe immer gedacht: ›Der muss Megaschweißfüße haben.‹

GABI DELGADO Als ich Blixa kennen lernte, war das so ein geiler Typ. Der war hier der Koksdealer. Der hat uns das Koks gebracht. Und dann hat er sich völlig auf Koks auf die Bühne gestellt: »Ich will Blut!« Wie ein Koks-Vampir.

ANDREW UNRUH Ich war ja nach dem Abitur nach Amsterdam gezogen und lernte Klaviere restaurieren. Blixa hat mich dort mal besucht und erzählte, wie viel in Berlin musikalisch passiert und dass wir mit Gudrun und Beate eine Band machen könnten. Und dann kam ich eben zurück – und richtete mir im Keller vom *Eisengrau* eine Werkstatt ein.

BLIXA BARGELD Ich habe dann Bettina Köster ihren *Eisengrau*-Laden abgekauft. Da wurde allerdings nichts mehr verkauft. Man ging da einfach nachmittags hin, weil man hoffte, interessante Leute zu treffen. Musiker oder Super-8-Filmer. Die standen dort alle herum und unterhielten sich. Eines Tages kam jemand in den Laden und sagte, er würde das Programm für so einen Club machen und ob wir am 1. April da spielen würden. Habe ich gesagt: »Hm ja.« Hat er gefragt: »Und wie soll ich das ankündigen?« »Einstürzende Neubauten.« Von außen wirkte es vielleicht so, als sei das alles geplant gewesen. In Wirklichkeit war es nur eine spontane Eingebung. Von außen wirkte es vielleicht auch so, als würde in Berlin unheimlich viel passieren. In Wirklichkeit waren es nur zwei Dutzend Leute – in wechselnden Konstellationen. Gudrun ist da eine entscheidende Figur. Wenn ihre Bandkolleginnen auch nur für zwei Wochen in Urlaub fuhren, hat sie die Zeit genutzt, um noch eine Band zu gründen.

GUDRUN GUT Berlin war so ein Künstleridyll. Die Mieten waren niedrig. Man konnte viel ausprobieren, ohne gleich zu verhungern. Und dann habe ich eben, noch während ich bei Mania D. war, bei Neubauten mitgemacht. Blixa wollte eine Band gründen und hatte mich und Beate gefragt, ob wir mitspielen. Wir haben dann bei ihm im Keller mal geprobt. Der erste Auftritt war in einer Diskothek namens *Moon*. So ein kleiner Club, in den 200 Leute reingepasst haben. Mit so einer Glitzerkugel. Daran war überhaupt nichts Aufregendes, weil da höchstens 50 Leute waren. Es gab Super-8-Filme – und wir haben dazu Musik gemacht. Ich habe Korg MS-20 gespielt und gesungen. Beate hat Bass gespielt. Das war alles noch sehr improvisiert – sehr frei.

INGA HUMPE Ich habe die Neubauten zum ersten Mal in so einer Fabriketage gesehen. Da spielten sie hinter einem Gitter. Das sah aus wie ein Käfig. Mitten im Raum. Blixa, Andrew, Gudrun und eine unglaublich hübsche Bassistin – Beate Bartel. Die schwang ihre dunkelbraunen Haare hin und her und spielte immer nur einen einzigen Basston. Das war so eine unheimliche Inszenierung. Ich ging da durch, und die standen da wie im Zoo, hinter diesem Gitter, und kuckten niemanden an. Und ich dachte: ›Ist das cool!‹

ANDREW UNRUH Da haben wir hinter einer Art Zaun gespielt, der bis zur Decke hochging. Das war natürlich total hip. Wir konnten machen, was wir wollten. Und das Publikum konnte keine Bierdosen werfen.

GUDRUN GUT Die Bühne war kaum erhöht. Und einer der Zuschauer fing plötzlich an, sich in diesen Zaun hineinzuwinden. Ich habe dann aufgehört zu spielen und mir das von der anderen Seite angekuckt. Ich dachte nur: ›Ist das wild!‹ Das hatte etwas unheimlich Rohes. Wie verletzte Tiere.

Wir hatten damals noch gar nicht dieses ganze Metallzeug auf der Bühne. Nur an meinem Schlagzeug hatte ich, statt eines Beckens, ein Aluminiumblech, weil das besser knallte. Das hat auch Andrew gemacht, weil wir uns halt das Zeug gegenseitig ausgeliehen haben. Er hat das später eben nur weiter ausgebaut. Aber in den Anfängen der Neubauten wurde vor allem ausprobiert. Das war noch sehr spielerisch. Und das fand ich gut. Aber als wir dann im Studio waren und eine Single aufnehmen wollten, haben wir uns gestritten. Das, was Blixa wollte, war nicht das, was ich wollte. Und nachdem wir ja auch noch Mania D. hatten, war es klar, dass das eher sein Projekt ist. Es war klar, dass er gerade einen Weg sucht. Und dieser Weg wird gegangen. Nur – bei Mania D. waren wir alle gleichberechtigt. Da machten wir alle, was wir wollten. Und bei Blixa sollte ich auf einmal machen, was er will. Beate war dann noch ein bisschen länger dabei. Aber ich habe zu ihm gesagt: »Nee, mach du mal alleine.« Ich wollte einfach nicht Angestellte sein. Dafür war ich zu wild, haha.

BEATE BARTEL Ich hatte immer einen Höllenspaß mit Andrew. Wir waren immer so: ›Wir machen sowieso, was wir wollen.‹ Aber meine Lust hat schlagartig aufgehört, als Andrew und ich mal tauschen wollten. Ich wollte auch mal Schlagzeug spielen. Und er wollte auch mal an den Bass. Aber Blixa schrie: »Nein! Geh wieder zurück. Das geht nicht.« Und das war es dann letztendlich. Ich wollte mir von ihm keine Vorschriften machen lassen. Da war Sense. Mich hat ein despotischer Bandleader einfach nicht interessiert.

BETTINA KÖSTER Wir haben mit Mania D. auch anders gearbeitet als Männerbands. Es war nicht so, dass wir gesagt haben: ›Jetzt kommt dieser Akkord und dann jener.‹ Sondern: ›Jetzt haben wir dieses Gefühl, und dann soll noch jenes Gefühl dazukommen.‹

GUDRUN GUT Wir haben uns gefragt: ›Was ist uns wirklich wichtig?‹ Und das waren eben die ganz großen Gefühle: Liebe, Schmerz, Trennung. Aber Weiblichkeit bedeutete für uns nicht: kuschel-kuschel! Der Designer unserer späteren Plattenfirma hatte bei dem Wort Frauenband gleich die Assoziation ›Parfum‹. Das mochten wir überhaupt nicht. Wir mochten auch die meisten New-Wave-Frauenbands nicht. Etwa Liliput aus der Schweiz. Die fand ich immer viel zu nett. Bei denen ging das ganz und gar über den Kopf. Das hatte, bis hin zu diesem federnden Schlagzeugsound, so eine Leichtigkeit, die direkt ins Gehirn ging. Damit hatte ich nichts am Hut. Bei Mania D. ging das über den Körper – über den Unterleib. Wir waren eine

Bauchgruppe. Wir haben immer darauf bestanden, dass wir viele Bässe haben. Und wir waren richtig laut.

BLIXA BARGELD Das hat mich an Mania D. von Anfang an beeindruckt. Nicht nur, dass sie härter als andere Frauenbands waren. Sie waren auch die einzigen Frauen, die sich jeglichem Frauenbandklischee entzogen haben.

GUDRUN GUT Mit Mania D. hat dann gleich ein unglaublicher Mania-D.-*hype* angefangen, ohne dass wir groß gespielt haben.

INGA HUMPE Vor allem zwischen uns und Mania D. war das nackte Konkurrenz. Die ganze Berliner Szene war ja von Beginn an vorsichtig miteinander umgegangen. Aber seit sich die ersten Gruppen gebildet hatten, war man äußerst unfreundlich zueinander. Man redete nicht miteinander. Abgrenzung war das Wichtigste. Bloß nicht zu weich oder vertrauensvoll. Bloß nicht zu freundlich. Das wurde als Schwäche ausgelegt. Bloß nicht so Friede, Freude, Eierkuchen wie die Hippies. Eher: Kotz! Würg!

Wir hatten ja auch oft gemeinsame Auftritte. Da begrüßte man sich gar nicht richtig. Es ging immer um die Frage: Wer grüßt wen zuerst? Andererseits fand ich, dass gerade diese Kälte in der Musik und auch im gegenseitigen Sozialverhalten den wahren Verhältnissen entsprach. Und letztendlich war das auch ein Freiraum. Ich war damals auch auf der Schauspielschule. Da hatten wir die ganze gruppendynamische Unterrichtsscheiße. Aber wir hatten eben trotzdem einen Regisseur, der sagte, wo es langgeht. Da konnte ich mich überhaupt nicht einfinden, mit meiner vom Punk geprägten Haltung.

Meine Schwierigkeiten mit dem sozialen Klima in der Musik – das lag viel an mir selber. Ich war selber ängstlich, unsicher und gleichzeitig hochnäsig. Ich war mir nie ganz klar darüber: Finden mich die anderen gut? Und ich fand eben auch alle anderen Gruppen scheiße. Ich fand alle schrecklich! Grausam! Grässlich! Ich fand zwar, dass Beate Bartel bei diesem Neubauten-Auftritt gut ausgesehen hatte. Aber die Musik fand ich bescheuert. Ich fand alles kacke. Nur mein eigenes Ding nicht. Und so kam es, dass man füreinander gar nicht existierte. Ich kann mich erinnern, dass ich Gudrun mal angerufen habe. Ich

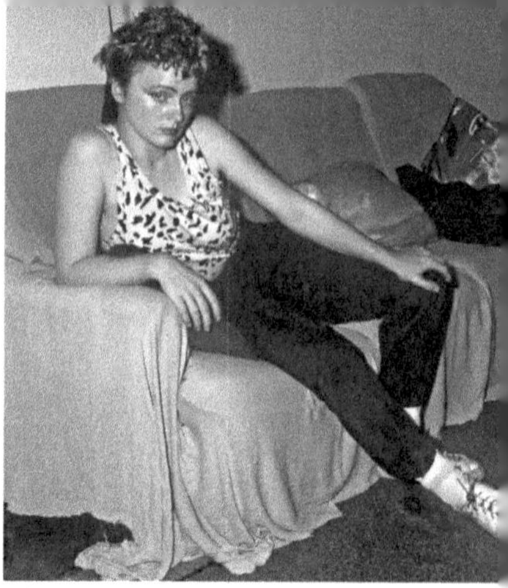

wollte irgendwas besprechen. Ob man sich bei einem Auftritt irgendein Gerät teilt. Sie meinte nur irgendwas nach dem Motto: ›Kümmere Dich um deinen eigenen Scheiß!‹

BETTINA KÖSTER Gudrun hatte sicher auch ein gewisses Harmoniebedürfnis. Aber das hat sie nie gezeigt. Ich hatte immer ein bisschen Angst vor Gudrun. Und Inga und Annette Humpe hatten erst recht Angst vor Gudrun, hähä. Wenn ich ab und zu mal mit denen gesprochen habe, weil die ja ihren Übungsraum neben unserem hatten, hat Gudrun gesagt: »Hey, wie kannst du mit diesen blöden Weibern überhaupt sprechen? Die machen doch so eine Scheißmusik!«

ANNETTE HUMPE Bettina und Gudrun fanden Neonbabies einfach kommerziell. Und natürlich war das verletzend, wenn man über drei Ecken wieder gehört hat, wie blöd wir sind. Erst recht nachher mit Ideal. Nur erstens war ich zum Beispiel Bettina und Gudrun gegenüber genauso abfällig, wie die abfällig zu mir gewesen sind. Und: Das hat man sich ja nicht ins Gesicht gesagt. Ich dachte immer: ›Was soll ich auch mit denen reden? Die haben ja nicht die leiseste Ahnung von Musik. Die sind doch froh, wenn sie mal einen Ton treffen.‹ Das war für mich alles pille-palle. Die hätten auch Schuhverkäuferinnen werden können.

BETTINA KÖSTER Um mit Mania D. erfolgreicher zu sein, wäre es sicher gut gewesen, wenn wir niedlicher gewesen wären. Nicht ganz so spröde. Aber uns ging es ja nicht um schöne, erfolgreiche Musik. Unser Prinzip hieß ja nicht umsonst: ›Wir spielen alle was anderes als das, was wir gelernt haben.‹ Es ging darum, die Regeln der Musik zu brechen. Gudrun hat immer von der ›Musik des Presslufthammers‹ gesprochen. Die Geräusche, die in der Stadt um dich herum sind, werden zur Musik. Es ging uns eben auch darum, den eigenen Schmerz zu erkunden.

Beate ist nicht umsonst auf den Namen Mania D. gekommen. Wir haben uns nicht umsonst die hässlichste, kaputteste und härteste Stadt in Deutschland ausgesucht. Bei uns haben sich die emotionalen Krüppel getroffen. Aber wir wollten davon auch weg. Das war wie in diesem typischen Bild: Hinterhofkinder, die an die Sonne wollen. Und schließlich diese Liebe zu Berlin – das war aus purer Notwendigkeit. Sonst wären wir durchgedreht. Es war ein konstruktiver Weg, die eigene Aggression und Einsamkeit rauszukriegen. Und deswegen auch Gudruns extreme Abneigung gegen Leute, die etwas Fröhliches gemacht haben. So wie Inga.

GUDRUN GUT Komischerweise wollte Inga auf einmal bei Mania D. mitspielen. Und wir haben gesagt: ›Oh nee, bitte nicht!‹

INGA HUMPE Ich merkte halt, dass ich mit meiner unglaublichen Wut bei den Neonbabies komplett alleine war und dass Bands wie Neubauten etwas ganz Eigenes hatten. Wir hatten ja auch Auftritte mit denen. Einmal hat Blixa sich nur noch am Boden gewälzt. Keiner wusste mehr, wie man ihm noch helfen könnte, hähä. Ich empfand das als unglaublich echt. Und wir waren eben, im Vergleich zu Neubauten oder auch Mania D., nicht gerade eine Band, vor der die Leute Angst hatten.

Wir hatten mal einen Auftritt im *Quasimodo*, schräg gegenüber von der *Paris Bar*. Die war schon damals ein superlegendärer Ort, wo schon immer Maler ausgestellt wurden. Und dann bin ich eben rübergegangen, weil da gerade Kippenberger herumhing. Der hatte gerade Auftritte im *Café Einstein*, wo er auf der Bühne mit einer Gitarrenattrappe in einen Eimer geschossen hat. Das war brutal lustig. Auch wieder viel cooler als ich. Und ich habe ihn dann eingeladen: »Komm doch mal rüber. Wir spielen da.« Und dann hat Kippenberger etwas gesagt, was ich nie vergessen werde. Der hat gesagt: »Ach, ihr seid das. Ihr macht diesen Hertie-Punk.« Auf der einen Seite war ich natürlich sauer. Aber ich dachte: ›Scheiße, das stimmt sogar.‹ Wir waren Mittelklassenpunks. Hertie-Punks!

JÄKI ELDORADO Um ein konsequenter Punkrocker zu sein, war es nicht schlecht, wenn man sich auch mal selbst demontieren konnte. So wie Blixa, wenn er sagte: »Kuck mich doch an – ich bin doch nichts.« Nur, im Gegensatz zu mir konnte er solche Dinge eben aus einem unglaublichen Selbstbewusstsein heraus sagen. Oder vielleicht eher: aus dieser völlig überzogenen Arroganz heraus, die er an den Tag legte.

BLIXA BARGELD Die Sachen von **Neubauten** hätte ich nie ernsthaft als Krach bezeichnet. Ich nannte das nur der Einfachheit halber so. Meine eigentliche Überlegung war, inwieweit meine Musik tatsächlich mit meiner Umgebung zu tun haben sollte. Ich dachte: ›Eigentlich dürfte ich keine Gitarre spielen. Eigentlich müsste ich mit dem vorhandenen Material arbeiten. Und ich dürfte das auch nicht in einem Studio aufnehmen, sondern müsste das so machen, dass es tatsächlich mit meinem Lebensgefühl und meiner Lebenssituation zu tun hat.‹ Und genau aus diesen Gedanken heraus wurde unsere erste Single in einer Autobahnbrücke aufgenommen – in der Gegend, aus der ich komme. Ein Klassenkamerad aus meiner Grundschule hatte die mir mal gezeigt. Das war eine hohle Stahlträgerkonstruktion. Und da gab es Innenräume, in die man hineinkommen konnte.

ANDREW UNRUH Das war 'ne Autobahnbrückenabfahrt. Der Raum war nur auf Knien begehbar. Ungefähr Einszwanzig hoch, vier oder fünf Meter breit – eben zwei Fahrbahnbreiten –, aber dafür ungefähr 50 Meter lang. Nach hinten wurde das immer schmaler.

ALEX HACKE Dieser Hohlraum war ganz aus Stahl. Das Beste war, sich da einfach reinzustellen und auf den Metallboden zu stampfen. Das hatte tierisch Resonanz. Booohm! Ein richtig tiefer, lauter Ton. Blixi hatte aber auch ein präpariertes Radio als Verstärker reingeschleppt. Einen Telefunken Bajazzo. Eines der ersten 60er-Jahre-Transistorradios. Damals gab es ja noch keine Batterieverstärker.

ANDREW UNRUH Wir mussten auch Taschenlampen mitnehmen. Ansonsten war es da stockdunkel. Das war unvergleichlich. Drumherum war einfach alles schwarz. Wie in einer Höhle. Wir waren da drei oder vier Stunden – und auch nur ein einziges Mal. Aufgenommen haben wir mit einem Kassettenrecorder. Und das wurde die A-Seite der ersten Single »Für den Untergang«. Die so genannte ›Stahlversion‹. Die Studioversion war nur die B-Seite.

ALEX HACKE Wir haben *richtig* Krach gemacht. Wir haben *richtig* Krach gehört. Wir haben uns mit ekligen Materialien befasst. Wir haben Sachen gemacht, die waren so eklig, mit denen hätten diese uniformierten Punkrocker, die auf einmal überall herumliefen, gar nichts anfangen können. Essensreste waren bei uns total angesagt. Wir haben im *Eisengrau* ein Schaufenster von innen mit Essensresten beklebt. Das sah sehr gut aus. Brötchen. Scheiblettenkäse. Das war diese ganze Recyclingnummer, die Punk ja ursprünglich sein sollte. Auch unsere Haarschnitte. Rattenfrisuren. Einfach Löcher reingeschnitten. Das war härter als die normale Punkrocknummer. Es gab so eine Hochform der Hässlichkeit. Das war für mich überhaupt das Wichtigste: die Auseinandersetzung mit Dreck. Und mit Ekel. Ich fand das faszinierend, wie Blixa und Andrew gewohnt haben. Das war unglaublich. Vollgepisste Joghurtbecher neben dem Bett. Aber das hatte was. Für mich als kleinen Jungen aus einer sauberen Mittelstandsfamilie war das faszinierend. Kreative Verwahrlosung.

Im *Dschungel* gab es ja unheimlich viele Kids, die viel Geld für Klamotten ausgegeben haben. Wir haben die nur belächelt. Wir haben unsere eigene Ästhetik kultiviert. Einfach aus Müll. Klamotten, die mit Schrauben oder Tackerklammern zusammengehalten wurden. Gummi. Sicherheitsgurte aus dem Flugzeug als Gürtel. Das war schwer angesagt. Im *Eisengrau* wurde die merkwürdigste Mode verkauft. Irgendwelche Kleidungsstücke aus Autohimmel. Oder das ganze Konzept des Gaffer-Klebebands. Damit kannst du ja wirklich alles zusammenkleben. Wir haben als Teenies selber bestimmt, was sexy ist und was nicht. Ich habe damals eine Freundin gekriegt, obwohl ich den ganzen Tag damit verbracht habe, möglichst eklig auszusehen. Das war ja schon geil, das Zeug überhaupt zu finden. Ich hatte eine Tankwartjacke, auf der ›Shell‹ stand. Aber damit konnte ich mich identifizieren – weil ich die irgendwo im Dreck gefunden hatte. Oder dass wir Ostsachen gekauft haben. Das war revolutionär. Das war Superpunk. Damit konnte man so richtig kokettieren. Natürlich war ich auch ein Poser.

ANDREW UNRUH Alex Hacke war damals erst 14 – aber ich habe den sehr ernst genommen. Der war irgendwann ins *Eisengrau* gekommen – und einfach nicht mehr weggegangen. Weil er nicht nach Hause wollte. Und schließlich ist er auch nicht mehr in die Schule gegangen. Der hat sich echt was getraut. Das konnte ich nur unterstützen.

BLIXA BARGELD Mit 15 hatte er in mehr Bands gespielt, als er Lebensjahre hatte. Er hatte alleine in einer einzigen Band – Mekanik Destruktiv Kommandö – drei verschiedene Funktionen. Er ist immer wieder rausgeflogen. Einmal war er Gitarrist, dann Bassist, und dann kam er als Schlagzeuger wieder.

FRIEDER BUTZMANN Alex Hacke kam immer in den *Zensor*-Laden. Hinterher ging er oft mit zu mir, und wir haben an den Apparaten rumgespielt. Mal war er bei den Neubauten. Dann wieder nicht. Dann kam er zu mir und hat geheult, weil er von Blixa gefeuert worden war.

ALEX HACKE Meine ganze kleine Welt war ständig auf der Suche nach neuen Inhalten. Das war total aufregend. Wir haben gesagt: ›Hey, wir verkaufen einfach kopierte Kassetten!‹ Wir haben im *Eisengrau* das erste Kassettenlabel angefangen. Das hieß *Eisengrau*. Kassetten waren für mich Kult. Ich habe aufgehört, Platten zu kaufen. Mein ganzes Leben drehte sich nur noch um Kassetten. Wir haben uns Kassettenloops geschnitten. Die Kassetten aufgemacht und Loops reingebaut. Das klang natürlich scheiße und hat gerauscht wie nichts Gutes. Und je öfter man das kopiert hat, desto schlimmer. Aber das war nicht wichtig. Wir haben Kassetten verkauft – das war fünfte Generation. Da klang nichts mehr wie auf dem Original. Alles vollkommen gewarpt, haha. Totaler Matsch. Das erste Produkt überhaupt mit dem Namen Einstürzende Neubauten war dann auch »Stahlmusik«, eine Kassette mit der ganzen Session aus dem Hohlraum.

BLIXA BARGELD Ich habe ständig Kassetten aufgenommen. Ich habe ganze Nachmittage im *Eisengrau* festgehalten. Einfach alles. Wie die Leute vorbeikommen und singen und sprechen. Ich habe das *Eisengrau* damit letztendlich zugrunde gewirtschaftet. Bei mir hatte es noch nie Platten gegeben. Nach einer

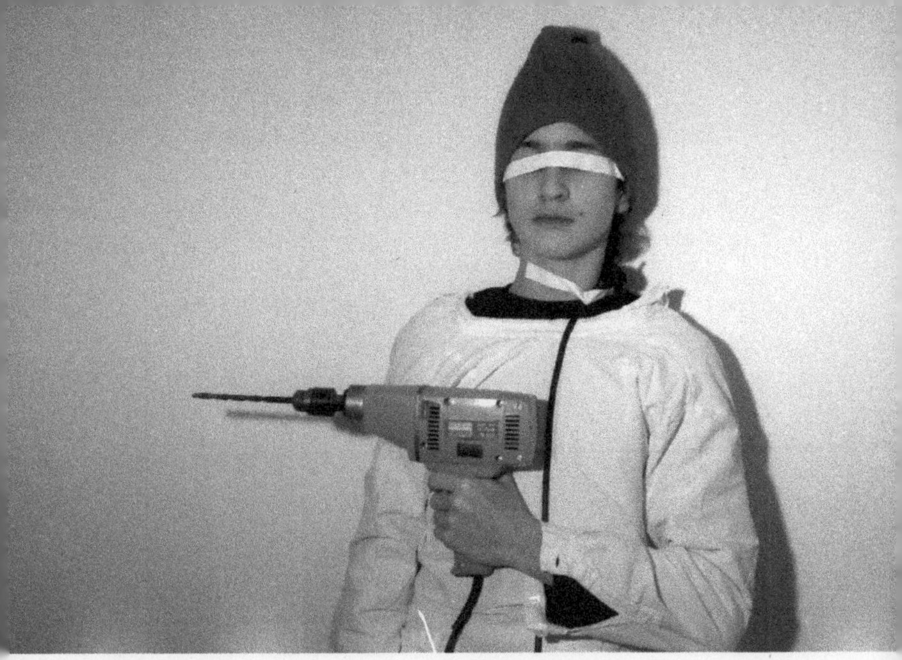

Weile gab es auch keine Klamotten mehr. Und schließlich gab es nichts mehr. Ich habe einfach stattdessen das *Eisengrau*-Label gemacht und nur noch Kassetten kopiert.

ANDREW UNRUH Unseren ersten Auftritt außerhalb Berlins hatten wir dann auf einer Rechtsanwaltsparty in Münster – in einem Eigenheim mit Garten und vorwiegend Anzugmenschen, die wegen uns ziemlich verstört waren.

ALEX HACKE Das war so: ›Hey, da gibt es Leute in Münster – die wollen ein Konzert mit uns veranstalten. Wie kommen wir denn jetzt da hin?‹ Dann fuhren wir nach Münster und freuten uns so dermaßen, dass da 20 Leute standen, die sich das total perplex anhörten, dass wir echt ganz vergaßen, auf dem Weg nach draußen nach Geld zu fragen. Und dann fuhren wir wieder nach Hause.

BLIXA BARGELD Damals gab es in Berlin, vor allem im ehemaligen Zentrum, viele markante Stellen. Narben im Gelände. Wo nichts wachsen konnte. Diese ganze Gegend – Potsdamer Platz, Anhalter Bahnhof – war unser bevorzugtes Narbengelände.

FRIEDER BUTZMANN Ich habe Andrew mal am Anhalter Bahnhof getroffen. Der hat da irgendwelche Metallteile gesucht.

ANDREW UNRUH Jahre zuvor hatte ich bei Schularbeiten mal an der Metallfeder meiner Schreibtischlampe geschnippt und gemerkt, dass die ganz schön lange schwang. Und durch den Lampenschirm wurde der Ton noch verstärkt. Als 15-Jähriger fand ich dann auf dem Sperrmüll eine Zugfeder – fast einen Meter lang. Die Taxifahrer in Berlin hatten anscheinend mal eine Zeit lang massive, kugelsichere Trennscheiben eingebaut – wegen einiger Taxifahrer-Morde. Diese Scheiben waren an langen, schweren Federn aufgehangen. Dann wurden sie aber wieder ausgebaut, weil das nicht so gut ankam.
Ich konnte mit dieser Feder jahrelang nichts anfangen. Man konnte sie auch gar nicht so ohne weiteres auseinanderziehen. Sie war zwar nur etwa zwei Zentimeter im Durchmesser – aber das Metall war drei Millimeter stark. Irgendwann habe ich sie in einen Werkstock eingespannt und sie im gestreckten Zustand mit einem Metallrohr traktiert. Ich dachte nur: ›Was für ein Bass!‹ Ich habe es hin und her schnappen lassen. Das war ein richtiges Highlight für mich. Und das wurde die so genannte Bassfeder. Da war ich superfasziniert. Das war ein ebenbürtig lautes Instrument wie eine Bassdrum. Diese Bassfeder spielte ich dann vom ersten Auftritt an. Und dazu stellte ich mir quadratmetergroße Bleche als Becken hin. Damals hatten ja so langsam alle Leute eine Keksdose am Schlagzeug. Aber die diente meist nur dazu, um mal ein Scheppern zu erzeugen. Und ich machte das wirklich pur.
Metall hatte eine seltsame Anziehungskraft auf mich. Manche Stahlstücke musste ich einfach haben. Hauptsache, groß und schwer. Und deswegen habe ich mich eben verstärkt auf dem Bau umgesehen und mir Sachen geholt, die ich als Möbel oder Musikgeräte umfunktionierte: Abwasserrohre, Öltanks und vor allem Luftschächte aus Metall. Die waren wunderschön. Neues Metall.
FRIEDER BUTZMANN Sein Spruch war: ›Sei schlau, klau beim Bau.‹ Den hatte er dann auch auf so einem Metallteil an seinem Schlagzeug stehen. Das musikalische Konzept der Einstürzenden Neubauten, diese ganze Geräuschidee, das Metall – das kommt alles von Andrew. Der ist die musikalische Wurzel der

Neubauten. Für mich ist Andrew gleich Neubauten. Ich habe immer wieder gesehen, wie er auf Baustellen irgendwelche Apparate mitgenommen hat. Den konntest du vor 17 Uhr gar nicht anrufen, weil er nachts immer unterwegs gewesen war und sich sozusagen seine Instrumente klaute. Neubauten – die waren wirklich hart drauf. Das war nichts Kalkuliertes. Das war echt. Die haben nie versucht, englische Bands zu kopieren. So wie diese ganzen linken Kreuzberger Punkbands – die alle nicht das hatten, was Berlin wirklich ausgemacht hat.

GUDRUN GUT In diesem hippieverseuchten Berlin musste man natürlich für Struktur sorgen. Ich fand es gut, 'ne gewisse Disziplin zu haben. Und deswegen wurde heftigst mit militärischen Symbolen geflirtet. Wir wollten *straight* sein. Und nicht nur den ganzen Tag kiffen. Wir haben auch nicht gekifft. Absolut nicht. Da wurde mir eher langweilig.

BETTINA KÖSTER Wir haben mal auf einem Frauenfestival im *Metropol* gespielt, das europäische Lesben organisiert hatten. Die hatten uns nur deswegen gebucht, weil wir Frauen waren. Die kannten unsere Musik gar nicht. Die anderen Frauenbands, die da aufgetreten sind, hatten auf der Bühne alle kleine Tischchen mit Kerzen darauf. Und dann kamen sie mit Wandergitarre und haben gesungen. Die waren alle total verschnörkelt mit ihren Kleidchen. Uns ging es ja um: schnörkellos.

BEATE BARTEL Dieses Lesbenfestival war nicht mein Wunsch. Und ich hatte dann auch ein spezielles Outfit. Ich hatte die Haare ziemlich kurz geschoren. Und ich trug ein schwarzes Militärhemd, einen grauen, engen Rock und hochhackige Schuhe. Die ganze Band hatte so ein militärisch wirkendes Outfit. Damit hatten die Probleme.

GUDRUN GUT Das war dann ganz hart. Diese Frauen wollten eher folkloristische Klänge hören. Und unsere Sängerin Isabel war eher der punkige Typ. Die ging da mit Skinheadfrisur und Doc Martens auf die Bühne. Und dann kriegten wir unsere Powerattitüde und haben so rumgepunkt. Damit haben wir das ganze Publikum gespalten.

BETTINA KÖSTER Die eine Hälfte der Zuschauerinnen fand das superklasse. Die andere Hälfte fand das ätzend. Die rief: »Nazihuren!« Und dann gingen sie zum Mischpult: »Macht das aus, diese Scheiße!« Dann kamen andere: »Macht das wieder lauter!« Dann haben die sich gegenseitig beschimpft und Bier ins Gesicht geschüttet! Und wir waren der Anstoß dazu, hähä. So was hatten die noch nicht gesehen. Irgendwann haben sich alle geprügelt. Sogar auf der Bühne waren zwei Mädels, die sich nur noch anschrien. Und ich bin dazwischen: »Habt ihr jetzt genug gestritten?« Und die eine: »Noch nicht!« Und haut mir mit der flachen Hand aufs Ohr. Und sagt: »Jetzt aber!« Das habe ich noch gehört. Danach habe ich gemerkt, dass mein Trommelfell geplatzt war.

BEN BECKER Mir gingen diese ganzen Scheiß-Hausbesetzer auf den Senkel. Ich wollte einfach meinen Spaß. Ich erinnere mich noch an die erste große Straßenschlacht nach den 60er Jahren. Die Schlacht am Hermannplatz. Im Sommer 1980. Das sollte eigentlich nur Punks gegen Popper werden. Die Popper hatten anlässlich einer Modenschau ein großes Treffen in einer Disko am Hermannplatz. Das sprach sich schon Tage vorher herum, dass man da auflaufen muss. Und deshalb hatten die auch Polizeischutz angefordert. Dann trafen sich da alle. Aber dann kamen keine Popper. Nur eben eine geballte Ladung von Bullen. Und auf einmal waren alle möglichen Leute auf unserer Seite. Hertha-Frösche. Ganz normale Prolls aus Kreuzberg. Und dann ging es gegen die Bullen. Richtig mit Pflastersteinen. Da haben die Bullen schlecht ausgesehen. Zum Schluss sind wir mit breiten Armen durch Karstadt am Hermannplatz. Der hat zwei Eingänge. Einfach unten einmal quer durch die Porzellanabteilung. Brooohhaaahhhh! Alles im Arsch! Da war innerhalb von einer Minute alles flach. Ich bin dann raus. Da stand so ein schwerer Palettenwagen. So ein Pimmelwagen. Ich habe das Teil genommen, und, einfach so aus Bock, auf die Straße geschleudert. Und in dem Moment kommt ein dickes Auto gefahren, erwischt das Teil, das fliegt zehn Meter hoch. Und ich nur so: »Ist das geil!« Und dann kam sogar noch ein Wagen, in dem tatsächlich Popper saßen. Die waren auf dem Weg zu ihrer Modenschau und merkten nicht, dass sie mitten ins Auge des Sturms fahren. Die saßen ganz munter in ihrem

Cabriolet und hörten Musik. Ich brüllte im Laufen zu welchen, die ich kannte: »Da sind sie!« Und dann hatte dieses schicke Cabriolet innerhalb von einer Minute Totalschaden. Das war in null Komma nichts zerlegt. Das war wie eine Horde Ameisen, die angreift und einmal über dieses Auto schrubbt.

Die Band mit den kürzesten Schwänzen der Welt

INGA HUMPE Meine Schwester hat dann Ideal gegründet. Zuerst noch parallel zu den Neonbabies. Wobei für Annette der Hauptbeweggrund war – das hat sie mir erst neulich gestanden: Sie konnte es nicht ertragen, bei den Neonbabies neben mir zu stehen. Sie wollte die Aufmerksamkeit endlich ganz für sich alleine.

ANNETTE HUMPE Ich war auch deswegen bei Ideal, um etwas von meiner Schwester Unabhängiges zu machen. Sie konnte eben gut singen, und vor allem war sie immer die Hübsche. Und die Männer von Ideal waren dann auch eifersüchtig, dass ich in zwei Bands spiele, und sagten, dass ich mich entscheiden müsste. Und dann hatten Ideal ziemlich schnell einen Plattenvertrag und Neonbabies nicht, haha.

INGA HUMPE Die ursprüngliche Idee der Neonbabies war ja, dass ich meinen Punkeinfluss einbringe, den Annette gar nicht so hatte. Durch sie waren das viel poppigere Strukturen. Das haben wir uns alles total um die Ohren gehauen. Schwesterliches Miteinander fand zwischen uns nicht statt. Sie hat ja auch eiskalt die eine oder andere Zeile von mir für Ideal genommen – und meinte dann zu mir: »Ey, hör mal, das stimmt ja alles gar nicht.« Und ich – ich fand Ideal einfach total scheiße. Ich fand die Leute alle doof, mit denen sie Musik machte. Und ich fand auch die Texte von Annette total doof. Für mich war das nachgemachter New Wave. Alles war so unheimlich hektisch. Und meine Schwester dann immer mit dieser schnoddrigen Art: »Wäwäwä! Wäwäwä! Wäwäwä!« Ich fand das viel zu plakativ. Gar nicht zu reden von der Musik. Und das prasselte eben alles auf meine Schwester runter. Von allen Seiten. Aber die hat trotzdem durchgehalten und ihr Ding durchgezogen.

MARKUS OEHLEN Ideal sind hier in Düsseldorf mal im *Ratinger Hof* reingekommen und haben mir ihre Single in die Hand gedrückt: »Hier! Musst du unbedingt spielen! Tolle Platte!« Das war »Ich steh auf Berlin«. Ich habe das dann angespielt und gleich wieder runtergenommen. Das war das Allerletzte. Totale Scheiße. Das hatte mit diesen ursprünglichen Neue-Deutsche-Welle-Ansätzen nichts zu tun. Das war viel zu hysterisch und zu ernsthaft. Die standen da und kamen sich wie die Allergrößten vor – aber trotzdem noch, als ob sie zu uns gehören würden. Dabei war das nur so eine Mischung aus Musikertum und Studentenquatsch. Kann ich gar nicht beschreiben.

THOMAS SCHWEBEL Kurz bevor unsere *Monarchie und Alltag*-LP rauskam, bekam Frank Fenstermacher eine selbst gemachte Single mit einem Stück von einer Band aus Berlin. Die hießen Ideal. Und wollten zu *Ata Tak*. Wir haben uns das im *Ata-Tak*-Büro angehört. Das ging immer so: »Ich steh auf Berlin«. Ein richtiges Scheißstück. Alte Mucker, die jetzt auf junge New Waver machten. Und wir sagten zu Frank: »Mach das nicht bei *Ata Tak*. Das wird nie was. Die haben mit uns gar nichts zu tun. Das ist was ganz anderes.« Vom reinen Marketingaspekt her haben wir da die beschissenste Entscheidung aller Zeiten getroffen. Aber wir dachten ja auch, die Hitparade würde nächstes Jahr so aussehen: Platz eins: Fehlfarben. Platz zwei: DAF. Platz drei: S.Y.P.H.

JÜRGEN ENGLER Das spaltete sich etwa 1980 in drei Ströme. Erst mal wir, die wir die letzten Jahre über versucht hatten, etwas Eigenes zu machen. Dann kam so langsam diese industrielle Neue Deutsche Welle. Und schließlich diese neue Generation von Punks. Wo es nur darum ging, herumzuprollen und alles kaputtzuschlagen oder völlig lethargisch auf dem Arschlappen zu sitzen, der ja inzwischen auch so ein notwendiges Attribut war. Auf einmal ging es nur noch darum, solche Sachen eins zu eins aus England zu übernehmen und gar nicht zu sehen, dass das ja ein Rückschritt ist.

FRANK FENSTERMACHER In dem Moment, als solche Attribute zur Mode wurden – als in Düsseldorf die ersten Geschäfte mit Bondage-Klamotten aufmachten – das war das Signal, dass Punk als Bewegung jetzt wirklich vorbei ist.

RALF DÖRPER Das Klima war dann versaut. Der Begriff ›Punk‹

war wertlos geworden. Vorher wäre unter Punk alles Mögliche gefallen. Aber dann war Punk nur noch: Lederjacke und grüne Haare. Auf einmal war das Klima: ›Ihr seid ja nur überhebliche Künstler. Die wahren Punks sind wir. Und deshalb ist das unser *Ratinger Hof* – und nicht mehr eurer. Und wenn ihr nicht unsere Musik macht, passt auf, dass ihr da lebend rauskommt!‹ Da hat sogar Markus Oehlen Probleme bekommen, wenn er ein falsches Stück aufgelegt hat.

CAMPINO Es gab einerseits diese *Rondo*-Abteilung mit Franz Bielmeier und andererseits diese nachrückenden, jungen Punks, die sich Zoo-Kids nannten und auf streetmäßig machten. Und wir standen mit ZK dazwischen. Einerseits hatten wir eine Platte bei *Rondo*, andererseits mochten wir dieses Elitäre selber nicht. Nur wurde dann nicht nur dieses Elitäre aus Punk entfernt – sondern alles, was anders war, in Bausch und Bogen verdammt. Die Punkszene hat sich selber unheimlich limitiert und letztendlich auch die eigenen Wurzeln abgeschnitten, indem man Leute wie den Plan ausgegrenzt hat.

MEIKEL CLAUSS Wir galten ja mit KFC als die allerhärteste Band überhaupt. Aber wir haben schon versucht, etwas Eigenes zu machen. Was ja damals immer das Grundanliegen war. Das war fast schon wieder ein Dogma. Alle wollten immer etwas Neues machen. Aber bei uns äußerte sich dieses Neue dann vor allem in einer ganz neuen Härte, hähä. Ich weiß noch, wie der Bruder von Tommi ganz zu Anfang zu mir gesagt hatte: »Das klingt ja alles wie Hawaiigitarre!« Weil ich eine Fender Stratocaster hatte – eine richtig gute Gitarre. Mit der Zeit habe ich dann Gitarre gespielt, wie andere Leute mit einem Maschinengewehr umgehen. Superaggressiv. Aber diese Aggression richtete sich überhaupt nicht nach innen. Ohne dass ich das groß reflektiert hätte, kam ich doch auf den Trichter, dass ich richtig harte Musik auch machen kann, wenn ich dabei nicht superernst oder persönlich angefressen bin. Das war eher so ein Spiel.

TOBIAS BRINK Wir haben nicht groß nachgedacht. Einfach nur gemacht. Wir haben das dann richtig trainiert, dass wir härter und schneller sind als alle anderen. Wir haben täglich vier

Stunden geübt. Siebenmal die Woche. Anders geht das bei Punk nicht – wenn du richtig hart spielst. Das war ja wahnsinnig anstrengend, eine Stunde lang richtig schnell zu spielen. Das war richtig Arbeit. Ich hatte schon immer ziemliche Muckis. Obwohl ich nie Gewichtstraining gemacht habe. Aber das war dann Hochleistungssport. Wir hatten auch den Anspruch, die Saiten immer nur von oben zu spielen – was dann so ein hämmerndes, unheimlich präzises »Tak-tak-tak«-Stakkato ergab. Alle anderen Punkbands haben die Saiten von oben und unten gespielt. Weil sie sonst nicht schnell genug gewesen wären.

XAO SEFFCHEQUE Die Jungs vom KFC waren alle enorm eitel und gefielen sich in diesen Rollen – auch in diesem Bandenmäßigen. Und diese Attitüde und diese Koketterie gingen unendlich weit. So weit, dass sie sich sogar mit heruntergelassenen Hosen fotografieren ließen.

TOMMI STUMPF Das war nur ein Werbegag. Es war ein kalter Winter. Und wir übten im Proberaum und überlegten, wie wir berühmt werden könnten. Tobias sprach wie immer über Sex, und das Thema kam auf die Frage: ›Wie stark schrumpft ein Penis bei dieser extremen Kälte draußen?‹ Es war minus 15 Grad. Und dann kamen wir auf die Idee, uns nackt fotografieren zu lassen – unser Machotum selbst auf die Schippe zu nehmen.

KÄPTN NUSS Unser Konzept war: ›Wir sind die Band mit den kürzesten Schwänzen der Welt.‹ Denn normalerweise lief es bei den ganzen Rockgrößen immer darauf hinaus: »Ich habe den Größten.« Rod Stewart steckte sich ja Tennissocken in die Hose. Und dann haben wir uns eben vor unserem Übungsraum im Schlachthof auf so ein Vordach gestellt und alle die Hosen runtergelassen.

MEIKEL CLAUSS Alle vier völlig besoffen. Die Arme gegenseitig um die Schultern. Die Lederjacken noch an. Hose bis zu den Knien runtergelassen. Dödel raus. So richtig beschissen. Aber auch gut. Es ging darum, einen gewissen Witz beizubehalten. Auch wenn die Musik noch so hart ist. Einfach nur hart sein, das kann jeder Blödmann.

XAO SEFFCHEQUE »Die Band mit den kürzesten Schwänzen der Welt« – und das stimmte sogar. Die hatten alle einen unheimlich kurzen. Das Foto ist dann überall veröffentlicht worden. Im *Sounds*, *Musikexpress* – überall.

MEIKEL CLAUSS Ab Frühjahr 1980 fing das dann hier so richtig an mit Bürgerwehr. Das war ganz hart. Diese Bürgerwehr bestand aus vollgesoffenen Altstadt-Prolos. Die verprügelten pro Woche drei oder vier Punks. Ich hing damals immer mit dem Bruder von Kuddel von ZK herum. Nico. Ein ganz hübscher, blasser Punk. Eher so ein Jüngelchen. Und Nico und seine Freundin wurden dann eben auch zusammengeschlagen. Mitten auf der Ratinger Straße. Das Mädchen auch. Und zwar nicht nur so ein bisschen. Die hatten der richtig auf die Schnauze gehauen. Richtig übel zugerichtet. Und das waren die Wirte vom *Füchschen* gewesen. Als ich das mitgekriegt habe, habe ich zu den anderen Punks gesagt: »Kommt alle mit!« Aber keine Sau ist mitgekommen. Die meisten Punks waren ja feige wie Scheiße. Also bin ich alleine hingegangen. Nico und seine Freundin so ein wenig hinterher. Die Typen standen alle vor dem Lokal. Fünf Mann mit Gasknarren. Alle ziemlich massiv. Ich habe die Jacke weggeschmissen, stand da zuerst nur in meinem Netzhemd und sah dann ein paar Stuhlbeine herumliegen. Ich habe mir so ein Ding geschnappt und habe die angebrüllt: »Ich schlag euch tot!« Auf einmal hatte ich viel Platz um mich herum. Die sind alle abgehauen – alle ins Lokal geflüchtet. Diese Art von Aggression – das kannten die Leute damals nicht. Plötzlich kamen die anderen Punks hinterher. Und als die mitgekriegt haben, dass die Wirte abhauen, sind die auf einmal mutig geworden. Die sind dann da rein und haben auf alles draufgehauen, was sich bewegte – die Scheiben eingeschmissen, einfach alles demoliert. Und so ein Stumpfpunk aus Duisburg hat einem Stammgast eine riesige Kette über den Kopf gezogen. Das gab dann noch eine Gerichtsverhandlung. Weil der Typ acht Monate nicht mehr aufgewacht ist.

TOBIAS BRINK Beim KFC hatte es von Anfang an massive Konflikte gegeben. Tommi war ja zuerst Gitarrist. Und Tommi hatte manische und depressive Momente. Zu Beginn noch eher manisch. Tommi war geistig krank. Hatte aber dadurch seinen Stil. Er sagte: »Ein normaler Mensch macht auch nur normale Musik. Ich bin verrückt und mache verrückte Musik. Nur das ist gute Musik.« Die anderen haben dann einfach mitgemacht. Bis auf Meikel. Als Meikel dazukam, hatten wir nicht nur musikalisch eine deutliche Verbesserung – weil er der deutlich professionellere Gitarrist war –, sondern überhaupt eine Situation wie zwischen Mick Jagger und Keith Richards. Meikel und Tommi waren absolut verfeindet.

KÄPTN NUSS Im Laufe der Zeit veränderten sich die Freundschaften innerhalb der Band. Tommi und Tobias waren ja zuerst super Freunde. Dann wuchsen Tobias und Meikel immer mehr zusammen. Nach den Proben sind die immer wie so ein Schlachtschiffverband in die Altstadt gezogen und haben dort Randale gemacht. Ohne Tommi. Und Meikel hat dann auch in der Band versucht, mehr Gewicht zu gewinnen.

MARTINA WEITH Tommi und Meikel zusammen, das ging nicht gut. Meikel war ein Despot. Und Tommi auch. Und zwei Hitlers in einer Band, das konnte nicht funktionieren.

TOBIAS BRINK Die waren von ihren Charakteren her beide sehr narzisstisch. So von wegen: *Ich* bin die Band, und *ich* mache die Stücke. Und durch diesen Konflikt ist der KFC langsam in die Hose gegangen. Tommi wollte eben alles bestimmen. Und auch Meikel konnte keinerlei Kompromisse eingehen. Meikel war absolut hysterisch. Der hatte auch schon Realitätsverluste. Der war realitätsfremd. Der hat sich oft völlig situationsinadäquat verhalten, was Gewalt betrifft.

XAO SEFFCHEQUE Tommi Stumpf und Meikel Clauss hatten ein extremes Aggressionspotenzial. Bei Tommi war das fast eine Psychose. Bei Meikel war es eher Unsicherheit. Weil er nicht wusste, was er mit sich anstellen soll.

RALF DÖRPER KFC haben den stumpfen Aspekt glaubhaft rübergebracht. Nicht: ›Ich bin böse, weil ich eine schwere Lederjacke anhabe.‹ Sondern: »Ich bin wirklich böse.« Wer denen aus dem Publikum blöd kam, musste wirklich aufpassen.

MEIKEL CLAUSS Anfangs war das noch ein bisschen unprofessionell. Als ich die ersten Male so mitten ins Publikum reingesprungen bin, hatte ich nur so einen Kegel von der Kegelbahn. Auf dem stand: »Patsch! Voll in die Schnauze!« Irgendwann habe ich dann gleich meine Gitarre genommen – und die da unten wie einen Morgenstern über dem Kopf geschwungen. Oft genügte natürlich auch ein Blick. Manche Leute strahlen Gewalt ja so richtig aus. Und ich glaube, dass wir das zu der Zeit taten. Auch Tommi und Tobias. Das Publikum hatte immer so einen Schiss vor uns.

TOBIAS BRINK Wir hatten leider nur kaum Möglichkeiten aufzutreten. Die Fans wollten uns. Nur die Veranstalter hatten Schiss. Aber dieses Bild, das gemeinhin von uns existierte – dieses ›kaputt und gewaltverherrlichend‹ –, so war das nicht. Ich habe das nicht als negativ erlebt. Das war geil. Wir haben das gerne gemacht. Und da war viel Substanz drin. Das strahlte regelrecht. Es ging uns einfach um die Energie und die Kraft dahinter. Tommi meinte, zu jedem Konzert gehört zum Schluss noch so eine Eskalation. Das war normal für uns. Gut abgeschlossen. Alles verwüstet.

KÄPTN NUSS Tommi fand es auch völlig in Ordnung, das Publikum zu verprügeln. Er fühlte sich da im Recht und sah nichts Verwerfliches dabei. Und während Tommi und Meikel da mit ihren Gitarren herumholzten, haben Tobias und ich meistens einfach weitergespielt. Wir haben den Soundtrack gemacht, während die sich prügelten. Viele der Konzerte wurden auch einfach abgebrochen. Das waren ja meistens kleine Festivals, auf denen noch mehr Bands spielten. Einmal ist die halbe Bühne abgebrannt. Merkwürdigerweise passierte so etwas immer nur dann, wenn wir auf der Bühne standen. Aber wir sind da nie mit dem Vorsatz hingegangen: ›Wir machen jetzt Chaos.‹ Das war alles spontan. Wir haben ein paar Sprüche abgelassen – und das Publikum war auf 180. Tommi demütigte die Leute bis zum Letzten. Ich weiß noch, wie er in Berlin die ganze Zeit über die Berliner hergezogen ist. Das ging so weit, dass Leute ihre Ausweise zückten, vor die Bühne hielten und sagten: »Hier, ich komme nicht aus Berlin!« Oft hätten sie natürlich auch gerne die Bühne gestürmt. Aber wenn überhaupt einer den Mut aufbrachte, seinen Fuß auf die Bühne zu setzen, wurde ihm auch schon eine Gitarre über den Kopf gezogen.

TOBIAS BRINK Wir waren absolut berüchtigt, was dieses Gewaltding anging. Wenn wir zu viert da rausgingen, hat kein Mensch gewagt uns anzumachen. Berotzt werden, das hat uns nicht gestört. Aber wir wurden nie verhauen. Die hatten alle Angst vor uns, wenn wir auf der Bühne standen. An und für sich waren wir ja völlig unterlegen. Aber Meikel meinte immer: »Wenn man auf der Bühne steht, dann ist man größer als die. Da ist man wie eine Wand. Und das muss man ausnutzen.« Das war eher ein psychologisches Ding. Mich hat das oft gewundert, dass das geht: vier gegen 400. Wir haben oft darüber geredet, wenn wir zurückgefahren sind. Aber im Grunde war das ganz normal, dass wir damit durchkamen. Nur, nachts bin ich dann oft aufgewacht und habe gedacht: ›Mensch, das ist doch lebensgefährlich, was du da machst.‹

MEIKEL CLAUSS In Heidelberg war mal ein harter Gig. Vor dem Auftritt saßen wir im Auto herum. Da kamen ein paar Typen vorbei. Und mit denen gab es gleich eine Schlägerei. Denen haben wir richtig auf die Nuss gehauen. Mehr oder weniger ohne Grund. Manchmal haben wir auch ohne Grund Leuten auf die Fresse gehauen. Auf jeden Fall waren das wohl Leute, die da alle kannten. Und beim Konzert war dann die ganze Halle gegen uns. Als wir auf die Bühne kamen, waren sofort klare Fronten. Da kamen gleich die Flaschen geflogen. Und von da an gingen wir in die Offensive. Wir haben die Leute bespuckt. Richtig provoziert. Irgendwann kam einer nach vorne. Und dem habe ich, aus dem Spielen raus – bamm! –, die Gitarre voll vor die Birne gehauen. Der blutete wie ein Schwein.

TOBIAS BRINK Diese Fender ist ja ein massives Holzteil. Und der hat sie dem so richtig über den Kopf geschmettert. Ich habe bis hinten zu mir das Knacken gehört. Und das bei dem Lärm. Der Typ ist sofort zusammengebrochen. Und Meikel stand da. Oberkörper frei. Völlig verschwitzt. Und war völlig happy. Der war wie im Wahn. Ganz merkwürdig.

KÄPTN NUSS Der Typ, dem Meikel die Gitarre über den Kopf gehauen hatte, lag noch eine Weile ohnmächtig blutüberströmt herum und wurde dann abtransportiert.

MEIKEL CLAUSS Alle waren geschockt. Und dann haben wir erst richtig den Psychoterror durchgezogen. Wir haben die richtig gedemütigt. Bis ins Letzte. Vor uns standen 500 Mann. Und wir sagten denen die ganze Zeit: ›Kommt doch her! Wollt ihr nicht mal?‹ Und die Bühne bestand nur aus Paletten. Das war fast ebenerdig. Aber die sind weder gekommen, noch sind sie gegangen. Die haben sich das Konzert reingezogen. Die fanden das schockierend und wohl auch lähmend. Die hatten einfach Angst.

TOBIAS BRINK Ich habe mit dem KFC unglaubliche Gewaltsituationen erlebt. Aber die Mutter von Meikel fand das gut. Ganz pervers. Und das war eine Bankerin. Die war einmal auf so einem Konzert. »Echt gut hast du das gemacht, Meikel!« Das schien nur mir klar zu sein, dass das nur noch eine gewisse Zeit halten kann. Das war einfach alles zu destruktiv.

MEIKEL CLAUSS Ich fand, es gab im Punk zwei Richtungen. Diese kaputte, aggressive, dem Leben entgegengerichtete – und diese lustige, dem Leben zugewandte Richtung. Im Vergleich zu ZK war der KFC die tausendmal geilere Band. Aber das vernünftigere Konzept war von ZK – und später eben von den Toten Hosen. Etwas Lustiges kann man als Konzept auch leben. Das kann man 20 Jahre lang durchhalten. Während man so etwas wie KFC nur für kurze Zeit machen kann. Du verbrennst dich selber. Auf der anderen Seite war es einfach geil, meine ganzen Frustrationen, meine anarchistischen Potenziale – ich habe das immer als animalische Triebe bezeichnet – auch mal voll auszuleben. Auch wenn alle schockiert waren und sagten: ›Was ist das denn für ein Vollidiot?‹ Ich fand das toll.

TOBIAS BRINK Tommi hat sogar fast mal einen abgemurkst. Auf dem Kinderspielplatz. Bei einer Auseinandersetzung in seinem Viertel. Irgendwelche Assis hatten Streit angefangen. Und die wussten auch, wer Tommi ist. Und er war alleine. Und dann hat er das Messer rausgezogen und dem anderen sofort in den Bauch gerammt. Dann sind die alle abgehauen. Durch seinen Vater hat er dann Bewährung gekriegt.

AR/GEE GLEIM Tommi Stumpf war eigentlich lieb und nett. Aber auf der Bühne war er echt gefährlich. Sein Problem war, dass er immer der Härteste, der Lauteste und der Provokanteste sein wollte. Er hat mir mal gesagt: »Da habe ich ein Problem. Wie kann ich da immer wieder einen draufsetzen? Irgendwann ist Ende. Das ist absehbar. Und was soll ich dann machen?« Das war so eine Verzweiflung, in die er sich selbst manövriert hat.

TOBIAS BRINK Tommi hat auch jede Form von Annäherung seitens anderer Bands abgelehnt. In Berlin kam mal Blixa Bargeld zu ihm und hat ihn angesprochen. Und Tommi sagt: »Was willst *du* denn? Ich spreche doch nicht mit jedem Arschloch!« Und auf der Bühne musste er halt immer seinen Stempel daruntersetzen, dass wir die härteste Band sind. Nur war er von seiner Persönlichkeit her so strukturiert, dass er das, unter Alkohol und vor Leuten, nicht mehr steuern konnte. Die Anspannung war für ihn zu groß. Der war nach jedem Konzert fix und fertig – nur noch am Heulen. Den konntest du wegpacken. Der hat auch die ganzen Kritiken sehr ernst genommen. Sehr persönlich.

MEIKEL CLAUSS Auf der Bühne ist Tommi oft völlig ausgetillt. Der war mehr in der Waagrechten als in der Senkrechten. Dadurch war er natürlich ein supergeiler Livesänger. Aber der ist dann auch geistig manchmal dermaßen abgeflogen ...

CAMPINO Eines der beeindruckendsten Konzerte meines Lebens – ein Konzert, das ich nie vergessen werde: KFC, hier in irgendeiner Kunstausstellung.

KÄPTN NUSS Das hieß *Villa Engelhard*. Und die wollten eben eine Punkband dazu haben. Noch auf dem Weg vom Übungsraum zum Auftritt hätte ich nie geahnt, dass Tommi da so tierisch ausrasten würde.

TOBIAS BRINK Tommis Zustand war ja meistens unberechenbar. Es gab praktisch vor jedem Auftritt Schwierigkeiten. Entweder war er so betrunken, dass er nicht auftreten konnte, oder es gab irgendwelche Streitereien. Tommi musste sich vorher jedes Mal aufladen. Und an diesem Tag hatte er schon enorm gesoffen. Und er war sehr destruktiv. Aber ohne jegliche Angst, dabei vielleicht selber unterzugehen. Zusätzlich hatte er auch noch diesen Widerwillen gegen die Kunstszene. Und wir traten da in einem ganz elitären Kreis auf. Bei High-Society-Kunstgängern, die mal die total Asozialen sehen wollten.

MEIKEL CLAUSS Das war so eine richtige *in-crowd*. Und das war ein ganz derber Auftritt. Eine ganz harte Nummer. Wir haben unglaublich laut aufgedreht. Das war ebenerdig. Ohne Bühne. Nur Parkettboden und weiße Wände. Alles supergrell und superlaut.

AR/GEE GLEIM KFC haben dann Flaschen durch die Gegend geworfen, den Leuten den nackten Arsch gezeigt – und irgendwann hat Tommi einfach alles zerstört. Bilder kaputtgemacht.

TOBIAS BRINK Letztendlich ist das völlig eskaliert. Völlig entglitten. Das war nicht geplant. Meikel stand dann auch noch da und hatte die Hose runtergelassen. Stand einfach da – mit seinem Dödel – und spielte weiter. Und Tommi fing an herumzupissen und alles kaputtzuhauen und durch die Gegend zu schmeißen. Die ganze Energie glitt ins Destruktive ab und kam als Hass gegen Kunst und Künstler raus.

CAMPINO Die Band spielte, und Tommi wälzte sich plötzlich in den ganzen Scherben, die da auf dem Boden lagen. Und blutete tierisch. Und rief in die Menge, zuerst noch scherzhaft, dass er dafür Applaus haben will. Und die Menge johlte. Aber irgendwann kippte das. Er brüllte: »Was soll ich noch machen, um euren Applaus zu kriegen?« Und er fing an, sich wirklich überall komplett aufzuschneiden. Den Leuten blieb das Lachen im Hals stecken.

KÄPTN NUSS Tommi war wie von Sinnen. Völlig weg. Er wälzte sich am Boden und blutete und hatte überall Splitter im Kopf.

FABSI Er hatte sich komplett nackt ausgezogen und torkelte noch eine Weile herum. Auf einmal rief einer: »Die Bullen kommen!« Und Tommi wurde ja von den Bullen gesucht. Es hieß immer: ›Der muß untertauchen. Der ist auf der Flucht.‹

CAMPINO Tommi ist dann durch ein Hinterfenster geflüchtet. Und ich stand einfach da und hatte so etwas noch nie erlebt. Das war so, dass der Star plötzlich zum armen Schwein wurde. Da ist mir diese Brutalität klar geworden, dass jemand alles gibt, was er hat – bis zum Geht-nicht-mehr –, damit die Leute ihre Unterhaltung haben –, und dann gehen sie nach Hause und sagen, sie hatten einen interessanten Abend.

TOBIAS BRINK Wir haben ihn dann nach Hause gefahren. Er blu-

tete nur noch. Konnte sich überhaupt nicht mehr steuern. Er flennte nur noch: »Bitte verlasst mich nicht!« – und ist einfach völlig weg gewesen.
Diese Probleme wurden dann immer gravierender. In Bremen spielten wir auf einem Festival. Da hatte Tommi schon vor dem Konzert einen Kasten Beck's gesoffen. Auf der Bühne hatte er das Mikro nur noch irgendwo im Arm eingeklemmt und nur so: »Böööööhhhhhh!« Diese Destruktivität äußerte sich immer mehr darin, dass er jegliche Entwicklung mit professionellem Charakter ablehnte. Dass er auch Platten nicht mehr auf die übliche Art und Weise machen wollte. Er sagte: »Wir müssen jede Platte einzeln aufnehmen und dann verkaufen!« Und das meinte er ernst.

MEIKEL CLAUSS Tommi hat sich eher dieses Punkselbstdestruktionsprogramm vorgestellt. Uns war zwar durchaus klar, dass er das mehr aus stilistischen Gründen machte – aber wir haben an ihm auch beobachten können, dass das scheiße ist, immer nur zu saufen und so eine schlappe Nummer durchzuziehen. Immer weicher zu werden. Dieses Schlappe – das konnte man richtig sehen.

TOBIAS BRINK Für die Begriffe von Meikel war Tommi damals nur noch so ein schlapper Sack. Was auch stimmte. Der hatte plötzlich so einen jammrigen Singsang drauf. Vorher war das ja Vollpower. Auf einmal hat er Clash gehört und so einen Scheiß.

MEIKEL CLAUSS Der lag nur noch im Bett herum und war besoffen. Das haben Tobias und ich ihm auch gesagt. Und als neurotischer, selbst ernannter Despot ist er total ausgeflippt. Der wollte uns aus der Band schmeißen.

TOBIAS BRINK Wir wollten Tommi dann überzeugen, dass er mit uns weitermacht. Meikel sagte: »Lass den mal drei Tage schmoren. Dann kommt er schon zurück.« Aber mir war klar, dass der nicht zurückkommt. Der war so verfahren in seiner Sichtweise, dass er gar nicht zurückkommen konnte.

MEIKEL CLAUSS Das lief dann alles so hintenherum. Wir haben uns nur einmal getroffen. In der Industriestraße. Und nach normaler KFC-Manier musste eben so einiges geklärt werden. Da habe ich ihm die Fresse poliert.

TOBIAS BRINK Meikel war noch wesentlich gefährlicher als Tommi. Meikel hatte Tommi schon in der Endzeit des KFC immer verkloppt. Und nach der Trennung hat er ihm dann mal aufgelauert. Da saß Tommi in seinem Auto, einem riesigen, alten Citroën, und wollte aussteigen. Und Meikel hat ihn von oben zusammengehauen. Einfach durch das runtergelassene Seitenfenster. Tommi hat das als sehr degradierend erlebt. Weil er sich nicht wehren konnte. Der war angeschnallt und kam aus dem Sitz nicht raus.

Stahlwerksinfonie

> **Die Hitlers** – es gab ja ständig solche Bands für einen Abend – und das war unsere Band bei der Bundestagswahl 1980. Bei der Schmidt-Strauß-Wahl. Am Abend gab's da ne Wahlparty im Ratinger Hof. Da lief ein Fernseher mit den Ergebnissen. Wir sahen alle aus wie die Panzerknacker. Hatten alle rote Pullover und ne Nummer drauf und Masken und weiße Handschuhe. MITTAGSPAUSE war da komplett. Ausserdem Xao Seffcheque. Jürgen Engler war zweiter Schlagzeuger. Zwei Schlagzeuge, drei Bässe. Das hämmerte tierisch ab.
>
> **THOMAS SCHWEBEL, FEHLFARBEN**

PETER HEIN Einer der allerersten Auftritte von **Fehlfarben** war in einem kleinen Club in Dortmund. Und das war gleich der härteste. Da waren auch Engländer von der Rheinarmee. Die standen immer kurz vor dem Einsatz nach Nordirland. Und die wollten uns verprügeln. Ich wusste gar nicht warum. Wir sind mit Flaschen beworfen und bespuckt worden. Nach drei Liedern wollten die Leute so eine Band aus Dortmund hören. Ich hatte die erst eine Woche vorher gesehen – und fand die einfach scheiße. Dann habe ich denen gesagt: »Halt dat Maul, dat is Scheiße, wat ihr wollt.« Vielleicht habe ich auch noch irgendwas gerufen von wegen: »Ach ja! Punks! Karneval in Dortmund!« Auf einmal tat es einen tierischen Knall. Überall nur noch Rauch. Und eine Granate kam auf die Bühne geflogen. Die drehte sich so komisch und rauchte vor sich hin. Ich habe tierische Panik gekriegt. Aber irgendwo war mir das auch so was von scheißegal. Ich habe mich einfach draufgestellt, damit das Ding nicht irgendwo durch die Gegend drödelt – und habe weitergesungen. Und die ganze Zeit über dachte ich: ›Jetzt geht sie gleich in die Luft. Und mein Bein mit.‹ Jedenfalls war das dann eine Übungsgranate – keine scharfe. Aber das wusste ich ja nicht. Wir sind dann in gebückter Haltung zum Auto zurückgeschlichen. Wie im Krieg.

THOMAS SCHWEBEL Wir galten mit **Fehlfarben** schnell als die Su-

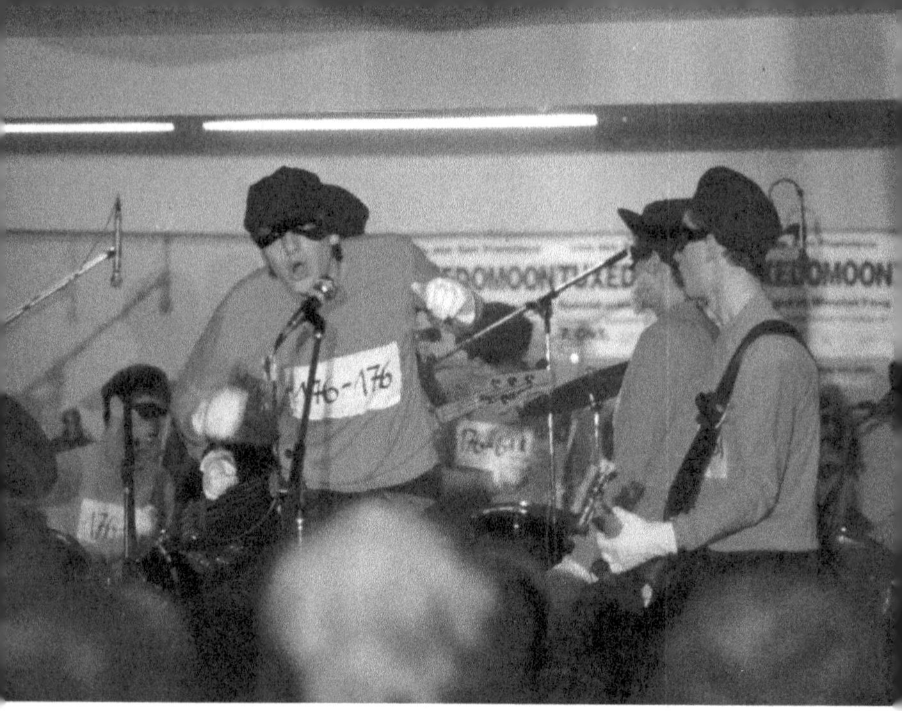

pergruppe der Düsseldorfer Szene. Peter Hein und ich kamen von **Mittagspause**, Michael Kemner von **DAF**, Frank Fenstermacher vom **Plan** und Uwe Bauer von **Materialschlacht**. Prompt wurden wir von der *EMI* angesprochen. Die haben unsere Skasingle noch mal rausgebracht – und wollten auch eine LP mit uns machen.

MICHAEL KEMNER Es gab damals so eine große Hoffnung in der Szene – fast eine Art Glauben: ›Man kann das alles auch alleine machen. Diese Scheißplattenfirmen bescheißen einen eh nur.‹ Und das stimmte auch. Bei den Independents konnte man machen, was man wollte. Niemand schrieb dir vor: ›Du musst so und so klingen.‹ Dieser Glaube, unabhängig zu sein, bedeutete auch, kreativ zu sein. Freiheit zu behalten. Und dann waren wir die erste Band, die das gebrochen hat. Wir waren die Ersten, die zur Industrie gegangen sind.

THOMAS SCHWEBEL Das war ja das Schlimmste, was man tun konnte. Aber die Möglichkeiten bei den Independents waren beschränkt. **S.Y.P.H.** hatten ihre erste LP bei Carmen Knoebel gemacht. Carmen hatte die eben bezahlt. Und wir wollten nicht die zweite Band von Carmen sein. Außerdem hätten wir dann auch die neue Platte wieder in einem kleinen Popelstudio machen müssen. Und unsere bisherigen Platten klangen alle scheiße.

PETER HEIN Ich wusste nur: Keine meiner Lieblingsplatten war independent herausgekommen. Alle richtig guten Platten dieser Welt waren bei großen Plattenfirmen erschienen: Clash, Damned, Pistols, Buzzcocks. Diese organisierte Unabhängigkeit gab es nur in Deutschland. Mit dem Verkünder Alfred Hilsberg.

THOMAS SCHWEBEL Alfred hat uns am Telefon angefleht: »Macht das nicht! Geht nicht zur Industrie!« Aber dieses Paralleluniversum der Unabhängigen weiter mit aufzubauen hätte für uns nur Sinn gehabt, wenn es wirklich besser gewesen wäre als das bestehende Universum. Ich hatte aber, in diesem ganzen Paralleluniversum, nie einen Pfennig Geld gesehen. Es gab mauschelige Verträge. Falsche Abrechnungen. Ich hatte das Gefühl, ich werde hier genauso beschissen wie bei der Industrie – nur auf eine noch fiesere Art, weil es unvorbereitet passierte –, da lag es doch nahe, gleich zur Industrie zu gehen.

MICHAEL KEMNER Wir waren dann bei der *EMI* in Köln im Studio. Das ist so ein riesiger Komplex aus Presswerk, Verwaltung und Studios. Nachdem wir ja auch noch unsere Jobs hatten, kamen wir immer abends nach acht Uhr, wenn die Schlagerfuzzis fertig waren. Als wir reinkamen, gingen wir erst mal in die Kantine und haben was getrunken. Heino lief da herum. Und Howard Carpendale – im weißen Overall, braun gebrannt – hat mit seinem Produzenten Schach gespielt. Wir saßen einen Tisch daneben, in unseren Lederjacken, überall mit Buttons dran, und haben immer Faxen rübergemacht. Der hat uns gar nicht beachtet.

Die Aufnahmen waren in einem riesigen 24-Spur-Studio. Die Techniker hatten Stechkarten und Pausenbrote. »Ach ja, jetzt kommt die Band Fehlfarben. Guten Abend, meine Herren.« Die hatten so eine Musik noch nie im Leben gehört. Wir haben Tage gebraucht, um die an uns zu gewöhnen. Wir konnten zuerst gar nichts aufnehmen, weil die dauernd meinten: »Jetzt stimmen Sie doch erst mal Ihren Bass.« Wir konnten nicht mal unsere Instrumente stimmen. Und unser Schlagzeuger war nie im Timing. Das war für die eine Katastrophe. Nach drei oder vier Tagen fanden sie es immerhin schon ganz witzig. Die hörten natürlich, dass die Gitarren immer noch nicht richtig gestimmt waren. Aber die waren es einfach leid, uns das zu sagen. Die haben gedacht: ›Wird eh nichts mit der Gruppe. Wir nehmen das einfach mal auf, wie es kommt.‹

Lustigerweise war das auch die Herangehensweise von Peter. Der hatte einfach ein paar Zettel mit Texten dabei. Und wenn wir wieder ein Stück fertig hatten: »Peter, sing mal was.« Er hat es sich angehört, hat auf seine Zettel gekuckt und irgendeinen Text genommen. Spätestens beim dritten Versuch war das Stück aufgenommen. Das ging blitzschnell. Und das, obwohl es ja damals hieß: Man kann überhaupt nicht deutsch singen, weil es einfach zu peinlich klingt. Peter hat einfach den Kopf ausgeschaltet. Einfach alles ausgespuckt, ohne darüber nachzudenken. Ohne zu stutzen: ›Geht das jetzt?‹ Und das ging. Und wahrscheinlich hat er es genau dadurch geschafft, diese ganze Aufbruchsstimmung zu treffen. Diese Textzeile »schneid dir die Haare, bevor du verpennst, wechsle die Freunde wie andere das Hemd« –, das war diese Aufforderung: Verändere dich! Das hat den Punkt getroffen. Die Leute waren damals auch bereit sich zu verändern. Die wollten diesen ganzen 68er-Kram nicht mehr.

Oder eben auch seine Liebestexte. Liebestexte galten ja damals erst recht als peinlich. Das konnte nur Schlager sein. Aber Peter hat sie eben ganz anders gesungen. So wie er das sang, wusste man, dass da ehrliches Gefühl dahinter ist. Teilweise mussten wir ja sogar aus dem Studio rausgehen.

PETER HEIN Ich habe meine Texte nie als besonders entblößend empfunden. Manche Situationen lagen zum Glück auch schon ein oder zwei Jahre zurück. Da wusste niemand mehr, was gemeint war. Aber die Leute waren mir auch egal. Das war nicht für die 20, die wir gut kannten, und auch nicht für die 100, die am Wochenende testen wollten, wie hart wir sind. Und erst recht nicht für 500 in Berlin und Hamburg. Das war nur für mich – und die jeweils angesprochene Frau oder das Arschloch, das ich meinte. Und das waren auch schon meine zwei Richtungen: das politische Liebeslied und das lyrische Protestlied. Alles ist Scheiße, und die Welt ist schlecht. Du bist ein Arschloch. Andere Texte konnte ich nicht. Und das war der Unterschied zu den ganzen Zeiten davor. Die Bands vorher fanden immer alles ganz toll. Vor allem sich selber.

MICHAEL KEMNER Wir hatten die Stücke, die wir konnten, schon alle aufgenommen. Und auf einmal spielt Thomas so ein Chic-mäßiges Riff, das er schon mal im Übungsraum gespielt hatte. Thomas fand Chic toll. Wir haben Chic gehasst. Disco war ja völlig verpönt. Aber wir hatten im Übungsraum einfach ein bisschen mit dem Klischee gespielt. Deshalb dachten wir eigentlich nur: ›Ach, der schon wieder!‹ Aber dann kam Horst Luedtke, dieser Typ von der *EMI*, und sagte: »Spiel das noch mal.« Und Peter: »Ach, hört doch auf mit dem Scheißstück.« Aber dann hat er doch schnell noch einen Text dazu gemacht. So ist dieses »Keine Atempause, Geschichte wird gemacht, es geht voran« entstanden. Aber wir hätten es trotzdem nie auf die LP genommen. Ich bin dann abends mit dem Demo-Mix nach Hause gefahren, zusammen mit einem Freund, und wollte bei dem Stück schon weiterspulen. Aber er: »Das ist doch geil!« Und den anderen ging es genauso. Alle Leute fanden das Stück geil. Für uns war das immer noch ein Witz. Aber das wurde der Superhit.

FRANZ BIELMEIER »Es geht voran« empfand ich als die logische Fortsetzung von »Herrenreiter«. Sogar der Text war ähnlich. Mittagspause hatte gerade dieses agitatorische Moment ausgemacht. Und »Es geht voran« war noch glatter und verzichtete fast ganz auf Insiderwitze. Das konnte jeder verstehen. Ich hatte mir auch gedacht, dass sie in so einer Richtung weitermachen würden. Von einer Sache war ich allerdings völlig überrascht: Ich hätte nie geglaubt, dass Janie über so intime Sachen wie Sex schreiben würde. Zu der Zeit hatte ich meine ersten Psychosen und war noch so ein halber Promi, an dem durch diese LP etwas von der großen Welt vorbeiwehte. Ich konnte kaum anders, als das als furchtbar traurig zu empfinden.

THOMAS SCHWEBEL *Monarchie und Alltag* war für viele Leute dann ein total wichtiges Ereignis. Das war die Platte, die ihnen die Augen öffnete. Für die deutsche Popmusik war das so ein Aha-Erlebnis: ›Endlich ist es da! Deutsche Popmusik ist möglich!‹ Und wir bündelten natürlich das, was von verschiedenen Bands – Mittagspause, DAF, S.Y.P.H. – jahrelang vorher gemacht worden war.

ZENSOR Das war lustig mit der Fehlfarben-LP. Da kamen dann auf einmal so ältere Männer zu uns in den Plattenladen. Das waren die Vertreter der *EMI*. Wir hatten gleich als Erstabnahme 200 LPs genommen. Das war viel. Und die kamen da so rein: »Oh!« Der *Zensor* war ja unheimlich dunkel. Die hatten gar keine Ahnung, wen sie da eingekauft hatten.

MICHAEL KEMNER Die *EMI* hat uns dann angeboten, als Vorgruppe von Dexy's Midnight Runners auf Tournee zu gehen. Das hat aber nicht geklappt, weil die Tournee verschoben wurde. Dann ergab sich die Alternative mit 999. Wir nur so: »Oh nee!«

PETER HEIN 999 fanden wir zwar nicht so richtig scheiße, aber wir hatten ja damals schon eine Botschaft – und 999 waren eben einfach von 77 übrig geblieben. Die waren von gestern. Die hat keiner mehr ernst genommen. Aber irgendjemand hat eben gesagt: ›Das macht ihr!‹ Und wir haben gesagt: ›Na gut.‹

THOMAS SCHWEBEL Wir hatten 999 ein Jahr vorher im *Ratinger Hof* gesehen. Da waren die noch gut drauf gewesen – eine lustige Funband. Als wir dann mit denen auf Tour gingen, hatten sie neun Monate Tour in Australien und USA im Bus hinter sich. Das waren die wandelnden Toten. Und die waren für unsere Verhältnisse eben auch uralt. Der Sänger war schon Ende 30. So ein alter Pubrocker, der verzweifelt versuchte, seine fünf Minuten Miniberühmtheit festzuhalten, obwohl er wusste, dass er schon wieder auf dem absteigenden Ast war. Saufen war das Letzte, was die noch konnten. Es war erschütternd. So wollten wir auf keinen Fall enden.

MICHAEL KEMNER Wir hatten mit 999 dann Riesenprobleme. Es war von Anfang an so: Wenn da mal Applaus vom Publikum kam, haben die Mixer einfach unseren Sound versaut. In München hatten wir zum Beispiel einen richtig tollen Abend erwischt. Wir kamen auf die Bühne und das Publikum ging so richtig mit. Nach vier Stücken war die Monitoranlage komplett ausgeschaltet, sodass wir überhaupt nichts mehr hörten.

THOMAS SCHWEBEL Und es war ja nicht so, dass wir dafür Geld bekommen hätten. Als Vorgruppe mussten wir ja sogar noch Geld mitbringen. Und dafür dann solche Auftritte wie in Herford – da waren wieder diese englischen Hardcore-Punks von der Rheinarmee. Da sind wir schon in langen Mänteln gekommen. Wir wussten ja, was uns bevorsteht.

PETER HEIN Wir haben in unserem gammligen, verpissten Bus die Mäntel angezogen – Schals um den Hals – und haben erst gar keinen Soundcheck gemacht. Wir haben auch kein Licht anmachen lassen. Wir sind einfach auf die Bühne, haben angefangen zu spielen, ohne dass wir einen Mucks gesagt haben. Und als die Lieder vorbei waren, haben wir aufgehört und sind wieder runtergegangen. Und während der ganzen Zeit wurden wir mit allem möglichen Scheiß beworfen.

THOMAS SCHWEBEL Das war schon eigenartig, die ganze Zeit über mit eingezogenen Köpfen auf der Bühne zu stehen und die Rotze auf sich zufliegen sehen. Das war einfach eine Kanonade. Aber es war auch schon wieder normal.

MICHAEL KEMNER Das haben wir noch öfters gemacht. Einfach von vornherein mit Mänteln gespielt. Aber die haben wir natürlich nicht jeden Abend gewaschen. Einfach in die Plastiktüte. Völlig eklig.

PETER HEIN Wir haben die 999-Tour beendet und gesagt: »So einen Scheiß – nie wieder!« Ich fand das entsetzlich. Wir sind danach auch so gut wie nie mehr aufgetreten.

THOMAS SCHWEBEL Das war für Peter Hein wohl auch ein so abschreckendes Beispiel, dass es für ihn der Anfang vom Ende bei Fehlfarben war. Und ich habe seitdem bis heute, immer wenn ich irgendwo auftrete, Misstrauen gegen das Publikum. Ob sie jetzt wieder loslegen. Ich gehe immer davon aus: Die kommen nicht, weil sie meine Musik mögen, sondern weil sie Ärger machen wollen.

PETER GLASER Ich war 1979 zum ersten Mal in Düsseldorf. Xao Seffcheque war schon vorausgezogen. 1980 bin ich endgültig nachgekommen. Graz war ja damals der Adlerhorst der österreichischen Gegenwartsliteratur. Handke kommt da her – und wie sie alle heißen. Und diese 68er hatten jeden Platz besetzt, auf dem man von Literatur halbwegs leben konnte.
Xao und ich wohnten zusammen in einem Keller. Eigentlich durfte man da gar nicht wohnen. An der Decke liefen Heizungsrohre. Im Winter war es so heiß, dass wir die Tür auflassen mussten. Dadurch hatten wir zwar keine Heizkosten, aber es war niedrig wie in einem Bergwerk. Wir haben auf den Heizungsrohren die Klamotten aufgehängt. Das Badezimmer war ein kleines Waschbecken mit einer Spiegelscherbe. Und es gab nur Kaltwasser. Auf diese Weise lernte ich viele Leute kennen. Ich habe immer Leute gesucht, die ein Badezimmer haben, wo ich duschen kann.
Aber das war alles in Ordnung. Es ging ja darum, klare Entscheidungen zu fällen. Und nicht einer von diesen ewig unentschiedenen, unintegren Typen zu sein, auf die sich damals unser Kampfbegriff ›Hippie‹ projizierte. Das waren wir natürlich auch selber. Aber wir sagten einfach: ›Jetzt ist Schluss mit dieser ganzen Geschwätzigkeit. Mit diesem Verzärtelten.‹ Hippie war für uns dieses: ›Ich lasse mir alles offen.‹ Das haben wir als die definitiv negative Eigenschaft angesehen. Wir haben gesagt: ›Wir entscheiden uns, wir wollen klare Linien, wir ziehen uns Anzüge an, schneiden uns die Haare kurz und machen Geschäfte.‹
Natürlich hakte das noch manchmal. Als Xao seinen MS-20 bekam, habe ich mich oft davorgesetzt und definitiv gemerkt, dass ich kein Musiker werde. Ich fand einen Ton toller als den anderen. Ich konnte zu keinem Schluss kommen. Also sagte ich endgültig: ›Ich werde Schriftsteller‹ – was ja alles andere als hip war. Aber im Grunde hatte ein einziges romantisches Bild mein Leben bereits vorbestimmt. Ich hatte immer die Vorstellung von einem Balkon und einer alten Villa, wo ich sitze und über die Stadt blicke, mit einem Glas Wein und einer Schreibmaschine. Und es ist schönes Wetter. Meine Situation war zwar

eine ganz andere – aber ich bin trotzdem Schriftsteller geworden.
Damals grassierte bei Verlagen wie Rowohlt eine absolute Anthologiemanie. Es gab tausend Anthologien zu jedem Scheiß. Voll mit schlechten Gedichten. Die deutsche Lyrik war am Ende. Es gab nur übelste, kitschigste Scheiße. Jemand hatte keine Idee, es fielen ihm nur zwei Sätze ein, er wusste, daraus kann ich keinen Roman machen, also hacke ich alles klein und sage: ›Das ist ein Gedicht.‹ Als ich dagegen die Texte von Mittagspause gelesen habe, kriegte ich zum ersten Mal in meinem Leben richtig Herzklopfen. Das war alles total auf den Punkt.
Und in meinen ersten größeren Veröffentlichungen habe ich eben diese scharf parodierte, um 180 Grad gedrehte Großstadtromantik aufgegriffen. Aber das lag auch absolut in der Luft. Ich erstickte in Ideen. Ich stand morgens auf, ging auf die Straße und hatte das Gefühl, alles vibriert. Ich brauche nur reinzugreifen und habe die Hand voll mit tollen Sachen. Diese ganze Ästhetik kam einfach aus mir heraus. Wir liefen herum und sagten: »Hey, was gibt es Romantischeres als eine Fußgängerzonenunterführung nachts?« Und das stimmte auch eine Zeit lang. Ich wollte mir nichts vormachen. Ich hatte das Bedürfnis nach Klarheit. Ich wollte die Wirklichkeit erzählen. Ich wollte sie aber auch schön finden. Ich wollte nicht diesen Atompessimismus. Das hing mir zum Hals heraus. Man spürte natürlich diese ganze Fremdartigkeit, dass sich der Mensch so total gegen die Natur stemmt. Aber ich wollte klarstellen: So ist es eben – verbunden mit dieser künstlerischen Überhöhung, dass das alles ganz toll ist. Damit konntest du die Leute richtig erschrecken. Aber das war befreiend. Wir sagten: Beton ist schön. Großstadt ist schön. Wirklichkeit ist schön. Etwas zu sehen ist schön. Dadurch ging man auf alles zu. Und deswegen durfte man auch endlich wieder zugeben, dass Abba toll ist.
XAO SEFFCHEQUE Punk hat Enttabuisierung bewirkt. Und auch eine Bereitschaft, eine Lust, sich mit tabuisierten Dingen zu beschäftigen. Viele von uns haben damals entweder für Fanzines geschrieben oder für die Düsseldorfer Stadtzeitung – den *Überblick*. Wir haben uns richtig Aufgaben gestellt. Zum Bei-

spiel Leute zu finden, die nur noch Verkehr mit jungen, männlichen, toten Hunden haben. Wir haben Anzeigen aufgegeben, um zu schauen, ob wir so einen finden. Und dann haben wir in den Fanzines darüber berichtet. Und wenn es keinen gegeben hat, haben wir ihn eben erfunden und darüber berichtet. Wahrscheinlich kam es der Wirklichkeit sehr nahe. Wir haben das erste Interview mit Johnny Rotten geschrieben. Ohne ihn je gesehen zu haben. Und es war exakt das, was er später, als wir ihn getroffen haben, auf unsere Fragen geantwortet hat.

PETER HEIN Für den *Überblick* haben wir ein frei erfundenes Johnny-Rotten-Interview gemacht. Wir so: »Den haben wir zufällig getroffen.« Und die: »Wie ist der denn so?« Wir haben das einfach alles gemacht. Uns selber Narrenfreiheit gegeben. Wir schrieben unter dem Gemeinschaftspseudonym ORAV's – ohne Rücksicht auf Verluste. Einfach gefälschte Interviews geschrieben. Oder ich habe ein Interview mit mir selber geführt.

XAO SEFFCHEQUE Es war einfach eine neue Herangehensweise. Natürlich gab es auch echte Interviews. Aber dann war es oft eher egal, was in dem Interview gesagt wurde. Es ging eher um die Situation. Wenn etwa Tommi Stumpf beim Interview seinen Dödel rauszog und in die Ecke pisste. Oder wenn Mike Hentz ihn rauszog und damit auf den Tisch schlug. Wie Chruschtschow mit seinem Schuh. Das hat doch viel vermittelt.

PETER GLASER Punk war für mich immer feine Ironie. Damals gab es ja gerade diese »Züri brännt«-Unruhen. Über Zürich schwebten die Rauchwolken. Und da gab es eine Fernsehsendung mit zwei Vertretern der *Roten Fabrik*. Und als Kontrahenten waren konservative Politiker eingeladen. Diesen Leuten von der *Roten Fabrik* hast du noch genau angesehen, dass das ehemalige Punks waren, die jetzt New Waver reinsten Wassers waren – Anzug, kurze Haare. Total akkurate, *straighte* Typen. Die hatten zuerst das Wort und sagten einfach: »Diese Leute in der *Roten Fabrik* gehören an die Wand gestellt.« Und zwar total ernst. Für mich, als Bruder im Geiste, war das so, als ob die ganz leicht gegen ein Weinglas geschnippt hätten. Aber die Leute auf der anderen Seite sind völlig ausgeflippt. Die wussten überhaupt nicht mehr, was sie sagen sollten. Weil man ihren Text schon aufgesagt hatte.

MORITZ R® Es gab zum ersten Mal so ein Betätigungsfeld des Spiels mit der Öffentlichkeit. Das heißt, wir haben es uns einfach genommen. Als wir die ersten Reportagen über uns gelesen hatten, merkten wir erst, wie wenig oft von der ursprünglichen Information übrig bleibt. Wie Journalisten einfach viel durcheinanderbringen. Von da an haben wir auch die *Tagesschau* mit anderen Augen gesehen. Weil dort ja auch unmöglich hundertprozentige Information laufen kann. Und da geht es sogar noch um kontroverse Themen – was bei uns ja nicht einmal der Fall war. Die meisten Journalisten fanden den Plan ja gut.
Wir fingen also an, uns die Prädikate, die auf uns zutrafen, einfach selber auszudenken und den Journalisten als Futter vorzusetzen. Es war lustig zu sehen, dass das so gut funktionierte – dass die kaum eine andere Wahl hatten, als das zu schreiben. Später haben wir für die Journalisten sogar Heftchen gemacht, in denen wir ihnen zehn verschiedene Plattenkritiken mitgeliefert haben. Die konnten sie honorarfrei übernehmen. Wir haben dann Musik mehr und mehr als Öffentlichkeitsarbeit verstanden. Darum ging es uns zum Beispiel auch in unserer »Ampel«-Single: dass die Leute nicht einfach symbolgesteuerte Roboter sein sollen. Dass sie also auch bei Rot über die Ampel gehen können, wenn kein Auto kommt.

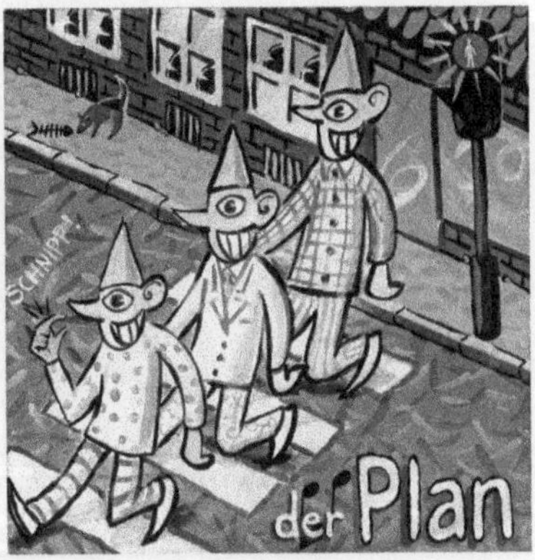

FRANK FENSTERMACHER Zu »Da vorne steht 'ne Ampel« kam es durch Beobachtung. Dass Leute nicht selbstbestimmt über die Straße gehen, sondern darauf warten, dass sich ein Zeichen verändert, um die Straße zu betreten. Ohne noch die eigenen Sinne zu gebrauchen. Das fand ich viel zu gefährlich! Und deswegen empfand ich es als Aufgabe, die Leute davor zu bewahren, irgendwann nur noch als Hirn in einer Nährsuppe zu schwimmen. Und so etwas war ja damals eine politische Aussage. Früher war es ja viel schlimmer als heute, bei Rot über die Straße zu gehen. Ich wurde teilweise übel beschimpft.

PETER GLASER Das Tolle war: Man konnte diese Dinge auf einmal selber produzieren. So ein Heizungskeller wie unserer konnte plötzlich auch ein Tonstudio sein. Eines Tages kam Xao mit einer 4-Spur-TEAC an. Seine erste Platte bestand dann nur darin: Ein Mann entdeckt seine 4-Spur-Maschine. Jedes Stück war ein bestimmtes *Feature* der Maschine. Zum Beispiel, dass du das Band auch rückwärts abspielen konntest. Und das ging alles ganz fix. Während ich an meiner Schreibmaschine saß und mir gerade wieder mühsam zwei Seiten abgerungen hatte.

Einmal saßen wir abends zusammen – Thomas Schwebel, Janie, Xao und ich. Und weil wir unter uns waren, haben wir uns gegenseitig gestanden, dass wir auch mal lange Haare hatten. Xao nahm seine Holzgitarre und fing an, Leonard Cohen und Bob Dylan zu spielen. Und wir sangen dazu »Kebapträume«, »Zurück zum Beton« und irgendwas vom KFC. Dann schaltete Xao seine TEAC ein. Am nächsten Tag kam Janie mit einer Plastiktüte. Da waren eine Maultrommel und ein grünes Plastiksaxophon drin. Nach zwei Abenden war das Band voll. Dann hat Xao mit Hilsberg telefoniert. Und ein paar Wochen später hatte ich die ORAV-Platte in der Hand. Als Schriftsteller konnte ich nur staunen, wie fix diese Musiker sind. Dagegen war ich eine lahme Ente. Ständig ergaben sich bei denen neue Projekte. Irgendwann lag ich auf meiner Matratze auf dem Boden und wachte auf und sah aus dieser Patient-im-OP-Perspektive vier junge Männer, die sich über mich beugten und sagten: »Xao hat gesagt, du kannst uns einen Namen für unsere neue Band sagen.« Ich sagte, dass sie sich Gummibaum nennen sollen. Das haben sie aber abgelehnt. Ein paar Tage später hießen sie Die Krupps.

BERNWARD MALAKA Nach Male nannten wir uns kurz Vorsprung und brachten bei Franz Bielmeier eine Single namens »Technoland« heraus. Die war superpoppig und bewusst abgeschmackt. Aber dann kam so langsam diese ganze Neue Deutsche Welle, mit Markus und so. Und damit wollten wir auf keinen Fall verwechselt werden. Jürgen und ich haben uns schließlich von der anderen Hälfte der Band getrennt und uns gesagt: ›Reinigen wir uns von diesem süßlichen Popgebräu. Gehen wir auf den Ursound zurück.‹ Wir schlossen uns wochenlang in den Proberaum ein und versuchten, unsere *basics* zu entdecken.

JÜRGEN ENGLER Wir wollten einfach das umsetzen, was wir draußen in uns aufgenommen hatten. Das war schon sehr einsiedlermäßig. Wir haben uns total von der Außenwelt abgeschottet und in unserer kleinen Höhle vor uns hin gewerkelt.

BERNWARD MALAKA Ich habe immer nur die tiefe E-Saite im Herzrhythmus gespielt. Wie so ein Zenmönch. Und Jürgen hat mit seiner Gitarre nur Rückkopplungen gemacht. Und nachdem wir wochenlang dieses schiere Heulen gehört hatten, Tag für Tag, stundenlang, wussten wir plötzlich, was das ist. Das hörte sich an wie ein Stahlwerk. Und dann haben wir gesagt: ›Bauen wir das in diese Richtung aus.‹ Wir haben uns dann den Kopf zerbrochen, wie wir das nennen sollen. Bis padeluun mit der rettenden Idee kam. Kruppstahl. Die Krupps. Und dann haben wir noch Ralf Dörper gefunden. Der konnte gar nichts. Der hatte von Musik null Ahnung. Aber dadurch war das wirklich gut. Der hatte einen Sequencer. Und konnte damit so einen ganz stumpfen Rhythmusablauf programmieren. Fast schon wie Techno.

RALF DÖRPER Ich hatte in Düsseldorf viel mit Jürgen Engler und Bernward Malaka abgehangen. Und dann gab es ja dieses große Festival in der TU Berlin. Das war für uns alle nicht gerade unwichtig. Chris Bohn hatte meine *Eraserhead*-Platte kurz vorher im *NME* zur »Single der Woche« ernannt. Und der hatte sich nun angesagt, um die Düsseldorfer Bands zu inspizieren. Bei dem Festival traten ja nur Düsseldorfer auf. Unter anderem sowohl Male in einer Phase, wo sie eigentlich schon etwas anderes machen wollten, als auch ich mit Harry Rag, nur zu zweit, aber unter dem Namen S.Y.P.H. – was völlig in die Hose ging.

HARRY RAG Wir hatten uns ein sehr experimentelles Konzept ausgedacht. Nur Ralf Dörper und ich. Ich hatte mit S.Y.P.H. inzwischen unsere zweite LP aufgenommen. Und zwar bei Holger Czukay. Da hatte ich mich mit allen angelegt.

UWE JAHNKE Alle anderen hatten gewusst, worum es Holger ging. Dass man sich locker macht und seinen Geist auf Empfang schaltet – und nicht mitgebrachte Vorstellungen durchzieht. Denn wenn man eine Vorstellung von einer Sache hat, kann man keine freie Musik machen. Und Harry Rag hat natürlich gedacht, jetzt wird ihm das Heft aus der Hand genommen. Das gipfelte darin, dass er frühmorgens, nach einer langen Studionacht, mit ein paar Flaschen Bier zu viel, herumschrie und Holger als Faschisten bezeichnete. Holger ist auch wirklich ein autoritärer Typ. Aber man trifft auch nicht allzu oft jemanden, der den Leuten tatsächlich seine Erfahrungen mitgibt. Da kann man nicht wie Graf Rotz auftreten und so tun, als ob das alles nicht wichtig wäre. Harry Rag hat einfach gemerkt, wo seine Grenzen waren. Und wollte das nicht wahrhaben. Aber das war immer sein Problem: die Gruppe und der Sänger. Harry Rag und die Band. Das ist sein Trauma gewesen.
HARRY RAG Teilweise hatte ich die ganze Band plus Holger gegen mich. Aber ich, als Sturkopf, setzte mich durch. Obwohl oft etwas rauskam, was mir selber nicht gefiel. Aber das war eben mein Versuch, die Punkfahne hochzuhalten und zu sagen: ›Ist doch egal, wenn das schief gesungen ist.‹ Ich konnte ja keinen Ton halten. Ich war eher ein Statementverteiler.
HOLGER CZUKAY Über Texte habe ich immer geflissentlich hinweggehört. Und bei S.Y.P.H. habe ich eben nur erkannt: ›Das sind die Themen dieser Zeit, und wenn einem sonst nichts einfällt, dann macht man halt so was.‹ Das hat mich nicht überzeugt. Deshalb dachte ich, es gibt nur die Möglichkeit, das im Schnitt besser hinzukriegen. Also habe ich ihm die Worte abgeschnitten, andere Sachen zusammengefügt und so weiter. Das fand er nicht so ganz das Wahre.
CARMEN KNOEBEL Holger kam mit seiner fertigen Abmischung zu uns gefahren. Ich saß da mit der Band. Er spielte das vor. Ich habe einen Schock gekriegt! Ich sagte: »Das finde ich aber scheiße.« Die anderen Musiker fanden es natürlich toll, weil Holger der Guru war. Aber ich wollte eben ein S.Y.P.H.-Produkt und kein Czukay-Produkt. Dann musste er es noch mal machen. Ich habe gesagt: »Das will ich nicht.«

HARRY RAG Wir hatten dann zwischenzeitlich oft versucht, Conny Plank anzusprechen. Der war für uns die Ikone der Experimentalmusik und arbeitete in diesen Tagen gerade mit DAF. Und bei diesem Festival in Berlin lief er eben auch herum. Und ich trete da alleine auf. Zusammen mit Ralf Dörper. Zwei musikalische Deppen. Wir standen auf dieser riesigen Bühne 30 Meter auseinander. Ralf Dörper machte mit seinem Synthesizer immer nur: bleep-bleep. Und ich versuchte ab und zu mal irgendwelche Töne zu finden – demonstrierte aber nach außen, dass ich völlig selbstsicher bin. Auf einmal schlich sich von hinten so ein Punk an und schüttete mir einen Becher Bier über den Kopf. Alles lachte sich kaputt. Ich wusste zuerst nicht, ob ich ihm die Gitarre über den Schädel hauen soll. Dann habe ich mich aber zusammengerissen und so getan, als ob mir das alles nichts ausmachen würde. Wir haben einfach stur weitergespielt. Bis fast das ganze Publikum gegangen war.
UWE JAHNKE Das war ziemlich egoistisch, den Leuten etwas vorzusetzen, was weder Hand noch Fuß hatte. Aber das war eben mehr oder weniger die Totalverweigerung des Harry Rag.
HARRY RAG Ich wollte einfach zeigen, dass auch so etwas unter den Begriff ›Punk‹ fallen kann. Aber dann kam auf einmal eine Frau mit so einem manischen Blick auf die Bühne und fing an zu tanzen. Und dann kam so ein 68er. Völlig bekifft. Und fing auch an zu tanzen. Und im Publikum saßen noch 50 Leute, die fast alle Gras rauchten. Die saßen in ihren Graswolken und fanden das toll. Dafür bekamen wir draußen nur noch missbilligende Blicke von allen. Inklusive DAF und Fehlfarben: »Was war denn das für ein Scheiß?« Conny Plank hat nur noch den Kopf geschüttelt. Mit diesem Auftritt habe ich den Ruf von S.Y.P.H. für lange Zeit ruiniert.
RALF DÖRPER Danach gab es bei mir umso mehr eine ganz klare Richtung: Am Anfang durchaus musikalisches Chaos, alles ausprobieren, aber dann klar in eine Richtung gehen. Von daher deckte sich das gut mit den Ideen, die Jürgen und Bernward hatten. Und nachdem sich unser Konzept schnell herumsprach, hatten wir gleich die Möglichkeit, mit Red Crayola zu spielen – zehn Tage später. Nur hatten wir noch nicht mal richtige Stücke.

BERNWARD MALAKA Wir gingen zu einem ehemaligen Stahlwerk – hinter dem Düsseldorfer Hauptbahnhof. Das wurde gerade plattgemacht. Dort haben wir uns Reste zusammengesucht. Schwere, ganz komisch geformte Stahlteile. Ein Teil ähnelte einem Autoreifen. Und es gab eben auch Teile, die aussahen, als wären sie für ein riesiges Xylophon aus Stahl gemacht. Daraus bauten wir unser Stahlofon.

RALF DÖRPER Bei unserem ersten Auftritt haben wir schon Unmengen von Metall mitgeschleppt. Manche Leute haben sich gleich irgendein Teil geschnappt und darauf herumgehauen. Einiges haben wir auch einfach den Leuten vor die Füße geworfen. Und gehofft, dass die nicht zurückwerfen. Da hätte es Tote gegeben.

BERNWARD MALAKA Im Proberaum haben wir unsere *Stahlwerksinfonie* immer weiter entwickelt. Wir hatten damals einen Keller bei einem Abschleppunternehmer in Düsseldorf. Der hat uns dort für wenig Geld proben lassen. Und wir haben unsererseits ZK proben lassen. Aber dann kam eine echt superlinke Punkrocknummer – da waren wir lange Zeit sauer auf Campino: ZK haben überall im Keller an die Wände gepisst und dem Abschleppunternehmer erzählt, wir hätten das gemacht. Wir sind sofort aus unserem Proberaum geflogen. Und ZK haben den übernommen. Den hatten sie dann sogar noch, als sie die Toten Hosen waren.

Amok Koma

> Die *Marktstube* wurde oft von der Polizei durchsucht. Es gab viele Razzien. Die jedes Mal in kleine Kriege ausarteten. Immer wenn die reinkamen, haben alle Leute alles genommen, was nicht niet- und nagelfest war, und auf die Bullen geschmissen. Bis die sich wieder verzogen. Nur kamen die dann meistens mit einer Hundertschaft zurück und haben einfach den ganzen Laden festgenommen. **DIEDRICH DIEDERICHSEN**

THOMAS FEHLMANN Ich war vier Jahre vorher aus der behüteten Schweiz nach Hamburg gekommen. Das war für mich ein Schock gewesen. Ich war in Zürich an einer Schule für experimentelle Gestaltung. Das hatte ich gegen meine Eltern durchgesetzt. Die hatten das überhaupt nicht witzig gefunden. Aber mich hatten schon als kleiner Junge diese gequetschten Gesichter von Picasso fasziniert. Ich fing mit sieben Jahren ganz naiv an, irgendwelche Picassos zu kopieren.

In Hamburg machte ich dann vor allem Konzeptkunst. Fotografie. Malen war nicht besonders angesagt. Auf einmal hörte ich, dass es nun schon für 1000 Mark einen Synthesizer gab. Einen MS-20. Den habe ich mir sofort besorgt. Als diese schwarze Kiste in mein Wohnzimmer einzog, hat sich mein Leben verändert. Zur selben Zeit lernte ich Holger Hiller kennen, der auch einen MS-20 hatte. Die beiden MS-20 zusammenstöpseln zu können war ein Riesenvorteil. Die Fähigkeiten waren auf einmal verdoppelt. Da ist das Gehirn nur so übergekocht.

Dann wurden wir in Stuttgart von der Galerie Max Hetzler eingeladen. Die bereiteten gerade eine Ausstellung vor: Oehlen, Kippenberger. Und wir haben die Musik dazu gemacht. Aber wir brauchten noch einen Namen – **Palais Schaumburg!** Und dann haben wir auch schon die erste Single bei Alfred Hilsberg herausgebracht: »Rote Lichter«. Das war faszinierend, auf einmal sagen zu können: ›Wir machen jetzt ein paar Stücke. Und dann spielen wir die jemandem vor. Und wenn die dem gefallen, kommen die auf Platte raus. Peng!‹

ALFRED HILSBERG Wir hatten das Label mit null Mark angefangen. Aber es ging trotzdem nicht um kommerziell interessante Platten. Das spielte die geringste Rolle. Es ging mir um Sachen, von denen andere Leute sagten: ›Das ist scheiße‹, oder die mir in diesem Moment vielleicht selber gar nicht passten. Das erste Jahr war von daher eine Explosion von Veröffentlichungen. Aber es war auch egal, was man rausbrachte. Das lief wie von selbst. Das erste Mal seit Jahren trafen Innovationen auf ein junges, ausgehungertes, vor allem intellektuelles Publikum. Die Konzerte waren irrsinnig besucht. Die Läden rissen sich um die Platten. Die wollten unbedingt unsere Sachen haben. Obwohl wir nicht einmal Werbung machten. Keine Anzeigen. Kaum Promos rausgeschickt. Aber die Journalisten haben uns die Bude eingerannt. Es hat einfach funktioniert. Das hat uns selber überrascht.

RALF HERTWIG Zwischen Coroners und Palais Schaumburg war ich ja noch bei Front. Wir haben zu Alfred in der *Marktstube* praktisch nur gesagt, dass wir jetzt eine neue Gruppe haben. Und er: »Super! Ich buche mal das Hafenklangstudio.« Und das war für damalige Verhältnisse schon was Großes. Aber Alfred war eben der Papst. Und der hat in der *Marktstube* auch residiert wie ein Papst – immer mit seinem schwarzen Anzug, Schal und weißen Turnschuhen. Alles gruppierte sich um ihn herum. In der *Marktstube* wurden die *deals* gemacht. Das ging immer so: »Noch mal zwei Bier auf Alfred.« Der hatte dann meistens eine Riesenrechnung. Und wenn er besoffen war, wurde er sentimental und versprach einem alles, was man wollte. »Bringst du eine Platte von uns raus?« Alfred sagte immer ›ja‹.

DETLEF DIEDERICHSEN Alfred hat immer alles rausgebracht. Zu ihm konnte jeder gehen. Und das war auch für mich der Punkt, wo ich merkte: ›Hey, das funktioniert. Ich kann eine eigene Platte machen.‹ All das, wovon ich immer geträumt hatte. Und dann war ich eben auch einer von denen, die wichtigtuerisch in der *Marktstube* standen, sich gegenseitig Testpressungen zeigten und sich wie der tolle In-Zirkel vorkamen. Nur, die Leute die uns da anstaunten, hatten nächste Woche selber eine Testpressung dabei.

ALFRED HILSBERG Mein Motto bei *Zickzack* lautete ja: ›Lieber zu viel als zu wenig‹ – lieber zu viel als zu wenig veröffentlichen. Es gab einfach so unglaublich viele interessante Sachen. Da konnte ich nicht sagen: ›Das eine ist wichtig – das andere ist unwichtig.‹ Ich wollte das lieber in der Öffentlichkeit diskutieren lassen. Und deswegen habe ich fast jeden Tag eine Platte rausgebracht. Was kommerziell gar nicht geht. Noch dazu habe ich dieses Label wirklich desorganisiert betrieben.

JÄKI ELDORADO Alfred hat das alles von zu Hause aus gemacht. Ich weiß noch, wie wir ganze Kisten von Platten an irgendwelche bescheuerten Läden verbollert haben. Alles war voller Platten. Das Wohnzimmer. Die ganze Küche. Aber das war eben auch die Stimmung, dass wir sagten: ›Die Plattenindustrie? Denen zeigen wir's!‹

FRANK Z Der entscheidende Schritt war, dass Bands, die sonst niemals Plattenverträge gekriegt hätten, auf einmal Platten veröffentlichen konnten. »Computerstaat« war ja so ein Szenehit gewesen. Wir konnten also schon absehen, dass auch eine LP gut laufen würde. Also haben wir die einfach selber finanziert. Und sie hat sich dann sogar extrem gut verkauft. Die ging weg wie warme Semmeln.

AXEL DILL Ich hatte vorher so viel probiert – und nichts hatte geklappt. Und auf einmal standen wir mit Abwärts in so einem Sog. 20 000 Platten im Eigenvertrieb verkaufen, wie wir mit *Amok Koma* – vorher war das undenkbar. Aber auf einmal ging das.

ALFRED HILSBERG Abwärts haben mit Klaus Maeck nicht nur den *Rip-Off*-Vertrieb gegründet – letztlich haben die alles selber organisiert. Sogar ihre Promotion. So ein Phänomen gab es vorher gar nicht. Aber das ist sehr bewusst abgelaufen. Die haben sich selbst nicht nur als Musiker definiert, sondern das insgesamt als gesellschaftliche Tätigkeit begriffen – auf allen Ebenen verstehen zu lernen, wie das funktioniert.

FRANK Z Vor allem Klaus Maeck war dann bei den Punks nur noch ›das Geldschwein‹. Es war ja schon eine Zeit lang üblich gewesen, Konzerte zu stürmen. Vorwiegend aus politischen Gründen. Die Punks haben einfach gesagt: ›Warum kostet das

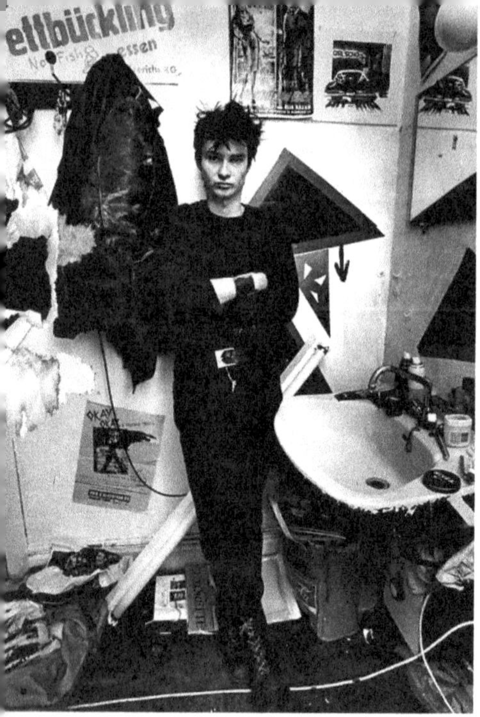

jetzt Geld?‹ Und aus denselben Gründen ist uns auch im *Rip Off* unglaublich viel geklaut worden. Was wir gemacht haben, war für die Punks politisch nicht in Ordnung. Weil, wir haben ja Sachen verkauft. Das war ja schon wieder Kapitalismus. Genauso dieser Penny-Markt im Karoviertel. Der war unglücklicherweise genau schräg gegenüber von der *Marktstube*. Und ein Supermarkt war halt auch Kapitalismus. Die mussten jeden Tag die Scheiben neu einsetzen. Und schon waren sie wieder im Arsch. Kaum kamen die Punks aus der *Marktstube* raus, schmissen sie schon Steine. Irgendwann war es so weit, dass da massive Stahlplatten vorgemacht wurden. Richtig fest installiert. Wie im Krieg.

TIMO BLUNCK Bei den echten Punks galt ich pauschal als unecht. Bevor ich zu Palais Schaumburg ging, war ich vorne blond gefärbt. Und einer meiner Klassenkameraden hatte die eine Hälfte blond und die andere schwarz. Dann stand aber eine Klassenreise nach Prag an. Und mit gebleichten Haaren hätten wir von der Schule aus nicht gedurft. Also mussten wir uns beide umfärben. Ich hatte meistens abgenähte Bäckerhosen an – und dreieckige Plastikbuttons. Und vor allem vor der *Marktstube* war das immer Spießrutenlaufen. Ich hatte immer Angst, dass ich von den Punks zusammengeschlagen werde, weil ich ja Punk verrate. Es wurde Thomas Fehlmann auch vorgeworfen, dass er mich überhaupt gefragt hat, ob ich Bass bei Palais Schaumburg spielen will. Aber das hat er getan, weil er dieses Popgruppengefühl hatte. Weil er wollte, dass das jemand ist, der sich bewegen kann. Und weil ich damals schon so ein unangenehmer Typ war. So ein Szene-Typ. Weil ich viel ausging.

Weil ich ein Popperschwein war. So wurden wir damals alle bezeichnet. Schickis. Popperschweine. Nicht nur Palais Schaumburg, auch Diedrich Diederichsen oder Alfred Hilsberg. Die *Marktstube* war ja ursprünglich eher ein Pub gewesen. Danach war das für Punks der Platz schlechthin. Und wir galten eben als die Schickis, die das so langsam übernehmen. Die Punks kamen dann ab und zu mal und nahmen sich den einen oder anderen von uns vor und verprügelten ihn. Ein Freund von mir wurde einmal unfasslich zusammengeschlagen. Der lag am Boden und auf ihn wurde immer weiter eingetreten. Der ist davon immer noch gezeichnet.

GODE Vor allem einige ältere Punker nahmen mir übel, dass ich einfach aufgehört hatte. Ich kam meistens in so einem braunen Maßanzug in die Punkerkneipen – den ich vom Onkel meiner damaligen Freundin geerbt hatte, der passte wie angegossen –, und habe da hauptsächlich von Punkern auf die Schnauze gekriegt. Ein paar Leute – zum Beispiel der Bassist von den Razors, der inzwischen auch an Heroin verreckt ist – haben regelrecht Jagd auf mich gemacht. Ich musste teilweise echt um mein Leben rennen.

FRANK Z Diese ganze Punkgeschichte ist dann einfach schwachsinnig geworden. So wie der Begriff von dieser nachrückenden Hardcore-Punkfraktion wie Razors so langsam verstanden wurde, war Abwärts sicher keine Punkband. Aber während Leute wie Neubauten hier in Hamburg mit dem Schlimmsten rechnen mussten, hatten wir eben Stücke wie »Computerstaat« – bei denen punkmäßig einfach alles stimmte. Sowohl die Inhalte als auch, dass man dazu Pogo tanzen konnte. Sodass wir uns auch mal erlauben konnten, im nächsten Stück nur halb so schnell zu sein. Aber die Leute wurden dann schon unruhig. Das war immer ein schmaler Grat zwischen Spaß und Gewalt. Da musste man den Leuten auch klar machen, dass man nicht alles mit sich machen ließ. Wenn da irgend so ein Arsch eine Flasche auf die Bühne geschmissen hat, sind wir eben runter, und FM Einheit hat dem eins aufs Maul gehauen. Dann war Ruhe.

THOMAS MEINECKE Wir hatten unseren ersten Auftritt mit FSK in der *Markthalle*. Wir hatten noch nie gespielt. Aber wir hatten schon unsere Kampfanzüge. Und vor allem hatten wir eine Rhythmusmaschine. Alles völlig unpunkig. Man sagte uns gleich : »Eine Band wie ihr wird hier sofort von der Bühne geholt.« Und dann standen wir da vor 1000 Leuten. Wovon mehr als die Hälfte Punks waren. Und vor uns ein paar Leute von Abwärts, die uns mit Holzlatten gegen Angriffe des Publikums verteidigten. Wir haben dann tatsächlich unseren ganzen Auftritt hinter uns gebracht. Allerdings in einem Regen von Bier, Spucke und Zigarettenkippen. Am Tag danach gingen wir mit Alfred durch das Karolinenviertel zur *Marktstube*. Erst mal dieser Supermarkt mit richtig metallenen Scheiben als Fenstern. Schräg gegenüber die *Marktstube*. Und rechts und links standen die Punks. Und jeder, der nach Künstler oder New Waver oder sonst wie nicht richtig punkig aussah, konnte dran sein. Man ging wie durch einen Feuerreifen.

ANDREW UNRUH In der Anfangszeit von Neubauten hatte ich noch auf einem normalen Schlagzeug getrommelt. Aber ich brauchte das eigentlich gar nicht. Ich wollte das gar nicht. Vor allem fand ich an jeder Ecke interessantere Sachen. Außerdem brauchte ich gerade Geld. Ich musste meine Miete bezahlen. Das war kurz vor unserem ersten Festivalauftritt außerhalb Berlins, in Hamburg. Also verkaufte ich das Schlagzeug und konstruierte mir ein Stahlschlagzeug – mit einer Bassdrum aus Zinkblech, einem 50-Liter-Plastikkanister als Standtom und Baurohrgestänge, an dem metallene Stromzählerabdeckungen befestigt waren, die ich anstatt normaler Hängetoms hatte. Das Ganze musste ich auf einem Betonsockel befestigen – wegen der Stabilität.

ALEX HACKE Das sah auch viel besser aus als ein teures Schlagzeug. So etwas war zu der Zeit ganz uncool. Jedes normale Musikinstrument hatte den Beigeschmack von stereotyper, reaktionärer Rockmusik.

BLIXA BARGELD Es war aber nicht so, dass wir so geklungen hätten, weil wir Probleme mit Berlin gehabt hätten. Ich hatte nie Probleme mit Berlin. Für mich stellte Berlin immer den absoluten Nullpunkt dar, den Ausgangspunkt, an dem alles normal ist. Und alle anderen Städte wichen von diesem Normalzustand ab. Es war für mich außergewöhnlich zu sehen, wie in anderen Städten die Bürgersteige hochgeklappt werden. Ich war aufgrund meiner ökonomischen und legalen Situation lange gezwungen gewesen, meine Zeit in Berlin zu verbringen. Ich hatte keinen Ausweis. Ich war auch nirgends gemeldet. Ich hatte die Stadt damals seit zwei Jahren nicht mehr verlassen.

Das erste Konzert der Neubauten außerhalb Berlins war für mich von daher ein regelrechter Kulturschock. Als Hausbesetzer, der sich als Anarchist verstand, kam ich auf einmal in eine Stadt, wo die politischen Selbstverständnisse Berlins völlig ungültig waren. In Hamburg gab es zwar viele Leute, die sich als Anarchisten sahen, aber die hatten nichts von dem, was in Berlin anarchistisch war. Nicht, dass ich politisch tatsächlich anders gedacht hätte, aber ich konnte mit deren ideologischer Einengung nichts anfangen. Mich hat das Revolutionäre an Aussagen wie ›Das ist ein Akkord – nun gründe eine Band‹ tausendmal mehr interessiert. Mir ging es vor allem um die Formen, die eine künstlerische Äußerung in diesen Zusammenhängen annehmen kann. Von daher konnte ich da als avantgardistischer Anarchist natürlich nur scheiße ankommen. Es war einfach ätzend. Das war so jenseits unserer Niveaus. Nachdem ich sah, dass alle anderen Bands vor uns beschmissen, angepöbelt und verprügelt wurden, war es für mich wirklich fraglich, ob wir überhaupt noch spielen sollten.

ALEX HACKE Eine Limburger Band namens Radierer wurde gleich am Anfang des Festivals brutalst von der Bühne geprügelt. So was hatte ich echt noch nie gesehen.

ANDREW UNRUH Zuerst sollten wir als vorletzte Band spielen. Vor Abwärts. Aber das hat überhaupt nicht geklappt. Abwärts waren die Kings. Die Punks wollten absolut nichts anderes hören. Wir mussten den Auftritt abbrechen und spielten dann noch mal nach Abwärts – als die meisten Leute schon gegangen waren.

KLAUS MAECK Auch wenn nur noch 50 Leute im Saal waren – das war die intensivste Musikperformance, die ich je gesehen habe. Dieser dünne, aber superenergetische Sänger. Und Musik auf einem selbst gebauten Schlagzeug und einer schrottigen Gitarre. Das war ein ganz anderer Anspruch. Gar keine Instrumente mehr zu benutzen. Mit Nichtinstrumenten Musik zu machen. Und wenn man Berlin damals kannte, dann wusste man, dass das eine wahre, lebendige Geschichte von dort ist. Das hat das Berliner Gefühl genau getroffen.

FM EINHEIT Ich habe Neubauten auf diesem Festival zum ersten Mal gesehen. Das ging nicht nur konsequent in eine ganz andere Richtung als Abwärts – das hatte mit überhaupt nichts zu tun, was ich je vorher gesehen hatte. Ich habe mich sofort mit Blixa angefreundet. Wir haben die ganze Nacht geredet.

BLIXA BARGELD Nach diesem Auftritt war mein ganzes Weltbild durcheinander. Ich hatte wirklich einen Schock. Und der steckt mir heute noch in den Knochen. Ich habe gemerkt, dass ich mit Punk offenbar nichts mehr zu tun habe, weil den Begriff anscheinend andere Leute übernommen hatten. Zumindest in Hamburg bedeutete Punk anscheinend etwas anderes. In Berlin war wenigstens die Toleranz so weit gediehen, dass alles akzeptabel war: Ich bin Hausbesetzer, ich spiele beim Hausbesetzerfestival. Und *wie* ich dort nun spiele und was ich da nun letztendlich mache, das ist alles in Ordnung, weil ich ja die Bewegung unterstütze.

Ich hatte in Berlin ein schönes Gartenhaus mit riesigem Garten. Sehr zentral gelegen. Das Vorderhaus war weggebombt, das Hinterhaus war weggebombt, nur der Seitenflügel stand noch. Rudimentäre sanitäre Einrichtungen. Morgens habe ich meine vier oder fünf Flaschen Wasser aufs Dach gelegt, um es von der Sonne erwärmen zu lassen, um irgendwann duschen zu können. Das war gut. Ich hab da gerne gewohnt.

ALEX HACKE Ich bin auf Ephedrintabletten nach der Schule auf Hausbesetzerdemos gegangen und habe da gelernt, wie man Schaufensterscheiben einschmeißt. Wir hatten so eine Technik: Einer rennt vor, schmeißt die Scheiben ein und zehn Meter hinter ihm läuft einer und plündert. Irgendwann bin ich gar nicht mehr zur Schule gegangen.

BLIXA BARGELD Er ist einfach mit seinem MS-20 und seiner Gitarre auf eine Europatournee gegangen – mit einer New Yorker Performance-Künstlerin. Arleen Schloss hieß die. Er hat die Musik dazu gemacht und seiner Mutter nicht gesagt, dass er nicht mehr zur Schule geht, haha. Schullaufbahn radikal abgebrochen!

ALEX HACKE Am Schluss haben sie mich auf eine Projektschule für schwer erziehbare, aber musisch begabte Kinder geschickt. Ich habe die meiste Zeit im Proberaum verbracht und alle anderen Stunden geschwänzt. Irgendwann habe ich mein Schließfach geleert und bin nach Hamburg gezogen – wo ich in keiner Weise auffallen durfte, weil ich sonst direkt ins Heim gekommen wäre. Dafür zog FM Einheit nach Berlin. Er und Blixa hatten sich mehr oder weniger ineinander verliebt.

FM EINHEIT Wir beide hatten eigentlich nur *Kalte Sterne* zusammen machen wollen. Er brachte aber Andrew mit, und dann war das eben eine Neubauten-Platte. Außerdem wurde mir so langsam klar, dass meine Heimat eher bei Neubauten lag als bei Abwärts. Ich hatte schon so eine Affinität zu körperlicher Bauarbeit. Während der Schule hatte ich schon immer bei meinem Vater auf Baustellen gearbeitet. Ich bin zwar nicht in der Zeit des Wiederaufbaus aufgewachsen, aber es wurde schon noch viel gewerkelt. Wir haben meistens in Rohbauten und auf Baustellen gespielt. Und zu meinem Instrumentarium bei Abwärts gehörte ja auch ein großes Metallblech. Das wirklich harte Gehaue ging aber erst bei Neubauten los. Das hatte eine tierische Power.

GUDRUN GUT Wenn da immer noch zwei Frauen und drei Männer gewesen wären, dann hätte sich das mit dem Stahl sicher nicht durchgesetzt. Ich hätte es unpassend gefunden, wenn da einer neben mir rumschwitzt. Das hatte nichts Weibliches. Das war eher ein Jungsding. Die Gefährlichkeit eines offenen Feuers auf der Bühne – das war natürlich interessant. Bei Mania D. spielten wir ja auch mit Gefährlichkeit. Aber bei uns ging es mehr um die Kippe des Lebens. Während Neubauten auf der Bühne wirklich lebensgefährlich waren. Und eben sehr männlich. Als ich mir das angesehen habe, konnte ich mir überhaupt nicht mehr vorstellen, da mitzumachen. Aber das passte durch-

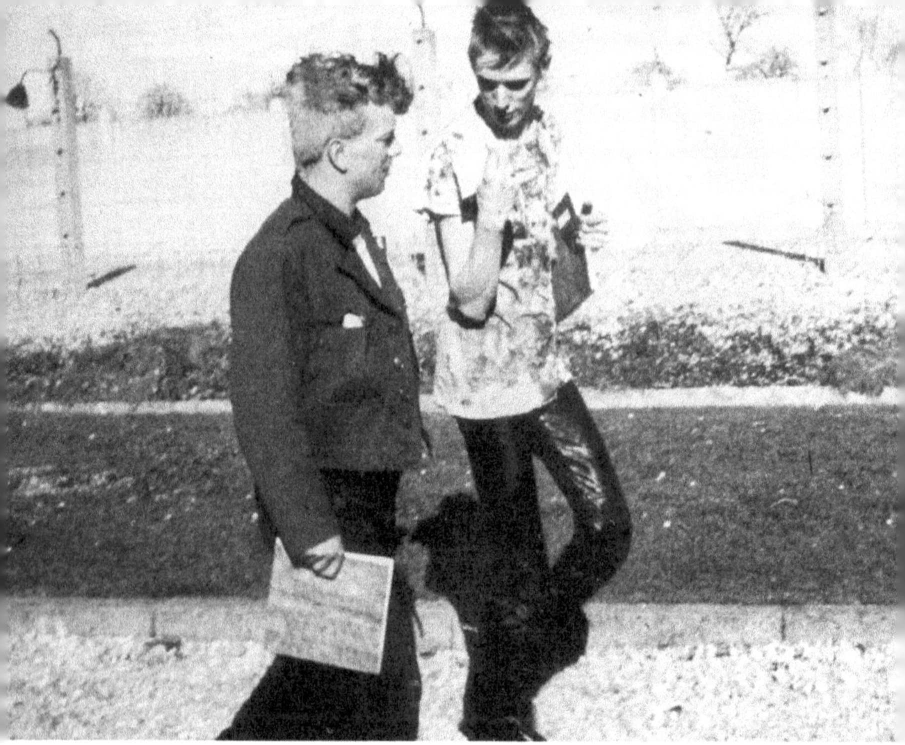

aus zu so einer Tendenz, die sich immer mehr abzeichnete. Das Ganze wurde echt nicht sanfter. Es wurde immer härter. Die Attitüde wurde immer mehr: Grrr! Faust!

MORITZ R® Wir haben Mania D. mal auf einem Festival in Berlin gesehen. Und wir standen so da: ›Das soll also der neue Typ Frau sein?‹ Ich hätte mir gar nicht vorstellen können, mich solchen Frauen zu nähern. Nur so von deren knallharter Attitüde her.

BEATE BARTEL Ich habe bei Mania D. ja die ganzen Verhandlungen gemacht. Gudrun und Bettina waren erst 20. Ich war schon 24, das war irrsinnig alt. Und da gab es einen Vorfall, der die Krönung vielerlei Geschichten war. Human League wollten uns für ihre Tour haben. Und Hilsberg hat einfach gesagt: ›Die können nicht.‹ Und hat eine *Zickzack*-Band geschickt. Irgendwann riefen Human League bei uns an: ›Warum kommt ihr denn nicht?‹ Letztlich konnten wir nur noch den Gig in Hamburg machen. Da brüllten die Leute: »Ausziehen! Ausziehen!«

Weil Mädchen auf der Bühne waren. Ich war stinkesauer. Und als ich das Geld holen wollte, sagt Hilsberg: »Aber Gudrun und Bettina haben versprochen, ihr spielt hier auch umsonst!« Die hatten unbedingt auftreten wollen und lieb Kind gespielt. Weil sie Angst hatten. Weil wir eben doch Mädchen waren.

GUDRUN GUT Als sich DAF gesplittet hat, bekamen wir plötzlich Stress mit Beate. Sie fand uns nicht mehr gut für die Band, und sie war eben mit Chrislo Haas zusammen und wollte mit ihm eine Pärchenband aufmachen. Aber die wollte sie weiterhin Mania D. nennen. Bettina und ich fanden das superuncool.

BETTINA KÖSTER Beate sagte uns, dass Chrislo jetzt in der Band mitspielen würde. Chrislo fing gleich an uns zu erzählen, wie wir das machen müssen. Aber gerade wegen solcher Verhaltensweisen hatten wir ja eine Frauenband gegründet. Und dann hat Beate uns gefeuert. Gudrun und ich haben erst mal eine Woche geheult.

GUDRUN GUT Als Mania D. vorbei war, haben wir zu zweit Malaria gestartet. Und wir haben gesagt: ›Wir spielen ganz viel live.‹ Was Beate nie gewollt hatte. Aber uns hat das Spaß gemacht. Wir haben erst noch zu zweit eine Maxisingle beim Zensor gemacht und dann gleich eine Band zusammengestellt.

INGA HUMPE Ich war außer mir, als Malaria relativ bald im *Studio 54* in New York auftraten. Das hat mir den Rest gegeben. Ich dachte: ›Und das mir! Die ich doch Punk von Amerika nach Berlin gebracht habe!‹ Ich träumte immer noch von einer Mädchenband. Weil ich mit meinen Hunde-Musikern so unzufrieden war. Ich dachte: ›Meine Scheißband. Mit denen komme ich nie ins *Studio 54*.‹

GUDRUN GUT Für meine Begriffe wusste Inga nicht, was sie will, und war angepasst und langweilig. Neonbabies war eben eine Popgruppe. Die sich verkaufte – und das auch wollte. Und wir nicht. Wir wollten unabhängig sein. Wir wollten diese große neue Indiebewegung weiter nach vorne bringen – deren Teil wir ja waren. Und Inga nicht.

BETTINA KÖSTER Ich saß mal mit denen im Übungsraum. Das war dann so: ›Dass wir so viele Platten verkaufen, das ist ja alles ganz klasse. Aber warum können wir nicht so cool sein wie Malaria?‹

INGA HUMPE Unglaublich, dass ich mich das getraut habe zu sagen. Aber ich habe wirklich darunter gelitten, dass ich nicht so cool war wie die.

BETTINA KÖSTER Wir waren eben von allen deutschen Bands am eigenständigsten. Wir waren mit der ersten Malaria »Single of the Week« im *NME*. Mit Foto, hähä. Weil wir halt auch am besten aussahen. Wir wollten bewusst an diese Zeit anbinden, bevor die ganze deutsche Kultur von den Nazis kaputtgemacht wurde. Wir haben uns bewusst diese 20er-Jahre-Ästhetik zusammengesucht. Und besonders im *Studio 54* haben wir deswegen auch Ärger gekriegt. Da war gerade Jom Kippur. Wir hatten gar keine Ahnung, was das war. und kamen in unserem normalen Outfit: schwarze Reitstiefel, schwarze Reithosen, schwarze Hemden und, als Gruß an den Sozialismus, rote Nelken im Hemd. Das war ein wenig zu subtil. Noch dazu haben die halt die Texte nicht verstanden. Und selbst dann: Es gab ja immer den Subtext. Das war eine Lieblingsbeschäftigung von mir: etwas sagen – aber das Gegenteil meinen. Das war die Essenz des Punk.

Aber vor allem haben wir schnell gelernt, unglaublich *tough* zu sein. Damit uns niemand was tut, haha. Nicht nur, um überhaupt unsere Gage ausbezahlt zu kriegen. Sondern schon allein, weil die Tourneen so hart waren.

GUDRUN GUT Allein die Fahrten waren anstrengend. Jeden Tag unterwegs: Unglaublich anstrengend! Kein Wunder, dass Frauen in der Popmusik keine größere Rolle spielen. Dieses Rock-'n'-Roll-Leben entspricht überhaupt nicht der weiblichen Natur.

BETTINA KÖSTER Einmal haben wir in Heidelberg in einem Club namens *Schwimmbad* gespielt. Da gab es Etagenbetten in ganz kleinen Kellerabstellräumen, wo matschiges, grünes Wasser die Wände runterlief. Alles war verschimmelt. Tags zuvor hatten wir zu fünft in der Küche geschlafen. Einfach auf dem blanken Boden. Wir waren wirklich tapfere kleine Soldaten.

INGA HUMPE Es ging dann auch bei Neonbabies einfach so ein professioneller Anspruch los, der gar nicht geplant war. Wir haben ein paar große Auftritte als Vorgruppe von Clash ge-

spielt. Da bekam ich gleich einen Eindruck, wie hart man sein muss. Der Schlagzeuger von **Clash** hatte eine Mittelohrentzündung. Nach dem letzten Stück rannte der hinter die Bühne und brach zusammen, als hätte er ein Messer im Ohr. Der wälzte sich nur noch am Boden und hielt sich mit verzerrtem Gesicht den Kopf. Zur Zugabe sprang er eben wieder auf und haute wieder rein wie ein Wahnsinniger. Superprofessionell. Aber das war eben Punk. Wir kriegten da auch jede Menge Bierdosen an den Kopf. Aber wenn jemand etwas warf, habe ich halt zurückgeworfen. Das war Ehrensache. Oder ich habe in die Leute gekickt. Immer gleich kampfbereit. Und so war das in jeder Hinsicht. Unsere erste LP war ja noch von einem Zahnarzt finanziert worden. Der hatte angerufen und gemeint, er würde uns gerne produzieren. Wir wussten gar nicht, was ein Produzent ist. Aber wir dachten gleich, das ist irgendein Abzockerschwein. Wir bestanden nur aus Misstrauen. Dann haben wir aber von dieser Platte schnell 20 000 Stück verkauft. Independent. Das war enorm. Und das äußerte sich auch sofort in so einem: ›Wir sind besser als **Malaria**!‹
Deshalb waren wir auch eine der ersten Bands, die zur Industrie ging. Die ich selbst ja auch nicht mochte. In den Businessetagen dort roch alles so nach – Schwänzen, hihi! Es gab dort nur Männer. In spießigen Anzügen. Die wussten gar nicht, was sie mit uns anfangen sollten. Wir waren für die nur komische Tiere, die sie eingefangen hatten und zu Geld machen wollten. Das war ein echtes Feindverhältnis. Und ich habe es ganz bewusst nicht geduldet, mich von Männern einschränken zu lassen. Ich war ja vorher nie gefragt worden, was ich will. Ich hatte erst mit Punk gelernt zu sagen: ›Das finde ich aber scheiße!‹ oder ›Nein! Das mag ich nicht!‹ Und umso mehr Geld bekamen wir, hehe! Und das trennte uns noch mehr von allen. Und prompt wurden wir aus dieser Indieszene komplett rausgedrängt. Leute wie der Zensor wollten auf einmal unsere Platten nicht mehr verkaufen.

ZENSOR Ich fand es immer prima, bestimmte Platten erst gar nicht zu verkaufen. Zu sagen: »Ihh! Nein, so was verkaufen wir nicht!« Deswegen auch der Name *Zensor*. Wir haben überhaupt nicht geschäftsmäßig gedacht. Wir waren stolz darauf, unabhängig zu sein und uns dem Kommerz zu verweigern. Das war zwar auch eine extreme Schwarzweißsicht. Aber es war eine stolze Haltung.

An der Außenseite der Welt

FM EINHEIT Nachdem ich dann auch noch bei Palais Schaumburg anfing, Schlagzeug zu spielen, war ich kurzfristig in drei Bands: Schaumburg, Abwärts und Neubauten. Schaumburg waren ja Künstler. Und für Thomas Fehlmann waren Abwärts einfach Rock. Überhaupt nicht auf der Höhe der Zeit. Aber dass Schaumburg überhaupt so enorm eckig wurde, das kam auch durch mich, hehe.

THOMAS FEHLMANN Wir nahmen nicht an, dass wir auch nur irgendwie Hitpotenzial hätten. Aber dann war »Rote Lichter« in den so genannten Independentcharts monatelang Nummer eins. Fast jedes Konzert war das reine Tanzfest. Ziemlich wild. Aber auch freudvoll. Obwohl wir so eckig waren. Oder gerade deswegen. Unsere erste Tour war als Vorgruppe von Pere Ubu. Wir waren absolute Pere-Ubu-Fans. Und die fanden uns dann eben auch super. Das hat uns sehr bestätigt. Inzwischen wurde ja in dieser ganzen Szene schon wieder vieles wiederholt, wogegen man eigentlich vorgab zu kämpfen. Die Rebellion hat oft mehr in Interviews stattgefunden als in der Musik. Und Pere Ubu hatten eben diese völlige Antirockhaltung. Ähnlich wie wir. Alles, was irgendwie bekannt klang: ›Phh!‹ Und Pere Ubu haben uns dann eben total unterstützt. Die standen immer in der ersten Reihe und hatten leuchtende Augen. Das hat unser Selbstvertrauen bestärkt. Über Hamburg hinaus – wo uns dieser ganze *Marktstuben*-Zirkel gaaanz toll fand.

RALF HERTWIG Mein Einstieg bei Palais Schaumburg war auch so ein *Marktstuben*-Ding. Nachdem FM Einheit schon bald wieder ausgestiegen war, ging es eigentlich nur darum, dass die einen Schlagzeuger brauchten, um ein Stück aufzunehmen. Ich war ja auch noch bei Front. Aber ich fand es natürlich viel cooler, bei Schaumburg zu sein. Allein vom Styling her.

THOMAS FEHLMANN Wir wollten einfach einen eigenen Stil. Und zwar nicht aus dem Katalog, sondern aus unserer eigenen Umgebung. Wir haben mal einen Berufsbekleidungsladen auf

St. Pauli gefunden. Da kosteten die Hosen plötzlich nur noch 20 Mark. Das fanden wir super. Keiner ging da hin. Es sah anders aus, war günstig und total volkstümlich.

RALF HERTWIG Bei mir in der Schule und überhaupt in der ganzen New-Wave-Zeit ging es ja fast nur darum: Wer hat den coolsten Haarschnitt? Und bei Schaumburg haben wir eben mit nazimäßigen Frisuren kokettiert. Sauber gewaschen. Hinten und an den Seiten ganz kurz geschoren. Wobei ich nach vorne wenigstens noch Locken hatte. Holger Hiller, unser Sänger, hatte ja auch noch glatte Haare. Der sah noch mehr aus wie Adolf. Wir bekamen natürlich genau die Reaktionen, die wir haben wollten. Es gab damals ja immer noch so ein ganz einfaches Feindbild: Deutschtümelei. Bei allem, was mit Deutsch zu tun hatte, gab es gleich so einen Naziverdacht. Und für die Hippies bei mir in der Schule war ich einfach der Vollnazi. Erst recht, als ich dann auch noch viel Geld hatte.

THOMAS FEHLMANN Wir hatten ja bis dahin nie genug Geld, um mit Schaumburg vernünftig arbeiten zu können. Das war überhaupt das Problem. Sich vernünftiges Aufnahmeequipment nach Hause zu holen, war völlig unerschwinglich. Man musste also ins Studio gehen. Und das musste bezahlt werden. Die Zeit, einen Gruppensound zu entwickeln, war also sehr eingeengt. Auf Übungsraum, wo keiner gerne war, weil es immer ungemütlich war. Und eben auf Studio, wo du alles durchpowern musstest, weil es sauteuer war. Wir mussten also einen Kompromiss finden. Wir hatten ja ursprünglich gesagt: »Große Plattenfirmen? Nie im Leben!« Aber um Studiozeit zu kriegen, brauchten wir einen Partner mit dickem Geldbeutel. Daran ging kein Weg vorbei. Deswegen hatte die Industrie üblicherweise auch so großen Einfluss auf die Musik. Nun wollte uns *Phonogram* aber unbedingt haben. Aber um uns zu kriegen, mussten sie eine Tür aufmachen. Und das war unsere Rebellion: ›Ihr wollt uns vorschreiben, wer unsere Platte produzieren soll? Hähä! Das machen wir schon selber! Wir geben hier das fertige Band ab.‹ Und als wir das durchgedrückt hatten und unseren Vorschuss bekamen, war natürlich gute Laune angesagt. Die Knete, die wir gekriegt haben – das war für uns sensationell.

RALF HERTWIG Ich bin mit dem Scheck zur Sparkasse gegangen und ließ mir mein Geld in Tausendern auszahlen. Dann habe ich es einfach in die Hosentasche gesteckt und ganz vergessen. Abends ging ich in die *Marktstube*. Und als ich mit dem Taxi nach Hause fuhr, hatte ich auf einmal diese 25 000 Mark in der Tasche. Das war fast surreal. Vorher hatte ich 50 Mark Taschengeld im Monat. Tags darauf bin ich zur Schule gegangen und habe die dicke Rolle rausgezogen. Damit gab es natürlich endgültig keine Konkurrenz mehr. Und dazu dann auch noch mein Janker. Das war ja ab einem gewissen Punkt die Schaumburg-Uniform. Die hatten wir immer an. Wir hatten mal gemeint, uns für einen Auftritt mit Depeche Mode in London ein obskures, deutsches Outfit zulegen zu müssen. Wir sind alle zusammen zu Peek & Cloppenburg gegangen. Und die Janker fanden wir dann eben cool, weil so was niemand getragen hätte. Und die sahen eben so uniformmäßig aus. So deutsch. Dazu kamen spitze Schuhe, eng geschnittene, alte Skihosen mit Steg und zugeknöpfte weiße Oberhemden. Und ich trug dazu einen Skipullover, mit einem Skifahrer vorne drauf. Ich bin dann auch immer im Skipulli aufgetreten. Ich habe tierisch geschwitzt, weil wir in London auffallen wollten. Und dann klappte das so gut, dass wir das beibehalten haben.

THOMAS FEHLMANN Die Janker waren ja die grässlichsten Teile, die man sich nur vorstellen konnte. Einerseits ging es uns darum, diese Teile vom Image her umzufärben. Andererseits waren wir von diesem *straighten* Style angezogen. Das war so: ›Kein Bullshit.‹ Und das war eben auch eine ganz neue Entdeckung, dass man als Band anfing, über Image und Attitüde nachzudenken. Die Hamburger Punks fanden das natürlich weniger toll. Ich hatte mal einen Auftritt – unter anderem zusammen mit Jörn Zimmermann und Ralf Hertwig, also sogar zwei ehemaligen Coroners. Trotzdem habe ich da eine volle Bierdose an den Kopf gekriegt. Und zwar von der Schlagzeugerin von X-mal Deutschland. Das Blut schoss nur so raus. Das war nicht nur die Quittung dafür, dass ich New Wave gemacht habe und weniger grölig war als Punk – ich war auch noch *arty*. Dafür fand ich es meinerseits super, dass Schaumburg mit

Timo einen Popper am Bass hatte. Uns war alles recht, was uns von **Abwärts** absetzte. Im Gegensatz zu denen war es ja bei uns so, als würde es Drogen gar nicht geben. Es wurde nicht mal geraucht. Und schon gar nicht gekifft. Leute, die Drogen nehmen, waren für mich das Feindbild. Die waren genau, wie ich nicht sein wollte.

MARGITA HABERLAND Die Jungs bei **Abwärts** haben zum Schluss eine ziemlich harte Nummer durchzogen. Suff und Drogen. Das war für mich eher schwierig. Ich konnte da auch nicht mithalten. Ich habe mir so viel reingetan, wie ich verantworten konnte, um den Tourstress ein wenig abzubauen und mich zu enthemmen. Ich musste ja zusehen, dass ich auf das gleiche *feeling* kam. Aber meine Konstitution ist nicht so. Nur, anstatt das zu sehen, kam ich mir immer zu empfindlich vor. Und das wurde in der Band alles mit dieser aggressiven Power weggedrückt. ›Lieber aggressiv als depressiv‹ – das war so ein Slogan. Ich fand's ja auch besser, nach draußen zu powern, als mich in meinem Elend zu suhlen oder mich in endloser Gefühligkeit zu ergehen. Aber bei **Abwärts** fehlte die Balance. Es wurde nie zugelassen, dass es einem vielleicht auch mal nicht so gut geht. Ich hätte natürlich eine Frauenband machen können. Aber es gab damals kaum Frauen, die an so einer Lichtschalterpräzision überhaupt Gefallen gefunden hätten. Ich hatte also kaum eine Wahl, als bei den Männern mitzuziehen. Wie anstrengend das auch war. Und obwohl ich immer mehr das Gefühl hatte: ›Die drehen echt ab.‹ Ich habe in Hamburg in einem Café gearbeitet. Und während ich mir da die Beine in den Bauch stand und Tabletts schleppte, sah ich manchmal die Jungs, wie sie im Auto vorbeifuhren. Ich habe mich immer gefragt, wo die ihr Geld herhaben – ob die mit Koks oder so dealen. Die sprachen auch von Sachen wie: ›Wir machen eine Tour durch USA. Mit Autocrash auf der Bühne. Ein Auto fährt volle Kanne gegen die Wand. Leute springen in letzter Sekunde noch stuntmanmäßig raus. Und dann explodiert das.‹

Solche Dinge bekamen durch die Droge noch eine Eigendynamik. Auch diese Witze mit KZ und Hitler und Eva Braun. Ich war Eva Braun mit der Geige. Und Gefreiter Schulz spielte

Bass. Die USA-Tour war ja schon vorbereitet. Da sind sogar schon Promo-Päckchen nach New York rausgegangen. Ich habe sogar selber Zeitungen verbrannt und die Asche eingeschweißt. Burning News. Das fanden die Veranstalter gar nicht lustig. Die haben diese Form überhaupt nicht verstanden. Das wurde dann abgeschmettert. Hinzu kam, dass es mit mir und Axel Dill auf sehr unglückliche Weise auseinanderging. Ich war mit ihm ja ein paar Jahre zusammen gewesen – war also sowieso nicht erpicht darauf, weiterhin mit ihm in einem engen Bus auf Tour zu gehen. Aber ich konnte ja auch nicht sagen: ›Ich fahre nicht mehr mit.‹ Das interessiert die sowieso nicht, dass es mir beschissen geht. Also bin ich mitgefahren. Ich hocke hinten drin. Und die sitzen da vorne und erzählen sich unheimlich derbe Witze auf Kosten von Frauen. Die härtesten Sachen. Denen war egal, ob ich mit im Bus saß oder nicht. Irgendwann sagt FM Einheit zu mir: »Ich weiß, du hast eine harte Zeit.« Ich sage: »Ich würde am liebsten in Sack und Asche gehen.« Dann haben wir uns beide mit Asche eingeschmiert und sind so aufgetreten. FM Einheit hatte viel Mitgefühl. Die anderen machten alle auf harte Männer. Total bescheuert. Ich glaube, dass auch Frank Z eine weiche Seite hatte. Die hätte der aber nie gezeigt. Genau wie Axel.

AXEL DILL Sie wurde dann rauskomplimentiert, weil sie zu schräg war. Und zu alt. Und zu zickig. Das war kein *easy baby*. Und es passte auch nicht zu unserem Männerimage, dass wir uns von einer Tusse rumschubsen ließen. Sie widersprach. Und sie hatte auch einen esoterischen Ansatz, der damals völlig unmodern war.

MARGITA HABERLAND Ich bin dann sehr krank geworden. Ich hatte eine verschleppte Lungenentzündung. Ich hatte mich einfach verausgabt. Das heißt, als wir noch die Sachen laufen hatten, bin ich ja nicht ins Krankenhaus gegangen. Ich bin erst hin, als ich gesagt habe: »Ich höre auf.« Und das war für mich ein heilsames Erwachen, dass mich in drei Monaten im Krankenhaus kein Mensch von dieser netten Band besucht hat. Das war schlimm. Ich war da auf einer Station, wo um mich herum die Leute gestorben sind. Da wurde mir erst mal klar, was bei Ab-

wärts für eine menschliche Verbindlichkeit da war. Es ging nur um Power. Mit gewissen Aspekten vom Leben wollte keiner was zu tun haben. Krankheit oder so. Da war für mich endgültig Schluss.
Nach dem Krankenhaus bin ich direkt nach Amerika gegangen. In ein Dharma-Center, oben in den Rocky Mountains. Da habe ich mir eine kleine Retreat-Hütte gemietet. Ich passte da gerade rein. Und da habe ich mich hingesetzt und habe Sitzmeditation versucht – sitzen, sitzen, sitzen – und mir den ganzen Scheiß angekuckt. Ich saß da in einer ziemlichen Höhe. Das war ein Berg. Und das war wie im Kino. Es kam alles nacheinander hoch. Wie die Schleuderprogramme einer Waschmaschine.

RALF DÖRPER In Düsseldorf war es ja anfangs kein Problem, dass Leute wie Peter Hein so eine Art Doppelleben führten. Teilweise war das sogar lustig. Zum Beispiel wenn kleine, wilde Jungs wie Ben Becker und Fetisch nach Düsseldorf kamen und genau das durchlebten, was man eigentlich von den Düsseldorfer Punkhelden erwartet hätte: in den *Hof* gehen, bis er zumacht, dann irgendwo pennen und am nächsten Tag wieder *Hof* und wieder woanders pennen. Und auf der anderen Seite die Düsseldorfer, die brav nach Hause gingen. Was erst zum Problem wurde, als durch die Medien diese ganzen Mythen entstanden. Dann kamen die Leute von außerhalb rein: »Der stand doch im *Stern*.« Manche haben dann angefangen zu vertuschen, dass sie noch bei Mama und Papa leben und für ihr Abi lernen. An dem Punkt mussten sich viele überlegen: ›Wage ich den richtigen Bruch? Oder bleibe ich eine Art Theaterexistenz?‹
MICHAEL KEMNER Ich weiß bis heute nicht genau, warum Peter Hein irgendwann anfing, sich bei Fehlfarben auszuklinken. Aber so absurd es klingt: vielleicht auch, weil seine Eltern es gar nicht gerne sahen, dass er Musik macht. Die fanden das furchtbar. Die Situation bei ihm zu Hause war ja wie in der Kirche. Ganz verkrampft. Schuhe ausziehen und ruhig sein.
FRANK FENSTERMACHER Peter Hein kommt ja, ähnlich wie ich, aus

einer Arbeiterfamilie, oder jedenfalls aus einem kleinbürgerlichen Elternhaus. Er hatte mit seinem Bruder zusammen ein Kinderzimmer mit Etagenbett. Alles voll mit Flugzeugmodellen. Bomber und Weltkriegsflugzeuge. Überall lagen Landser-Hefte. Und auf dem Boden die Carrera-Bahn. Unglaublich, dass da solche Texte herkamen.
Jedenfalls bin ich dann sogar noch zwei oder drei Wochen vor ihm ausgestiegen. Ich hatte das ja ohnehin eher nur gemanagt. Als Saxophonist hatte ich immer das Gefühl, dass die lieber einen besseren Musiker wollten. Deswegen konnte ich auch nie Zutrauen zu meinen Saxophonfähigkeiten entwickeln. War ja auch komisch. Auf der einen Seite **Der Plan**. Und dann so ein Gastspiel in einer Art Rockband.

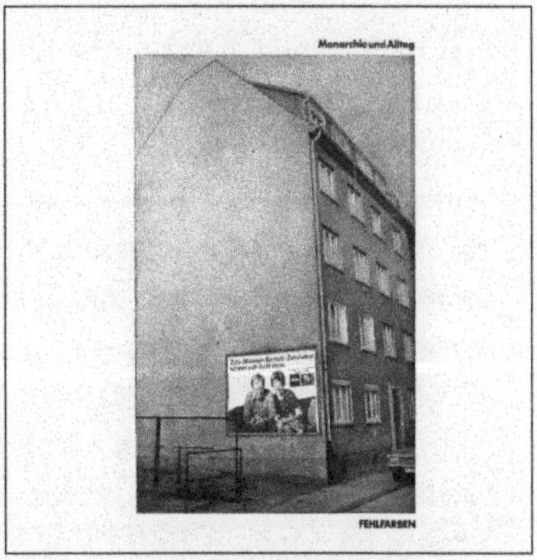

MICHAEL KEMNER Der Druck von außen wurde immer größer. *Monarchie und Alltag* verkaufte sich immer besser. Ständig kamen Leute auf uns zu und wollten was. Und Peter Hein hatte eben seinen Job bei Rank Xerox. Und er hat auch immer gesagt, dass er gerne Musik macht. Aber nur nach Feierabend. Er hat gemeint: »Ich bin keine Rock-'n'-Roll-Schlampe. Ich bin nicht Mick Jagger. Ich will auch nie so werden. Für mich ist das Spaß. Ich will mich nicht prostituieren.« Das fanden wir zuerst ganz lustig. Aber wir hatten eben keinen Job.
THOMAS SCHWEBEL Es gab auch vorher schon Signale, die auf seinen Ausstieg hindeuteten. Es gab da eine Besprechung bei der Plattenfirma. Da haben wir uns wirklich lächerlich gemacht, weil wir völlig daneben waren. Wenn der Sänger ständig seiner Band widerspricht in dem, was sie machen will. Immer wenn wir etwas sagten, kam von ihm genau das Gegenteil. Albernste Sachen. Einer von der *EMI* sagte: »Aber nicht, dass ihr auf dem nächsten Album nur Coverversionen macht!« Und wir: »Neinnein!« Und Peter sofort: »Warum eigentlich nicht?« Und

da dachte ich mir: ›Oh Mann, das geht nach hinten los. Ist der überhaupt noch dabei?‹

PETER HEIN Der Typ von der *EMI* meinte mal zu mir: »Müsst ihr denn immer über andere Bands herziehen?« Aber ich fand einfach alle Musik scheiße. Inklusive meiner. Die Leute kamen immer zu mir und fragten: »Wie findet ihr denn das?« »Find ich scheiße! Kann ich nicht leiden! Mag ich nicht! Tu das vom Plattenteller runter! Das nervt!« Das sollte nichts über die Bands selber sagen. Bei Bands, die ich klasse fand und die ich dann getroffen habe, habe ich meistens gedacht: ›Was sind das für Arschlöcher?‹ Und jedes Mal wenn gute Kumpels was gemacht haben: »Oh nein!« Das ist eine Grundregel. Die Musik von netten Leuten ist meistens scheiße – und die Arschlöcher machen gute Musik. Deswegen wusste ich nie, wie ich mich selber einschätzen sollte. Bin ich jetzt ein Arschloch und mache gute Sachen, oder mache ich Scheißmusik?

THOMAS SCHWEBEL Peter hatte einfach Angst, sich angreifbar zu machen. Bis dahin war das eine überschaubare Szene gewesen. Wo er als *leader of the pack* in Düsseldorf unangreifbar war. Aber er war nicht in der Lage, den nächsten Schritt zu gehen. Hilsberg hatte diese Riesentour für uns organisiert. Das erste Mal, dass so eine Band auf so eine Tour ging. Und von Peter kam nur: »40 Auftritte? Bäh!«

CARMEN KNOEBEL Ich fand Peter Hein immer einen absolut kreativen Menschen. Einen der Besten. Aber der ist nie ein Risiko gefahren. Der hat immer seinen Job gemacht. Und das habe ich ihm übel genommen: Er hätte die deutsche Langeweile ganz alleine aus den Angeln heben können – mit etwas mehr Professionalität.

THOMAS SCHWEBEL Den Leuten fehlte – durch ihren bürgerlichen Hintergrund – einfach diese Härte, die uns englische Bands vorgemacht haben. Wir haben bei S.Y.P.H. mal ein paar Auftritte mit Gang of Four gespielt. Das waren Oberchaoten. Totale Saufköpfe. Ich hätte nie gedacht, dass die einen anständigen Auftritt hinlegen können, so besoffen, wie die vorher jedes Mal waren. Aber die kamen auf die Bühne und waren topfit. Auch Wire – eine oberhippe Band. Aber die hatten besser geprobt, die waren selbstbewusster, professioneller in ihrem ganzen Auftreten, die wussten, was sie wollten. Weil ihre Situation viel härter war. Von uns haben das nur DAF durchgezogen. Die haben in London unter miesesten Bedingungen existiert. Und die waren den anderen dann auch an Härte und Professionalität um einiges voraus. Viele bei uns haben immer gesagt: ›Erfolgreiche Sachen können gar nicht gut sein.‹ Das waren so Dünkel: ›Ich will mit Pop gar nichts zu tun haben. Das ist mir alles zu oberflächlich!‹ Ja scheiß drauf!

ALFRED HILSBERG Da haben sich einige Leute einfach in Peter Hein geirrt. Die haben den für die Leitfigur dieser neuen deutschen Popmusik gehalten. Aber der wollte das gar nicht sein. Der war eher zurückhaltend. Dem wurde der ganze Rummel viel zu viel.

MICHAEL KEMNER Und dann hat sich das zugespitzt. Wir haben von Peter erwartet, doch mehr in die Band zu investieren. Aber da hat er sich quergestellt. Nach einer Zeit kam er auch nicht mehr zu den Proben. Er sollte dann immer am Wochenende dazustoßen. Aber da hat er mehr gesoffen und rumgealbert. Man hat gemerkt, dass er mit dem Erfolg nicht mehr klarkam. Sich selbst dauernd im Radio zu hören. Und alle Leute quatschten ihn an. Letztendlich haben wir gedacht, wir müssen ihm die Pistole auf die Brust setzen und sagen: ›Entscheide dich. Willst du noch in zehn Jahren bei Rank Xerox im Büro sitzen oder willst du Musik machen?‹ Und da hat er eben gesagt: »Dann lass ich's!«

PETER HEIN Als ich bei Fehlfarben aufgehört habe, war das nicht mehr meine Welt. Was wir beweisen wollten, hatten wir bewiesen. Dass wir gut sind, hatten wir bewiesen. Und nun ging es einfach nur noch darum, das weiterzumachen. Und nicht, wie viel dabei rauskommt. Ich habe diese letzte Zeit auch nicht als Höhepunkt empfunden. Ich bin aus einer Band ausgestiegen, die gerade mal 9000 Platten verkauft hatte. Das war im Februar oder März 1981. Im Sommer waren es 30000 Platten. Ein Jahr danach ging das ja erst so richtig los. Wir sind ja nicht als die Kultband abgetreten, nach geilen Konzerten und alle lieben uns. Wir wurden die meiste Zeit angepöbelt. Auf dieser Tour mit 999 hatten wir insgesamt vielleicht 6000 Leute. Und von denen hätten uns 3000 am liebsten von der Bühne geprügelt. Und für die anderen 3000 Leute soll ich mein Leben ändern? Während die Masse der Leute mich gar nicht wollte? Die wollten ja Nena. Die haben uns ins selbe Regal gestellt wie Ina Deter oder Extrabreit. Es gibt doch keine schlimmere Schmach. Und deswegen dachte ich mir: ›Was soll die Scheiße eigentlich?‹ Du machst eine Platte. Die dritte oder vierte Platte deines Lebens. Dann machst du eine bei der *EMI* – und kriegst erst recht nur noch in die Fresse. Später bei Family 5 gehörte es zu meinem Standardanmachrepertoire auf der Bühne: »Wenn ihr meint, ihr hättet Fehlfarben so toll gefunden – es können höchstens 3000 von euch gewesen sein. Und ihr habt es uns nicht merken lassen. Wir haben davon nichts mitbekommen.« Deshalb war das alles auch nie ein Drama für mich. Für mich war das egal, ob ich mit Fehlfarben groß Karriere mache oder nicht. Für mich hing da gar nichts dran. Ich habe ja aufgrund meiner Platten auch keine Schulden aufgehäuft. So wie das ja gemacht wird: »Unsere Platte kommt in ein paar Tagen raus. Dann sind wir reich. Könnt Ihr uns vorher schon mal 100000 Mark geben?« Das war nicht Punkrock. Fehlfarben war ja immer noch so eine Art verdeckter Punkrock. Deswegen sind solche Gedanken für mich immer noch mitgeschwungen.

MORITZ R® Dieses ›Sachbearbeiter Hein‹-Lebensmodell ist mir immer präsent gewesen. Dass man einen Halbtagsjob macht und dann machen kann, was man will. Er hatte einfach verstanden, was Punk ursprünglich einmal bedeutet hatte und wollte das eben nicht kommerzialisieren. Gar nicht so dumm. Dumm ist der sowieso nicht. Ohne ihn waren die Fehlfarben sowieso sinnlos.

ROBERT GÖRL Als Peter Hein mir seine Entscheidung mitteilte, konnte ich das buchstäblich nur entgegennehmen. Ich konnte nichts sagen. Das habe ich erst mal selber verarbeiten müssen. Für ihn war Punk gelaufen. Für ihn hieß es jetzt »Zurück ins Büro«. So hat er das ausgedrückt.

THOMAS SCHWEBEL Kurz vorher hatten wir sogar noch gemeinsam an neuen Stücken gearbeitet. Von daher war das ein

Schock. Weil es auch so unbegründet war. Er hat keine schlüssige Begründung gegeben. Er sagte nur, dass er keine Lust mehr hat. Ich fand das in gewisser Weise dekadent – so eine Situation wegzuschmeißen. Wir waren ja in einer Position, von der jeder Musiker träumt.

XAO SEFFCHEQUE Als alle sich euphorisch die Hände gerieben haben, war Peter Hein derjenige, der alles hinterfragt und abgeklopft hat. Ob es denn wirklich so ist, wie alle sagen. Er wollte auch den Erfolg. Aber er war nicht bereit, den Preis zu zahlen, so wie Thomas Schwebel.

THOMAS SCHWEBEL Der Preis wäre gar nicht so hoch gewesen. Diese Düsseldorfer Szene war eh schon tot. Aber Peter Hein wurde dann als der heldenhafte Verweigerer vor den Fängen des Kommerzes dargestellt. Während wir den Ärger hatten. Er stieg ja eine Woche vor der geplanten Tour aus. Zum Glück war das bei Hilsberg immer so chaotisch organisiert, dass es nicht zu Konventionalstrafen wegen geplatzter Auftritte kam.

MICHAEL KEMNER Nachdem Peter Hein weg war, wurde es erst so richtig schlimm. Wir standen ohne Sänger da. Und ich hatte das Gefühl: ›Das kann keiner von uns!‹ Wir mussten aber die zweite Platte machen. Dann sagte ich zu Thomas: »Mach du das.« Aber schon während der ersten Studiophase merkte ich: ›Das isses nicht.‹

UWE JAHNKE Der Titel *33 Tage in Ketten* bezog sich tatsächlich auf die Studiozeit. Diese 33 Tage waren eine einzige Quälerei. Wir waren auf Gedeih und Verderb aneinandergekettet und mussten da irgendwie durch.

MICHAEL KEMNER Was bei *Monarchie und Alltag* so locker war, war jetzt nur noch Stress. Wir haben uns bloß noch angegiftet. Und dieser Horst Luedtke, der vorher coproduziert hatte, übernahm nun das Kommando. Ich habe das dann nicht mehr ertragen. Kurz nach Beendigung der Platte sagte ich: ›Das war's für mich.‹

THOMAS SCHWEBEL Drei Monate nach dem Ausstieg von Peter Hein haben wir eine kleine Tour gemacht. Wir hatten irrsinnige Besucherzahlen. Plötzlich standen 1500 Leute in der Halle. Ganz normale Kids, Studenten – Leute, von denen wir gedacht hatten, gegen die wären wir.

PETER HEIN Anfangs habe ich gar nicht bemerkt, dass »Es geht voran« als Hymne von allen möglichen Friedensbewegungen missbraucht wurde. Aber ich fand das dann ziemlich scheiße. Ich war ja nicht unbedingt Hausbesetzersympathisant. Und ich habe mich eben gewundert, wo da der Zusammenhang sein soll. Aber dann dachte ich: ›Na gut, das Stück sollen sie nehmen. Kann ich eh nicht leiden.‹

ROBERT GÖRL Wir sind mit DAF dann von *Mute* zu *Virgin* gegangen. Wir haben einfach einen irren Zahn draufgehabt. *Mute* war uns zu langsam. Wir haben gemerkt: Wir haben jetzt zwar Platten bei Daniel Miller draußen, aber irgendwie stagniert das. Es geht nicht richtig voran. Und wir wollten eben noch schneller voran. Wir wollten große Auftritte. Wir wollten alles haben. Gabi und ich sind losgezogen, um die Welt zu erobern. Wir wollten keinen Tag stillstehen: wie in so einem elektronischen Spiel. Hier ist eine Mauer. Aber rechts ist eine offene Tür. Du gehst sofort nach rechts. Auch wenn die Mauer nur einen Tag Stillstand bedeuten würde.

THOMAS FEHLMANN Ich weiß noch, wie Daniel Miller uns mit Schaumburg nach London eingeladen hat. Das war gerade die Phase, wo DAF von *Mute* zu *Virgin* gingen, schon zu zweit waren und bei Miller gewohnt haben. Wir waren da in der Wohnung. Die haben uns keines Blickes gewürdigt. Geschweige denn ein Wort mit uns gewechselt. Wir waren Luft für die. Das war unmöglich, mit denen ins Gespräch zu kommen. Die waren Kühlschränke.

GABI DELGADO Als Haas draußen war, fehlte eigentlich nur noch Spelmans. Ohne bösen Willen haben wir überlegt: ›Wie kriegen wir den weg?‹ Und wie das halt so kommt, haben wir in Berlin gespielt, und er hat eine Gelbsucht gekriegt.

WOLFGANG SPELMANS Wir hatten zu dem Zeitpunkt ja schon einige Jahre miteinander gearbeitet. Und dann lag ich da dreieinhalb Wochen im Krankenhaus, und es ging mir sehr, sehr dreckig. Ich hätte auch abkratzen können. Aber die haben sich nicht mal die Mühe gemacht anzurufen. Keine Karte. Nichts.

GABI DELGADO Wir hatten inzwischen Conny Plank kennen gelernt. Der hat vorher Can, aber auch Kraftwerk gemacht. Und wir hatten ja auch schon die eine Seite von *Die Kleinen und die Bösen* bei ihm aufgenommen. Aber das hatten wir in einem Tag gemacht. Das war noch nichts Richtiges. Jetzt hat er uns menschlich kennen gelernt und war total begeistert von unseren Ideen. Hat uns Studiozeit angeboten. Umsonst.

ROBERT GÖRL Conny Plank hat uns sein großes Studio zur Verfügung gestellt. So ungefähr: »Ihr könnt hier so lange aufnehmen, wie ihr wollt. Macht einfach.«

GABI DELGADO Meine Hauptabsicht in dieser puristischen Form von DAF war: weg vom Song. Mich haben Songs total genervt. Diese ganzen Rock-'n'-Roll-Harmonien fand ich zum Kotzen. Aber auch diese ganzen Songstrukturen. Dass man Strophe und Refrain hat. Ich wollte nie einen zweiten Part in einem Stück drin haben. Kacke. Mich interessierte eher so etwas wie: ›Das sind keine Songs, sondern verschiedene Spuren, die man ein- und ausschalten kann.‹ Wir haben Musik dann so gemacht, dass wir den Sequencer eingeschaltet haben – und dann hat Robert, in einer Art Zenmeditation über den Synthies und Sequencern, so lange dran gedreht, bis das irgendwie klasse war. Das war immer so minimalistisch. So eine abgedrehte Energie. Die Maschinen waren immer kurz vorm Zusammenbrechen. Im Gegensatz zu Kraftwerk mussten die Maschinen bei uns schwitzen.

HOLGER CZUKAY Gabi Delgado ist ja ein hochintelligenter Mensch. Der hatte wirklich Magie. Das heißt, offensichtlich hatte der Faschist in ihm Sinn für Magie. Der Plan, S.Y.P.H. und auch Can sind ja noch auf Songstrukturen zurückgegangen. Bei DAF fing Techno an. Da fing es an, eine elektronische Struktur zu haben. Ein einfaches Prinzip. Als die bei Conny im Studio waren, haben die mit einem ARP Odyssey-Synthesizer und einem Sequencer Loops hergestellt. Wir haben zwar bei Can auch schon Loops gemacht. Sogar schon 1968. Aber das waren Bandschleifen. DAF hatten Sequencerloops. Das war total interessant zu sehen, wie lebendig plötzlich Elektronik werden konnte. Es widersprach den schulmeisterlichen Regeln total.

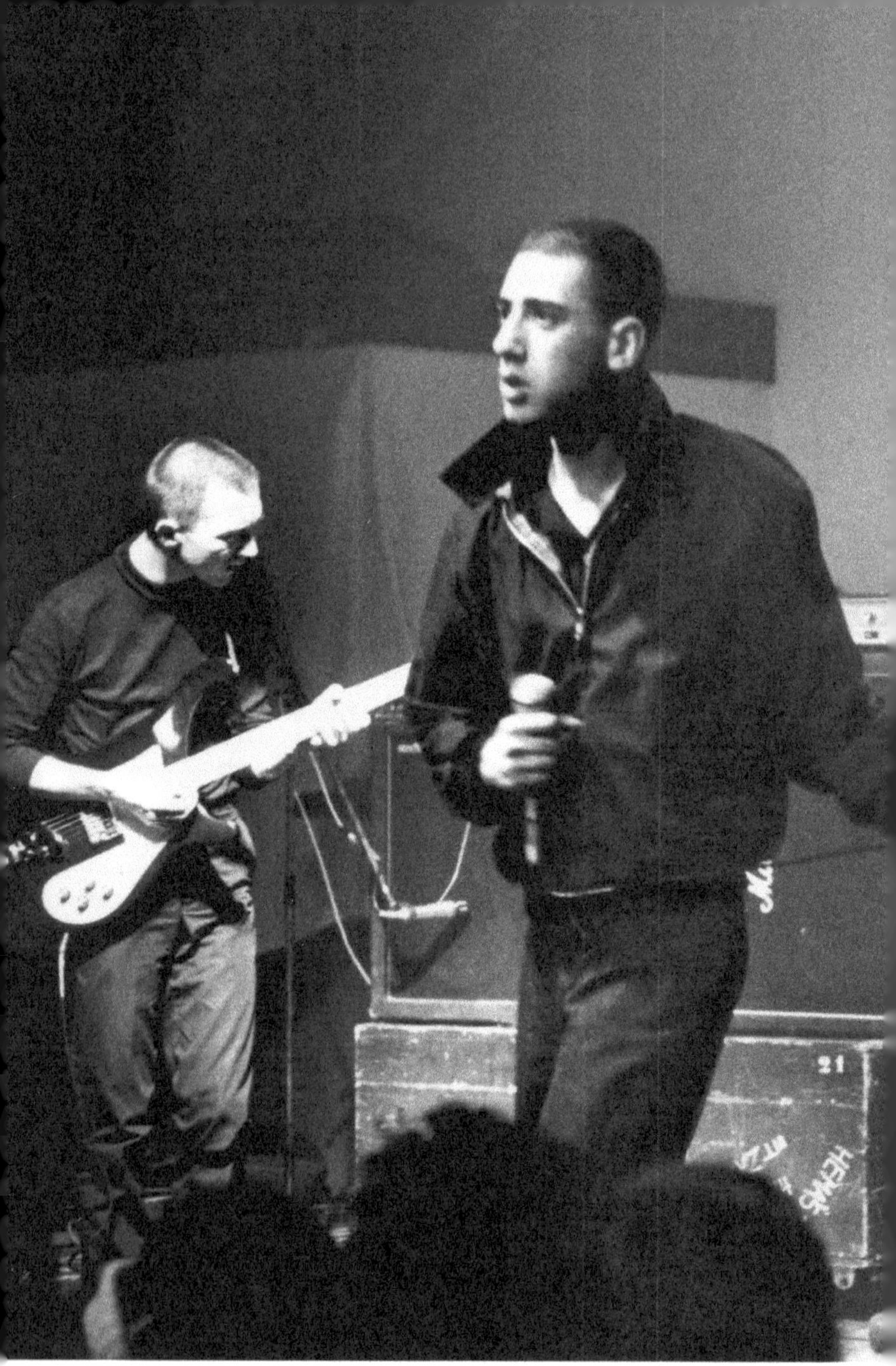
21

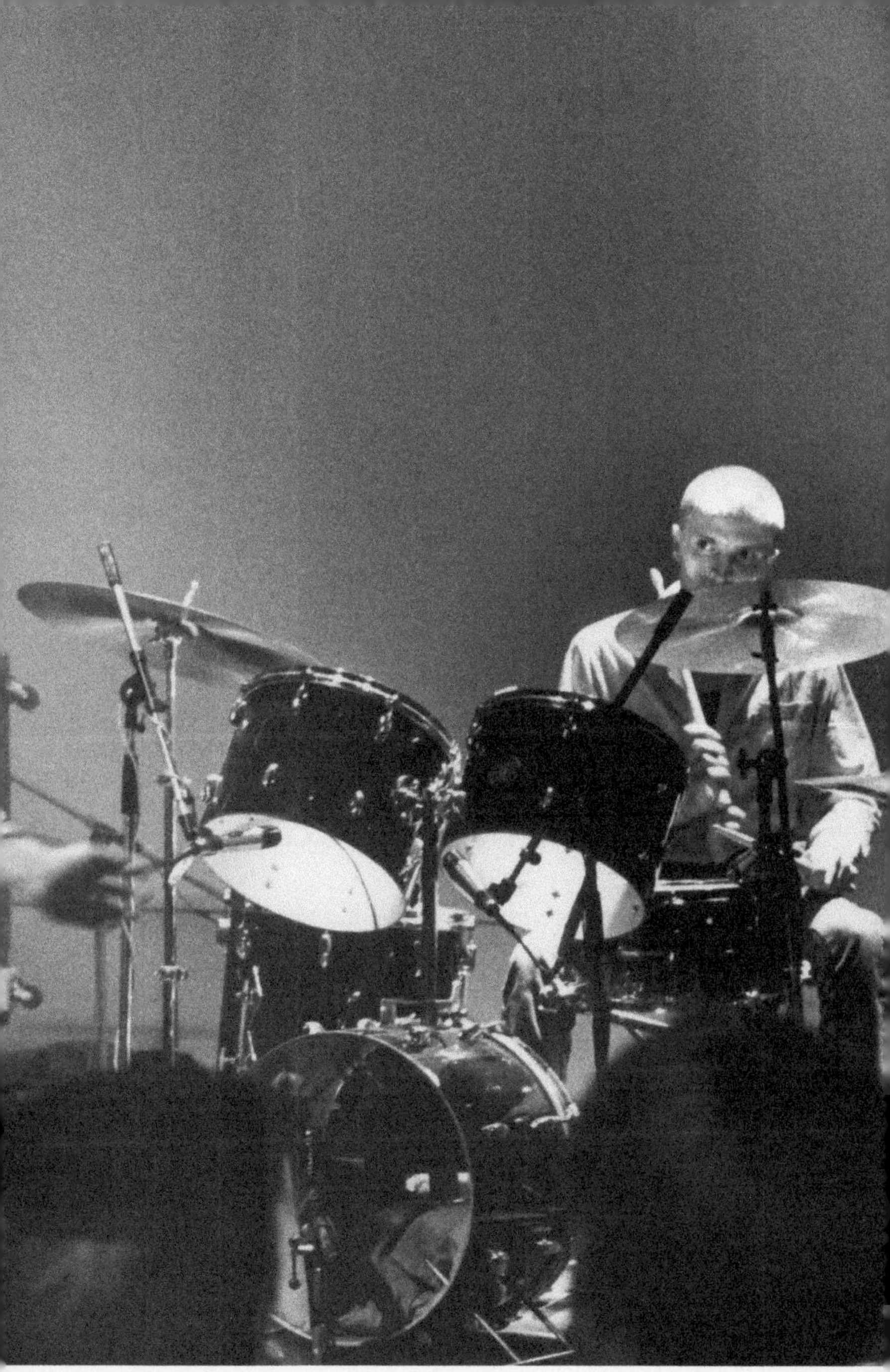

Die hießen bis dahin: ›Elektrizität ist tot. Eine Maschine ist etwas Totes. Und gerade was den Rhythmus betrifft, der ja ein sensibler menschlicher Bereich ist, kann sie den Organismus ja gar nicht beeindrucken.‹ Welch ein Irrtum! DAF unterliefen die ganze Popszene. Das Prinzip war sehr durchsichtig und klar. Sehr konzentriert. Auf Wirkung.

ROBERT GÖRL Wir wollten eine Essenz herauskristallisieren. Ein Loop dauert ein paar Sekunden. Ein Loop ist Minimalität. Eine Einheit. Eine Zelle. Ein Kern. Und wir wollten alleine aus den besten Kernen eine Struktur formen, die für sich stehen kann. Als Modell. Wir wollten zeigen, dass du aus so einer Loopzelle ganze Stücke machen kannst, dass sich Monotonie und Minimalismus sogar im Pop durchsetzen können.

WOLFGANG SPELMANS Ich kam schon ziemlich vorsichtig ins Studio. Und dann sind mir sofort diese verstimmten Oszillatoren ins Ohr gesprungen. Ich habe gesagt: »Irgendwas stimmt doch da nicht. Wieso eiert das so komisch?« Ich wusste gar nicht, auf was ich überhaupt meine Gitarren einstimmen sollte. Und dann haben sie mir ziemlich kalt erklärt, dass sie das so wollten.

GABI DELGADO Als Spelmans zur Produktion nachstieß, war das so ein Block, auch musikalisch – das war fertig. Wir wussten nicht, was er jetzt noch machen sollte. Wir haben Gitarren inzwischen auch richtig gehasst. Wir konnten keine Gitarren mehr sehen. Das war wie der letzte Rest der Alten Welt. Das musste eliminiert werden. Wir hätten mit Spelmans sonst gesprochen. Aber so war es leichter, hähä. So war unsere Musik fertig. Und er konnte sich nicht mehr drauflegen. Wir haben ihm das unmöglich gemacht.

ROBERT GÖRL Zum Schluss habe ich noch akustisches Schlagzeug auf diese ganze Elektronik draufgespielt. Das ganze Schlagzeugset, mit Becken und allem Drum und Dran. Und Elektronik tickert ja gnadenlos. Das war Gewalt an mir selber. Heute lässt man den Computer dazu laufen. Aber damals war das noch eine echte Mensch-Maschine-Angelegenheit. Du musstest als Mensch so perfekt wie eine Maschine spielen. Weil das sonst auseinandergelaufen wäre. Das war Hochleistungssport. Plus wahnsinnige Konzentrationssache. Und in diesem Sinne wurde das auch gewürdigt. Was ich gemacht habe, das hat vielleicht gerade noch der Can-Trommler hingekriegt. Kraftwerk hatten ja diesen Mensch-Aspekt gar nicht dabei. DAF war eine Mischung aus Schweiß und Elektronik. Das war ein totales Geschwitze. Der Mensch und die Elektronik zusammengeschweißt, haha. Der Mensch musste wie eine Maschine drauf sein. Im Schlag. Total krass.

FRANZ BIELMEIER *Rondo* ging dann so langsam pleite. Auf unsere selbst gemachten Anzeigen mit alten Figuren aus 50er-Jahre-Zeitschriften riefen zwar große Werbeagenturen an und fanden das stilistisch total neu und interessant – aber letztlich war keine Platte von uns ein Gewinn.

XAO SEFFCHEQUE Franz war einfach zu jung. Die haben das Geld zum Fenster rausgeschmissen. Innerhalb von drei Jahren war die ganze Erbschaft verbraten. Der war mit 19 schon zweifacher Vater. Das war zu viel für einen Burschen in dem Alter.

FRANZ BIELMEIER Als das Geld aus war, war es nicht nur mit *Rondo* aus, sondern auch mit mir. Ich hatte gedacht, dass diese ganze Ideologie, dieses ganze Gerüst, mich tragen könnte. Ich hatte gedacht: ›Wenn ich down bin, kann ich mich mit der Musik oder mit der Haltung stützen. Mir einen Halt holen. Oder einen Hinweis: Wo soll ich mich hinbewegen? Wo geht mein Leben hin?‹ Für mich war Punk eine bessere Religion und ein festerer Halt als alles gewesen. Besser als die Notrufnummer der Polizei. Aber als es mir dann wirklich schlecht ging – da war nichts. Und ich hätte mich auch an niemanden wenden können. Ich war für die Leute der mächtige Monroe von *Rondo Records*, für einen 19-Jährigen extrem einflussreich. Aber außer Xao ist mir keiner eingefallen, mit dem ich reden könnte. Ich kannte ja die Art, wie diese Leute nett und höflich distanziert zu dir sind.

RALF DÖRPER Zu dieser Zeit gab es in der Philipshalle so ein Zusammenbringen der größten Bands. Die gehörten zwar alle noch zur Szene, waren aber über die Medien schon bekannt.

Das war ein echter Event. Da spielten Fehlfarben – aber eben ohne Peter Hein. Palais Schaumburg – aber die hatten wiederum schlechte Karten, weil sie so ein Popperimage hatten. Die Leute kamen also nur wegen DAF.

JÄKI ELDORADO Ich war damals mit DAF auf dieser ersten großen Deutschlandtour. Ich hatte ja früh angefangen, für Alfred Hilsberg als Tourmanager zu arbeiten. DAF hatten schon seit jeher gesagt: ›Wir sind das Größte und Beste, was es gibt.‹ Als sie noch zu fünft waren, hatten sie aber wenigstens noch so ein überkandideltes Inhaltsding dabei. Jetzt ging es allein um Schnelligkeit und Zielstrebigkeit. Gabi hatte auch kein Interesse an politischen Fragen. Der wollte nur Glamour.

RALF HERTWIG Für mich war das mein erster Auftritt mit Palais Schaumburg. DAF waren für mich Helden. Die machten etwas, was wirklich neu war. Und das wussten sie auch. Die haben mit mir kein Wort geredet. Es war auch klar, dass die als Letzte spielen würden. Wir anderen stritten uns hinter der Bühne bis kurz vor dem Auftritt, wer zuerst spielen muss. Es gab plötzlich ein wahnsinniges Konkurrenzdenken. Und irgendwie übertrug sich das aufs Publikum. Es waren ja irrsinnig viele Leute da. Die Stimmung war furchtbar aggressiv. Der reine Alptraum.

THOMAS SCHWEBEL Wir wurden wirklich körperlich auf der Bühne angegriffen. Mir ging einer an den Hals und fing an mich zu würgen. Den hat Michael Kemner dann mit dem Bass von der Bühne gehauen. Uwe Jahnke kriegte einen riesigen, vollen Senfpott ab – und das mit voller Wucht. Wir waren eben uncool, weil wir es wagten, ohne Peter Hein weiterzumachen. Sogar Jürgen Engler und Peter Hein selbst fanden es cool, gegen Fehlfarben zu sein. Das wurde von denen feixend beobachtet, wie uns da mitgespielt wurde. Spätestens in dem Moment war es vorbei – alles, was an der Neuen Deutschen Welle noch gut war. In dem Moment war klar: Jeder versucht jetzt Geld zu verdienen. Und diese ganze Idee von wegen große Familie ist erledigt.

TIMO BLUNCK Fehlfarben wurden nur angespuckt und beworfen. Wir dachten nur: ›Oh Gott, was für ein Publikum.‹ Und wir schon in unserer normalen Bühnenkleidung: Mit Jankern und Skihosen. Wir dachten: ›Wenn wir erst mal rauskommen – die bringen uns um.‹ Wir sind dann raus. Da warfen die gleich brennende Klopapierrollen – die sich in der Luft entrollten. Und dann fingen die Ersten auch schon an die Bühne zu stürmen. Wir versuchten noch eine Weile weiterzuspielen. Ich hatte meinen Bass mehr als Schild. Irgendwann wurde Ralf Hertwig superwütend. Der kickte seine Bassdrum von der Bühne. Wir hätten also auch gar nicht zu Ende spielen können.

FRANZ BIELMEIER Hinter der Bühne hatte ich eine furchtbare Begegnung mit Gabi Delgado. Das war ja die Zeit, wo es bei mir im Kopf zu bröckeln anfing. Auf einmal saß Gabi da. Den ich seit eineinhalb Jahren schmerzlich vermisst hatte. Ich hatte schon immer auf neuen Platten von DAF gekuckt: meine Frisur – Koteletten weg – die hatte er immer so lustig gefunden. Das hat er lange beibehalten. Das war dann bei mir schon Nostalgie. Mit einer Träne im Auge. Jedenfalls kucken wir uns so an. Er war ziemlich auf Koks. Ich war auf Trip. Und wir konnten uns halt nicht viel sagen. Da waren 1000 Leute in der Garderobe. 1000 Berühmtheiten. Ich habe mich schrecklich unwohl gefühlt. Und er kuckte mir nur so in die Augen. Das war so klar: Er wusste, was er wollte. Und ich nicht. Das hat mich zerschmettert.

Als DAF spielten, stand ich hinter dem Vorhang. Es ging voll stampfend los. Und ich habe mich gefühlt wie eine Schaufensterpuppe. Es war, als ob eine Blase platzt. Es hat PLOPPPP gemacht, und ich war in irgendeinem Vakuum. Ich habe mich gefühlt, als ob ich an der Außenseite der Welt wäre und nicht mehr reinkäme. Ich habe fluchtartig die Halle verlassen.

THOMAS FEHLMANN Ich kann mich erinnern, wie DAF da aufgetreten sind. Die hatten – von Panasonic gesponsert – einen riesigen Turm mit zwölf Kassettendecks. In jedem eine Kassette. Und auf jeder Kassette ein Stück. Ich fand das optimal cool. Das war fast schon eine Skulptur. Das war Industrie. Auch das Statement einer ganz anderen Mobilität einer Gruppe. Dass du keinen Sattelschlepper brauchst. Und es führte dieses Spielenkönnen-Müssen ad absurdum.

HOLGER CZUKAY Das DAF-Prinzip war der Loop. Und live kam der eben von Kassette. Dazu hatten sie einen Schlagzeuger, der sich einklinkte, und einen Sänger, der die Verbindung zu den Leuten herstellte. Was live noch toller funktionierte als auf Schallplatte. Das klang genauso wuchtig. Aber zusätzlich kam noch dieser Adrenalinstoß. Das Publikum war ein einziger Feedbackkanal.

RALF HERTWIG Damals war der Sound ja meistens unter aller Sau. Und DAF hatten eine irrsinnige Power. Weil es so radikal simpel war. Einfach Schlagzeug und Sequencertapes.

ROBERT GÖRL Das war unser Showkonzept. Der blonde, schwitzende Typ, der da reinhaut. Und der dunkle Spanier, der vor mir rumspringt. Es gab zwar auch Konzerte, da lief Erotik pur ab. Alles war weich und angenehm. Viele Mädchen mit offenen Mündern, die uns anhimmelten und dann in Ohnmacht fielen. Aber dieses spezielle Konzert war wohl das Heftigste, was Düsseldorf je erlebt hat.

FABSI Diese Mischung aus Militärverhalten und Maschine war völlig neu. Nagelneue Recorder. Robert am Schlagzeug. Gabi vorne. Und dann kommt »Mussolini« – mit dem härtesten Sequencersound, den man sich überhaupt vorstellen konnte. Mir lief es kalt den Rücken runter. Die Masse war sofort am Durchdrehen. Dass zwei Leute so eine Kraft rüberbringen konnten – das war beängstigend. Schaurig. Schon genial.

ROBERT GÖRL Conny Plank stand mit seinem Mischpult mitten in den Leuten drin. Der erzählte uns dann, dass die Leute noch nie so getanzt haben. Dass sich da ein ganz neuer Tanz entwickelt hatte. Eine Mischung aus Springen und Tanzen und Drehen. Die haben unsere Energie in ganz neue Bewegungen umgesetzt.

AR/GEE GLEIM Unten kochte alles. Und das ist dann auf die Bühne geschwappt. Die war auf einmal rappelvoll mit Leuten – die Gabi Delgado auf den Schultern trugen, während die vorderen Reihen von oben mit imaginären Schnellfeuerwaffen ins Publikum schossen. Ra-ta-ta-ta-ta-ta! Unwahrscheinlich aggressive Stimmung. Und das bei ein paar tausend Leuten.

ROBERT GÖRL Da hatten Hunderte die Bühne gestürmt. Und sind

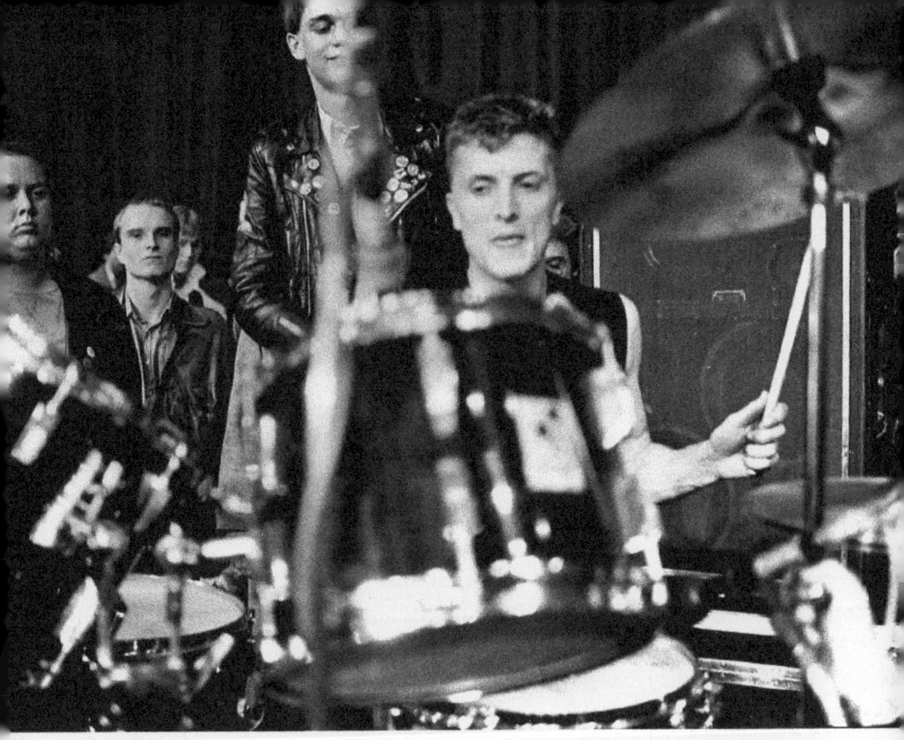

da einfach durchgedreht. Gesprungen wie die Wilden. Plötzlich fing die Bühne an sich zu bewegen. Hin und her. Das war eine riesige Stahlgerüstbühne. Von den Seiten kamen Hundertschaften von Polizei rein. Richtige Einsatztruppen. Feuerwehr. Während unsere Musik aus den Recordern hämmerte.

FRANZ BIELMEIER Von dem Augenblick, als ich nach Hause kam, habe ich ungefähr sieben Monate lang im Bett gelegen. Ich bin mit einem Rutsch zusammengebrochen. Völlig und total. Da war kein Tisch einfach nur ein Tisch. Ich wusste nicht mehr: ›Bin ich jetzt meine eigene Schallplatte, oder brauche ich ein Glas Wasser?‹

HARRY RAG Franz war immer so frei gewesen. Und zwar nicht einfach so. Er hat sich diese Freiheit genommen. Er hat sich gehen lassen können. Aber damit hing auch seine Unsicherheit zusammen. Er hatte dadurch so was Kamikazehaftes – dass es dann keinen Halt mehr gab.

FRANZ BIELMEIER Ich habe durch Punk so lange gegen mein spießiges Elternhaus und alles geboxt, bis meine eigene Birne kaputtgegangen ist. Und in dem Moment ist auch die ganze Musikszene für mich kaputtgegangen, weil die genauso spießig und popelig war. Jedenfalls zu popelig, als dass sie für mich noch ein Halt gewesen wäre. Für die Leute aus der Szene war ich – sobald ich verrückt wurde – nur noch ein peinliches Objekt. Mit dem man besser nicht gesehen werden wollte. Ich habe mich für deren Geschmack peinlich benommen. Was da an Verhaltensweisen möglich war, das war sehr beschränkt. Aber ich wusste das nicht. Und ich hätte das auch nie gedacht. Nicht nur, dass da kein ideologischer Halt war, sondern dass unser Moral- und Verhaltenskodex genauso spießig war wie der dieser Spießbürgergesellschaft, gegen die wir losgegangen sind. Diese ganzen Möchtegerns und Drängler zu künstlerischen Himmeln und *sophisticated* Ansichten, mit ihren komisch geformten Persönlichkeiten und Eitelkeiten! Das kam mir so schädlich und ekelhaft und mutiert vor, dass ich mich davon wegbewegen musste. Für mich hat sich Punk am Ende – weil ich diesen Weg auch kompromisslos bis zum Ende gegangen bin – bis in den Irrsinn entwickelt.

Ich glaub, ich bin ein Telefon

BERNWARD MALAKA Wir sind mit dem Konzept der *Stahlwerksinfonie* schließlich zu Janie gegangen. Janie hat das dann produziert. Und Holger Czukay und Conny Plank haben gemixt und aufgenommen. Bei Conny Plank waren gerade Ultravox im Studio. Die hatten das über Wochen hinweg gebucht, waren aber am Wochenende auf einer Oldtimerauktion. Dann sind wir da hin und haben das auf deren Kosten aufgenommen, hähä. Die Vermarktungskiste haben wir uns dann genau überlegt. Die Krupps – die gehen natürlich nicht nur ins beste Studio, sondern auch nur zur größten Plattenfirma der Welt. Sind wir zur *EMI* gegangen und haben das vorgespielt. Der A&R-Manager war noch aus den frühen 70ern übrig. Große Tropfenformbrille mit Verlauf und hochtoupierter Mittelscheitel: »Ey, wat is dat denn? Verkauft sich doch nich, so was!« Wir gingen raus und sagten: »Das wirst du bereuen!« Dann haben wir das bei Alfred Hilsberg gemacht. Anstatt bei der größten Plattenfirma der Welt.

JÜRGEN ENGLER *Stahlwerksinfonie* hörte sich an wie ein Stahlwerk von innen. Aber es war sofort ›LP der Woche‹ im *NME*.

BERNWARD MALAKA Bei Hilsberg haben wir dann auch noch »Wahre Arbeit, wahrer Lohn« gemacht. Das war mehr sequencerorientiert. Fast Disco. Das war gleich noch mal ›Single der Woche‹. Auf einmal standen die ganzen Plattenfirmen auf der Matte. Auch die *EMI*.

RALF DÖRPER Das war schon die beginnende Hochphase der Neuen Deutschen Welle. Plötzlich gab es ein enormes Interesse von der Industrie. Alle, die ich aus der Stadt kannte – DAF, Fehlfarben –, hatten schon Verträge. Auf einmal ging es um Geld. Und zwar in einer Dimension, an die wir vorher überhaupt nicht gedacht hätten.

JÜRGEN ENGLER Wir sind dann mit der nächsten Platte zur WEA. »Wahre Arbeit« und *Stahlwerksinfonie* hatten sich gut verkauft. Aber wir haben von Hilsberg nur 2000 Mark gesehen.

Er hat immer gesagt: »Ich habe kein Geld.« Dabei hat er die ganze Kohle gleich immer in andere Produktionen gebuttert. Und damit hat er die ganze Szene kaputtgemacht. Wenn er nicht alle seine Bands abgezockt hätte, wären auch nicht alle zur Industrie abgehauen.

RALF DÖRPER Alfred hat einen gelinkt. Wir waren ziemlich genervt von ihm. Aber er hat uns auch eine Plattform gegeben.

PETER HEIN Er hat ja selber immer in einem Keller gewohnt. In einem Loch. Er hat halt mit meinen Platten, die er mir nicht bezahlt hat, wiederum der nächsten Band eine Platte ermöglicht. Dann hat er denen wieder nichts gegeben und das Geld in irgendwas anderes gesteckt. Das war von vornherein klar. Nur: Ich habe das Geld auch nicht unbedingt gebraucht. Wenn ich solche Sachen mache und brauche das Geld, bin ich selber schuld. Ich habe für die kleinen Auflagen, die ich nach Fehlfarben bei ihm gemacht habe, nie Geld gesehen. Aber das tut mir auch nicht leid. Dafür habe ich tolle Platten gemacht. Und Alfred konnte diese Independent-Idee überhaupt erstmal aufbauen.

ALFRED HILSBERG *Zickzack* hatte 1981 eineinhalb Millionen Mark Umsatz. Ich habe gar nicht überschaut, was das an finanziellen Konsequenzen nach sich zieht. Ich habe mir überhaupt keine Gedanken gemacht. Nicht mal über das Finanzamt. Weil das Geld da war. Und es war immer wieder neues Geld da. Ich konnte immer wieder neues Geld für neue Bands investieren. Und es schien einfach immer so weiterzulaufen.

JÄKI ELDORADO Alfred hatte eine Weile richtig viel Geld. Weil er den Bands Minimalgagen zahlte. Aber man musste ihn trotzdem bewundern. Ohne so einen Wahnsinnigen wie ihn wäre die Industrie, die immerhin ein ganzes Jahr brauchte, um alles kurz und klein zu hauen, noch viel früher zum Zug gekommen. Was Alfred nämlich wirklich konnte, war: *hype* machen. Szene-intern und mit den Medien. Aber natürlich war er auch der typische Journalist. Hat wahnsinnig gerne geredet – irgendwelche pseudo-McLaren'schen Konzepte entworfen, die bei ihm nie aufgegangen sind. Vor allem hat er von seinen *deals* eben nie selber profitiert.

MARGITA HABERLAND Wir hatten keinerlei Verträge. Ich bin da ziemlich gerupft worden. Aber ich nehme Alfred das nicht übel. Er war ja auch ein Träumer. Der war total engagiert. Der hat wirklich sein Herzblut gegeben. Ich habe ihn einmal nach Abrechnungen gefragt. Da saß er auf dem Bett und verlangte eine Aspirin, fummelte in irgendwelchen Schuhkartons unter dem Bett herum und sagte, dass er das jetzt auch nicht finden kann. Und er brauchte wirklich eine Aspirin, haha! Was willst du da machen?

ALEX HACKE Wir waren damals alle auf *Zickzack* – und damit automatisch Geldschweine. Ich musste ein paar Mal ganz gut vor Punks wegrennen: »Ey, Alter, du bist doch *Zickzack*!« Dabei konnte Alfred nie zahlen. Wir haben immer Überfälle bei dem in der Wohnung gemacht – ihn zu zweit besucht, einer redete mit ihm über das Geld, während der andere durch die Wohnung lief und Sachen umschmiss oder einsteckte oder mitnahm. Richtig offensichtlich, damit Alfred Panik kriegt und ein paar Hunderter auf den Tisch legt.

RALF HERTWIG Das war schon vor Schaumburg-Zeiten so. Wir haben mit Front nie Geld gesehen. Bis wir Alfred mal aus dem Bett geklingelt haben. Gode hat ihn am Kragen gepackt: »Jetzt gibst du uns die Knete her!« Dann hat er aus irgendeinem Umschlag – aus diesem Chaos unter seinem Bett – vier Hunderter rausgezogen. Da waren wir erst mal zufrieden. Man konnte ihm einfach nicht böse sein. Er hat das echt aus Überzeugung gemacht. Für mich ist er ein Phänomen – nur vergleichbar mit Leuten wie John Peel. Er hat sich nie umbiegen lassen. Er ist nie als A&R-Manager zu irgendeiner Grütz-Industriefirma gegangen.

FRANK Z Sein großer Fehler war, dass er in kürzester Zeit diese unglaubliche Masse an Platten machte und das mit diesem künstlerischen ›Lieber zu viel als zu wenig‹-Anspruch verklärte, obwohl die meisten Sachen völlig unkonsumierbar waren. Damit hat er ja auch diese unglaubliche Offenheit ausgenutzt, die anfangs bei den Leuten da war. Die hatten sich das blind gekauft. Aber irgendwann hatten wir im *Rip-Off*-Vertrieb nur noch unverkäufliche Hilsberg-Platten rumstehen. Alle mit Katzenmusik drauf.

RALF HERTWIG Sogar im Studio war oft dicke Luft, weil Alfred für die vorige Band noch nicht bezahlt hatte. Wir hatten mit Schaumburg also schon deshalb zur Industrie gehen müssen, um überhaupt vernünftig aufnehmen zu können. Für unsere erste LP waren wir über Monate im Hafenklang-Studio. Und dann kann man eben auch experimentieren. Oft haben wir nur zu zweit gearbeitet. Holger Hiller und ich. Wir haben Mülleimer umgeschmissen und das aufgenommen oder extra das Fenster aufgerissen, weil unten gerade eine Schulklasse vorbeiging – kurz mal auf die Aufnahmetaste gedrückt. Wenn man genau aufpasst, ist das alles zu hören.
THOMAS FEHLMANN Die Idee war, dass es sich von allen anderen Sachen absetzen sollte. Sobald im Studio ein Gefühl aufkam von wegen ›Das könnte wie das und das klingen‹, wurde das gestrichen. Das war oft schmerzhaft, weil dadurch auch gute Sachen wegfielen. Aber mit einiger Distanz war es doch immer richtig. Von daher gesehen war das Programm. Trotzdem flogen oft die Fetzen. Beim letzten Stück auf dem ersten Album, »Goldene Madonna«, hat Holger eine Gitarre gespielt, von der er meinte, sie würde wie Talking Heads klingen. Wir haben gekämpft, dass die nicht rausfliegt. Die war wunderbar. Aber sie war von ihm aus nur ein Test gewesen. Die ist ihm zu locker passiert. Er meinte, man muss bluten und leiden, bis es gut ist. Das war bei ihm so ein unbedingter Forscherwillen. Das dauerte ewig, ihm das Gefühl zu geben, dass er sich nicht auf einem Talking-Heads-Kopiermuster aufhält – dass wir das ruhig nehmen können.
TIMO BLUNCK Holger konnte sowohl gut Geige als auch Gitarre spielen. Aber er hat sich immer geweigert das zu tun. Das ist auch einer der Gründe, warum wir so völlig unharmonisch waren. Jeder spielte im Grunde einen eigenen Part, der nach normalem Musikverständnis gar nicht zusammenpassen musste. Vor allem Holger nahm immer alles auseinander und meinte: »Das ist doch auch wieder nur Bla-Bla!« Dabei war er allerdings ein völliger Egokrat. Der isolierte sich wahnsinnig. Den interessierte außer seinen Sachen gar nichts. Der war ultrakompromisslos. Fast schon autistisch. Der sagte: »Wenn du

das nicht so spielen willst oder nicht so spielen kannst, dann spiele ich das eben.« Der war wirklich leicht verrückt. Egomanisch. Wenn andere Leute warten mussten oder so – das war dem alles völlig egal.

RALF HERTWIG Holger Hiller konnte überhaupt keine Kompromisse machen. Dann wurde er wie ein Kind. Alle Leute dachten, wir wären eine intellektuelle Band. Aber nicht mal Holger war intellektuell. Auch seine dadaistischen Texte – »Ich glaub, ich bin ein Telefon« –, das passte zu ihm. Der war einfach ein Kind.

Gold und Liebe

> Die großen Plattenfirmen waren ja völlig orientierungslos. Die hatten null Bezug zu unseren Sachen. Polydor hat uns nie verstanden. Die wussten nie, ob das nun gut oder schlecht ist. Die haben uns eingekauft, weil ihnen jemand gesagt hat, das liegt im Trend. Wir hatten ja das Lied »Fickt die Grammophon«: »Fickt die Grammophon, die blödsten Typen der Welt«. Und das haben die veröffentlicht. Wenn sie es überhaupt gehört haben, dachten sie wahrscheinlich, das muss bei diesen schwachsinnigen Punks wohl so sein – die SEX PISTOLS beschimpfen ihre Plattenfirma ja auch.
>
> **TOM DOKOUPIL, WIRTSCHAFTSWUNDER**

ROBERT GÖRL Die Mode hat sich in dieser Zeit sehr verändert. Zu »Mussolini«-Zeiten hatten wir viele Sachen mit Rock-'n'-Roll-Touch. Mit Totenköpfen drauf oder wo die Knöpfe der Jeansjacke einfach Totenköpfe waren. Irgendwann sind wir total auf Klamotten abgefahren. Das war wie ein Trip. Welcher Friseur macht den geilsten Kurzhaarschnitt? Wer kann am besten mit der Maschine umgehen? Welcher Laden in Berlin oder London hat die coolsten Hosen? Das wurde dann voll zum Thema. Die Leute sind auch wahnsinnig *dressed up* zu unseren Auftritten gekommen. Und als wir mit DAF richtig viel Geld verdienten, konnten wir uns eben dieses komplette Lederoutfit leisten. Bis hin zum Leder-T-Shirt. Das war einfach so ein Körperkult: hart, klar, rein. Wenn wir dadurch militärisch rüberkamen – das kam ja für manche SS-mäßig rüber –, war das für uns trotzdem das reinste Phantasieoutfit. Stark und *straight*. Nicht lasch. Ansonsten hatten wir keine festgelegten Aussagen. Das waren nur Trigger. So was wie dieses: »Tu was du willst, verschwende deine Jugend, solange du noch kannst.«

PETER GLASER Man kann sich das heute gar nicht mehr vorstellen, wie sämtliche Sozialpädagogen Deutschlands bei DAF an die Decke gingen – und da kleben blieben. Weil das für sie nicht anders erklärbar war, als dass das Nazis sein müssen.

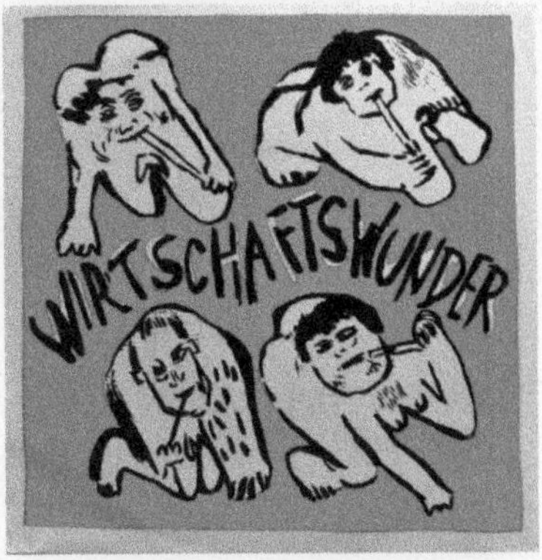

Dabei haben DAF mit dem »Mussolini« nur dieses Spiel mit Nazisymbolen noch mal in der breiten Öffentlichkeit auf den Punkt gebracht.

ALFRED HILSBERG Die haben das dann auch nicht abgestritten, wenn die Leute sie für Nazis hielten. Die haben damit gespielt. Teilweise auch aus Unbeholfenheit. Die konnten das von sich aus nicht vermitteln. Robert sprach ja kaum. Der saß immer nur da und grinste vor sich hin. Und Gabi versuchte in seinem merkwürdigen Deutsch etwas zu definieren, was oft völlig absurd klang.

GABI DELGADO Den Naziruf hatten wir dann erst mal weg. Ich erinnere mich an ein total gewalttätiges Konzert in Rom. Kurz vorher war ein Punk von Faschos erschlagen worden. Und dann haben diese ganzen autonomen Radiostationen gesagt: ›Und heute, einen Tag nach dem Mord an unserem Genossen-Punk-autonomer-Stadtindianer-Giuseppe-Sowieso, kommt ausgerechnet die größte Faschoband Deutschlands – und die haben Stücke mit Hitler und Mussolini.‹ Der Laden war voll! Aber nichts passiert. Bis zum »Mussolini«. Die Faschos alle: »Sieg Heil!« Die Autonomen alle mit Knüppeln. So viel Blut habe ich noch nie gesehen. Auf der Bühne hielt mir einer ein Messer an den Bauch und schrie immer nur: »Cazzo! Cazzo!« Das heißt wohl so viel wie ›Schwanz‹. Der war völlig irritiert, hähä.

ROBERT GÖRL Ein Konzert in Holland, das war der reinste Krieg. Da haben wir auf einem Festival gespielt. Als wir rauskamen, wurden vorbereitete Erdbomben auf uns geschmissen. Das Ganze ist dann in Erde untergegangen. Die haben uns für Ledernazis gehalten. Die haben überhaupt nichts verstanden. Diese Leichtigkeit, mit der wir Dinge in die Hand nahmen. Dieses Augenzwinkern. Wir waren wirklich so locker. Aber in den Medien wurde ich teilweise als Killer dargestellt. Vor allem die Frauen haben sich dann immer gewundert. Ich hatte zwar dieses Lederimage. Aber von mir kam nie so was Heftiges – wo Frauen sich nicht gut aufgehoben fühlen.

GABI DELGADO Dieses Sex- und Leder-Power-Image, das wir damals rübergebracht haben – bei mir war das alles sehr echt. Ich habe seinerzeit auch entsprechende Erfahrungen gemacht. Ich war sehr hardcoreorientiert. Damals hat man darüber ja noch gar nichts gewusst. Ich hatte großes Interesse am Exzess. Auf allen Gebieten. An der Entäußerung. Durch Drogen hatte ich das gut erfahren. Durch Musik. Und Sex hat mich eben auch sehr interessiert. Und nachdem ich ja zuerst auf Männer fixiert war, habe ich mich teilweise einfach wie ein Luftballon treiben lassen. Bin rausgegangen und habe jeden Scheiß mitgemacht. In London habe ich auf Anzeigen geantwortet und bin zu den obskursten, bizarrsten *encountern* gegangen. Das hat mich interessiert, also wollte ich das lernen. Vor allem war ich fasziniert, dass Sex und Gewalt auch einhergehen können. Gewalt hat mich ja immer fasziniert. Ich war da absolut veranlagt. Von daher bin ich auch nie auf Tunten gestanden. Ich habe nur die Männer gemocht. Das schwule Getue fand ich zum Kotzen. Und deshalb hatten wir diese Schwulenästhetik. So richtig *fistfuck*-mäßig. Aber ich hatte mit Robert nie Sex. Das war explizit tabu. Obwohl das in der Luft lag. Robert war meine große Liebe. Über Jahre.

MORITZ R® Ich selbst konnte zwar auf der Bühne nie so eine machomäßige Performance hinlegen – das war einfach nicht meine Art –, aber ich konnte nachvollziehen, dass Gabi Delgado auch deswegen so erfolgreich war, weil da die Leute sagen konnten: ›Endlich mal wieder ein Mann, der schwitzt und diese Ausstrahlung hat, dass Mädchen in Ohnmacht fallen.‹ Und diese neuerliche Präsentation des männlichen Körpers war auch für Jungs wichtig. Die sexuelle Revolution der 60er und 70er Jahre hat ja nur ein neues Bild der Frauen präsentiert. Frauen waren nackt, sexy und selbstbewusst. Der männliche Körper wurde überhaupt nicht thematisiert. Das ist erst durch Punk passiert. Insofern war Punk auch so was wie die nachträgliche Befreiung des Mannes.

HAGAR Ich bin mit 14, 15 öfters ins *Front* gegangen. Das ist *der*

Schwulenclub Hamburgs gewesen. Samstags durften da auch Mädchen rein. Und DAF war da der absolute Renner. Von den Männern, die da rumliefen, sah die eine Hälfte aus wie Freddie Mercury, und die andere Hälfte sah aus wie DAF. Von daher dachte ich, DAF wären Hardcore-Schwule.

ROBERT GÖRL Das Gute war, dass wir mit unserem eigenen Image in die Charts kamen. Der Normalfall ist ja, dass du da nur mit Kopien reinkommst. Wenn du ein Schema hast, das alle kennen. Bei uns sagten die Leute: ›Darf das überhaupt sein, was die da machen?‹

INGA HUMPE Als wir wegen unserer zweiten LP bei Conny Plank waren, waren gleichzeitig auch DAF da, um *Gold und Liebe* aufzunehmen. Die genossen gerade so eine momentane Superfreiheit. Die holten sich ihr Geld immer direkt von der Plattenfirma. Und die hatten natürlich auch keinen Geldbeutel und kein Konto oder so was Langweiliges. Die kamen mit Plastiktüten voll Geld an. Und mit dem Geld haben sie demonstrativ rumgeschmissen. Flogen kurz mal zur Party nach England. Und nahmen geile Drogen. Das kannte ich alles gar nicht.

BEATE BARTEL Nach DAF beziehungsweise Mania D. sind Chrislo und ich nach Düsseldorf. Das war eine Horrorzeit. Ich bin kein Fan der rheinischen Fröhlichkeit. Da habe ich Depressionen gekriegt. Aber im Gegensatz zu Mania D. war das mit Chrislo wenigstens: ein Wort, eine Tat. Zuerst haben wir unter dem Namen CHBB jeden Monat eine Kassette veröffentlicht. Das war auch so ein Teil der Revolte, dass man auf einmal neue Techniken zur Verfügung hatte. Kassettenkopierer, Fotokopiergeräte, Polaroids. Das waren schnelle Medien. Und aus CHBB entstand schnell Liaisons Dangereuses.

CHRISLO HAAS Die LP ist nur aufgrund dieser gefährlichen Liebschaft mit der Bartel entstanden. Wir haben das Ganze in so einer kleinen Dachkammer aufgenommen. Was ja auch erst möglich gewesen ist, weil es damals diese ersten portablen Dinger gegeben hat. Tagsüber gevögelt. Nachts gearbeitet. Das war wirklich ein scheißgeiles sexuelles Ding. Fast schon pornografisch. Die Platte ist in so einem Kraftfeld entstanden: vögeln – ein bisschen an den Maschinen schrauben ...

BEATE BARTEL Den Mix haben wir dann bei Conny Plank gemacht. Ich hatte zwei Nächte, um das abzumixen. Das war heftig. Wir wussten, wir haben nur eine Chance, und das war's. Und davon lebt diese Sache. Da wurde überhaupt nicht geschnitten. Das ist alles live.

CHRISLO HAAS Wir hatten nicht nur einen anderen Beat als DAF. Wir hatten einen anderen Beat als alle anderen. Der kam ja auch nicht aus einer Rhythmusmaschine. Der kam aus zwei Sequencern. Das waren nur die schwarzen Korg-Kästen. Ich hatte halt plötzlich keinen Schlagzeuger mehr und dachte: ›Was mache ich denn jetzt?‹ Dann habe ich erst mal eine dicke, fette Bassdrum am Korg geschraubt. Und plötzlich war's das.

BEATE BARTEL Unsere Platte war total Indie. Die Plattenfirma waren wir. Dann hat sehr schnell Richard Branson von *Virgin* angerufen. Persönlich. Nonstop. Der wollte uns sofort haben. Wir haben ihn dann auch mal in London getroffen. Er hat gesagt, dass er uns unglaublich toll findet und dass er uns zu den neuen Superstars machen will. Er hat gesagt: »Ihr werdet auf allen Zeitungen sein!« Wir haben uns das angehört. Aber irgendwann sagten wir beide: »Stopp. Wir wollen das nicht!« Das hat uns alles überhaupt nicht beeindruckt. Ich wollte nicht auf jeder Zeitung sein. Ich wollte nicht ständig Konzerte geben. Ich wollte keine Interviews geben. Wir mochten keine Journalisten. Wir hatten kein Interesse an Dingen wie Promotion. Und das konnte er alles gar nicht verstehen. Wir waren auf unserem eigenen Trip. Wir hatten keine Lust, uns einkaufen zu lassen. Kein Personenkult – kein gar nichts. Weil, dafür habe ich keine Zeit. Ich hatte auch immer den Gedanken: ›Wäre das klasse, wenn wir nicht auf die Bühne müssten. Wenn das jemand für uns tun würde.‹ Wir haben uns eher als Projekt begriffen. Wir waren zwei Leute, die Musik machten und sich beliebige Sänger dazunahmen. Aber wir wurden immer auf die Band festgelegt, die wir gar nicht waren. Fernsehen! Die haben gar nicht verstanden, was wir da tun. Wir haben für deren Begriffe gar keine Musik gemacht, weil bei uns gab's ja keine Gitarre und kein Schlagzeug.

TOBIAS BRINK Als wir uns vom KFC gelöst hatten, Meikel und ich, hatten wir den Druck, schnell was zu machen. Eben auch, weil wir in Konkurrenz zum KFC-Rest standen. Wir hatten im Schlachthof in Düsseldorf einen Proberaum und hatten dann eine ganze Reihe von Sängern da. Einer war kurz darauf Sänger bei Liaisons Dangereuses. Krishna Goineau. Aber Meikel hat dann gesagt, wenn wir den nehmen, geht das in eine andere Richtung. Das wäre dann wahrscheinlich eher positiv geworden.

MEIKEL CLAUSS Schließlich hat Tobias eine Frau aus der Altstadt angeschleppt. Die hatte zwar noch nie gesungen, war aber ganz okay. Die hatte von nichts eine Ahnung. Sie hat gefragt: »Was soll ich denn jetzt hier machen?« Und wir: ›Mach mal das und das.‹ Und sie so: Lalala. Nach vier Stunden hatten wir das erste Stück fertig. »Lieber Gott, ich wünsch mir so, meine Stimme im Radio.« Wir haben drei Wochen geprobt, erste LP aufgenommen, und nach ein paar Monaten hatten wir 70 000 Stück verkauft.

TOBIAS BRINK Die erste Nichts-Platte war noch mehr in KFC-Tradition. Schnelles Punkrockzeug. Das war noch independent. Aber die hatten uns da schon mit KFC übers Ohr gehauen. Wir hatten von der ersten LP 50- bis 60 000 verkauft. Es wurden aber nur 10 000 abgerechnet.

MEIKEL CLAUSS Wir hatten dann freie Auswahl zwischen fünf großen Firmen – und haben mörderisch viel Geld rausgeholt. Weil wir die gegeneinander ausgespielt haben. Es war schon so eine Goldgräberstimmung in der Plattenindustrie, mit dem ganzen NDW-Quatsch eine Mörderkohle zu machen.

TOBIAS BRINK Die zweite Nichts-Platte war schon eher NDW. Meikel hat das auf merkwürdige Art fortgeführt. Wir sind mit einem weißen Cadillac auf Tour gefahren. Ganz pervers. Es war einfach so, dass wir nun nicht mehr alles kontrollieren konnten. Die Plattenfirma und die Konzertagentur waren in Hamburg. Zuerst hatten wir noch einen VW-Bus. Aber wir hatten 28 Gigs am Stück. Nach zweien wollten wir uns schon auflösen. Mit Meikel war schwierig auszukommen. Er alleine war die Band. Das war in diesem VW-Bus nicht mehr auszuhalten. Dann hat die Agentur diesen Cadillac gemietet. Wir wussten gar nicht, was wir damit anfangen sollen. Wir spielten ja teilweise noch in Jugendzentren. Wo die überzeugten KFC-Fans waren.

MEIKEL CLAUSS Auf dieser Tour haben wir die härtesten Auftritte gemacht. Da passierte auch die allerhärteste Geschichte, die ich in meinem Leben erlebt habe. Und zwar: *Rote Fabrik* in Zürich. Das war ja rechtsfreier Raum. Da kam keine Polizei hin. Und die Leute da fanden kommerzielle Musik natürlich nicht so gut. Die wussten halt nur: ›Das waren mal welche vom KFC.‹ Wir fingen dann an zu spielen. Wie gewohnt hatten wir eigentlich alles voll unter Kontrolle.

TOBIAS BRINK Nur, da waren Skins dabei. Und zwar richtige Skins. Ziemliche Ecken. Die hatten es auf uns abgesehen. Die haben sich direkt in die ersten Reihen gestellt und uns mit irgendwelchen Sachen beworfen und angespuckt. Irgendwann waren wir voll bespuckt. Und dann kam auch noch eine Pizza geflogen.

MEIKEL CLAUSS Eine ganze Pizza. Und ich habe gesehen, wer die geworfen hat. Ich stand ganz vorne an der Bühne. Richtig an der Kante. Habe meine Sachen runtergespielt und dabei das Publikum beobachtet. Eine Viertelstunde lang hat sich da keiner bewegt. Und dann kam plötzlich wieder so ein Pizzastück angeflogen. Ich sprang runter und habe dem die Gitarre über den Kopf gehauen, ihn dann noch mal gepackt und einen Kopfstoß voll in die Fresse gegeben. Den konntest du vergessen. Dann bin ich wieder auf die Bühne und habe weitergespielt. Das haben die so durchgehen lassen – waren jetzt aber natürlich alle gegen uns. Ich stand wieder vorne an der Bühne, habe die beobachtet und das Ding runtergespielt. Keiner hat was gemacht. Aber plötzlich riss unserem Bassisten eine Saite. Die ganze Stimmung war immer noch unter Kontrolle. Aber unser Bassist war ja eher Popper. Der war noch 1979 deutscher Meister im Discotanzen gewesen. Sagt er zu mir: »Ich kriege das nicht geregelt mit dem Stimmen.« Ich sage: »Kein Problem«, drehe mich um, nehme den Bass. Da sagt er ins Mikrofon: »Tut uns leid, ich kann das noch nicht so gut.« Unvorstellbar, was in diesem Augenblick losgebrochen ist. Das war nur noch so: ›Steinigt sie!‹ Die sind wie die Kannibalen über uns hergefallen. 600 Leute. Ich konnte gerade noch diesen Bass fallen lassen, meine Gitarre nehmen und wie mit einer Sense eine Schneise in Richtung Garderobe schlagen. Wir drückten die Tür zu. Das war ein ziemlich dickes Teil, aber mit einer halb vergitterten Glasscheibe. Ich nur so: »Scheiße!« Dann nahmen die auch schon die Tür auseinander. Die sprangen dagegen wie die Wildgewordenen. Als hättest du eine Horde halb verhungerter Aussätziger da draußen, die dich fressen wollen. Dann versuchte der Erste mit den Beinen voraus durch diese Glasscheibe zu springen. Seine Beine hängen zwischen den Scherben zu uns rein. Ich versuche ihn zu packen, aber in dem Moment wird die Tür auch schon aufgetreten und durch den Spalt kommt eine Hand und drückt mir Tränengas ins Gesicht. Ich lag am Boden und habe nur geschrien, habe mir alles vom Körper gerissen, weil die ganze Suppe an mir runterlief. Dann haben die Sprudelflaschen über mir ausgeleert. Das half einigermaßen.

TOBIAS BRINK Wir saßen in der Garderobe und haben überlegt: Wie kommen wir hier raus? Meikel und ich vollgesypht und mit schwitzenden Oberkörpern. Aber je länger das dauerte, desto wütender wurde Meikel. Und dann hat er sich den Bass geschnappt.

MEIKEL CLAUSS Wir haben uns angesehen – Tobias und ich: »So! Jetzt!« Wir waren ja praktisch nur zu zweit. Sonst gab es nur noch die Sängerin und diesen totalen Pfeifenkopf. Der meinte auch noch: »Ihr werdet doch da nicht rausgehen!« Die Tür aufgerissen. Ich stand da mit dem Bass. Mucksmäuschenstill. Keiner hat sich bewegt.

TOBIAS BRINK Da stand diese Herde Skins vor der Garderobe. Meikel schrie: »Wer mich anmachen will, der kann kommen!« Wir haben uns dann einfach einen Gang gebahnt. Auch der Saal war noch voll. Einfach durch die Menge durch. Das war ein Spalier von Leuten. Ein paar brüllten uns an.

MEIKEL CLAUSS Dann mussten wir eine große Wendeltreppe runter. Ein paar Stockwerke. Überall alles voll mit Leuten mit

Messern, Gaspistolen, abgebrochenen Flaschen. Aber keiner hat was getan.

TOBIAS BRINK Das war ganz befremdend. Vielleicht waren die auch schon zufrieden, dass sie unseren Cadillac demoliert hatten. Der hatte Totalschaden. Aber der war mir eh peinlich. Das war überhaupt der Punkt: Bei KFC hatten wir keine Identitätsprobleme gekannt. Bei Nichts war mir das Ganze teilweise richtig peinlich. Wir waren durch den Vertrag mit der WEA plötzlich in einem Umfeld, in dem wir gar nicht sein wollten. In dieser miesen Neue-Deutsche-Welle-Abteilung. Das waren ganz andere Leute.

FABSI Ich weiß noch, wie ich mal die Ramblers bei Dr. Feelgood im Vorprogramm gesehen hatte. Das war einfach nachgemachte Stones-Kacke gewesen. Und die waren dann die Begleitband von Nena. Oder Trio: Als ich die zum ersten Mal gesehen habe, dachte ich noch: ›Mensch, die sind ja lustig.‹ Dann seh ich die zum zweiten Mal und sehe genau dieselbe Show. Ich hatte gedacht, das ist alles aus dem Bauch raus. Eben genauso wie wir das mit ZK gemacht haben – einfach die Situation wahrnehmen. Dabei war es brutal einstudiert. Selber Gag, selbe Stelle. Dann habe ich Hubert Kah gesehen, auf einer *Bravo*-Party, auf der auch Nichts spielten. Das hat nen Fünfer gekostet. Habe ich gesagt: »Komm, kucken wir uns die Scheiße mal an.« Einer bei Hubert Kah hatte allen Ernstes eine Art Irokesenschnitt. Und zwar nicht geschoren, sondern einfach mit Karnevalsschmiere hochgekämmt. Einer hatte Creepers an. Die wussten gar nicht, was das alles bedeutete.

MEIKEL CLAUSS Auf dieser *Bravo*-Party mussten Hubert Kah echt aufpassen, sich von uns keine einzufangen. Diese ganze Art von Neuer Welle, die sich da gerade entwickelte – das war ja alles nur noch kommerziell. Ich habe noch versucht, das wenigstens halbwegs punkmäßig durchzuziehen. Ich hatte so einen geilen orangefarbenen Riesenverstärker. So ein brüllend lautes Teil. Aber wir wurden einfach mit einer Welle von Scheiße überspült.

TOBIAS BRINK Wir waren mal bei einer WEA-Party. Sind wir zu dem Chef hingegangen und haben gesagt: »Wer bist du denn?«

Meinte der zu uns: »Wer seid ihr denn?« »Wir sind Nichts!« Er so: »Das ist ja wohl klar, dass ihr nichts seid.« Dann entwickelte sich ein ziemlicher Streit. Bis er irgendwann meinte: »Das sage ich euch jetzt schon: Wir plakatieren die ganze Bundesrepublik mit euch. Dann seid ihr ein Jahr lang in den Charts. Und dann seid ihr weg vom Fenster.« Und genau so war es dann auch.

MEIKEL CLAUSS Auf einmal waren da nur noch Superarschlöcher, die an uns dranhingen wie Blutsauger. Aber ich hatte ja die ganze 70er-Scheiße mitgekriegt – wo Musik einfach nur noch das langweiligste, zuckersüßeste, prostituierteste Medium der Welt war. Punk war für mich, wie wenn du eine Partei aufmachst, die sagt: ›Wir schaffen dieses Wirtschaftssystem ab. Und die ganzen Leute, die für die Arbeitslosigkeit verantwortlich sind, die schlitzen wir von oben bis unten auf und hängen die auf die Straße.‹ Und dich dann von der CDU kaufen lassen: Das kannst du nicht machen. Ich bin im Gegensatz zu Peter Hein ein armseliger kleiner Mitläufer gewesen, der versucht hat, ein bisschen Punkrockgitarre zu spielen. Aber mein Gefühl hat ausgereicht, um so was nicht machen zu können. Das war vielleicht auch ein Grund, warum ich dieser ganzen Gewalt nicht mehr Herr wurde. Das wurde ein Selbstläufer. Einerseits war ich bei dem Thema eben schneller, härter, besser als andere. Andererseits wurde ich dauernd angemacht. Da gab es einen Freund von Tommi. Irgend so einen Blödmann. Sador Weinschlucker oder so, hähä. Der stand mit Tommi und noch vier oder fünf Leuten im *Ratinger Hof*. Und der war dann eben besonders mutig und kam her. Der hatte seinen Spruch noch nicht zu Ende, da fehlten ihm schon ein paar Zähne, und er rannte zu Tommi. Aber Tommi ist ein Feigling. Eine offene Prügelei – das bringt der nicht fertig. Für mich sind das Feiglinge, wenn die zu viert oder zu fünft sind und sich von einem einzigen die Fresse polieren lassen. Das sind einfach Schlappschwänze, oder? Dann wurden aber so langsam richtige Schläger auf mich aufmerksam. Wo ich wirklich einige Leute fast totgeschlagen habe. Ich habe teilweise jegliche Kontrolle verloren. Einmal mussten mich ein paar Teds festhalten, die selber zur ultrastumpfesten Fraktion gehörten. Die meinten: »Tickst du nicht mehr richtig? Du bringst den um!« Das ging dann in ganz harte Sphären. Ich hatte sogar was mit den Lacardas laufen, weil ich dem Präsidenten den Motorradhelm fünfmal in die Fresse gehauen habe. Die haben mich alle gejagt. Ich war nur noch in so einer Spirale. Und da musste ich irgendwie raus. Und ich wusste mir nicht anders zu helfen, als dass ich mich einfach nicht mehr wehrte. Das haben die alle nicht verstanden. So ungefähr: ›Wehr dich doch!‹ Aber ich hatte keinen Bock mehr.

MARKUS OEHLEN Ich bin zu Zeiten dieser Neuen Deutschen Welle noch ein paar Mal im *Hof* gewesen. Sehr schick gekleidet. So als Künstler. Ganz bewusst auf Dandy gemacht. Ich verdiente als Maler ganz gut Geld. Die frühen 80er waren der reine Überschwang. Und es war dann bei uns künstlerisches Konzept, dass man Erfolg eben auch äußerlich darstellt, haha. Jedenfalls dauerte es nicht lange, da prügelte man mich quer durch den *Hof*. Da half auch kein Mittagspause-Bonus mehr. Das waren dann Punks der zehnten Generation.

CAMPINO Wir empfanden uns mit ZK oft nur noch fehl am Platz. Wir haben teilweise auf Festivals gespielt, wo die Stimmung superaggressiv war. Und dann gehe ich auf die Bühne, mache irgendwelche Witze und niemand lacht. Stattdessen fliegen dir aus dem Dunkeln sogar noch die Dosen an den Kopf. Und wir konnten die Sache dann auch nicht mehr so drehen, dass wir unsere Gags mal sein gelassen hätten. Wir haben die halt höchstens mal variiert. Und ich hab dann auch gemerkt: Das ist genau so ne Seite wie diese umgekehrte Seite, dass man immer bemüht auf Ernst machen muss. Das war fürchterlich damals. Das war alles nur noch so ein Schauspiel. Aber das war nicht mehr ich selber.

FABSI Wir passten einfach nicht mehr. Im *Hof* schmissen sie nur noch Trips – während bei ZK ja galt: Wer Drogen nimmt, fliegt raus. Andererseits wollten wir genauso wenig zu dieser Neuen Deutschen Welle gehören. Das wollte niemand. Also haben wir uns dann eben auch verabschiedet. Wobei die internen Reibereien auf der Abschlusstour noch mal richtig eskalierten. Die anderen machten ja immer Party, und ich musste die Scheiße fahren. Campi und ich hatten uns schon öfters bis aufs Blut geprügelt. Aber da ging das dann so richtig über Tische und Bänke. Zum Schluss hatte er Scherben im Rücken und eine dicke Fresse, und seine Trompete war auch kaputt.

Geniale Dilletanten

ANDREW UNRUH Im Sommer 81 lief Blixa immer mit einem selbst gemachten Badge an der Jacke herum: »Genialer Dilletant« – einfach, um sich von den üblichen Profimusikern zu unterscheiden.

BLIXA BARGELD Wolfgang Müller von der Tödlichen Doris fand dieses Schild so gut. Und dann haben wir im *Tempodrom* zusammen ein Festival veranstaltet. Das hieß »Festival Genialer Dilletanten«.

FM EINHEIT Dieser ganze »Dilletanten«-Quatsch sollte nur der Presse ein Stichwort liefern. »Geniale Dilletanten« war einfach eine Möglichkeit, vor vielen Leuten zu spielen. Es hat ja nicht wirklich eine Bewegung von Dilettanten gegeben. Das waren einsame Entscheidungen, dass wir mit Neubauten live überhaupt nichts festgelegt haben oder dass wir uns bei Aufnahmen nie vorher überlegt haben, was das sein soll. Außer bei der ersten Platte. Da wollten wir einfach eine unhörbare Platte machen.

BLIXA BARGELD Wir sind dann auch auf dieser »Berliner Krankheit«-Tour überall auf offene Münder gestoßen. Wobei wir in der Hälfte der Städte noch dazu mit ähnlichem Verhalten konfrontiert wurden wie kurz vorher in Hamburg. Und das hing null mit dem zusammen, was wir spielten oder wie wir spielten, sondern einfach mit Lokalpatriotismus – Fußball und ähnlichem Unsinn! In allen Städten, wo Bundesliga eine Rolle spielte, war das so: »Berlin ist scheiße!« Glücklicherweise spielten wir mit drei verschiedenen Bands, weswegen man die Band vor uns öfters für die Neubauten hielt. Die wurde dann schon vollkommen plattgemacht. Das war noch ganz witzig, dass wir erst nachher rauskamen, und die Leute dann erst begriffen, dass sie die falsche Band plattgemacht hatten. Einen vollen Monat ging das so. Nach Berlin zurückzukommen bedeutete für mich dann tatsächlich, wieder in gesicherten Gefilden zu sein. Ich war heilfroh, wieder in meinem umschlossenen

Berlin zu sein. Und wir haben dann auch beschlossen, überhaupt nicht mehr in Deutschland zu spielen. Das hatten die auch verdient.

FM EINHEIT Das haben wir zwei Jahre lang konsequent durchgehalten. Mich hat diese ganze Ablehnung allerdings eher bestärkt. Dass das etwas Besonderes ist, was wir machen. Eigentlich war uns das allen bewusst. Dieses »Ich bin doch nichts« von Blixa – das war vor allem Koketterie. Für alles andere ist bei ihm das Ego viel zu groß.

BLIXA BARGELD Einer der Gründe, warum die Leute, vor allem in Hamburg, uns so gehasst haben, war allerdings, dass *Kollaps* noch bei Alfred Hilsberg erschien. Ein paar Monate darauf sind wir in London zu ein paar Firmen gegangen, um uns einen englischen Plattenvertrag zu besorgen. Das war einfach notwendig, weil wir Unmengen von Schulden angehäuft hatten, indem wir immer in Studios gegangen sind und aufgenommen haben, ohne zu wissen, wie wir das bezahlen sollen. Wir haben zuletzt bei *Some Bizarre* unterschrieben. Und in dem Moment fingen die Leute hier in Deutschland erst an, sich für uns zu interessieren.

ALEX HACKE *Kollaps*. Erste Auflage: 1000 Stück. Das hieß: Bei deiner Freundin standen deine sechs Pappkartons mit deinen Schallplatten. Und wenn du die verkauft hattest, warst du ein Star. Keine dieser Bands hat ja damals viele Platten verkauft. Und gerade bei uns hat es eine Weile gedauert, bis diese 1000 Platten weg waren. Alle fanden das furchtbar und unhörbar. Ich habe ewig lange davon gelebt, dass meine jeweilige Freundin in einem Café gearbeitet hat, wo ich dann immer frühstücken gehen konnte.

BLIXA BARGELD Um auf die erste Amerika-Tour gehen zu können, brauchte ich dann erst einmal einen Pass. Und um einen Pass zu kriegen, musste ich mich anmelden. Innerhalb von wenigen Tagen hatte mich die Polizei am Wickel. Weil die inzwischen mit Haftbefehl nach mir suchten – um eine GASAG-Rechnung einzutreiben.

FM EINHEIT Gerade in Amerika hatten wir wegen unserer ganzen Art und Weise auf der Bühne eine Menge Schwierigkeiten.

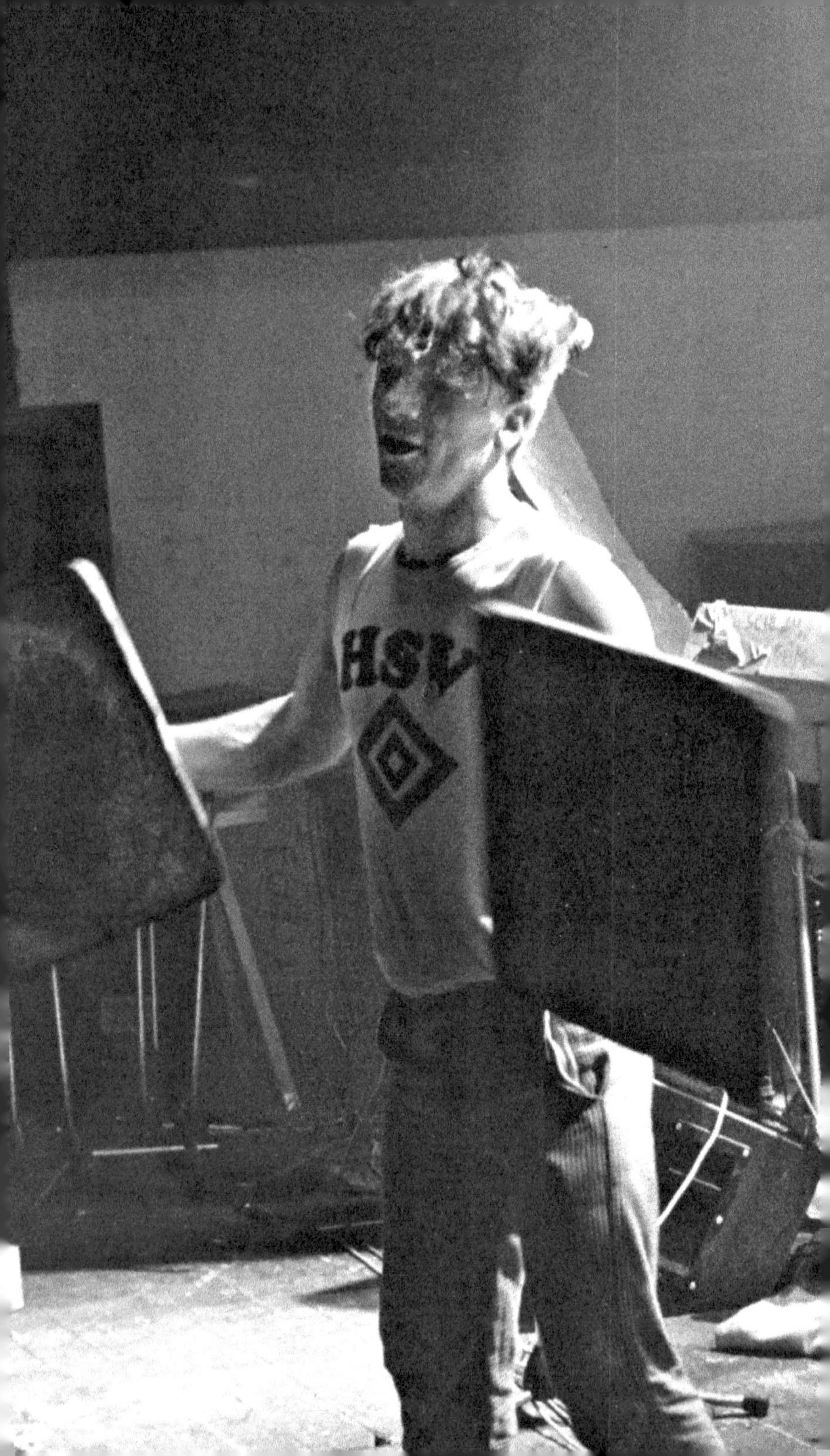
HSV

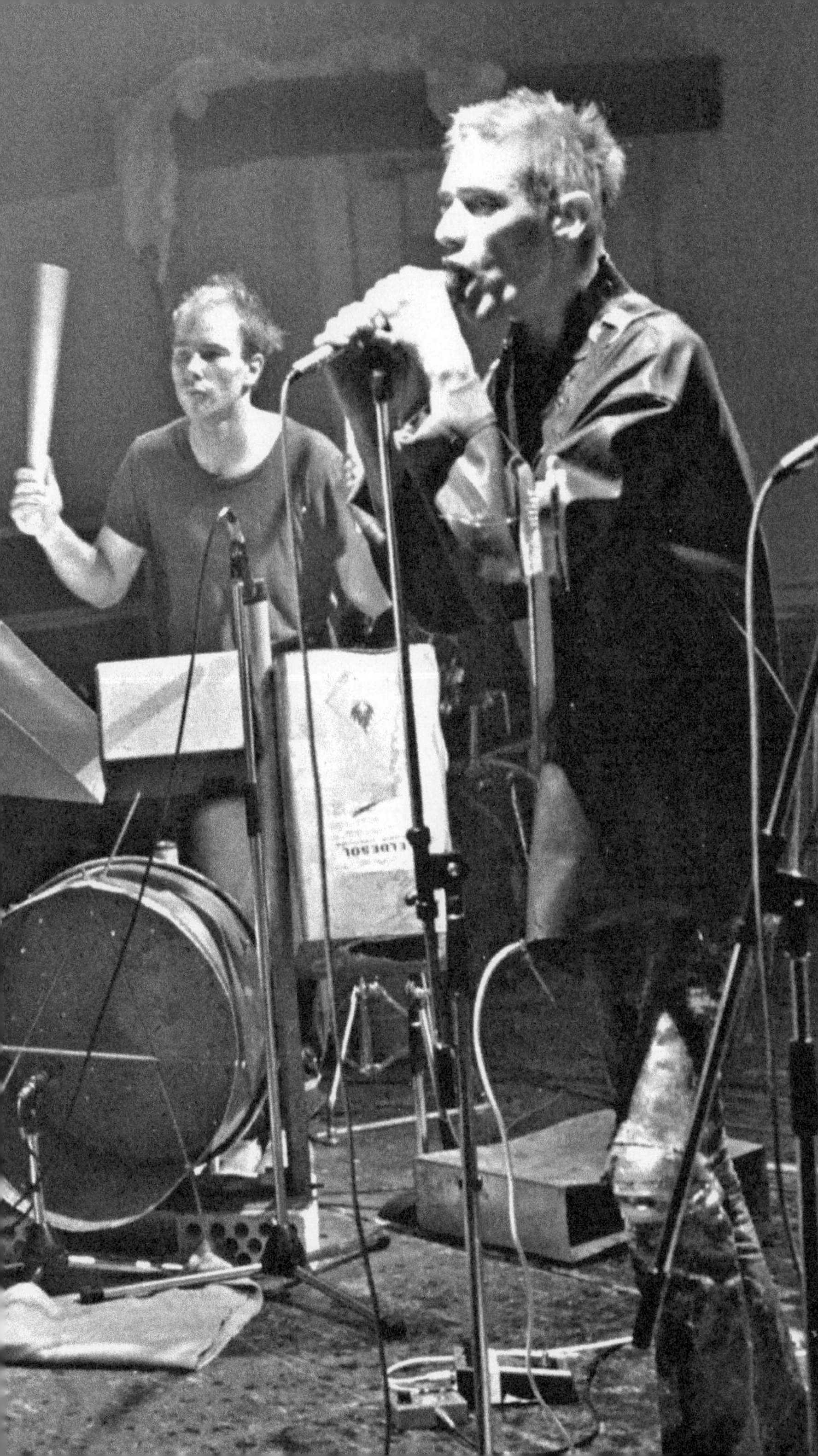

Aber so etwas machte uns ja eher glücklich. Als junger Mensch randaliert man ja gerne. Und Andrew war eben irgendwann mit dem Bohrhammer angekommen. Und er hat auch die ersten Molotowcocktails mitgebracht. Das hat dann schnell Spaß gemacht. Ich fand es echt lustig, so eine Bühne anzuzünden. Und nachdem es kaum festgelegte Strukturen gab, konnten wir halt gut gewisse Grenzen überschreiten und in ganz andere, tranceartige Zustände kommen. Teilweise haben wir die Molotowcocktails eben auch geschmissen. Bei einem Konzert haben wir das Publikum regelrecht damit gejagt. Nach einem Konzert in Los Angeles, bei dem die Bühne brannte, hat der Veranstalter unserem Tourmanager die Knarre an den Kopf gesetzt: »Wenn irgendwas passiert wäre, wärst du jetzt tot.«

ANDREW UNRUH FM Einheit ist eben so 'ne physische Präsenz – dem ist auf der Bühne oft mehr passiert als den Leuten vor der Bühne. Im Gegensatz zu mir bevorzugte er ja eher rostiges Metall. Für den gehörte es auch dazu, wenn er sich beim Spielen wehtat.

JÄKI ELDORADO Was bei Neubauten dazukam, ist, dass die jahrelang auf Gott weiß was für merkwürdigen Drogen waren. Nicht nur, dass große Teile der Neubauten-Platten auf Speedwahn entstanden sind. Als ich mit ihnen einmal auf Tour war, haben die mich um sechs Uhr morgens aus dem Bett geklingelt: »Wir wollen jetzt fahren.« Als ich runter in die Lobby kam, saßen die schon alle mit Sonnenbrillen herum: »Können wir jetzt endlich fahren?« Alle kalkweiß und voll auf Speed. Die haben das nächtelang gemacht, anstatt zu pennen. Blixa Bargeld und diese ganzen Leute – wenn die mal frisch und ausgeschlafen ausgesehen haben, haben die sich eh schon geärgert. Damals sind viele Leute auf der Strecke geblieben. Auch schlaue Leute. Weil es plötzlich wichtig war, fertig zu sein. Was ich aber anfänglich interessant fand, war, dass Blixa sich mit den Drogen auseinandergesetzt hat. Der hat sich seiner künstlerischen Arbeit durch Drogen genähert.

CHRISLO HAAS Der Lebensstil, den die da in Berlin lebten! Alle auf Drogen! Blixa! Alle! Das hat mich natürlich auch verändert. Aber das wollte ich auch. Das war einfach ein Experi-

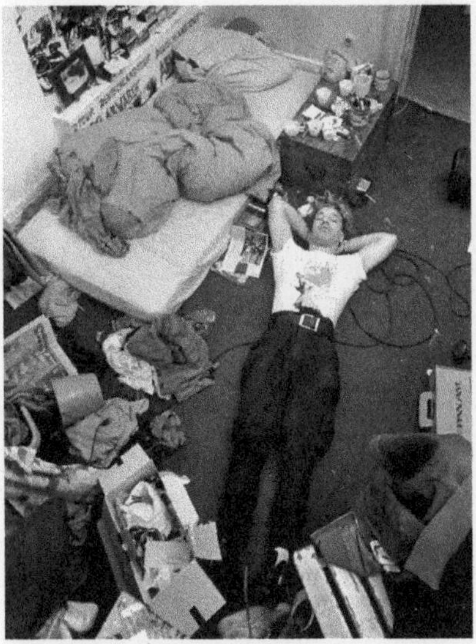

ment mit mir selber. Heroin hat mich nie interessiert. Aber Speed – ohne Ende.

GUDRUN GUT Diese arrogante Haltung den Dingen gegenüber – das hatte auch mit den Drogen zu tun. Mit Speed und Koks – und Koks ist ja 'ne kalte Droge. In Wirklichkeit war ich echt schüchtern. Ich wusste ja auch nicht, wie ich mich verhalten soll. Und kühl zu sein, das fiel mir einfach leichter als zu sagen: »Ich bin unsicher.«

WOLFGANG MÜLLER Berlin war eine gute Ecke für Leute mit psychischen Problemen. Man fühlte sich in dieser depressiven, absurden Umgebung mit all den zweifelnden Menschen einfach wohl. Man fühlte sich geborgen. Anfangs gefielen mir diese düsteren Sachen auch sehr gut. Auf dem »Geniale Dilletanten«-Festival führten Gudrun Gut und Blixa so ein Projekt namens Blut auf. Gudrun hatte ja schon bei Liebesgier mitgemacht. Da gab es ein phantastisches Stück namens »Menstruationsblues«: »Willst du es haben, mein dunkelrotes, dunkelrotes Menstruationsblut? Das ist gut!« Aber man hat sich in solchen Haltungen eben auch leicht verwickelt. Es war dann chic, schlecht drauf zu sein.

ANNETTE HUMPE Was ich sehr gut fand: Tödliche Doris. Wolfgang Müller. Die haben das Böse zugelassen. Was ich, als religiöser Mensch, eigentlich gar nicht gut finden konnte. Aber das hatte irre viel Humor. Zum Beispiel »Sieben tödliche Unfälle im Haushalt«. Ganz böses Stück. Da erzählt so eine neutrale Stimme zur Musik: »Der kleine Max hat einen Karton gekriegt. Da war ein Kühlschrank drin. Das ist ein feines Auto! Damit geht der Kleine auf die Straße. Aber – oh – da kommt ein Lastwagen!« Solche Sachen, hähä. Die trauten sich, wirklich böse zu sein.

WOLFGANG MÜLLER Ich glaube, das war auch der größte Mangel der Neubauten: Sie hatten keinen Humor. Sie griffen das Berlin der 20er Jahre auf – das ganze Pathos, wie er in *Metropolis* inszeniert worden war. Aber dieses Material haben sie ziemlich konventionell verarbeitet – und ohne jede Ironie. Womit sie durchaus die Westberliner Stimmung Anfang der 80er Jahre aufgriffen: ›Die Welt geht unter!‹ Aber ich fand es schon bald interessanter, was Der Plan oder S.Y.P.H. machten. Die waren einen Schritt weiter. Die hatten bereits wieder Humor und gingen davon aus, dass man sich damit abfinden muss, dass sich die Erde ungerührt weiterdreht.

Die Befreiung des schlechten Geschmacks

Man fand es subversiv, schick frisiert zu sein und Anzüge zu tragen. Das waren Strategien. Der Feind war dieses sozialdemokratische Klima. Diese Atomkraftliberalen und Althippies – mit Rockertypen wie BAP und Westernhagen als Meinungsführern. Für die waren kurzhaarige, in Anzügen steckende junge Leute ein rotes Tuch. Bands wie PALAIS SCHAUMBURG wussten genau, wie sie Glamour einsetzen mussten, um damit genau diejenigen zu ärgern, die Glamour jahrelang als Fassade und deswegen als verachtenswert abgetan hatten.

DETLEF DIEDERICHSEN

ANDREAS DORAU Den Text von »Fred vom Jupiter« habe ich zusammen mit den Mädchen in meiner Schule geschrieben. Die erste Aufnahme war dann mit einem Freund im **Geisterfahrer**-Studio. Dafür musste ich 100 Mark zahlen. Was für mich eine Menge Geld war. Allerdings haben wir das Stück nur instrumental aufgenommen. Danach sollten wir uns im Musikunterricht in einer Projektgruppe zusammenfinden. Und ich hatte schon diese Kassette. Dann haben da so ein paar Mädchen drübergesungen – in einem Studio, das die Schule für alle Projektgruppen besorgt hatte. Mit der Aufnahme bin ich schließlich nach Düsseldorf gefahren. An sich wollte ich nur einen Fanbesuch beim **Plan** machen. Aber Moritz sagte, dass er das gerne rausbringen würde. Haben wir also gefragt, ob wir das Band haben könnten. Aber ich durfte das nicht benutzen, weil das Eigentum der Schule war. Nur, es gab ja noch dieses Instrumental. Ich habe also einen Freund angerufen und gesagt: »Besorg mir mal fünf Mädchen zwischen elf und 13.« So alt waren die anderen nämlich auch. Und ich habe gesagt, dass sie möglichst schlecht aussehen müssen. Ich wollte ausdrücklich keinen Pop machen. Ich habe ja gar keinen Pop gehört. Ich kannte halt nur ein paar Tasten. Und die waren eben zufällig poppig. Und dann fand ich plötzlich Popmusik gut – nur durch mein eigenes Stück.

FRANK FENSTERMACHER Ich habe das Stück das erste Mal gehört und dachte mir: ›Das ist toll! Das ist ein Hit!‹ Und ich fand Andreas auch interessant, weil er so jung war. Er war ja erst 15. Ich fand, er ist das erste reine Medienkind – dem es gelang, einfach mit allem, was er aus dem Fernsehen kannte, vollkommen unbelastet zu spielen.

ANDREAS DORAU Als »Fred« rauskam, war das der letzte Sommer, in dem ich noch auf der Schule war. Seitdem kannte ich auf einmal keine Gleichaltrigen mehr. Ich war nur noch mit älteren Leuten unterwegs. Und wenn die spät nachts noch weiter ausgingen, bin ich halt nach Hause gegangen. Ich glaube allerdings gar nicht, dass ich mich nach älteren Leuten gesehnt habe. Es ging mir eher darum, wirklich etwas zu tun.

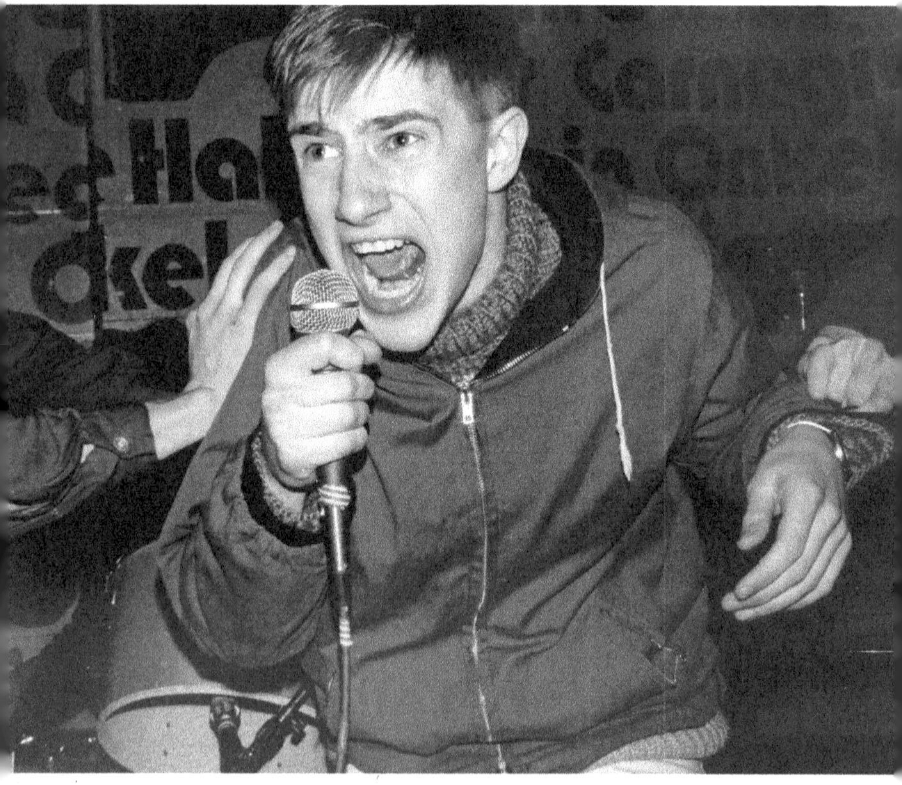

Bevor ich die erste LP aufnahm, war ich mit meinen Eltern im Urlaub und hatte mir eine Batterieorgel gekauft – höchstens zehn Zentimeter groß. Statt Tasten hatte sie nur Dioden, mit einer Folie darüber. Ein Fünf-Mark-Teil. Aber das war Absicht. Es war nicht so, dass ich nach »Fred« gleich das nächste poppige Ding machen wollte. Thomas Fehlmann kannte das Stück und fragte mich, ob ich nicht ins Studio gehen wollte. Dann hat er das Hafenklang gemietet. Ein richtiges Studio. Dann habe ich Leute eingeladen. Einen Bassisten namens Marc Krowoth, seinen Bruder am Schlagzeug – und die hatten noch einen Gitarristen dabei. Dann saßen wir da. Und es ging um die Frage: ›Was spielen wir denn überhaupt?‹ Und ich kuckte doof aus der Wäsche. Schämte mich natürlich auch, dass alle so bedröppelt kuckten. Aber ich hatte bis jetzt halt nur nach dem Prinzip gearbeitet, einfach etwas aufzunehmen und danach etwas anderes dazu. Mit dem Ergebnis, dass ich abends nach Hause gegangen bin und nichts aufgenommen hatte. Und Fehlmann dachte, ich hätte das mit Absicht gemacht. Dabei hatte ich überhaupt keinen Schimmer.

Wenig später sind wir zu *Ata Tak*. Eigentlich wollte ich nur Stücke proben. Wir hatten alle vier Schulferien. Frank Fenstermacher sagte aber, er möchte gerne eine LP produzieren. Und nachdem »Fred« ja schon unter Andreas Dorau & die Marinas erschienen war, hat er mich überredet, die Mädchen noch mit draufzunehmen. Fenstermacher war geschäftstüchtig.

CHRISTIAN KELLERSMANN Ansonsten waren die Plan-Leute für uns Hippies. LSD-Freaks. Die waren ja alle schon älter. Wenn die Sonne schien, fuhren die erst mal an einen See: Hasch rauchen und nackt baden.

ANDREAS DORAU Nackt baden! So was hätten wir nie gemacht. Das war einfach hippiemäßig. Genau wie Haschrauchen. Ich fand das widerlich. Ich habe Fenstermacher immer die Joints gestohlen und ausgemacht. Andererseits war das eben Der Plan – und deswegen unantastbar. Fenstermacher war für mich auch eine wichtige Quelle für alte Schlager. Wobei das nichts Lächerliches hatte. Es war interessant. Alleine das Design von New Wave war ja stark 50er-beeinflusst. Ich wollte ja auch

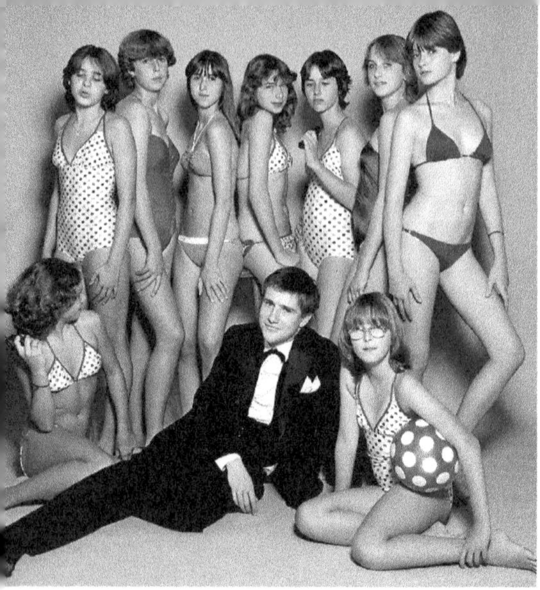

diese schicken Anzüge. Und spitze Schuhe dazu. Um mich damit von den Bier-Punks abzusetzen. Punkrock ging uns ja inzwischen allen auf den Nerv. Man hatte einfach schnell gemerkt, dass es musikalisch nur die letzte Ausgabe von Rock ist. Noch bevor die LP draußen war, habe ich dann mit neuen Leuten die erste Tour gemacht. Das war um Weihnachten 81 herum. Da war »Fred« schon ein brutaler Hit.

HAGAR Auf der ersten Tour waren wir nur zwei Mädchen. Ich bin da reingerutscht, weil die Mädchen aus der Schule, die bei »Fred vom Jupiter« gesungen hatten, erst 14 oder 15 waren. Und deren Eltern haben nicht erlaubt, dass die auf Tour gehen. Ich war zwar auch erst 15 – aber meine Eltern galten eben als progressiv, haha. Obwohl ich nicht glaube, dass es meiner Mutter recht gewesen wäre, wenn Andreas zu ihr gesagt hätte: ›Ich würde gerne mit ihrer Tochter durch die Welt tingeln.‹ Er war ja selber erst 16. Deshalb musste der Bassist – weil er der Älteste war – zu meiner Mutter gehen und sagen: »Ich übernehme die Verantwortung!«

Und dann sind wir da mit acht Leuten zwischen 15 und 21 durch die Gegend gefahren und haben Konzerte gegeben. Das war richtig aufregend. Die Jungs fragten mich Sachen wie: »Ich kenne da ein Mädchen – aber ich traue mich nicht, sie anzusprechen. Was sagt man denn da so?« Oder wo man dann am besten hingeht. Ob Eisdiele doof ist. Oder ob man das machen kann. Oder ob man sich da gleich blamiert.

ANDREAS DORAU Der erste Auftritt auf dieser Tour war überhaupt das erste Mal in meinem Leben, dass ich etwas vor Leuten gemacht habe. Ich hatte solche Angst – ich habe mich vorher versteckt. Ich hatte dem Veranstalter erzählt, dass ich Fan von Malaria sei. Und dann hieß es: ›Die kommen in die Garderobe.‹ Ich habe mich eine halbe Stunde in der Toilette versteckt. Hinzu kam, dass wir ja noch vor richtigen Lederjackenpunks auftraten. In Ampermoching bei München gab es vor der Bühne eine brutale Schlägerei zwischen schickeren Wavern und Punks. Wir kamen ja komplett in Fiorucci auf die Bühne. Und Fiorucci war das Poppermäßigste und damit Härteste, was du anziehen konntest. Das war von uns aus schon provokativ gemeint – und das fanden die Punks überhaupt nicht gut.

HAGAR Das war bei Andreas und den anderen Jungs alles ganz zahm. Aber vorsätzlich. Da wurde nicht mal Alkohol getrunken. Es ging hauptsächlich um eine Ablehnung von Rock. Und allem, was damit zu tun hat. Alle trugen immer Hosenträger. Und unser Schlagzeuger, Jan Krowoth – der war ja sogar noch jünger als ich, der war auch so ein richtiger Teenie, mit abstehenden Ohren –, der spielte immer mit langärmligem Hemd mit Wollpullunder. Wenn er es hätte verhindern können, hätte er wahrscheinlich nicht mal geschwitzt. Der war das komplette Gegenteil von Leuten wie FM Einheit. In Bochum sind wir zusammen mit Einstürzende Neubauten und Malaria aufgetreten. Diese Malaria-Frauen fand ich ganz toll. Aber eher theoretisch. Als *role-model*. Die sahen halt ganz toll und selbstbewusst aus. So ein bisschen schwermütig, aber bewundernswert. Und sie waren halt auch nicht so mädchenhaft. Diese tiefen Stimmen! Wir waren kurz vorher in Berlin gewesen. Und dann kamen Malaria ins *Metropol*. Der ganze Laden drehte sich um. Die waren richtig berühmt. Und in Bochum hat mich das natürlich total beängstigt. FM Einheit hatte mir hinter der Bühne noch eine Flasche Cola aufgemacht, haha. Als er sich dann vor dem Auftritt das Unterhemd vom Leib

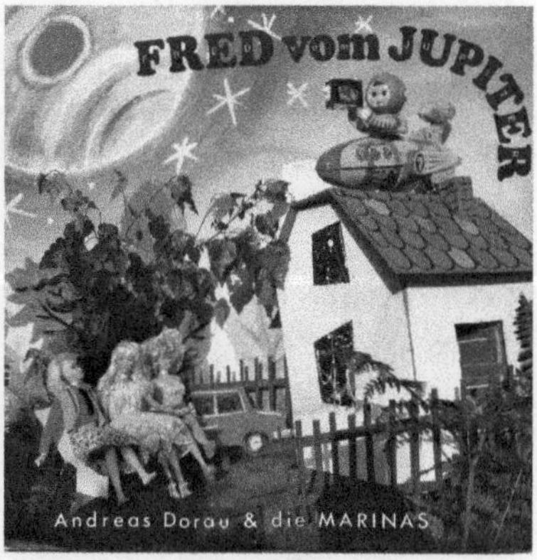

riss, saß ich schon ganz klein in meiner Ecke und dachte: ›Um Gottes willen!‹ Das kam mir alles unheimlich kriegerisch vor. Diese wahnsinnigen Erwachsenen, die da Oben-ohne, mit unglaublichen Muskeln und mit Bohrhämmern die Bühne zerlegten und rumbrüllten. So was hatte ich ja noch nie gesehen.

CHRISTIAN KELLERSMANN »Fred vom Jupiter« war lange Zeit das einzige Stück, das man im Hinblick auf Neue Welle im Radio hören konnte. Und es fiel vom Sound her völlig aus jeglichem Rahmen. Es war natürlich ein Popsong. Aber es war ja nur Vier-Spur.

ANDREAS DORAU Dann hatte ich halt diese LP aufgenommen. Wobei ich schon aufgepasst hatte, dass es nicht noch mal ein zweites »Fred vom Jupiter« gibt. Das wäre mir suspekt gewesen. Schließlich passierten mittlerweile auch die ersten kommerziellen NDW-Sachen.

PYROLATOR Die ursprüngliche Neue Welle hatte ich noch als einen wirklich positiven Aufbruch in eine neue Zeit empfunden. Ich hatte gedacht: ›Endlich setzen sich mal Sachen durch, die einer Tradition entsprechen, die mir näher liegt als angloamerikanische Traditionen.‹

MORITZ R® Ich hatte mich gefreut, dass das wie geplant erfolgreich wurde. 1981 wusste ich: Synthiepop wird sich durchsetzen. Aber dann gab es auf einmal Gruppen wie UKW. Das fand ich irre peinlich. Komischerweise gab es gegen diese Sachen keinen szeneinternen Zusammenhalt. Wir hatten nie das Gefühl, dass wir akzeptiert sind. Sogar als wir bei Andreas Dorau sicher waren, dass das immer weiter in Richtung Erfolg gehen würde – bei unseren eigenen Sachen waren wir nie sicher. Zudem kam durch Andreas ein uns fremdes Element in die ganze Geschichte. Nämlich kommerzieller Erfolg. Irgendwie haben wir nicht groß darüber nachgedacht. Wir waren unglücklich. Wir wussten nicht, wo unsere Stärken liegen. Wir haben versucht, sich widersprechende Elemente unter einen Hut zu bringen. Und das hat einfach nicht hingehauen. Und nachdem wir es am Anfang kategorisch abgelehnt haben, etwas mit der Industrie zu machen, haben wir das dann einfach aufgegeben. Die haben zwar auch gesagt: ›Ihr verpflichtet euch zu nichts.

Ihr müsst nicht drei LPs in den nächsten drei Jahren machen.‹ Aber das hat dann alles nicht hingehauen. Das waren ganz andere Strukturen. Und deshalb waren das nicht mehr wir.

ANDREAS DORAU Moritz hat dann für unsere nächste Tour ein riesiges Bühnenbild gemacht. Das war eine richtige kleine Stadt.

CHRISTIAN KELLERSMANN Komplett aus Holz. Das war so ein Aufwand, dass man es von 15 Konzerten nur dreimal vollständig aufbauen konnte.

HAGAR Wir haben einfach Kindergartenshow gemacht. Mit ausgesägten Gartenzäunen, Sperrholztulpen und einer Frittenbude. Und ich fand es super, in einem Dirndl dazustehen – mich zu verkleiden. Ich war ja ganz anders, als das bei den Marinas rüberkam. Ich war nicht der Typ, der sich vor tausend Leute stellt und denen was vorsingt. Aber durch diese Inszenierung einer heilen Spießbürgerwelt war das viel leichter. Das war ja nicht unsere Anschauung. Alleine schon dieses LP-Cover! Da standen 16-jährige Mädels mit Babys im Arm, denen das Gesicht von Andreas reinmontiert war. Und drum herum Bambi-Borte!

THOMAS FEHLMANN Alleine die Idee, dass Andreas, wie auf dem Kindergeburtstag, hinter einer Pappautokulisse reingefahren wurde – wo er nur aus dem Fenster winkte. Das war wirklich Jim Knopf. Aber das hat voll in diese niedliche Ästhetik gepasst, die diese ganze Welle hatte. Dieser kindliche Stil war damals etwas ganz Neues. Und der Drall daraus, das war dieses allgemeine Interesse an schlechtem Geschmack. Andreas war ja ein cleverer Hund. Aus dieser Ablehnung von Rock heraus hat er sich einfach im bürgerlichen Lager seine Heimat gezimmert. Aber immer zwinkernd. Das ist vielleicht sogar einer der wichtigsten Faktoren aus der Zeit: »Das ist so scheiße, dass es schon wieder gut ist.« Und in diesem Sinne war auch die textliche Arbeit von Andreas wichtig.

HAGAR Die Texte sind ja alle total banal gewesen. Da sollten keine Inhalte mit dem Ansatz transportiert werden: ›Ich erzähl euch jetzt mal was!‹ Und es ging auch gegen jegliches Ausschweifen. Gegen Hotelzimmerzerlegen als Pflichtübung. Wir haben eher Kissenschlacht gemacht und uns gegenseitig durchgekitzelt. Das war immer extrem asexuell.

ANDREAS DORAU Da gab es mal Fotos in *Sounds*: Ich mit drei von den Marinas klassenfahrtmäßig im Bett. Völlig irreführend! Ich habe die eher schlecht behandelt. Ich konnte mit denen nichts anfangen. Außer mit Hagar. Sie und ich haben die Band geleitet. So etwa: sie die Mädchen und ich die Jungs. Mit den anderen habe ich überhaupt nicht geredet.

HAGAR Andreas sah sich immer gern als zickigen Mädchenquäler. Aber in Wirklichkeit war er einfach ein freundlicher, umgänglicher junger Mann.

THOMAS FEHLMANN Er hatte schon gewisse Schwierigkeiten mit Mädchen. Dabei hatte er viel Charme und 'ne gewinnende Art. Aber er fing dann an und wollte mit seinen 16 Jahren auch mit älteren, hart trinkenden Künstlern mithalten. Und er war halt auch noch etwas tollpatschig. Er hatte ein großes Talent, überall ins Fettnäpfchen zu treten. Fettnäpfchen und Andreas Dorau, das gehörte zusammen. Natürlich war er dadurch oft nervig. Wenn er mit seiner Riesenband daherkam. Er hatte ja eine Zehn-Mann-Band. Wer soll denn die Scheiße bezahlen? Wir hatten bei Schaumburg Bläser – Dorau musste auch Bläser haben. Wir hatten ein Vibraphon – Dorau musste auch ein Vibraphon haben. Der hat uns verrückt gemacht. Aber er hat eben versucht seine Linie zu finden. Außerdem hat man schnell gesehen: Er zieht das wirklich auf Biegen und Brechen durch – immer ganz nahe am Scheitern.

ANDREAS DORAU Moritz und ich hatten uns schon zu »Fred vom Jupiter«-Zeiten den *Ata-Tak*-Kontaktklub ausgedacht. Moritz hatte damals seine Freundin verloren und suchte eine Freundin. Und ich dachte auch irgendwie ... weil ich auch plötzlich auf die Idee kam ... was aber nicht ursprünglich mein Gedanke hinter der Musik war.

HAGAR Diese *Ata-Tak*-Kontaktklubanzeige auf dem Innencover, das war doch nur so etwa: ›Ich bin ein kleiner Frosch und warte auf meine Prinzessin, die mich küsst. Bitte schreibt eine Postkarte an: Andreas Dorau ...!‹ Das fand ich viel ehrlicher als das, was die meisten Jungs veranstaltet haben.

MORITZ R® Mit dem *Ata-Tak*-Kontaktklub wollte Andreas halt Mädchen kennen lernen. Der hatte es damals irre nötig. Aber das hat nicht funktioniert. So stumpf kann man Mädchen nicht kriegen, haha. Der war da wirklich der völlige Loser. Das war oft so: Zu viel trinken, Mädchen nicht wirklich ansprechen, sondern mehr auf sie drauffallen, und wenn es wirklich ernst wird, sie nicht abschleppen, sondern eher vollkotzen. Das ist das, wie ich ihn erlebt habe. Wenn Du ein Mädchen kennen lernst und nach ein paar Minuten kotzt du ihr vor lauter Angst einmal quer über die Bluse und fällst dann ohnmächtig um – das kommt nicht so gut an.

PYROLATOR Andreas hatte ziemliche Hemmungen und musste immer ordentlich einen trinken, bevor er ein Mädchen angesprochen hat. Sein Vater ist ja evangelischer Pfarrer. Und daher rührten auch Texte wie »Die Schande kommt, die Schande geht, doch ist sie da, ist es zu spät.« Das war ein Text von ihm, wo er über die eigene Schande sang, dass er sich immer erst so viel Mut antrinken musste, dass er hinterher gar nicht mehr wusste, was eigentlich gelaufen ist.

RALF HERTWIG Am meisten Angst hatte Andreas immer vor Punks. Auf Partys kam er immer an: »Die haben auf mich gezeigt. Wir müssen abhau-

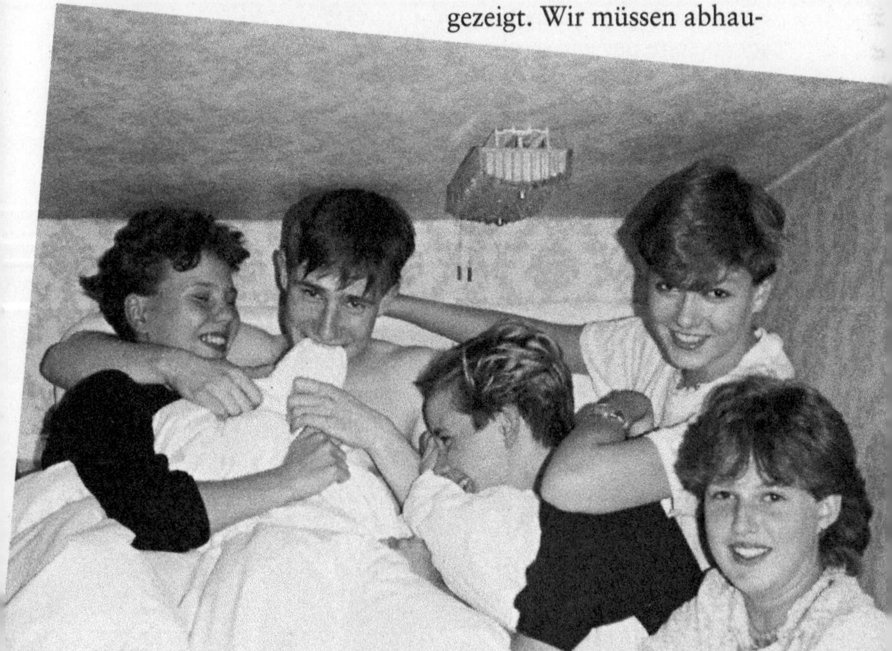

en!« Dann mussten wir loslaufen. »Jetzt kommen sie!« Dabei passierte nie was. Trotzdem hatte er daraufhin einen Bodyguard. Seinen persönlichen Adjutanten. Das war einer aus seiner Gegend. Miko Gießenschlag. Ein Automechaniker mit Automechanikerschnauzbart, der ihn toll fand, weil er ein bisschen berühmt war. Der durfte ihm die Getränke holen. Aber der fand das auch toll.
Klar, wir alle wollten in erster Linie cool sein. Und vor allem: nicht peinlich. Ich hätte nie eine angesprochen. Das wäre völlig uncool gewesen. So haben wir uns das jedenfalls hingeredet. Im Grunde waren wir einfach zu feige. Wenn, dann haben wir eine ansprechen lassen. Dann kam Miko Gießenschlag. »Geh mal hin!« Der hat Andreas auch immer gefahren. Andreas hatte sich ja einen Karmann Ghia gekauft, obwohl er noch gar keinen Führerschein hatte. Irgendwann hat er auch Fahrstunden gemacht. 50 oder 60. Dann hat er es aufgegeben. Aber das Auto hat er behalten, damit Miko Gießenschlag ihn fahren konnte.

JÄKI ELDORADO Seit Alfred mit seinen ersten *Zickzack*-Sachen angefangen hatte, galt unser Interesse vor allem der logistischen Seite der ganzen Bewegung. Aus gutem Grund. Es gab ja nichts. Keine Clubs, keine Labels, keine Vertriebe und keine Medien, die sich darum gekümmert hätten.
KLAUS MAECK Die Dorau-Single hatte sich wie verrückt verkauft. Aber so erfolgreich, wie das ganze Geschäft war, so schnell konnten wir das gar nicht lernen. Nach zweieinhalb Jahren hatte ich, als völlig unerfahrener Geschäftsmann, eine Million Umsatz. Es waren auch immer mehr Mitarbeiter gefragt, um das Ganze zu bewältigen. Ohne dass ich groß nach Gehaltsquittungen, Rechnungen oder sonst was gefragt habe. Der Schlusspunkt von *Rip Off* war dann das Dorau-Album. Wir haben sofort 10 000 Platten verkauft. So schnell wie noch nie. Dann haben wir noch mal 10 000 geordert – mussten aber feststellen, dass die Grenze tatsächlich bei 10 000 gelegen hatte. Und auf einmal 10 000 unverkäufliche Platten auf Lager zu

haben, das war für uns unmöglich. Wobei das größte Problem für mich war, dass ich jahrelang mit vielen Leuten etwas aufgebaut hatte – in einer Art Bewegung –, und plötzlich saß ich alleine da. Mit so einem Haufen Schulden, dass ich dachte: ›Das werde ich nie bezahlen können!‹

MORITZ R® Es gab nur zwei Independentvertriebe. *Eigelstein* und *Rip Off*. Die gingen beide pleite. Und wir hingen mit *Ata Tak* da drin. Wir hatten auf einmal 120 000 Mark Schulden. Und das war nicht mal unsere Schuld. Unsere Platten hatten sich gut verkauft. Die Platten, die sich nicht gut verkauft hatten, waren die von Alfred Hilsberg – den ich immer für sein ›Lieber zu viel als zu wenig‹-Motto kritisiert hatte. Und das war dann auch der Grund, dass das alles kaputtging.

ALFRED HILSBERG Der Versuch am Anfang war ja, eine neue, unabhängige Kultur zu etablieren. Ich hatte gedacht, dass wir selbst so stark werden, den Bands eine Perspektive geben zu können. Dann zerplatzte diese Illusion. Im Grunde haben wir uns selbst ausverkauft. Und uns auch immer mehr verspekuliert. Plötzlich hieß es, dass man besser produzieren müsste. Größere Studios! Produzenten! Durch Leute wie Abwärts kamen uns auf einmal Ansprüche entgegen, die außerhalb unserer Möglichkeiten lagen. Die wollten irre viel Zeit in einem guten Studio haben. Wir hätten zigtausend Platten verkaufen müssen, um das zu decken. Aber trotzdem habe ich es natürlich mit Bauchweh mitgekriegt, dass Gruppen wie Abwärts oder Palais Schaumburg zur Industrie gegangen sind. Teilweise habe ich das sogar betrieben, weil ich dachte, da haben die ja wirklich mehr Möglichkeiten.

AXEL DILL *Amok Koma* war ja damals schon ein Klassiker. Aber vor allem, weil das noch mit Margita war. Nur, dann war es nur noch ums Durchknallen gegangen – und Margita-Rausschmeißen. Und ohne sie ging es einfach nicht mehr so tief. Es ging nicht mehr um die Liebe zur Musik. Da wurde Abwärts inhaltlich sehr arm. Das habe ich lange verdrängt. Ich war aber auch als Schlagzeuger frustriert. Ich hatte keine Lust mehr auf diesen superschnellen Beat. Ich hatte zum Schluss nur noch die Einpeitscherfunktion. Irgendwann sagte ich: »Wenn ihr das so

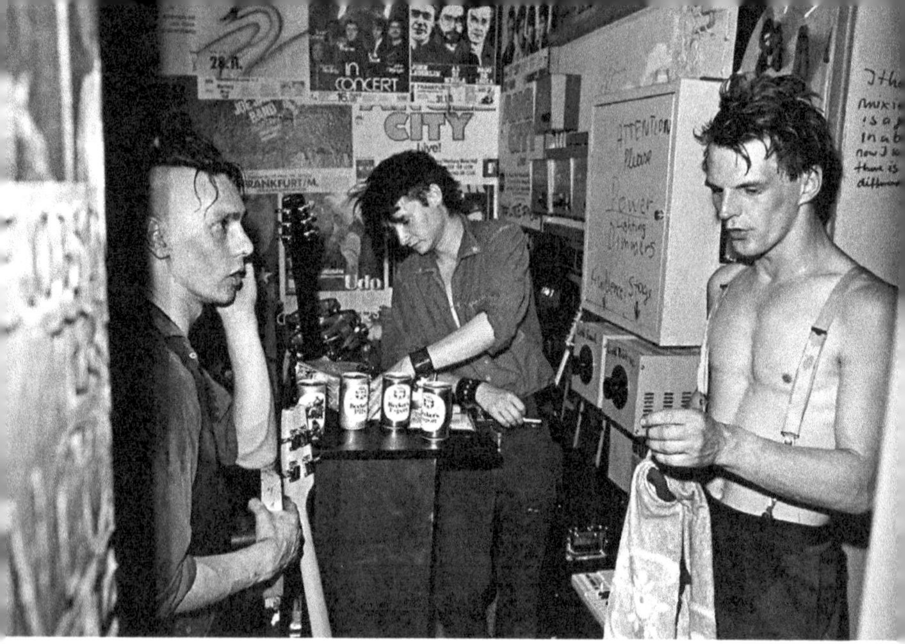

wollt, dann stellt doch eine Maschine an.« Alles, weshalb ich Musik machte, war flöten gegangen. Vorher hatte die Band Seelen angesprochen. Und intern war alles so unglaublich demokratisch gelaufen, dass ich mich auch nicht mehr mit weniger zufrieden geben wollte. Was auch der Grund ist, warum ich nie mehr richtig in einer Band Fuß gefasst habe.

FRANK Z Als Margita weg war, war auch diese Künstlerattitüde weg. Es ging mehr um dieses Machoimage – von der Optik her auch schon wieder mit leicht faschistoider Attitüde. Das sah alles so brachial aus. Das ging schon fast in eine uniforme Geschichte rein. Aber diese Verschmelzung von Spaß und Gewalt war auch geil. Wir haben mal in München gespielt. Das war so eine Fernsehgeschichte. Da waren hinten riesige Figuren aufgebaut. Zehn Meter hoch. Johnny Rotten. Elvis. FM Einheit hat die ganze Bühne zerhackt! Mit der Axt. Und diese Riesenfiguren alle umgeschmissen. Alles flog herum. Und die Leute tobten. Die fanden das total geil. Das endete im totalen Chaos.

ALFRED HILSBERG Anfang 1982 stiegen die großen Firmen dann voll ein. 1981 hatte noch jemand bei mir angerufen: »Willst du

Trio machen?« Ich sagte: »Nein, diesen Scheiß mache ich nicht.« Die hatten so ein gnadenlos schlechtes Konzept – ein Nichts an Ideologie und Musik. Dann hatte ich das Angebot, Extrabreit zu machen. Die haben mich ein Jahr lang mit Material zugeschissen. Aber ich fand das so grausam. Und diese Gruppen gingen halt alle zur Industrie und waren auch für ein breiteres Publikum interessant, weil sie leicht konsumierbar waren. Dadurch hatten es aber unsere Gruppen schwer, überhaupt noch wahrgenommen zu werden. Und die, die von uns zur Industrie gegangen waren, verkauften deshalb auch nicht mehr. Weil die Industrie nicht mit denen umgehen konnte. Sodass viele Produktionen erstmal ein halbes Jahr in den Schubladen versauerten. Die wurden zurückgehalten, um stattdessen Sachen zu pushen, die ihnen verständlicher waren.

DETLEF DIEDERICHSEN Zuerst wurde Hilsberg in *Formel Eins* und überall noch als Pionier gefeiert. Obwohl die Bands, die von ihm zur Industrie gegangen waren, gar nichts mit dieser NDW zu tun hatten. Und beim Rest entstanden gewisse Automatismen. So wie: ›Ich mache jetzt schrägere Sachen, um zu zeigen, dass ich nicht dazugehöre.‹ Oder dieses Sichentziehen: ›Ich löse meine Band auf, bevor sie erfolgreich werden könnte.‹

MORITZ R® Einige Leute sagten: ›Jede Art von Kommerzialisierung ist Verrat.‹ Das habe ich nie unterstützt. Ich war der Meinung: Wenn sich eine Idee durchsetzt, macht sie zwangsläufig eine Kommerzialisierung durch. Für mich stand im Vordergrund, dass sich unser gemeinsamer Ansatz – elektronische Musik mit lustigen Melodien und deutschen Texten – überhaupt durchsetzte. »Da-da-da« hatte ja auch so eine kinderliedartige Idee. Und nachdem es so etwas vor uns einfach gar nicht gegeben hatte, nehme ich doch an, dass Trio den Plan gehört haben.

TOM DOKOUPIL Was mich genervt hat, das war die Erwartungshaltung der Industrie. Obwohl in Wirklichkeit niemand wissen konnte, was als Nächstes ein Hit wird. »Da-da-da« – drei Tönchen und ein blöder Text. Originalität war ja nicht mehr das Maß.

JÄKI ELDORADO Durch den Erfolg solcher Sachen kam zum ersten Mal ein Frust auf, der die komplette Szene lähmte. Dabei war NDW einfach Kasperletheater. Bei Fräulein Menke hat eben jemand gesagt: ›Da sind die Musiker. Da ist das Stück. Lern den Text bitte auswendig und kämm dich vernünftig.‹

HAGAR Das hat mich richtig gewurmt, dass alte, eklige Deutschrocker wie Extrabreit mit ihren provinziellen Rockattitüden und zu engen gestreiften Hosen plötzlich als neue deutsche Musik verkauft wurden. Oder Nena, die abgesehen von diesen Hosen bezeichnenderweise auch noch Rolling-Stones-T-Shirts trug. Außerdem wurde mit diesem »neuen deutschen Fräuleinwunder« auch alles so patriotisch. Uns war es doch nicht darum gegangen, deutsch zu sein, besser zu sein als andere. Sondern nur darum, dass wir uns in unserer eigenen Sprache besser ausdrücken konnten.

MARTINA WEITH Fräulein Menke ist nach oben gekommen, weil ihr Alter ein Plattenstudio hatte. Nena ist nach oben gekommen, weil sie Tippse von so 'nem Foto-Fredl war. Ich kann mich noch an Dreharbeiten erinnern, die wir mit Östro hatten, zu 'nem Auftritt bei *Formel Eins* – wo die dann plötzlich auf

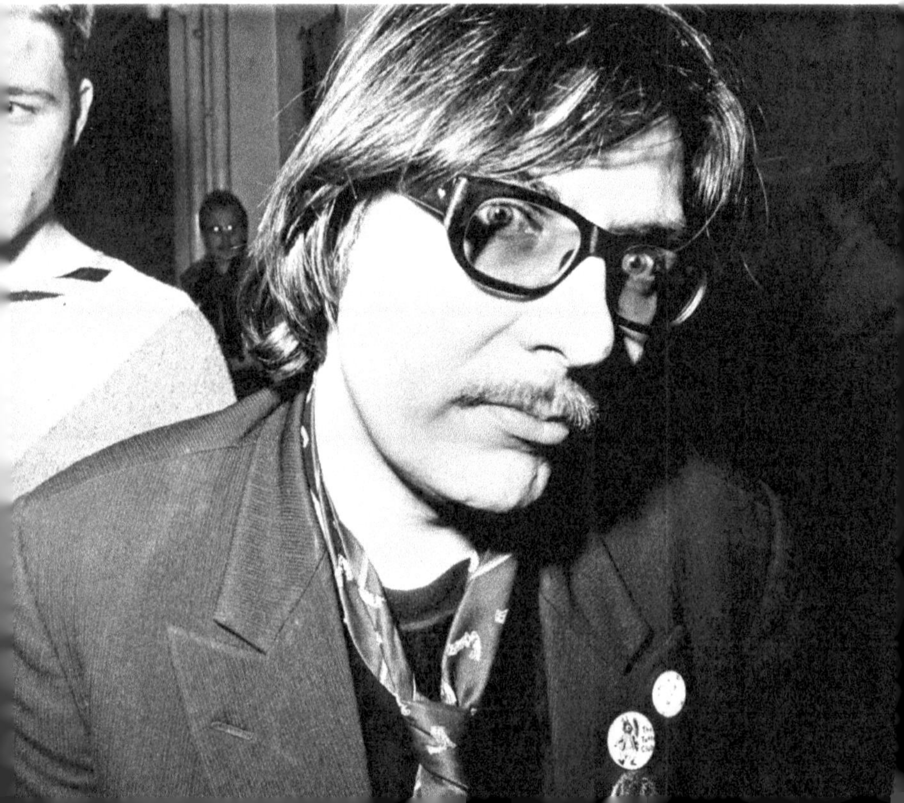

dem Bavaria-Gelände auftauchte und meinte, um sie müsse sich jetzt der Globus drehen. Ich dachte nur: ›Was für ’ne dumme Fotze.‹

ANDREAS DORAU Diese anderen Bands tauchten schlagartig auf. Dieser ganze Markus-und-Nena-Super-GAU war ja konventionell produzierter Schlagerpop. Das waren einfach Mucker mit gewieften Produzenten, die auf einmal dasselbe machten wie wir – nur eben in doof. Wie sollte ich denn den Leuten erklären, wo da der Unterschied liegt? Ich kriegte Wutanfälle, wenn diese Musik lief! Ich mochte auf einmal meine eigene Musik nicht mehr leiden. Weil das so nahe an diesem NDW-Zeug dran war – und wir ja nicht alles, was wir uns überlegt hatten, von heute auf morgen umwerfen konnten. Einmal kam in einem Lokal Fräulein Menke auf mich zu. Die hatte gerade diesen Hit »Hohe Berge« – ganz schrecklich. Furchtbarst. Sie streckte die Hand aus und sagte: »Hallo, bist du nicht Andreas Dorau?« Und ich bin weitergegangen. So tief war mein Hass gegen diese Vögel.

Ich hatte dann auch mal eine Fernsehaufzeichnung für den NDW-Dreiteiler *Dreiklangsdimensionen*. Da wurde mein Gesicht grün angemalt – weil ich, glaube ich, »Fred vom Jupiter« sein sollte. Ein kleines grünes Männchen. Ich hatte einen weißen Smoking und ein grüngold geschminktes Gesicht. Ich weiß nicht, warum ich nicht gesagt habe: ›Nein, das will ich nicht!‹ Dann stand ich das erste Mal in meinem Leben vor einer Kamera. Da war dieses riesige Team. Und der Regisseur hatte mir auch nicht erzählt, dass da fünf Frauen mit mir zusammen tanzen sollten. Ich war so verunsichert. Ich hatte solche Angst vor diesen Frauen. Die standen alle um mich herum. Schließlich meinte der Regisseur: »So, jetzt tanz mal! Und die Frauen tanzen um dich herum!« Ich habe gerade noch die ersten zwei Schritte hingekriegt.

Nach der ersten LP bekam ich aber plötzlich selber Angebote von mehreren großen Firmen. Ich war darauf gar nicht scharf. Aber *Ata Tak* wollte mich gerne verticken. Die waren plötzlich auf dem Trip, dass sie Geld machen wollten. Und der Einzige, der Geld bringen konnte, war ich. Und ich habe das dann auch nicht gerafft. Eigentlich hatte ich schon überhaupt keine Lust mehr. Aber ich dachte auch: ›Du lässt dir doch von diesen NDW-Vollidioten nicht die Butter vom Brot nehmen!‹

HAGAR Zuerst hat Andreas bei *Teldec* unterschrieben. Die sind dann aufgekauft worden, sodass gar nichts mehr voranging. Wir durften ohne deren Einverständnis nicht mal Konzerte geben. Es hieß, sie würden eine Tournee planen. Das haben sie aber einfach nicht gemacht. Dann hat Andreas sich da mühsam rausgewunden und kam mit einem *CBS*-Vertrag an: »Das war ja total doof mit *Teldec*. Sollen wir das mit *CBS* machen?« Und alle so: »Weiß nicht. Na ja, warum nicht?« Es hatte halt niemand Ahnung von dem Ganzen.

ANDREAS DORAU Dann haben wir die zweite Platte in einem 24-Spur-Studio aufgenommen. Das kostete unglaubliche 2000 Mark am Tag. Wir hatten einen englischen Toningenieur. Der machte einen Supersound. Die beste Bassdrum der Welt. Aber der hat kurz mal Fenstermacher zusammengeschissen und die Platte voll an sich gerissen. Wir saßen im Studio und haben nicht mehr selber die Musik gemacht. Da saßen auf einmal diese Leute und fummelten am Sound herum. Und ständig bekamen Hagar und ich zu hören, dass wir nicht singen können. Klar, ich konnte wirklich nicht singen. Ich konnte Töne partout nicht sauber treffen. Was vorher überhaupt nicht schlimm war. Aber jetzt lag auf einmal sauberer Pop darunter. Und dann krächzt so ein armer Wicht darüber.

HAGAR Ich sang irgendwas – und zwar so wie immer –, und es hörte sich total schief an. Dann sang ich es noch mal. Aber es wurde immer schlimmer. Dann musste ich ganz laut meine eigene Stimme hören. Ich wurde knallrot. Mir wurde richtig schlecht. Und hinter so einer Scheibe kuckten mich acht Gesichter an. Irgendwelche erwachsenen Männer. Und ich stand alleine im Raum und hatte schon dreimal meinen Einsatz nicht gekriegt. Und dann schossen mir die Tränen in die Augen.

ANDREAS DORAU Als die Platte rauskommen sollte, kam stattdessen plötzlich Markus raus. *CBS* hatte ja auch noch Markus und Nena unter Vertrag. Und es gibt ja gewisse Verschwörungstheorien über Mechanismen der Plattenfirmen. Dass es einer der Tricks sei, mögliche Konkurrenten des eigenen Künstlers aufzukaufen, nur um deren Karriere im Keim zu ersticken. Jedenfalls kam von der *CBS* die Nachricht: ›Eure Masterbänder sind kaputtgegangen.‹ Die müssen die auf einen Magneten gelegt haben. Und dass so etwas bei einer Plattenfirma passiert, das ist schon etwas obskur. Die LP war dann von diesen schlechten Masterbändern. Weshalb angeblich keine Radiostation das Stück spielen wollte. Ich habe für die Platte auch kein einziges Interview geben müssen. Das hatten die gar nicht organisiert. Und dann hatte ich eh keinen Bock mehr. Ich habe einfach aufgehört – jahrelang nichts mehr gemacht.

RALF HERTWIG Uns hat die Neue Deutsche Welle überhaupt nicht berührt. Wir hatten ganz andere Visionen. Wobei wir aber auch dem *hype* um uns herum aufgesessen sind. Im *Sounds* standen ja immer Sachen wie: ›Palais Schaumburg in England umjubelt.‹ Die Leute dachten wahrscheinlich: ›Mensch, ist das cool.‹ Aber die Wirklichkeit sah anders aus. Die Engländer konnten damit gar nichts anfangen. Umjubelt waren wir dort nur in Zeitungsredaktionen.

THOMAS FEHLMANN Das Feedback war groß. Aber im Grunde waren das ja Freunde, die da gut über uns schrieben. Diedrich Diederichsen und diese Leute waren ja immer um uns herum. Und wenn du immer gute Presse hast, dann hast du natürlich eine starke Beziehung dazu. Ich fand das alles sehr schmeichelhaft und bin dann auch auf den Popstartrip gekommen. Nur Holger Hiller hatte mit dieser guten Laune in der Band seine Schwierigkeiten. Er hat sich immer mehr zurückgezogen und abgeschottet.

RALF HERTWIG Holger wollte plötzlich etwas extrem anderes machen. Nicht kommerziell sein. Und als es um die Stücke für die neue Platte ging, kam plötzlich so ein kryptischer Anruf: »Ich habe keine Lust mehr.«

THOMAS FEHLMANN Wir sind auch einfach auf diesen *hype* um ABC und Haircut 100 reingefallen. Ich fand ABC auch geil. Ich habe deren Produzenten Trevor Horn angerufen, ob er nicht die zweite LP produzieren will. Und danach Nile Rodgers von Chic. Das klappte dann alles nicht – aus Gründen, die nicht mal was mit uns zu tun hatten. Und dann waren wir eben bei Kid Creole am Start. Bei Coati Mundi. Die Idee mit diesen großen Produzenten war, dass eckige Sachen auch Pop sein können. Allerdings war es Größenwahn zu denken, wir könnten unseren Schwung ins Studio mitbringen – und ein Produzent gestaltet dann unseren Schwung. Wir haben gar nicht gesehen: Wo verdreht der uns? Ich habe mich da echt ein bisschen selber verloren. Und nicht mehr genug auf mein inneres Ohr gehört. Dann bin ich kurzfristig auch auf den Popstar-Trip gekommen. Und dann flach auf die Schnauze geflogen.

PETER GLASER Ich habe mit Fehlmann eine lustige Geschichte erlebt, da war ich schon in Hamburg. Da war er schon mit Inga Humpe zusammen und hatte ein Tape mit der Studioaufnahme der zweiten Palais Schaumburg-LP dabei. Und Fehlmann war ja ein eitler Typ. Legte viel Wert auf Kleidung. Lief immer mit so 'nem großen Cape rum. Er sah nicht nur gut aus. Sondern du merktest, er legt Wert darauf, dass er gut ausschaut. Jedenfalls habe ich in so 'ner Wohnung mit einem Model zusammengewohnt, die war gerade nicht da, die hatte 'nen Kanarienvogel, der hieß Lenny. Und zwar einen Schopf-Kanarienvogel. Die haben so Beatles-Frisuren. Das sind so quietschgelbe Tiere. Und der saß da in seinem Käfig. Und wenn die Sonne auf ihn drauf schien, dann fing er an zu singen. Und der hatte Musikgeschmack. Wenn du bestimmte Arten von Musik gespielt hast, dann hat er mitgesungen. Und bei bestimmten Arten merktest du, das mochte er überhaupt nicht. Punk mochte er fast alles. Er mochte aber auch Bruckner. Sehr rätselhafter Musikgeschmack. Und das habe ich Fehlmann erzählt. Auch deswegen, weil ich aus der Verlegenheit rauskommen wollte, meine Meinung zu seinem Tape zu sagen. So: Lassen wir den Vogel urteilen. Dann hat er das Band aufgelegt. Und der Vogel ist nach dem ersten Stück von seiner Leiter runtergeklettert, saß da auf dem Blechboden und kuckte so kläglich aus dem Käfig raus. Da merkte ich, dass ich mich in die Scheiße geritten hatte. Das war wie so ein Gottesurteil. Ich habe versucht, Fehlmann wieder zu beruhigen. Er war am Boden zerstört. Ich habe sogar noch mit Inga telefoniert – und habe alles versucht. Aber die Platte ist dann untergegangen. Der Vogel hat recht behalten.

RALF HERTWIG Für unsere Tournee mit Kurtis Blow wurden dann irgendwelche komischen Anzüge für uns maßgeschneidert. Weißes Leinen. Ich dachte, ich spinne. Das hatte Fehlmann organisiert. Aber die haben wir nur einmal getragen. Das waren so Dandyanzüge. Viel zu schmal geschnitten. Und das war damals völlig uncool. Die haben Tausende von Mark gekostet. Und wir haben sie einfach weggeschmissen. Einfach Geld für Scheiße ausgegeben.

TIMO BLUNCK Unsere Tour mit Kurtis Blow war dann so richtig Pop. Nicht nur, dass da richtig viele Leute kamen – es war auch immer jemand von der Plattenfirma dabei. Und das waren eben nicht mehr Leute wie Alfred Hilsberg oder Jäki, sondern Leute, die wir überhaupt nicht ernst nehmen konnten. Für die wir nur eine weitere Band waren, die sie durchschleusten. Die waren voll auf diesen Neue-Deutsche-Welle-Zug gesprungen. Wir hätten genauso Hubert Kah sein können. Und mit denen hatten wir ja nun überhaupt nichts zu tun.

THOMAS FEHLMANN Wir hatten dann auch Probleme mit unserem neuen Sänger. Walter Thielsch war ja sogar ein von Holger Hiller gewünschter Nachfolger. Er hatte für Schaumburg sogar schon Texte geschrieben. Aber als Sänger, noch dazu auf der Bühne, war er eher implodierend. Wir hatten ja nicht einen guten Sänger gesucht, sondern jemanden, der das persönlich auf der Bühne rüberbringen kann. Das hat nicht geklappt. Und wir waren nicht mutig genug, das abzustellen. Wir dachten: ›Da müssen wir durch. Das kriegen wir schon hin.‹ Aber das war mit Walter nicht möglich. Und das Dumme war, dass er das elende Gefühl hatte, es liegt an ihm.

Wir hatten allerdings auch stürmische Konzerte. Es gibt einen Fernsehfilm über ein Konzert während dieser Tour mit Kurtis Blow: Das wogt! Wir hatten auch Spaß mit Kurtis. Bis der dann in einer Stadt viel besser ankam als wir. Da waren wir fertig.

RALF HERTWIG Das war in München. Kurtis war ja bei der gleichen Plattenfirma wie wir. Und wir fanden ihn eben super und sagten: ›Lasst uns zusammen auf Tournee gehen‹ – hatten aber unterschätzt, dass er so cool war. Er war cooler als wir. Das war authentisches Ghetto-Feeling. Das war das erste Mal seit Punk, dass ich dachte: ›Da würde ich auch gern dabei sein.‹ Ich wäre viel lieber mit Kurtis aufgetreten. Ich war immer nur mit ihm und seinem DJ zusammen. So etwas hatte man damals echt noch nicht gesehen. Jemanden, der allen Ernstes nicht mit einer Band auf der Bühne stand, sondern mit einem, der Platten auflegt. Ich fand ja DJ Davey Dee sogar noch cooler als Kurtis. Und wir haben da unser eckiges deutsches Zeug gespielt. Ich war immer entsetzt, dass wir nicht auch so gegroovt haben. Jedenfalls ging das so weit, dass ich nach dem Münchner Auftritt ins Hotel ging und mir die Fahrpläne ansah. Ich wollte nach Hause. Ich hatte die Schnauze voll.

Epilog

DAMIT ALLES KAPUTTGEHT

1983-2001

Ohne Zähne auf der Straße

> Unsere WEA-LP »Volle Kraft voraus« haben wir bei Werner Lambertz aufgenommen. Das war so ein ausgefreakter, Kinski-mäßiger Technik-Typ. Bei dem ist das immer umgeschlagen: Von ganz normal auf ganz freakig. Wir wussten nie, ob wir ins Studio können oder nicht. Es gab sogar Phasen, wo wir gar nicht reinkonnten – wo er anrief, seine Freundin wäre hingefallen und müsste ins Krankenhaus. Ein paar Tage später sahen wir sie dann. Mit dicken blauen Augen. Und er hatte eben auch eine Knarre rumliegen. Die war echt. Ich hatte vorher mal mitbekommen, wie er im Studio rumgeschossen hatte. Irgendwann waren wir nur noch froh, aus diesem Studio draußen zu sein. **RALF DÖRPER, DIE KRUPPS**

TRINI TRIMPOP Als wir mit den Hosen 1982 anfingen, war bei Punk schon der Lack ab. Wir versuchten eine Synthese zu finden. Nicht mehr der gesungene Witz – so wie ZK. Und auch nicht mehr diese Kompromisslosigkeit, die wir beim KFC hatten. Wir wollten alles ein bisschen lockerer nehmen.

CAMPINO Als wir die Band gründeten, war es für mich wichtig, nicht nach einem Image zu agieren. Sondern, wenn man albern sein will, dann ist man eben albern. Aber ich wollte mich auch nicht mehr auf dem Gebiet Nonsense-um-jeden-Preis selbst limitieren. Wir waren höchstens darauf geeicht, dass wir eine Partyband sind. Ansonsten waren wir null ambitioniert. Noch chaotischer als bei ZK. Ursprünglich hatten wir vor, eine Bigband zu gründen. Wir hatten davon geträumt: fünf Gitarristen. Alle, die Bock haben, sollten mitmachen. Im Gegensatz zu ZK haben wir ja als Freunde angefangen. Wir haben gesagt: ›Wer aus dem alten Haufen hält miteinander zusammen, wer ist sowieso immer gemeinsam weg, wer ist richtig befreundet?‹ Zuerst hatten wir Walter an der Gitarre, der nachher Zeuge Jehovas wurde. Der konnte überhaupt keinen Griff spielen. Der sah nur gut aus. Der hat immer das ganze Set kaputtgemacht. Das war echt mehr die Schrottabteilung.

TRINI TRIMPOP Ich war kein Schlagzeuger vorher. Und Walter war überhaupt nicht angeschlossen mit der Gitarre. Der war mehr wie so ein Gogo-Boy an der Gitarre. Den hatten wir ja von den Zeugen Jehovas befreit. Die wollten ihn brainwashen, wie das in Sekten eben so üblich ist. Aber nachher haben wir den Kürzeren gezogen. Die haben ihn sich wieder zurückgeholt.

Jedenfalls – dann brauchten wir natürlich erst mal einen Namen. Zuerst dachten wir: ›Die Pariser – dann könnten wir mit diesen französischen Mützen auftreten, mit dieser kleinen Filzantenne oben – Baskenmützen!‹ Aber so geil war es dann auch nicht. Und dann stand bei der Kunstakademie an der Wand: ›Alles tote Hose.‹ Und Campi rief mich an und sagte: »Was hältst du denn davon: die Toten Hosen?« Ich sage: »Sofort! Supergeil! Das ist genau das, was wir brauchen.«

Die Frage war natürlich: Wie können wir optisch diese Toten Hosen umsetzen? Und daher hatten am Anfang einfach alle meine Klamotten an. Das hat dermaßen Spaß gemacht. Dieses Verkleidungsspielchen zwischen Krümelmonster und Glitterrock. Wenn wir irgendwo als Band einliefen – fünf oder sechs Mann, alle so angezogen, und kein Mensch war sonst so angezogen –, das war superlustig. Die Mädchen fanden uns alle zum Davonlaufen hässlich. Wenn wir 14 Tage auf Tour waren, dann sahen diese Klamotten aus! Ich hatte einen gelben Anzug. Den habe ich mal 14 Tage nicht ausgezogen. Wenn wir auf Tour waren, haben wir ja oft nur auf dem Boden geschlafen. An dem Anzug war kaum noch Gelb zu sehen.

Die Hosen waren für mich, als ob ich ein Drehbuch geschrieben hätte, das plötzlich in der Realität stattfand. Es war allerdings nicht so, dass wir uns ein Konzept geschrieben hätten. Wir haben uns einfach was ausgedacht, was dann Realität wurde.

MEIKEL CLAUSS Trini Trimpop war bei den Toten Hosen der Kopf. Diese kuriose, lustige Seite, das ganze Styling der Band – das war alles Trini. Dieses lebensbejahende Element von Punk kam von solchen Leuten. Alles andere konnte man eben nicht auf Dauer leben.

TRINI TRIMPOP Wir wollten den Leuten das Gefühl geben: ›Was wir machen, dafür braucht man kein besonderes Talent, das kann man auch selber.‹ Das war ja auch der ursprüngliche Gedanke von Punkrock.

CAMPINO Wir dachten: ›Lass die Leute behaupten, dass Punkrock tot ist. Wir machen trotzdem unsere Scheiße weiter.‹ Von daher konnte ich auch nicht verstehen, warum sich manche Leute so flugs von der Punkbewegung losgesagt hatten. Jürgen Engler hatte zum Beispiel einfach gesagt: ›Das ist vorbei. Wir machen jetzt Krupps.‹ Der hatte plötzlich bessere Klamotten an. Seine Haare waren gekämmt. Für uns war das Verrat.

JÜRGEN ENGLER Campino hatte Male ja ganz toll gefunden. Aber sobald ich mich von diesen Leuten distanziert hatte, für die Punk nur aus Saufen und Rumprollen bestand, war ich für ihn der Verräter: »Wie kannst du nur diese Künstlerkacke machen und Kohle einstreichen?« Dabei: Kohle einstreichen und Künstler sein – das gibt ja noch nicht mal Sinn. Aber das war die Haltung aller, die sich damals noch als Punks verstanden. Alles, was anders ist, macht man nur wegen Kohle.
Dann haben wir uns erst mal zwei Jahre nicht gesprochen. Bis er mich auf der ersten Toten-Hosen-Single durch den Kakao zog. »Jürgen Engler gibt 'ne Party« – das war so: Jetzt gibt er Champagnerpartys und lässt uns nicht mal mehr rein. Totaler Bullshit. Ich habe doch weder Alkohol getrunken noch Drogen genommen. Lustigerweise sah es dann schnell so aus, dass es eher andersherum ist. Keiner von uns hatte um jeden Preis ein großes Publikum gewollt. Aber die Toten Hosen waren richtig geil auf diese ganzen Massengeschichten, von denen sich Punk eigentlich abgegrenzt hatte.

TRINI TRIMPOP Unsere Kreativität erschöpfte sich irgendwann darin, so einen ganz trockenen Erfolg zu haben. Wie wenn du einen Elfmeter reinschießt, anstatt einen geilen Spielzug nach vorne zu bringen. Wir waren zu sehr damit beschäftigt, Deutschlands Rockband Nummer eins zu werden. Das war so richtig ein Ziel. Aber was bedeutet das schon? Wir hatten keine Zeit mehr für soziale Kontakte. Unsere sozialen Kontakte waren wir gegenseitig. Wir waren 24 Stunden am Tag zusammen. Wir sind sogar zusammen in Urlaub gefahren. Freundin gab es nur privat. Die durfte weder ins Studio noch sonst wo-

hin. Ein Groupie war okay. Aber keine feste Beziehung durfte hinter die Bühne. Außerdem ist es mir schwer gefallen, einfach immer nur da zu sein und dabei auf Sachen wie Fußballtraining zu verzichten. Ich habe ja damals immer noch erste Kreisklasse gespielt.
Und zur gleichen Zeit haben wir Sachen gemacht, wo ich dachte: ›Warum soll ich das jetzt machen? Wo bringt mich das hin? Will ich da überhaupt hin?‹ Man braucht keine Krisensitzung wegen der Frage, ob die *Westfalenhalle* nun 11 000 oder 14 000 Plätze hat. So was war mir scheißegal. Und nach den ersten großen Erfolgen waren wir plötzlich auch an einem Punkt, wo für uns die Spielregeln der Plattenfirmen galten. Wir fingen an, Radiorundreisen zu machen. Zu Sendern, die nur Chartstitel oder Oldies gespielt haben. Und dann dieser Druck auf Leute, die mit uns gearbeitet haben. Andrea, unsere Assistentin – wie die manchmal angeschissen worden ist. Wie in so einer beschissenen amerikanischen Plattenfirma. Das war pure Hysterie. Monkeybusiness. Eine Woche lang rennt alles in diese Richtung, dann ist das Projekt zu Ende, und alles rennt in die andere Richtung.
Als ich dann bei den Hosen ausgestiegen bin, habe ich diese Popsendung *Keynotes* fürs Fernsehen gemacht. Da habe ich erst mal wieder gemerkt, was es sonst noch alles gibt. Bei den Hosen hatten wir ja nicht mehr links und nicht mehr rechts gekuckt. Nichts gewusst. Und jetzt kamen plötzlich diese ganzen Platten und Videos auf meinen Tisch, und ich konnte mir das alles anhören und ansehen. Das hat mein Herz zum Lachen gebracht. Ich habe keine Sekunde bereut, dass ich bei den Hosen aufgehört habe.
Zum Beispiel hatte ich oft so aus Spaß gesagt: Nach Trinidad muss ich auch mal. Ich wusste aber nicht mal, wo das ist. Dann waren Freunde von mir dort im Urlaub. Die brachten eine Soca-Kassette mit. Normalerweise kann ich jedes Instrument im Kopf mitsingen. Aber bei Soca – sobald ich dachte, das ist das Instrument, haben die wieder alles geändert. Ich konnte nicht mitmachen. Ich konnte nicht mal mittrommeln. Ich fand das faszinierend. Dann war ich mal in New York und habe mir

einen ganzen Koffer mit Soca-Platten gekauft. Und konnte dann *Virgin* überzeugen, eine Platte zu machen. Und deswegen bin ich zum ersten Mal nach Trinidad. Ich komme mit meinem gelben Anzug ins Holiday Inn. Wenn ich so in Deutschland ins Hotel gekommen bin, haben die die Nase gerümpft und gekuckt, ob ich die Rechnung zahlen kann. Und in Trinidad – die Frau hinter dem Tresen lachte mich an und sagte: »Hast du einen klasse Anzug an!« Seitdem bin ich da jedes Jahr.

ALFRED HILSBERG Auf dem Höhepunkt der Neuen Deutschen Welle haben die großen Firmen jeden Tag ein Dutzend Maxis rausgebracht. Die haben alles zugeschissen. Und die Leute konnten diese Scheiße bald nicht mehr hören. Wobei durch diesen Massenausstoß auch alles andere diskreditiert wurde.

MARTINA WEITH Für mich war es dann schwierig, überhaupt noch Musik zu machen, weil die NDW alles so gegen sich aufgebracht hatte, dass sich kein Mensch mehr für deutsche Musik interessierte.

MORITZ R® Deutschsprachiges Singen war auf einmal völlig out. Also sangen alle wieder Englisch. Aber das konnte ich nur als Rückschritt empfinden.

INGA HUMPE Ich hatte auch durchaus heftigen Anteil an dieser allgemeinen Verwässerung, die dann Neue Deutsche Welle hieß, hihi. Ich hatte einen großen Hass auf die ganzen Independents, die auf cool machten. Aber im Grunde habe ich mit den Neonbabies auch nur noch weitergemacht. Diese Ambition vom Anfang, etwas zu machen, was eins zu eins empfunden ist, das war nicht mehr möglich. Deswegen habe ich mit meiner Schwester dann auch »Codo« gemacht. Das war für mich fast wieder Punk, zu sagen: ›Was interessiert mich der Scheiß von gestern? Ich mache jetzt Schlager!‹ Und das war dann eben dieses »... düse im Sauseschritt«. Ich konnte aber auch dazu stehen. Ich fand das so was von saublöd und lustig. Auch wenn sich mit dem Stück die letzten Freunde von mir verabschiedeten. Ich bekam Anrufe: »Das ist Volksverdummung!« Aber das war das erste Mal in meinem Leben, dass ich was gemacht habe, was ich nicht so ernst meinte. Ich konnte mich darüber sogar freuen.

Das war letztendlich auch der Moment, wo ich froh war, nicht bei der RAF gelandet zu sein. Dann wäre ich nämlich entweder tot oder im Gefängnis und hätte aus meiner Ernsthaftigkeit heraus einen Mord auf mich geladen. Mein Potenzial an Wut und Hass war ja groß genug gewesen. Auf einmal hatte das Leben eine Freude und Leichtigkeit, die mir vorher schnöde vorkam. Ich war eine ganze Person. Auch mehr Frau. Inzwischen hatte sich ja auch viel geändert – das Frauenbild. Ich empfand 'ne Erleichterung – war auch erleichtert, die Band verlassen zu haben. Ich war inzwischen von einer inneren Stärke, dass ich wusste: Es geht schon irgendwie weiter. Ich habe dann auch gleich eine Platte mit **Palais Schaumburg** produziert.

RALF HERTWIG Wir haben nach der letzten Platte noch eine letzte Tournee gemacht. Die war grausam. Als wir wieder nach Hamburg zurückkehrten, war unausgesprochen Schluss. Niemand hat etwas gesagt, aber jeder ist seiner Wege gegangen. Dann war ich zwei Jahre lang in einem Loch. Ich wusste nicht, was ich machen sollte. Ich war völlig orientierungslos – habe überhaupt keine Musik mehr gemacht. Alles verkauft. Und bin Taxi gefahren. Nachts. Bis ich 1986 auf die Filmhochschule ging. Andreas Dorau war da inzwischen auch schon. In München ging ein neues Leben los. Auch mit ganz wenig Geld. Wo ich doch das Geld jahrelang nur so rausgehauen hatte.

ANDREAS DORAU Ich war so froh, in München zu sein. Das war viel weniger verkniffen als Hamburg. Allerdings habe ich dann auch mit Alkohol angefangen.

MORITZ R® Andreas lebte durch Alkohol sehr auf. Wenn er irgendwo war und Leute sprachen ihn an, weil sie ihn erkannten: Das fand er gut. Und das sind auch nach wie vor die menschlichen Beziehungen, die er gerne eingeht. Weil die anonym bleiben. Und zu nichts verpflichten. In München hat er es allerdings teilweise so übertrieben, dass er so richtig zusammengeschlagen wurde. Einer hat ihm mal mit scharfkantigen Stiefeln so ins Gesicht getreten, dass er echt tiefe Schnittwunden hatte – echt völlig im Arsch war.

FABSI Ich erinnere mich, als ich mal mit Bela von den Ärzten und Ralf Richter in München durch die Kneipen gezogen bin. Es war schon fünf Uhr. Und da haben wir Dorau in einer Disko getroffen, wo er am Tanzen war. Er hatte eine riesige Schnauze. Die ganze Zeit legte er sich mit irgendwelchen Typen an. Aber immer wenn es brenzlig wurde, meinte er: »Da hinten sitzen meine Kumpel.« Die ganze Zeit. Hinterher sind wir in eine Kneipe gegangen. Würstchen essen. Und Dorau hatte wieder so eine Schnauze. Er stand nur da und sagte: »Hey, pack mich nicht an mit meinem Tausend-Mark-Jackett.« Natürlich hat jeder erst recht sein Scheißjackett angefasst. Irgendwann sagt Ralf Richter: »Weißt du was? Du mit deinem Tausend-Mark-Jackett – du gehst mir dermaßen auf den Sack.« Und schüttet ihm den Senfpott über das Jackett. Dann haben wir mit den Würstchen den Senf von seinem Jackett abgeditscht.

ALFRED HILSBERG Ich fing dann mit Drogen an. Und zwar so richtig. Vorher hatte ich nur extrem gesoffen. Wodka. Das war Frustsaufen. Ich hatte ja zuerst gar nicht überschaut, was sich da alles an Schulden angehäuft hatte. Weil es bei mir gar keine reguläre Buchführung gab. Trotzdem habe ich 1984 noch einen Kredit von einer Bank gekriegt. Ohne irgendeine Form von Sicherheit. Indem ich in der Zentrale der Hamburger Sparkasse auf einer Tafel das Modell eines neuen Imperiums aufgemalt habe. Aber unsere ›Happy New Wave‹ gab es nicht mehr. Für mich war die ganze Welt verschwunden. Und diese Katastrophe bestimmt mich bis heute. Nicht nur die finanzielle Seite. Nicht nur diese Enttäuschung. Dieser ideologische Zusammenbruch. Ich musste auch erkennen, dass ich zum großen Teil selbst daran schuld war. Phasenweise habe ich mich dann einfach besinnungslos getrunken. Bis ich mal irgendwo aufgewacht bin. Völlig kaputt und zerstört. Ich wusste nicht mehr, wer ich war, wo ich bin – nichts!

FRANK Z Wir waren bei Abwärts irgendwann permanent breit. Ständig besoffen. Alle möglichen Drogen. Wir wollten einfach Spaß haben. Aber es war schon auch so, dass die Vermarktungsstrategien, die sich die Industrie zur Neuen Deutschen Welle überlegt hatte, bei uns nicht griffen. Um denselben Erfolg wie bei Alfred zu haben, hätten wir auch nach demselben Muster verfahren müssen. Und das haben wir eben nicht gemacht. Prompt sind wir bei *Phonogram* gleich wieder rausgeflogen.

TOBIAS BRINK Ich habe das als Erlösung gesehen, dass es KFC und Nichts irgendwann nicht mehr gab. Ich hatte keinen Bock mehr auf professionelle Musik. Es gab immer mehr Schwierigkeiten mit Plattenfirmen. Wir wurden ausgenutzt. Mussten ständig Angst um unsere Existenz haben. Ich war ja schon 25. Was mache ich jetzt? Ich habe dann Abitur nachgemacht und Medizin studiert. Ich habe da dieselbe Power reingehängt wie bei der Musik. Das ging gut. Und das tat mir auch gut. Vor allem war ich nicht mehr abhängig von Meikel.

CARMEN KNOEBEL Zu Zeiten dieser letzten Sache mit Meikel – Belfegore – war ich in meinen Veröffentlichungen schon oft nicht mehr *straight* genug. Ich dachte oft: ›Du musst die nächste Platte rausbringen.‹ Alles Quatsch! Aber ich hörte eben: Der hat einen *deal* hier, und der hat einen *deal* da, und dann tappte ich genau in die Falle. Ich meinte, auch mal kucken zu müssen, ob ich einen großen *deal* schaffe. Den ich ja auch schaffte, als ich Belfegore nach Amerika verkaufte. Für 175 000 Dollar. Und der Dollar war damals bei 3,50 DM. Das war richtig Asche. Aber ehrlich gesagt war Belfegore nicht mehr mein Ding. Das war mir zu professionell. Aber ich mochte die eben. Meikel Clauss war ja bei mir wirklich ein Lämmchen. Aber sonst habe ich eben immer mehr darauf geachtet, dass ich Spaß dran habe, als dass ich Geld verdiene. Und Mitte der 80er Jahre war ich dann auch pleite.

MEIKEL CLAUSS Ich war ja mit Belfegore noch viel erfolgreicher als vorher mit Nichts. Europatournee mit U2. Die ganze Palette. Aber am Ende von Belfegore, da kam ein Loch. Ich war zwar an dem Punkt, dass ich genau das machte, was ich wollte, aber ich merkte auf einmal, dass ich diesen kommerziellen Druck, dieses Berühmtsein gar nicht aushalten konnte. Ich hatte dann so eine Phase – fünf Jahre –, da dachte ich jeden Tag an Selbstmord. Da hatte das Leben keinen Sinn mehr.

GABI DELGADO Am Ende von DAF waren wir nicht mehr gerade

inspiriert. Wir mussten unsere dritte Studio-LP machen. Aber mehr Geld als wir konnte man gar nicht mehr ausgeben. Wir waren stinkreich. Wir sind nur erster Klasse geflogen, haben nur Armani-Zeug gekauft, in den teuersten Hotels gelebt, jeden Tag 2000, 3000 Mark verballert. Gekokst wie die Wilden.

ROBERT GÖRL Das war komplett Sex, Drugs & Rock'n'Roll. Und alles bis zum Abwinken. Ich bin an einem Tag nach London geflogen. Und am nächsten Tag: ›Ach, jetzt fliege ich nach New York.‹ Triebmäßig alles gut ausgefahren. Alles gut bedient. Dieses ganze Leben, das war so ein Highlight der Sinne. Materielle Dinge besessen. Sportauto. Alles so Sachen, die uns plötzlich gefallen haben. Nur kam mir das immer bescheuerter vor. Mir ging es immer mehr auf die Nerven, dass man mich an jeder Straßenecke erkannte. Das ging ja so weit, dass ich immer ins letzte Tantencafé gehen musste. Und sogar da hat die Tante neben mir gesagt: »Ich kenne Sie doch vom Fernsehen!« Ich habe sogar überlegt, mir einen Bart anzukleben.

GABI DELGADO Robert hat mich dann angefangen zu nerven. Den liebe ich eigentlich über alles. Aber damals hat er mich sehr genervt. Wegen Drogengeschichten. Da ging die Zärtlichkeit aus unserer Beziehung raus. Und dann haben wir uns halt getrennt.

ROBERT GÖRL Mein Level droppte danach gänzlich. Dieses große Ding war von heute auf morgen weg. Ich ging dann nach Paris und habe mich dort ein Jahr lang zurückgezogen. Ich wollte einfach, wie bei einem Film, eine andere Spule einlegen. Gabi und ich, wir waren ja fünf Jahre lang Tag und Nacht zusammen gewesen. Und die ganze Zeit über war ich wahnsinnig hochtourig gelaufen und wie in einem Strom dahingeschossen. Deswegen habe ich erst mal gar nichts mehr gemacht. Nur nachgedacht.

KLAUS MAECK Von Chrislo Haas konnte man ja – nach dieser Zeit mit DAF und Liaisons Dangereuses – über Jahre hinweg nichts mehr hören. Ich habe ihn immer gedrängt. Weil ich ihn als Genie empfand. Aber seine Antwort war immer, dass er nichts mehr aufnehmen wollte. Er wollte Musik machen. Aber er wollte Musik nicht mehr speichern. Nicht mehr an diesem

Vermarktungsprozess beteiligt sein. Er meinte: »Schon wenn Musik abgespeichert ist, ist das zu viel.«

MEIKEL CLAUSS Chrislo Haas war dann in den 80ern in Berlin jahrelang superhart abgestürzt. Der war sozusagen Penner. Ungewaschen. Ungepflegt. Völlig kaputt. Ohne Zähne. So richtig auf der Straße. Der hatte so viel Speed gefuttert, dass ihm alle Zähne rausgeflogen waren.

GODE Nach Coroners und Front war ich bei Mona Mur und die Mieter – mit sämtlichen Neubauten-Leuten, außer Blixa Bargeld. Da ging es richtig heftig mit Drogen los. Ich habe Unmengen von Speed genommen. Und gesoffen wie ein Loch. Bis ich einen kompletten körperlichen Zusammenbruch hatte. Ich lag permanent im Bett. Und in dieser Zeit habe ich echt einen Rappel gekriegt. Ich dachte: ›Das sind doch alles Verrückte! Das ist ein Abgrund!‹ Das war echt so ein Gefühl. Ich habe dem Ganzen dann auch nicht nachgetrauert.

FM EINHEIT Zu Zeiten von *Patienten des O.T.* war ich mal alleine im Studio. Da kamen Blixa und Alex vorbei. Total auf Speed: »Das muss man anders machen!« Aber während ich das gemacht habe, waren sie mit ihren Gedanken schon wieder ganz woanders. Und haben was ganz anderes erzählt. Das hatte nichts mehr mit dem zu tun, was ich da machte. Das waren nur noch Gedankengespinste. »Fütter mein Ego« war ja dann auch einfach eine Metapher für Speed. Je mehr Speed du nimmst, desto größer wird dein Ego. Umso mehr bist du davon überzeugt, dass das, was du tust, das Größte von der Welt ist. Und wir waren *total* auf Speed. Wir waren ziemlich dumm. Wir haben uns richtig das Gehirn weggeblasen. Ich wollte mal auf Speed einen Brief schreiben. Ich war erst mal zwei Tage lang damit beschäftigt, das Briefpapier herzustellen. Ich habe alle möglichen Sachen ausgeschnitten. Collagiert. Dann musste ich wieder zum Copyshop laufen. Ich war wirklich zwölf Meter groß. Ich bin dermaßen ausgeufert. Weil ich nur noch damit beschäftigt war, alles, was ich tue, von allen Seiten zu betrachten. Das hatte nichts mehr mit dem Leben zu tun. Und das ging so lange, bis ich aus Berlin weggezogen bin. Weil ich das Glück hatte, dass ich Vater wurde.

FRANZ BIELMEIER Nachdem Ende 1982 auch meine Ehe aus war, ging ich 1983 nach Berlin, wo ich völlig anonym gelebt habe. Punk war ja überhaupt kein Halt. Es war das Gegenteil. Und als sich das für mich rausgestellt hat, war ich stinksauer. Über Jahre hinweg. Ich habe diese ganze Szene fieser empfunden als meine Jobs beim Straßenbau, wo ich extra hingegangen bin, um möglichst weit weg zu sein von dem, was ich kenne. Ich hätte ja sogar viele Leute gekannt. Malaria kannte ich so von diesem ganzen düsteren, drogenorientierten Umfeld her. Die hingen immer mit den Neubauten zusammen. Aber ich habe mich niemandem zu erkennen gegeben. Ich habe die Leute wirklich gemieden und bin nicht mehr hingegangen und habe mich nicht mehr gekümmert.

BETTINA KÖSTER Eines meiner Probleme bei Malaria war, dass es außerhalb der Band bald keine Bindungen mehr gab. Wir haben uns in Grund und Boden getourt. Ich wusste manchmal nicht mehr, in welchem Hotel ich gerade bin. Und was ist das überhaupt für ein Land? Aber vor allem wurde bei uns das Freudeprinzip überhaupt nicht ausgelebt. Dass man alles nur macht, weil man leiden will – das war mir einfach zu lebensabträglich. Ich hatte irgendwann richtig ein Problem damit, dass ich auf menschlicher Basis einfach nicht mehr ständig unglücklich war. Weil das auch hieß, dass ich Malaria-Texte nicht mehr wie bisher schreiben konnte. Deswegen habe ich dann gesagt: ›Das hat keinen Sinn. Wir wollen verschiedene Sachen. Ich will nicht mehr so hart sein.‹

MARGITA HABERLAND Nach meiner Krankheit habe ich in der Psychiatrie gearbeitet. Vier Jahre lang. Da habe ich mich selber therapiert. Ich habe mit alten Leuten gearbeitet, im Kindergarten – und mich dadurch wieder auf den Teppich gekriegt.

Das war damals einfach alles so verletzend gewesen. Ich schleppe das zwar nicht mehr mit mir herum. Aber es ist immer ein Rest, der auch noch mein Verhalten bestimmt. Frei davon bin ich nicht. Wenn ich nicht so verletzt wäre, würde ich auch nicht nur alleine arbeiten. Ich würde mich auch nicht in so eine Stahlkonstruktion unter die Decke hängen, so wie neulich bei einer Performance. Da fiel mir das so richtig auf. Dass da noch irgendwas ist. Dass ich alles alleine machen will, alles in der Hand haben will. Die künstlerische Leitung. Ich lass mir da nicht reinreden. Schon gar nicht von einem Mann. Da bin ich ganz empfindlich, wenn ein Mann mir erzählen will, wo's langgeht.

Am Ende hängt das Leben dran

BEN BECKER Als kleiner Junge war Punk einfach so ein Cowboy-und-Indianerspiel gewesen. Plötzlich war es das nicht mehr. Dann ging es auch noch mit meiner ersten großen Liebe den Bach runter – Isabel, die mal bei Mania D. gesungen hatte. Und da bestand die Gefahr, dass ich total abstürze. Dann habe ich mich auch von Punkrock verabschiedet. Ich dachte, ich muss ganz *straight* werden. Ich habe mir vorgestellt, zuerst werde ich Bühnenarbeiter und anschließend Schauspieler. Aber nach einem Jahr als Bühnenarbeiter an der *Schaubühne* habe ich gemerkt: Da ist nichts mit Mitbestimmung und Anarchie. Die ganzen Schauspieler da schweben alle einen halben Meter über dem Teppich und sind ganz tolle Stars, und unten sitzen 40 Bühnenarbeiter, teilweise haben die fünf Kinder und können sich nicht mal die Getränke in der Kantine leisten. Das hat mein ganzes Bild verändert, von wegen Spaß haben, Welt verbessern, die Schnauze aufreißen und Mercedes kaputthauen.

GODE Nach Mona Mur habe ich Komparsen- und Statistenrollen am *Thalia Theater* gemacht. Das hat bei mir diesen Eindruck nur bestärkt, dass das alles nicht eine Frage des ersten Eindrucks oder überhaupt des Aussehens ist. Wie viele Alkoholiker es da gab! 80 Prozent der Schauspieler dort waren stramm wie die Nattern. Die gehen teilweise von der Bühne runter und kippen um. Und danach hat mir keiner mehr was vorgemacht. Hör mir auf mit VIPs und so einem Scheiß. Ich habe mit dieser ganzen Künstlerszene einen totalen Schnitt gemacht. Inzwischen arbeite ich als Bauingenieur. Das kann man sich ja als den Gipfel der Biederkeit vorstellen. Aber ich habe gesehen: Es gibt überall Spießer. Und es gibt überall nette Leute. Ich habe gesehen, in welchen Nischen es Liebenswürdigkeit gibt. Und ich glaube: Dadurch, dass ich mal hemmungslos gelebt habe und das nicht nur alles aus dem Fernsehen kenne, habe ich eine ganz andere Sicherheit. Das lässt mich erheblich entspannter mit Menschen umgehen. Mit meiner erzkatholischen Erziehung wäre ich sonst wahrscheinlich einfach vertrocknet. Meine beiden Brüder haben ja keinen Punkrock gemacht. Und denen ist das nicht gut bekommen. Die konnten das nie: mal so richtig ausflippen und richtig deftig Mann sein. Und ich habe mir das einfach genommen. Ohne diese Punkerzeit wäre ich nie der Mensch, der ich heute bin. Ich bin sehr stolz darauf, wie ich bin. Es macht mir Spaß zu leben.

FM EINHEIT Ich bin dann bewusst in diese schöne Umgebung hier im Alpenvorland gezogen. Ich wollte nicht, dass meine Tochter in so was wie Berlin aufwächst. Wenn sie alt genug ist, kann sie es sich aussuchen. Aber ich wollte, dass sie sieht, dass es Bäume, Tiere und Blumen gibt.

Meine Entscheidung, bei Neubauten auszusteigen, hatte aber nichts damit zu tun, dass ich mich in großen Städten nicht wohl gefühlt hätte. Im Gegenteil. Es gab nur gewisse Tendenzen – die Leute kamen oft nur noch mit der Erwartung, dass ich etwas kaputtmache. Wir hatten mal ein Konzert in London, wo wir nur noch mit Maschinen gespielt haben. Mit Presslufthämmern, Kreissägen, Betonmischern. Als Nächstes hätten wir die Bühne sprengen müssen. Oder ich hätte mir den Arm abhacken müssen. Als klar war, dass bei Neubauten die Bühne brennt, mussten wir damit aufhören.

Umso mehr war ich erschrocken, dass es dann auch in anderer Hinsicht zunehmend wie bei einer stinknormalen Rockband war. Es wurde immer mehr zu einer Institution, die gutes Geld generieren konnte. Auch was wir gespielt haben, wurde immer mehr zum Programm. Und dann fand ich auch Tourneen meistens Zeitverschwendung. Trotzdem habe ich mich ein paar Jahre mit meiner Entscheidung getragen. Ich hatte eben auch Verantwortung für die Band. Weil ich letztendlich derjenige gewesen bin, der das zusammengehalten hat. Es gibt wahrscheinlich keine Band in der Welt, wo mehr Querköpfe zusammen sind als bei Neubauten. Ich empfand das auch gar nicht als Aufgabe. Das hat sogar meiner Natur entsprochen. Nur, im Gegensatz zu Blixa bin ich kein Bild. Blixa ist eine einzige Stilisierung. Das war für ihn irgendwann wohl der einfachere Weg.

BEN BECKER Ich merke bei Blixa, dass er ein Problem hat – dadurch dass er überlebt hat. Ich hatte mich ja schon mit 14 immer gefragt: »Wie lange lebt der Typ noch?« Und er hat überlebt. Er ist mittlerweile ein Bohemien. Wie geht er mit dieser Situation um? Hinzu kommt – es hat ja auch nicht mehr diese Substanz. Mich interessiert immer wieder dieser Moment: »Waahhh! Wamm! Hier läuft Scheiße!« Und Blixa macht das nicht mehr. Mich zieht das immer noch oft an – dieses harte Element von Punk. Dieses Auf-die-Kippe-Gehen und dort dann auch leben. Ich habe aus dieser Zeit noch ein unheimlich gutes Gefühl, das ich immer dabei habe. Ich fühle mich auch heute noch als Punk. Weil ich Punk eher wie Pop-Art verstehe. Ich habe mir als Bettdecke die amerikanische Fahne nähen lassen. Aber nicht mit 52 Sternen drauf, sondern mit 52 Hakenkreuzen. Das ist Punk. Wenn mich heute irgend so ein fertiger Typ, der sich Punkrocker nennt, um Geld anschnorrt, dann hat das für mich mit Punk nichts zu tun. Für mich hat Punk viel mit Farben zu tun. Und mit Humor.
Ich bin heute um halb neun aufgestanden. Nach Berlin geflogen. Direkt zum Drehort. Maske. Und dann sechseinhalb Stunden warten. Und dann musste ich »Die Apokalypse« vorlesen. Für meinen ersten Reklamedreh. Für die Feuersozietät. Versicherung. Irgendwann habe ich gesagt: »Jetzt habe ich keinen Bock mehr. Ich will jetzt erst mal einen halben Hummer und zwei Flaschen Moeee Schanndong.« »Jaja, kommt sofort!« Zehn Minuten später wusste die ganze Crew: Ben Becker, das egozentrische Arschloch, will einen halben Hummer und zwei Flaschen Moët Chandon, sonst macht er nicht mehr mit. Irgendwie ist das so ein seltsamer Masochismus, der von Punk übrig geblieben ist. Aber sonst ist um mich herum ja immer Zustimmung und dieses Schwammig-Nette. Wenn ich mich wie ein verzogener 16-jähriger Antennenabbrecher aus gutem Hause aufführe, da passiert wenigstens was. Auch wenn ich natürlich inzwischen auch merke, dass im Endeffekt das Leben dranhängt. Es ist schwierig, damit zurechtzukommen. Es ist schwierig zu begreifen, dass diese Art zu leben ja auch Konsequenzen hat. Das verleugne ich dann. Aber irgendwann kann

ich es nicht mehr verleugnen. Das weiß ich. Weil ich schon zu nahe an diesem Punkt bin. Aber im Moment habe ich vor diesem Punkt noch Schiss. Ich habe total Muffe, dass ich dort vielleicht alles aufgeben muss, was ich bin.

FETISCH Eine Weile ist diese Punkhaltung für mich echt nach hinten losgegangen. Vor allem gesundheitlich. Ich dachte immer: ›Alles geht!‹ Aber es geht eben nicht alles. Ich habe gemerkt, dass ich selber auf der Strecke bleibe, wenn ich so weitermache. Und ich hatte eben das Glück, in einer Bewegung gewesen zu sein, die mich auch weitergehend geformt hatte. Und nicht in irgendwas, was ich dann einfach wieder abgelegt hätte. Mich hat Punk dermaßen inspiriert, dass es mich bis jetzt geprägt hat. Ich mache jetzt selber Musik und lebe davon. Und ich gehe da mit einer ähnlichen Bereitschaft ran, irgendwelche Sachen umzustoßen. Es gibt für mich weniger Gesetze und Regeln. Ich denke nicht zehnmal nach, ob das geht. Wenn ich Platten auflege oder wenn ich Musik mache – das ist nicht so: House ist so, HipHop ist so. Das ist mir alles scheißegal. Ich mache es, wie ich lustig bin. Und um mir dieses Pathos von damals abzuholen, gehe ich alle zwei Wochen zu Hertha BSC. Bescheuert, oder? Eigentlich ist es echt zu Ende mit mir.

RALF HERTWIG Eines meiner letzten Drehbücher war *Die Apothekerin*. Mit Katja Riemann. Ich bin wirklich froh, dass meine Ansprüche, die ich mit **Schaumburg** hatte, nicht mehr so unglaublich hoch sind. Ich verzweifle nicht mehr so daran. Das ist halt jetzt mein Job. Ich muss halt auch Geld verdienen. Früher hatte ich immer die Ambition, das Beste zu machen. Das Coolste. Was mir absolut Spaß macht.

Ich hatte angefangen mit Anmoderationen für Gameshows und Texten für *Spurlos-vermisst*-Sendungen. Bis ich dann auch mal Fernsehfilme machen konnte. Zurzeit sitze ich an einem NDW-Film. Es geht da um einen Typen, der immer mehr sein will, als er eigentlich ist. Was ja damals für uns alle galt. Und manche haben diesen Sprung in die Realität nie geschafft. Holger Hiller ist immer noch so. Der hat sich in keiner Weise verändert. Ich habe ihn mal bei einem Freund gesehen. Da hat er übernachtet. Wir hatten uns fünf Jahre nicht gesehen. Da kam er in die Küche rein, kuckt mich an und meinte: »Ah! Peter?« Ich dachte: ›Zieht er hier eine Show ab, oder ist er nun wirklich geisteskrank?‹

TIMO BLUNCK Ich traf dann noch ab und zu Robert Görl. Der war ja dann Semi-Popstar. Der war so unglaublich von sich überzeugt. Der schwebte auf einer Wolke. Der lebte hinter Glas.

Ich selbst mache zwar immer noch Musik. Aber absolut pragmatisch. Das zu lernen hat unheimlich lange gedauert. Zwischen 86 und 90 ging es mir extrem schlecht. Ich war frustriert, dass ich mich musikalisch nicht durchsetze. Ich habe dann jahrelang nebenher an einer Tankstelle gearbeitet. Ich war so richtig Tankwart. Ging auf Ende 20 zu und hatte noch nichts. Als ich meine Frau kennen lernte, hatte ich immer noch nichts. Und dann erst begann mich meine Lebenssituation zu frustrieren. Aber dann habe ich auch Sachen anders gemacht. Vor allem habe ich aufgehört, mich persönlich musikalisch durchsetzen zu wollen. Und habe immer mehr Kompositionen für Werbemusiken geschrieben. Jetzt geht es mir finanziell gnadenlos gut. Nur habe ich für nichts mehr Zeit. Außer für Dinge, die Erwachsene eben tun. Kinder. Arbeit. Ich habe keine Zeit mehr, Ideen zu haben. Weil ich mich immer um irgendwas kümmern muss. Das, finde ich, macht mich alt. Aber zumindest reibe ich mich nicht so auf wie andere Leute von damals. Frank Ziegert von Abwärts hat ja auch gerade wieder eine Platte gemacht. Ich bewundere ihn natürlich dafür, dass er das so konsequent betreibt. Nur, wenn ich mich in diese Situation reindenke, dann finde ich das schrecklich. Wenn ich mir vorstelle, ich würde jetzt meine fünfte Solo-LP rausbringen, die gerade mal 30 000 verkauft. Das fände ich schrecklich.

FRANK Z Ich habe immer versucht, mich möglichst wenig daran zu orientieren, was für meine Karriere wichtig sein könnte. Sondern immer das zu tun, was ich für richtig halte. Das hat in kommerzieller Hinsicht nie richtig funktioniert. Ich habe jetzt sämtliche Plattenfirmen durch. Und so langsam zehrt das an den Nerven. Das ist ein ständiger Existenzkampf. Eine ständige Identitätskrise.

KLAUS MAECK Ich hatte es nach dem Zusammenbruch von *Rip Off* noch zwei Jahre in Hamburg ausgehalten. Bis ich die Schnauze so voll hatte – von Gerichtsvollziehern, die ständig an der Tür klingelten. Nach meinem Offenbarungseid habe ich gesagt: ›Nie wieder irgendwas mit Musik!‹ Inzwischen habe ich zehn Jahre abgezahlt und bin jetzt fertig.

ALFRED HILSBERG Ich habe immer noch Schulden aus dieser Zeit. Eine sechsstellige Summe. Und davon werde ich auch nie runterkommen.

JÄKI ELDORADO Diese ganze Generation konnte in den allermeisten Fällen gar nicht selber von dem profitieren, was sie da alles angeschoben hat. Zeitschriften wie *Spex*, *Intro* oder *Visions*, Plattenfirmen wie *Motor*, deutsche Labels, die selber deutsche Gruppen aufbauen, der ganze Independentbereich – das hätte es ohne Punkrock nicht gegeben. Es wird auch anders gedacht. Das gab es vorher nämlich auch nicht, dass die Musik selber komplett austauschbar ist. Dass es gar nicht um das Produkt selber geht. Vorher ging es ja nur um Virtuosität und Fachkenntnisse. Völlig langweilig.

Ich jedenfalls profitiere in meiner heutigen Arbeit mit Leuten wie 5 Sterne Deluxe durchaus davon, dass man damals kapiert hat, dass eine unabhängige Logistik sehr nützlich ist, um kleine Pflanzen in Ruhe größer werden zu lassen. Firmen wie *Yo Mama* oder *Four Music* haben eine wichtige Funktion als Gegenpol zu den großen Plattenfirmen. Während die Toten Hosen sich völlig zu Unrecht als die Gewinner des Punkrockspiels fühlen. Punk ist ja wirklich das letzte Mal gewesen, dass Rockmusik so ein Anti-Establishment-Moment hatte. Aber die Hosen sind nur deshalb so groß geworden, weil sie sich auf so ein Schnauzbart-Mittelmaß reduzieren konnten. Die haben Punkrock völlig missverstanden. Es ging doch nie um so ein männerbündlerisches, stammtischmäßiges Ding. Die humorigen, witzigen Ansätze waren doch deutlich wichtiger. Aber bei Bands wie den Hosen ging es nur noch um so eine blöde Moral. Wo letztendlich das Gleiche passierte wie sonst auch immer: Eine Horde besoffener Jungs sitzen zusammen und philosophieren mit Halbwissen über irgendeine Scheiße.

MARKUS OEHLEN Wenn ich die Toten Hosen im Radio höre, muss ich abschalten. Ich kann das einfach nicht glauben, was die da machen. Die propagieren so eine Plastikversion von Punk. »Wir bringen uns beide um« und so. Das spielt dermaßen mit Klischees von Punk und wildem Leben und Antihaltung. Noch dazu in dieser furchtbaren Ernsthaftigkeit.

UWE JAHNKE Peter Hein ist in diesem Zusammenhang eine tragische Figur. Mit *Monarchie und Alltag* hat er ja einen Meilenstein geschaffen. Aber dann war er einfach nicht so konsequent, dabeizubleiben. Und nun ist er der gebrochene Revoluzzer. Er hat nie verkraftet, dass Campino, der ja sein größter Fan war, so ein Superstar geworden ist.

XAO SEFFCHEQUE Peter Hein hatte schon immer zynische Ansätze. Und die wurden ständig stärker. Und nun ist er halt Fatalist. Total. Aber wenn du gute Sachen machst und du weißt, du bist gut, besser als alle anderen, und du siehst, dass Campino Millionär ist, und du gehst noch immer jeden Tag zu Rank Xerox – da musst du ja Fatalist oder Zyniker werden. Oder Buddhist sein. Aber Buddhismus interessiert ihn natürlich nicht.

MORITZ R® Peter Hein und Campino – das ist genau so ein Fall, dass der wirkliche Erneuerer untergeht, während die zweite Generation, die Epigonen, den Erfolg einheimst. Einfach durch stumpfes Weitermachen. Die Toten Hosen sind halt übrig geblieben. Wie die Rolling Stones. Die haben sich ihr Auskommen gezimmert. Mit kultureller Entwicklung hat das nichts zu tun. Was da passiert, das finde ich schlimm. Mir wird schlecht, wenn ich das sehe. Die tun mir leid. Das Leben von Campino möchte ich nicht führen. Da würde ich mich zu viel mit Dingen beschäftigen müssen, die mich gar nicht interessieren. Ich würde vielleicht gerne mehr Bilder verkaufen. Aber ich wollte noch nie Popstar sein. Das ist so wie bei Andreas Dorau, der ja seine Erfolge immer wieder selber zerbricht, weil er mit den üblichen Konsequenzen nichts zu tun haben will.

Jetzt hatte er ja zum ersten Mal wieder einen Hit. »Girls In Love« war in Frankreich, Holland und Belgien in den Top Ten. Sein größter Erfolg seit »Fred vom Jupiter«. Ich war da auch mal mit ihm unterwegs. Da wird man vom Flughafen abgeholt und in den besten Hotels untergebracht, und alles wird einem erledigt. Du bist mit einem Schlag in einer anderen Welt. Die Realität wird komplett ausgeblendet. Und deshalb tut er als Nächstes meistens etwas ganz Schwieriges, um wieder in der Versenkung zu verschwinden.

ANDREAS DORAU Vielleicht ist das unterbewusst so. In Amsterdam, das war mit »Girls In Love« – das war ganz widerlich. Als das in Frankreich, Holland und Belgien ein Hit war, hatte ich das erste Mal in meinem Leben die Situation, dass ich da Plattenfirmen-Profi-Fuzzis um mich hatte, zu Fernsehshows gegurkt wurde, wo nur Pappnasen und Boygroups um mich herum waren. Es war nicht zu ertragen. Die Plattenfirmenleute boten mir an, ob ich nachher nicht noch schön in den Puff gehen will. Ich meinte: »Nein, ich hab 'ne Freundin.« Und die: »Ach, macht doch nichts. Die ist doch weit weg.« Und ich sagte noch mal nein. »Ach, komm!« »Neinnein!« Das ist nicht so ganz meine Welt.

BEN BECKER Was mich wundert, ist, dass die Kids heute diesen ganzen Dreck glauben. Es ist alles dermaßen *mainstream*-abhängig. Ständig wird einem diktiert, wie man zu sein hat. Dass man jetzt Snowboard fahren muss. Supergeil-revolutionär! Gut aussehen. Einen Mörder-Körper haben. Solargebräunt sein. Und in *fucking* Aspen Colorado Snowboard fahren. Jesus Christus!

MORITZ R® Ich muss sagen, dass mir gerade die derzeitige Generation gut gefällt. Jetzt gibt es nämlich wirklich Leute, denen man nicht mehr all das erklären muss, was man mal ganz umständlich erklären musste. Mit heutigen 25-Jährigen kann ich mich über alles unterhalten. Ob das nun Fernsehwerbung ist, B-Movies, Plastik, Beton – die ganzen Themen, die mal tabu waren, sind jetzt einfach normal. Durch die Ideen von Punk hat es also durchaus einen Fortschritt gegeben. Es gibt heute eine andere Art von Humor. So ein Typ wie Harald Schmidt, das ist letztlich auch ein Produkt von Punk.

XAO SEFFCHEQUE Es gibt inzwischen ein festes Punkelement, das nicht nur in den Musiken der letzten Jahre immer wieder reingekommen ist. Punk hat bewirkt, dass die Hausfrau jetzt auch schon grüne Strähnen haben kann. Ohne sich dabei was zu denken. Und dass in der Talkshow über Sex gesprochen wird. Was zuerst ja nur von Punkbands gemacht wurde. Punk hat die aktuelle Mediensituation vorweggenommen. Aber die kommerzielle Auswertung von Punk findet erst seit Anfang der 90er so richtig statt. Heute fragt jede Kiesbauer oder Feldbusch: »Und wie ist das, wenn er in Sie eindringt – spüren Sie dann den Schaft des Penis?« Das war früher undenkbar. Das ist auch ein Ergebnis von Punk. Nur, damals konntest du die Leute so richtig schocken. Aber wenn es jeder macht, hat es irgendwann keine Bedeutung mehr.

GODE Es muss ja grauenvoll sein, wenn du heute 15, 16 bist – und es kaum noch Grenzen gibt, über die du dich hinwegsetzen und damit selber definieren kannst – wo die Eltern ausflippen. Du kannst dir doch heute mit 15 die Haare blau färben, und Papa sagt: »Das ist ja lustig.«

MORITZ R® Ich finde es wichtig, dass Punk auch schnell wieder vorbei war. Weil das auch die eigentliche Botschaft war. Dass es nur gut ist, wenn es frisch ist. Aber wenn man bereit ist, sich weiterzuentwickeln und sich mit anderen Dingen zu beschäftigen, kann man heute auch auf andere Weise subversiv sein. So wie die Hacker. Das ist für mich die adäquate Weiterentwicklung von Punk.

PADELUUN Dass ich heute so intensiv mit Netzen arbeite, hat etwas damit zu tun, dass ich es für unmodern halte, Kaufhäuser anzuzünden. Früher sagte ich: »Anarchie!« Heute trete ich für partizipatorische Demokratie ein. Und in vielen Bereichen für mehr Staat. Weil ich erkannt habe, dass, wenn man dem Staat die Macht entzieht, nicht unbedingt das Volk die Macht bekommt.

THOMAS FEHLMANN Sehr schön finde ich, dass dieser Independentgedanke weitergesponnen wurde. Der wurde ja schon bei uns großgeschrieben, war aber noch nicht halb erreicht. Ein Problem für uns war ja auch, dass du als Gruppe zu einer Firma gehst, da unterschreibst und damit eine Latte von Rechten abgibst. Auf den Faktor Exklusivität wurde unheimlich Wert gelegt. Wenn du außerhalb der Gruppe etwas machen wolltest, war das Vertragsbruch – allermindestens Verrat. Das war wie eine Käseglocke, die sich jede Gruppe überstülpen lassen musste. Und da brauchte es erst die nächste Welle der Technobewegung, um das ebenfalls aufzureißen. Dort ist der Bruch passiert, dass man nicht mehr in Mietstudios geht. Das war die endgültige Befreiung der Produktionsmittel. Dass jeder kleine Junge zu Firmen wie *EMI* oder *Warner* sagen kann: »Ich brauche eure Studios nicht. Ich mache das zu Hause.«

Deswegen sah ich auch eine rote Linie von uns zu House und Techno. Bei mir hat dieser erste Technosampler *Detroit Techno* richtig geklickt. Da wurde mit den letzten Heiligtümern aufgeräumt. Dass wirklich nicht mehr die Technik wichtig ist, sondern die Idee. Das Extremste, was ich je gesehen habe, war das Studio von Robert Hood. Der machte Sachen, die fanden wir in Berlin alle super. Komme ich zu ihm nach Hause: Da steht ein Bügelbrett mit einem Synthie drauf. Dann gibt es einen Tisch mit einer einzigen Lautsprecherbox, einen Vier-Kanal-Mischer und eine 909 – die er nur Mono benutzen kann, weil er nur vier Kanäle hat. Fertig. Und da wurden die ganzen Platten gemacht, wo wir drüben bei uns immer sagten: »Ziemlich kranker Sound. Aber geil.« Spätestens da habe ich mich nicht mehr über Technik unterhalten.

Und aus dieser Position heraus konnten diese Leute eben zu den großen Firmen sagen: ›Entweder so, oder du kannst mich am Arsch lecken.‹ Alle großen Firmen haben ihre Struktur modifizieren müssen. Heute gibt es viele Lösungen, wie zwei Labels kooperieren können. Da müssen nicht mehr Leute wie Hilsberg die Drecksarbeit machen, und große Labels sahnen ab. Außer meinen Solosachen arbeite ich ja selbst seit zehn Jahren mit The Orb. Ich bin *floating member* bei Orb. Bei denen schreibe und produziere ich alles mit. Aber ich kann auch in anderen Zusammenstellungen andere Sachen machen. Keiner ist sauer deswegen.

RALF HERTWIG Als ich Ende der 80er bei Thomas Fehlmann wohnte, brachte er gerade einige Sachen von Gabi Delgado raus. Gabi stand jeden Tag auf der Matte: »Wann kommt das endlich raus? Wann kriege ich mein Geld?« Das war eine traurige Sache. Er dachte immer, man will ihn bescheißen. Das war immer noch so: ›Ich will vorne sein. Ich will was Besonderes sein. Ich muss jetzt die beste Danceplatte der Welt machen.‹ Und er war immer irre unfreundlich. Er grüßte nie. Er hat mich immer wieder ignoriert. Obwohl er dazu wirklich keinen Grund mehr hatte. Seine Sachen waren einfach nicht mehr gut. Da waren andere Leute viel besser. Und daran ist er gescheitert.

GABI DELGADO Ich suche keinen Kontakt mit Leuten von damals. Wenn ich Gudrun Gut treffe, so wie neulich, dann bedeutet die mir nichts. Dann ist das für mich wie ein anderer Mensch. Früher war das eine Freundin. Auch Robert. Als wir uns getroffen haben: Das war wie aus einer anderen Zeit. Wie ein Hemd, das du mal total gemocht hast – dann kramst du es wieder raus: und es funktioniert nicht mehr. Oder man liebt jemanden total. Und ein Jahr später gefällt dir vielleicht nicht mal mehr, wie der isst. Also weg damit! Punk war eine tolle Zeit. Aber ich habe noch viele andere gute Zeiten erlebt. Das viele Geld nach der Maueröffnung. Als wir hier die Superpartys durchgezogen haben. Da haben wir locker 80 000 Mark an einem Freitagabend illegal in die Tasche gesteckt, hähä. So muss es sein. Aber keine künstlerischen Kompromisse. Ich hatte mal das Angebot, einen »Mussolini«-Techno-Remix zu machen. Das habe ich sein gelassen. Wenn ich Geld brauche, dann lieber einen schrägen *deal*. Dann habe ich 50 000 Mark. Da deale ich doch lieber Koks. Es gibt so viele Möglichkeiten. Künstlerisch habe ich ja auch mehrere Identitäten. Ich nenne mich Red Lotus – und als DJ bin ich Bruce Lee. Ich war auch schon zweimal in der Klapse. Im Irrenhaus, haha. Geschlossene Abteilung. Aber das ist in Ordnung. Das war super. Das ist interessant. Manchmal geht es eben nicht mehr weiter. Die Zeiten wandeln sich. Alleine diese zwei Begriffe: ›Konzept‹ und ›Avantgarde‹. Damals Top, heute Flop. So ändern sich die Zeiten. Und das ist wichtig, dass sie sich ändern. Damit alles kaputtgeht.

HARRY RAG Es gibt viele, die Punk nicht überlebt haben. Die einen Schaden gekriegt haben. Ich glaube: fast alle. Du lernst sie nie als Menschen kennen, immer nur als Leute, die bestimmte Typen verkörpern wollen. Und diese Typen sind cool und kaputt.

JÜRGEN ENGLER Diese ganze Szene bestand vor allem aus Lug, Trug und Fassade. Sich selber was vorlügen – und vor allen Dingen anderen. Frank Fenstermacher und so – die kamen sich alle ein bisschen toll vor. Bei Male waren wir alle 15 bis 17. Und die waren alle schon älter. Wir haben mit denen verkehrt, aber für die waren wir Kinder. Deswegen merke ich jetzt auch umso mehr, dass ich ein Riesenstück gewachsen bin. Wenn ich manchen jetzt in die Augen schaue, dann merke ich, dass die mich plötzlich in einem anderen Licht sehen. Die kucken mich anders an. Da merke ich, was sich da getan hat. Aber hauptsächlich bei mir. Bei denen nur selten. Viele von diesen ganzen Leuten haben immer noch dieselbe überhebliche Haltung. Und deshalb werden sie auch nicht mehr zusammenfinden. Wenn du versuchen würdest, die zusammen ins Studio zu stellen: Damit hätte jeder von denen ein ernsthaftes Problem – und würde sich das selber so im Kopf zusammenbasteln, warum das nicht funktionieren darf. Und deshalb kommen diese Leute auch nicht zu Potte. Ich kann mir nicht vorstellen, dass es nicht so ist, denn sonst wären sie nicht da, wo sie jetzt sind.

FRANK FENSTERMACHER Robert Görl war ja ein guter Freund. Aber anscheinend brauchte er auch erst mal eine Art Schock, um von dieser Disco-Fetisch-Erotik-Nazi-Attitüde runterzukommen. Er hatte ja vor zehn Jahren einen Autounfall. Hat ein halbes Jahr lang im Krankenhaus gelegen. Der hat jetzt einen Metallarm.

ROBERT GÖRL Dieses exzessive Leben ging bei mir genau bis zu dem Baum, an dem ich landete. Ich wachte auf – und der Baum war direkt vor mir. Da, wo sonst der Motorraum ist. Da war alles zerfetzt. Dann merkte ich, dass mein rechter Arm unten im Beifahrerbereich lag. Ich musste den erst mal herholen. Der hing nur noch an einer lang gezogenen Haut. Das war ein wahnsinniger Horror. Ich ließ mich dann rausfallen und robbte weg. Auf der vereisten Landstraße. Das war ja im Winter. Mitten in der bayerischen Pampa. Dann saß ich mutterseelenallein im Eis. Und in diesem Moment wachte ich wie mit einem Holzhammer auf. Ich konnte meine ganze Situation überblicken. Da passierten abgefahrene Sachen. So einen Himmel hatte ich noch nie gesehen. Von den Farben her. Und von der Weite. Und dann spürte ich richtig, wie sich mein Kopf aufspaltet. Ich dachte: ›Was geht denn jetzt ab?‹ Und dann flog da ein Vogel raus. Ein ganz spezieller Vogel. Der flog vor mir rum, und ich musste lachen. Das war ganz freundlich. Ganz warm. Dann liefen Bauern übers Feld. Die Knochen im Oberarm waren nur noch Brösel. Das war auf der Kippe, ob sie den Arm abschneiden. Das war eine Zehn-Stunden-Operation. Richtig die Knochen ausgewechselt. Gegen ein Gerüst aus Nirosta-Leichtmetall. Aber das heftigste Erlebnis kam erst nach der Narkose. Das Erwachen. Ein gurgelnder Riesenschrei. Wie durch eine Röhre. »Buddha!« Ich weiß noch, wie ich dachte: ›Was schreie ich denn hier ›Buddha‹ herum? So wahnsinnig laut.‹ Ich wusste gar nicht warum. Ich wusste auch nichts über Buddhismus. Aber lustigerweise heißt Buddha ja nichts anderes als ›aufgewacht‹. Und ich bin eben aus der Narkose aufgewacht. Ich fing dann richtig an nachzudenken. Seitdem fahre ich regelmäßig nach Asien, bin da unterwegs und halte mich in Klöstern auf. Bis jetzt waren das immer so ein oder zwei Wochen pro Kloster. Aber ich habe mich immer mehr gefragt: ›Wann ziehe ich die Konsequenz, wirklich Mönch zu werden?‹ Ich sehe mich jetzt in der Mitte meines Lebens. Die erste Hälfte war sehr sinnlich. Das ist auch gut, mal die Extreme auszureizen. Aber das ist dann komplett gekippt. Von Sex, Drugs & Rock 'n' Roll zu Buddha, Dharma & Sangha. Dharma – die Lehre. Und Sangha – Mönchsgemeinde. Das nennt man »Die drei Juwelen«. Und hier sind das eben: Sex, Drugs & Rock 'n' Roll. Ich bin zu anderen Juwelen geswitcht, hähä. Ich war mal in einem Asketenkloster in Nordthailand. An der laotischen Grenze. Da ist nur Dschungel und diese Hütten, wo die Mönche leben. Die üben da die Hinwendung nur noch zum Geist. Und da machte ich, obwohl ich nur zehn Tage drin war, eine wahnsinnig heftige Erfahrung. Ich ging durch diese Wälder und traf ab und zu mal einen Mönch und hatte vielleicht ein Gespräch. Aber hin

und wieder begegnete ich Mönchen – und wir konnten uns austauschen, ohne uns zu unterhalten. Und da dachte ich: ›Was kommt da erst, wenn du wirklich tief reingehst?‹ Ich denke, da erschließt sich noch eine ganze Welt.
Viele Leute von damals haben heute Familie und zwei Kinder. Ich bin immer noch auf einem kreativen Schublevel. Punk war für mich der erste große Trigger, dass in der Musik alles anders wird. Und als diese neue Musikwelle kam, die von Punk getriggert wurde, da wurde die nächste Stufe gezündet. Techno ist total frei in der Musikstruktur. Und die Leute mögen es sogar. Aber die Leute sind heute auch offen. Da hat sich was getan.
Musikalisch fing ich wieder ganz klein an. Inzwischen habe ich alle großen Partys durch. Aber irgendwann brachten meine Technoplatten mir auch nichts mehr Neues. Es geht da auch gar nicht um Alter. Wenn ich auf der »Mayday« vor 25 000 höchstens halb so alten Leuten auflege – da siehst du einfach nur so eine Riesenhalle vor dir. Da ist einfach nur eine Schwingung. Da zählt kein Alter. Es kommt mir nur immer mehr so vor, als hätte ich es echt oft genug gemacht. In dieser Welt ist für mich nichts mehr zu holen. Da nützt es auch nichts, wenn mir jemand sagt: ›Heute war es aber wieder geil!‹
Nicht, dass ich keine Brücke zwischen spiritueller und weltlicher Welt gesucht hätte. Aber es gibt Grenzen. Ich wurde hier immer mehr zum Außenseiter. Das sind oft ganz banale Sachen: dass ich nicht mehr zum Essen eingeladen wurde, weil ich ja den Braten nicht mitesse. Die Leute fragen sich: ›Hat der überhaupt noch Spaß?‹ Die sagen mir ins Gesicht: »Erst bist du Vegetarier – und jetzt trinkst du nicht mal mehr Alkohol. An deiner Stelle würde ich mir die Kugel geben.« Aber vor allem hat diese Welt ja Bedingungen. Geld verdienen, Beziehungen pflegen. Und wenn ich aus einer meditativen Zeit zurückkam und mich in diese materielle Welt stürzen musste – das funktionierte nicht. Obwohl ich eh kaum noch was brauche. Ich habe zur Zeit nicht mal eine eigene Wohnung. Ich kann mich zwar als Musiker und DJ ernähren. Ich muss nicht auf den Sozialscheck warten. Ich kann mir immer noch Schuhe kaufen. Aber das funktioniert nicht mehr auf dem Level, auf dem die

meisten Leute sind. Deswegen habe ich mich jetzt entschlossen, dass ich nach Thailand gehe und buddhistischer Mönch werde. Das klingt vielleicht krass, aber ich habe lange darüber nachgedacht. Ich sage ja auch nicht, dass ich nie mehr zurückkomme. Aber ich werde auf jeden Fall längere Zeit ins Kloster gehen. Ich habe mir ein Minimum gesetzt: halbes Jahr. Wo ich wirklich schauen will, ob ich ein passendes Kloster finde. Und entweder bin ich dann Mönch, oder ich komme wieder zurück – und weiß dann wenigstens, dass das nichts für mich ist.

MEIKEL CLAUSS Es gibt so wenig Möglichkeiten in unserer Gesellschaft, wirklich zu dir selber zu finden und zu sagen: ›Auch wenn alle das völlig scheiße finden, was ich mache – ich mache das einfach.‹ Alle leben irgendwas, was sie meinen leben zu müssen oder was ihnen erlaubt ist, leben zu dürfen. Das war für mich auch das Faszinierende an dieser ganzen Gewalt beim KFC. Dass es ursprünglich war. Dass da ein Raum war, der kreativ und frei war. Vorher war ja eine frustrierende Zeit. Und plötzlich gab es Leute, die sich über alles hinweggesetzt haben. Und genau das Gegenteil gemacht haben. Diese Freiheit, die da drinsteckt – das ist geil. Da hat jeder Lust drauf. Ich habe es bis zu dem Punkt ausgelebt, wo ich gemerkt habe, jetzt ist es genug. Und deshalb ist auch nichts Verbuddeltes in mir geblieben, weshalb ich mit 45 Magenkrebs kriege. Jetzt bin ich gesättigt. Jetzt bin ich Heilpraktiker, haha. Auch Tobias ist jetzt im Gesundheitsbereich. Er ist Doktor der Psychiatrie.

TOBIAS BRINK Ich bin froh, dass ich einen guten Job habe. Auf Heilpraktiker hätte ich keinen Bock. Ich fühle mich in der Psychiatrie ganz gut. Das ist ja eine ähnliche Klientel wie damals. Da siehst du auch viele Verrückte und eben auch viele interessante Leute. Leute wie Tommi. Der hat ja dann irgendwann selber gesagt, dass er krank ist. Der kam gar nicht mehr aus dem Haus und aus dem Bett. Er hatte Phasen, in denen er extrem produktiv war. Und teilweise lag er nur in seinem Zimmer. Einen Stock über der elterlichen Wohnung. Mehr oder weniger isoliert und eingeschlossen. Inzwischen sehe ich ihn nur noch ab und zu. Das tut mir richtig Leid, dass er die damalige Zeit komplett ausgeblendet hat.

BERNWARD MALAKA Ich ging mal Jahre später in die *Uehl*. Da stand Tommi mit Timmi, seinem Bruder. Timmi kam so an: »Ey! Hör mal, du Poser!« Er wollte mir diese ganzen Schmähungen von vor 20 Jahren so richtig heimzahlen. Ich sagte: »Ach ja, Timmi, du bist ja der einzig echte Punk. Ich war immer ein Bewunderer von dir.« Und da wurde der wieder so sauer. Ich hatte ein Bierglas in der Hand. Und Timmi hat eben auch eine Riesenpranke. Er umklammerte meine Hand und drückte sie zusammen. Und zwar so richtig brutalo. Und kuckte mich dabei Mike-Tyson-artig an. Wir standen da. So richtig Erzfeind-artig. Bis das Glas zersprang.

Mich erinnert das alles stark an eine Platte von Iggy Pop, die ich mir 1977 gekauft hatte – *The Idiot*. Darauf war ein Lied, das hieß »Dum Dum Boys«. Da erinnert sich einer an die Typen von vor 20 Jahren – die »Dum Dum Boys«. Die Hängengebliebenen. Ich habe mir dann immer vorgestellt, wer wohl von uns in 20 Jahren so rumhängen würde. Auf jeden Fall Zonker. Würde mich interessieren, was aus dem geworden ist.

TRINI TRIMPOP Zonker hat eine Ausbildung als Beamter gemacht. Der ist jetzt wahrscheinlich Chef von einem Hochbauamt oder Einwohnermeldeamt. Da lachst du dich doch kaputt, oder?

JÜRGEN ENGLER Ich bin im Herzen immer noch Punk. Ich trinke immer noch keinen Alkohol, rauche nicht, nehme keine Drogen. Bringt mir nichts. Ich habe noch nie was angerührt. Solche Haltungen begleiten mich auch unbewusst. Aber irgendwelche Szenen von damals oder heute sind mir nicht wichtig. Als wir das Ding damals hochgezogen haben – wir haben uns doch vor allem über die Hippies lustig gemacht, die 1977 noch Woodstock im Kopf hatten und Jimi Hendrix geil fanden. Der größte Reiz an Punk bestand darin, dass es was Neues war. Wie kann ich dann heute noch Punk toll finden? Das ist für mich eine abgehakte Sache. Ich glaube, die derzeitige Phase ist noch viel interessanter als damals. Klar, die Extreme sind ausgereizt. Die Kids tun sich schwer, sich einer Gruppierung zuzuordnen. Das war damals einfacher. Du hast eine bestimmte Farbe getragen – und schon warst du in einer bestimmten Gruppierung. Aber dafür ist heute eben alles auf breiter Ebene möglich. Ma-

che ich ja auch. Ich nehme mir ja auch meine Elektronik, irgendwelche Metallriffs und mache da mein Ding daraus.
Ich habe neulich den Pyrolator getroffen. Der wusste, dass meine letzten Sachen in den Charts waren. Der war richtig beeindruckt, dass ich immer noch das Hüpfäffchen auf der Bühne markiere. Aber ich habe Spaß dabei. Ich fühle mich wesentlich agiler als vor 20 Jahren. Aus der Szene von damals habe ich eben nur bedingt schöpfen können. Jetzt bin ich auf mich selber gestellt. Ich weiß, wo ich stehe. Und vor allem habe ich mich aus diesem Teufelskreis rausgewühlt: Was darf ich, was darf ich nicht, um akzeptiert zu werden? Jetzt schreibe ich eben auch mal eine Boxkampfhymne für RTL. Ist doch geil. Oder ich mache mit alten Krautrockern irgendwelchen Krach, der dann nur auf obskuren Labels in Amerika und Japan rauskommt. Ich wohne in Texas. Ich habe da ein Haus. Da habe ich ein paar schöne Jazzgitarren, mit denen ich Rockabilly spiele. Ich mache alles. Alles was ich will. Das konnte ich früher nicht. Früher habe ich nur gemacht, was man machen durfte. Das haben alle gemacht.
Und trotzdem trauern die meisten Düsseldorfer der Zeit richtig hinterher. Das war deren Lebenselixier. Das weiß ich auf jeden Fall von Peter Hein. Ich glaube nicht, dass der jemals erzählen wird, dass Punk auch scheiße war. Peter ist ein bisschen schräg. Ganz komisch, dass der so abgekackt ist. Aber der hatte schon immer den Draht dazu. Der empfindet auch das Älterwerden als Riesenproblem. Mir ist es doch scheißegal, dass ich bald 40 werde. Ich fühle mich gut. Aber Peter sieht nur: Punkrock war Ende der 70er Jahre. Und das ist immer länger her.
XAO SEFFCHEQUE Peter Hein hat diesen Schnitt natürlich selber vollzogen. Aber er war später durchaus bereit, das wieder zu korrigieren – und hat einfach die Chance nicht mehr gekriegt. Was er mit Family Five oder Camp Sophisto gemacht hat – das hätte es werden können, sogar müssen. Aber vor allem die Plattenfirmen haben ihn dann geschnitten. Die haben gesagt: ›Du hättest unser Geldesel werden können und hast dich draufgesetzt. Du bist auf der schwarzen Liste.‹ Aber das ändert nichts daran, dass er genial ist. Es gibt keinen besseren Texter

in Deutschland. Ich finde es nur schade, dass er immer so bockig wurde und sich anderen Sachen nicht mehr geöffnet hat. Aber das alles tut ihm halt immer noch weh. Ich weiß nicht, ob er es zugibt, aber ich weiß, dass es so ist. Für Peter ist das schlimmer als für mich.

MARKUS OEHLEN Du kannst Peter nicht mit Gastr Del Sol oder so kommen. Das kennt der nicht. Der kennt wenig. Neulich habe ich ihn mal beim Plattenauflegen gesehen, in einer kleinen Kneipe. Das waren die Sachen von vor 20 Jahren. Seine Plattensammlung. Aber er hat sich bei Xerox bestimmt nicht auf so eine Kafka-Existenz zurückgezogen. Das ist viel eher seine Cleverness. Ich sprach mit ihm mal über Campino. Und Peter sagte, er hätte selber auch die Chance gehabt, mehr zu sein als das, was er wurde. Aber er hätte es nie gewollt. Er hat seinen Job nie aufgegeben. Und dafür bewundere ich ihn. Dass er sich weder verkaufen noch verarschen ließ. Denn wie das Geschäft funktioniert, das weiß man ja.

PETER HEIN Ich habe an ›No Future‹ geglaubt. ›I don't care‹ war auch wichtig. Nur weil ich ›I don't care‹ gesagt habe, bin ich ja immer noch da, wo ich heute bin. Nur deshalb ist ja nichts aus mir geworden. Weil mir das alles egal ist. Sonst hätte ich ja Karriere machen können. Sowohl bei Rank Xerox als auch mit Fehlfarben. Ich will ja bei Xerox auch nichts werden. Ich werde da auch nichts. Das ist ja die ›I don't care‹-Attitüde. Mir egal, ob das im Nachhinein so gesund ist oder nicht. I don't care! Kehren tut der Müllmann. Ich doch nicht. Es gibt Sachen, die sind egal. Ich finde mich auch nicht verbittert. Ich finde halt einfach nur alles scheiße. Moderne Musik kann ich nicht ab. Musikfernsehen kann ich nicht ab. Und was meine Bedeutung für andere Leute betrifft – ich bin öfters irgendwo, wo in der ganzen Gegend gerade mal 5000 Leute wohnen, und da sitze ich in der Kneipe, und jemand kommt daher: »Hey, bist du nicht ...?« »Ja.« »Du hast mein Leben verändert!« Da kannst du nichts mehr sagen. Das war ja alles gar nicht so gemeint.

FRANZ BIELMEIER Ich habe erst in letzter Zeit etwas mehr Distanz zu dem Ganzen. Vorher ging es mir schlecht, sobald ich auch nur daran dachte. Meine ganze Seele hatte an Punk gehangen.

Und dann hatte meine ganze Seele große Vorbehalte dagegen entwickelt. Durch meine Schizophrenie. Und ich hatte auch eine schizophrene Einstellung dazu. Für mich war Punk der Lebensinhalt gewesen – der sich aber als der falsche rausgestellt hatte. Und ich habe bis jetzt keinen anderen gefunden. Ich bin jetzt selber arm und muss arbeiten gehen. Aber dadurch habe ich auch gesehen, wie unterschiedlich die Menschen sind. Für mich war das ein echtes Abenteuer. Ich bin da mit dem gleichen Enthusiasmus rangegangen wie an die Musik. Ich wusste genau, ich gehöre nicht da hin, wenn ich bei der Post oder als Tellerwäscher oder auf dem Bau gearbeitet habe. Ich hätte bis an mein Lebensende bei ALDI die Regale einräumen können. Das waren für mich romantische Vorstellungen. Weil das für mich alles Inkognitotätigkeiten waren. Außerdem dachte ich halt immer: ›Ich werde sowieso wieder verrückt.‹ Das hat sich erst jetzt geändert – durch die Nähe zu meiner Tochter. Jetzt denke ich zum ersten Mal: ›Nein! Verdammt noch mal! Ich werde nicht mehr verrückt!‹ Aber dieses ganze Misstrauen gegen diese Welt, das ich damals in der Musik und in der Haltung umgesetzt habe, hat mich immer noch nicht ganz verlassen. Ich habe nie etwas Erfüllenderes gemacht als bei Mittagspause und Charley's Girls. Von daher konnte ich auch noch nie endgültig über meinen Schatten springen. Ich konnte nie sagen: ›Ich bin wieder zurück!‹ Kein Comeback. Ich konnte nie einen Antrag auf Comeback stellen.

ANHANG

Biografische Notizen

(nach Vornamen geordnet)

ALE SEXFEIND (Ale Dumbsky) (*1965) Schlagzeuger der Goldenen Zitronen. Gründer des *Buback*-Labels (Jan Delay, Beginner, Dynamite Deluxe etc.), das er 20 Jahre lang betrieb. Heute ist er Herausgeber des READ Magazines und Veranstalter des RADAR Hamburg International Independent Film Festivals.

ALEX HACKE (*1965) Gitarrist u. a. bei Einstürzende Neubauten und Crime & The City Solution. In den 80ern auch bekannt als Alexander von Borsig.

ALFRED HILSBERG (*1947) Autor der Zeitschrift *Sounds* und Inhaber der Labels *Zickzack* und *What's so funny about*. Prägte in einem Artikel über Düsseldorfer Bands den Begriff *Neue Deutsche Welle* – der dann von der Plattenindustrie für die Vermarktung der kommerziellen NDW benutzt wurde.

ANDREAS DORAU (*1964) Sänger von Andreas Dorau & die Marinas. Macht nach wie vor Musik und arbeitet für eine Anwaltskanzlei.

ANDREW UNRUH (Andrew Chudy) (*1957) Einstürzende-Neubauten-Schlagzeuger.

ANNETTE BENJAMIN (*1960) Sängerin von Hans-a-plast aus Hannover. Singt inzwischen am liebsten Schumann und Brahms.

ANNETTE HUMPE (*1950) Sängerin von Neonbabies, Ideal und später Ich + Ich. Produzierte u. a. DÖF, Rio Reiser, Lucilectric, Die Prinzen und Max Raabe.

AR/GEE GLEIM (Richard Gleim) (1941-2019) Düsseldorfer Fotograf. http://gnogongo.de/

AXEL DILL (*1954) Schlagzeuger von Abwärts. Heute Tonstudioinhaber in Hamburg und Mitglied von Station 17 – einem Band-Projekt von Behinderten und Nichtbehinderten.

BEATE BARTEL (*1955) Gründungsmitglied von Einstürzende Neubauten und Mania D. Später bei Liaisons Dangereuses (»Los Niños Del Parque«).

BEN BECKER (*1964) Damals Kinder-Punk. Heute Schauspieler.

BERNWARD MALAKA (*1962) Bassist von Male und Krupps. Lebt inzwischen als Strategieberater für Medien- und Technologieunternehmer in Köln.

BETTINA KÖSTER (*1959) Saxophonistin von Din-A Testbild. Sängerin von Mania D. und Malaria.

BLIXA BARGELD (Christian Emmerich) (*1959) Sänger und Gitarrist der Einstürzenden Neubauten, Gitarrist von Nick Cave & The Bad Seeds.

BURKHARD SEILER (s. Zensor)

CAMPINO (Andreas Frege) (*1962) Sänger von ZK und später den Toten Hosen.

CARMEN KNOEBEL (*1944) 1974-1979 Inhaberin des *Ratinger Hofs* und des *Pure-Freude*-Labels. Kümmert sich heute um die Geschäfte ihres Mannes, des Malers Imi Knoebel.

CHRISLO HAAS (Christian Haas) (1956-2004) Sequencer-Zauberer von DAF und Liaisons Dangereuses. Außerdem bei Minus Delta t und (kurz) Der Plan. Später u. a. bei Crime and the City Solution. Machte danach vor allem Soloprojekte (u. a. auf *Tresor Records*).

CHRISTIAN KELLERSMANN Spielte Saxophon und Querflöte u. a. bei den Zimmermännern, Andreas Dorau und Palais Schaumburg. Seit 2002 ist er Geschäftsführer von *Universal Music Classics & Jazz* in Berlin – und geht dort am liebsten in die Philharmonie.

DETLEF DIEDERICHSEN (*1960) Mitarbeiter der Zeitschrift *Sounds*, Sänger und Gitarrist der Zimmermänner. Leitet heute die Bereiche Musik, Tanz und Theater im »Haus der Kulturen der Welt« in Berlin.

DIEDRICH DIEDERICHSEN (*1957) Redakteur der Zeitschrift *Sounds*. In den 90ern Chefredakteur der Zeitschrift *Spex*. Autor vieler poptheoretischer Werke. Arbeitet heute u. a. als Dozent bzw. Professor an verschiedenen Hochschulen.

FABSI (Claus Fabian) (*1956) Schlagzeuger von ZK. Heute Sänger der Gruppe Die Mimmi's und Inhaber des *Weser Labels*.

FERDI (s. Käptn Nuss)

FETISCH (*1963) Damals bester Freund von Ben Becker. Lebt und arbeitet heute als DJ/Musiker (u. a. Terranova) und Musikproduzent zwischen Paris und Berlin.

FM EINHEIT oder MUFTI (Frank-Martin Strauß) (*1958) Schlagzeuger und Percussionist bei Abwärts, Palais Schaumburg und Einstürzende Neubauten. Macht heute Musik für Theater, Hörspiele etc.

FRANK FENSTERMACHER (*1955) Plan- und Fehlfarben-Mitglied. Betreibt auch heute noch das *Ata-Tak*-Label.

FRANK Z (Frank Ziegert) (*1957) Gitarrist und Sänger von Abwärts. Schreibt gerade an seinem ersten Roman.

FRANZ BIELMEIER oder MONROE (*1960) Mit Peter Hein zusammen Herausgeber des *Ostrich*. Gitarrist von Charley's Girls, Mittagspause und Aqua Velva. Inhaber des *Rondo*-Labels. Lebt in Düsseldorf.

FRIEDER BUTZMANN (*1954) Machte unzählige Soloprojekte und spielte u. a. bei Liebesgier und Din-A Testbild. Arbeitet heute vor allem als Komponist und Hörspielautor.

GABI DELGADO (Gabriel Delgado López) (*1958) Tänzer und Texter von Mittagspause, Sänger von DAF.

GODE (Godehard Buschkühl) (*1961) Gitarrist bei den Coroners, Front und Mona Mur. Arbeitet heute als Bauingenieur und lebt mit seiner Familie in Hamburg.

GUDRUN GUT (Gudrun Bredemann) (*1960) Schlagzeugerin u a. bei Din-A Testbild, Mania D., Einstürzende Neubauten und Malaria. Betreibt seit 1997 das Label *Monika Enterprise* und *Ocean Club Radio* (letzteres zusammen mit Thomas Fehlmann). Spielt seit 2008 live Solokonzerte weltweit und veröffentlicht eigene Platten – letztes Projekt mit Antye Greie/AGF als Greie Gut Fraktion. Sitzt, wenn Zeit ist, gerne auf dem Land und genießt die Vögel, wie sie singen.

HAGAR (Hagar Groeteke) Sängerin bei Andreas Dorau & die Marinas. Betreibt heute eine »Beautique« auf St. Pauli.

HARRY RAG (Peter Braatz) (*1959) Texter und Sänger von S.Y.P.H. Lebt und arbeitet heute als Filmemacher in Solingen und Ljubljana/Slowenien.

HOLGER CZUKAY (Holger Schüring) (1938-2017) Bassist der Krautrock-Legende Can. Produzent von S.Y.P.H. Großmeister der Schneidetechnik.

HOLGER HILLER (*1956) Sänger von Palais Schaumburg. Seit 2003 wohnt er in Berlin und arbeitet dort als Englischlehrer.

INGA HUMPE (*1956) Damals Sängerin von Neonbabies. – heute von 2Raumwohnung. Macht (zusammen mit Tommi Eckart) das Label *it.sounds*.

ISI (Ralf Isbert) Bassist von ZK. Danach in diversen Rock-'n'-Roll-Bands (z. B. Panhandle Alks). Airbrush-Künstler.

JÄKI ELDORADO (Jochen Hildisch) (*1958) »Erster Punk Deutschlands«. Spielte u. a. bei Ivanhoe, Aus lauter Liebe und zusammen mit Nina Hagen. Danach lange Tourmanager der Toten Hosen – heute vor allem von Robbie Williams und Tokio Hotel.

JANIE (s. Peter Hein)

JÜRGEN ENGLER (*1960) Gitarrist und Sänger von Male und Krupps. Mittlerweile der deutschen Staatsbürgerschaft entledigt, lebt er seit vielen Jahren glücklich in Austin/Texas, arbeitet als Produzent eines US-Plattenlabels (u. a. für Iggy Pop, Sly Stone und Christina Aguilera) und ist weiterhin aktiv mit den Krupps. Ein neues Male-Album ist in Arbeit.

KÄPTN NUSS (Ferdinand Mackenthun) Bassist von KFC und Family 5.

KERSTIN EITNER (*1956) Damals Mitarbeiterin der *tageszeitung* und Szenekneipenwirtin in Hamburg (*Schlaflose Nächte*, das spätere *Subito*), dann längere Zeit bei Greenpeace. Heute freiberufliche Journalistin, Übersetzerin und Lektorin.

KID P. (Andreas Banaski) (*1957) Autor der Pop-Zeitschrift *Sounds*. Szeneintern gefürchtet wegen seines aggressiven Stils.

KLAUS MAECK (*1954) Inhaber des *Rip-Off*-Ladens- und -Vertriebs. Zwischendurch Manager der Einstürzenden Neubauten. Heute Mitinhaber des *Freibank*-Musikverlags und (zusammen mit Fatih Akin) der Filmfirma *Corazón International*.

KURT DAHLKE (s. Pyrolator)

MARGITA HABERLAND: (*1944) Sängerin und Geigerin von Abwärts. Lebt heute als Medienkünstlerin, Musikerin und Autorin in Berlin.

MARKUS OEHLEN: (*1956) Schlagzeuger bei Charley's Girls und Mittagspause. Heute Professor an der Münchner Akademie der Bildenden Künste.

MARTINA WEITH Sängerin der Düsseldorfer Frauenpunkband Östro 430. Lebt heute in Hamburg.

MEIKEL CLAUSS (Michael David Clauss) (*1959) Gitarrist von KFC, Nichts und später Belfegore. Arbeitet inzwischen seit vielen Jahren als Heilpraktiker in Düsseldorf – und spielt bei den neu formierten Nichts, Belfegore sowie in einer Band u. a. mit Peter Hein und Kurt Dahlke.

MICHAEL KEMNER (*1958) Bassist bei DAF und Fehlfarben.

MIKE HENTZ (*1954) Musiker und Performancekünstler u. a. bei Minus Delta t. Diverse Professuren an Kunsthochschulen.

MONROE (s. Franz Bielmeier)

MORITZ R® (Moritz Reichelt) (*1955) Plan-Frontmann. Lebt heute als Allround-Künstler (Maler, Musiker, Illustrator, Bühnenbildner, Filmausstatter, Regisseur, Autor – und als Quintessenz von allem – Metaverse-Designer) in Berlin.

MUFTI (s. FM Einheit)

MUSCHA (Jürgen Muschalek) (1951-2003) Gitarrist von Charley's Girls. Drehte Punkfilme wie *Blitzkrieg Bop, Decoder* und *Humanes Töten.*

NINA HAGEN (*1955) DDR-Schlagersängerin. War dann im Westen über lange Jahre *der* Inbegriff von Punk.

PADELUUN Machte damals einige Solo-Platten (*Keine Platte*), war phasenweise Mitglied von Minus Delta t und Super-8-Filmer. Danach Mitbegründer des *Chaos Computer Club* und des Datenschutz-Vereins FoeBuD (Big Brother Awards). Inzwischen u. a. Sachverständiger der Enquêtekommission Internet und digitale Gesellschaft des Bundestags.

PETER GLASER (*1957) Schriftsteller, Journalist und inzwischen auch noch Kolumnist (für die *Stuttgarter Zeitung*). Ingeborg-Bachmann-Preisträger. Lebt heute in Berlin.

PETER HEIN oder JANIE (*1957) Sänger und Texter von Charley's Girls, Mittagspause, Fehlfarben und danach Family 5. Lebt in Düsseldorf und Wien.

PYROLATOR (Kurt Dahlke) (*1958) Synthesizermann bei DAF und Der Plan. Betreibt seit damals mit Frank Fenstermacher das *atatak*-Label und als Produzent und Tontechniker das *atatak*-Studio. Als Musiker ist er heute solo und mit den Fehlfarben unterwegs.

RALF DÖRPER (*1960) Mitglied von S.Y.P.H., Krupps sowie später Propaganda. Heute Wertpapieranalyst.

RALF HERTWIG (*1963) Schlagzeuger von Coroners, Front und Palais Schaumburg. Schreibt heute Drehbücher für Film und Fernsehen.

ROBERT GÖRL (*1955) Schlagzeuger von DAF. Machte danach lange Jahre Techno-Platten und ist seitdem immer wieder mit DAF-Reunions beschäftigt.

THOMAS FEHLMANN (*1957) Synthesizer- und Trompetenmann von Palais Schaumburg. Inzwischen seit vielen Jahren bei The Orb. Produziert, zusammen mit Gudrun Gut, die Sendung *Ocean Club Radio*.

THOMAS MEINECKE (*1955) Damals Musiker der Münchner Band Freiwillige Selbstkontrolle und Herausgeber der Zeitschrift *Mode & Verzweiflung*. Heute Schriftsteller, Radio-DJ ... und immer noch bei FSK.

THOMAS SCHWEBEL (*1959) Gitarrist und Texter bei S.Y.P.H., den späten Mittagspause und Fehlfarben. Lebt und arbeitet inzwischen als Drehbuchautor in Hamburg.

TIMO BLUNCK (*1962) Bassist von Palais Schaumburg, Sänger der Zimmermänner. Macht inzwischen sehr erfolgreich Musik für Fernseh-, Kino- und Werbefilme.

TOBIAS BRINK (*1959) Schlagzeuger von KFC und Nichts. Heute Doktor der Psychiatrie.

TOM DOKOUPIL (*1959) Gitarrist von Wirtschaftswunder. Heute Produzent und Tonstudioinhaber in Köln.

TOMMI STUMPF(F) (Thomas Peters) (*1958) Sänger und Gitarrist des KFC. Danach diverse Elektropunk-Projekte.

TRINI TRIMPOP (Klaus-Peter Trimpop) (*1951) Sänger des KFC. Schlagzeuger und Manager der Toten Hosen. Filmemacher (*Humanes Töten*, *Decoder* etc.). Hat 2011 seinen ersten Roman veröffentlicht.

UWE JAHNKE (*1959) S.Y.P.H.-Gitarrist. Später bei Fehlfarben.

WOLFGANG MÜLLER (*1957) Mitglied der Berliner Band Die Tödliche Doris. Künstler, Performer, Schauspieler und Autor; lebt abwechselnd in Berlin und Reykjavík.

WOLFGANG SPELMANS (*1955) Gitarrist von DAF.

XAO SEFFCHEQUE (Alexander Sevschek) (*1956) Veröffentlichte diverse Soloplatten (u. a. *Sehr gut kommt sehr gut*) und schrieb für die Zeitschrift *Sounds*. Gitarrist von Family 5. Heute schreibt er Theaterstücke und Drehbücher für Fernsehkrimis und lebt mit seiner Familie in Köln.

ZENSOR (Burkhardt Seiler) (*1953) Inhaber des *Zensor*-Plattenladens und -labels.

Zeittafel

B = Berlin
D = Düsseldorf
HH = Hamburg

Ende 76	D	**Male** spielen erste Punkstücke.
Anfang 77	D	Carmen Knoebel renoviert den Ratinger Hof.
18.2.77		**The Damned**-LP: Damned Damned Damned.
März 77	D	Der Ostrich erscheint erstmals.
22.3.77	D	**Male** im Geschwister-Scholl-Gymnasium.
7.4.77		**The Clash**-LP: The Clash.
Herbst 77		Ermordung Jürgen Pontos (30.7.) – Entführung der Lufthansa-Maschine »Landshut« (13.-18.10.) – Andreas Baader, Gudrun Ensslin, Jan-Carl Raspe werden in ihren Zellen in Stuttgart-Stammheim tot aufgefunden (18.10.) – Hanns-Martin Schleyer wird ermordet im Kofferraum eines Autos aufgefunden (19.10.).
12.9.77	B	Jäki Eldorado leckt am Bein von Iggy Pop.
11.10.77		**Charley's Girls** und **Male** im Gymnasium Köln-Rodenkirchen.
28.10.77		**Sex Pistols**: Never Mind The Bollocks-LP.
Februar 78		**Charley's Girls** in der Galerie Oppenheim/Köln.
		Der Film Punk in London von Wolfgang Büld läuft an.
März 78		Alfred Hilsbergs Sounds-Artikel »Rodenkirchen is burning« erscheint.
3.3.78	D	**Charley's Girls** auf »Punk«-Maskenball.
April 78		Erster Spiegel-Artikel über Punk: »Brutal und hässlich: Kultur aus den Slums«.
1.4.78	D	**Kraftwerk**: Mensch-Maschine-LP.
3.6.78	D	Carsch-Haus-Festival: **Male, Charley's Girls, S.Y.P.H.** u. a.

Juni 78	D	Art-Attack-Galerie wird eröffnet.
Juli 78	D	Gründung von Mittagspause.
1.8.78		Gründung von Minus Delta t.
12.8.78	B	Eröffnung des SO36 mit dem »Wall City Rock«-Festival: S.Y.P.H., Mittagspause, Male, Din-A Testbild, PVC, Stukka Pilots u. a.
September 78	B	Der »zweite« Dschungel eröffnet in der Nürnberger Straße.
20.10.78		Drei-Tage-Aktion von Art Attack.
November 78		Nina Hagen veröffentlicht erste LP mit der Nina Hagen Band.
30.11.78		Mittagspause, Male, S.Y.P.H., Weltaufstandsplan und KFC im Gelsenkirchener Jugendzentrum.
1.12.78	D	Beton-Aktion von Minus Delta t im Ratinger Hof.
Februar 79	D	Male nehmen erste LP auf.
2.2.79		Sid Vicious stirbt an einer Überdosis Heroin.
7.2.79	D	Erster DAF-Auftritt (Ratinger Hof).
24.2.79	HH	»Into the Future«: Hans-a-plast, PVC, Kiev Stingl, Male, Mittagspause, S.Y.P.H., DAF, Weltaufstandsplan u. a.
Feb. - April 79		DAF nehmen »Ein Produkt der Deutsch-Amerikanischen Freundschaft« auf.
31.3.79	D	Carmen Knoebel gibt Führung des Ratinger Hof ab.
April 79	HH	Rip-Off-Laden eröffnet.
28.4.79	D	Erster ZK-Auftritt.
4.5.79	HH	Das Krawall 2000 eröffnet.
19.5.79		»Sauhatzfestival« im Okie Dokie mit ZK, Male, Mittagspause, S.Y.P.H.
Juni 79		Mittagspause: Doppelsingle, DAF: Ein Produkt der Deutsch-Amerikanischen Freundschaft-LP, Neonbabies: »Blaue Augen«-Single.
	B	Eisengrau-Laden eröffnet.
29.6.79	HH	»In die Zukunft«: Hans-a-plast, Geisterfah-

		rer, KFC, Buttocks, Din-A Testbild, ZK, Male, Materialschlacht, Blender u. a.
21.7.79		S.Y.P.H. nehmen »Viel Feind, viel Ehr«-Single auf.
13.8.79	B	Festival im SO36: »Die Mauer wird volljährig«.
September 79		S.Y.P.H.: »Viel Feind, viel Ehr«-Single, Der Plan: »Fleisch«-Single, Pyrolator: Inland-LP. DAF gehen nach England und nehmen in den Cargo-Studios/Rochdale auf.
Oktober 79		Hans-a-plast: Es brennt-LP.
2.11.79		»Shvantz«-Festival in Frankfurt mit ZK, Straßenjungs, padeluun, Mittagspause, Minus Delta t, Der Plan ...
November 79		DAF mit The Fall auf Tournee in England.
	D	Fehlfarben nehmen »Freiheit & Abenteuer«-Single auf.
	D	Franz Bielmeier gründet Rondo-Label. Single-Veröffentlichungen: »Clever & Smart« von Male, »Tip von Twinky« von ZK, »Banana Boat« von Aqua Velva und »Herrenreiter« von Mittagspause.
27.12.79	D	(bis 30.12.) S.Y.P.H. nehmen im Studio Klangwerkstatt ihre erste LP auf.
29.12.79	HH	»Geräusche für die 80er«: Abwärts, Salinos, Liebesgier, Coroners, Minus Delta t, Tempo, Rotzkotz u. a.
Januar 80	D	Fehlfarben: »Freiheit & Abenteuer«-Single.
25.2.80	D	Erster Fehlfarben-Auftritt (Mannheim).
29.2.80		DAF (zusammen mit Wire) im Electric Ballroom in London.
März 80		Der Plan: Geri Reig-LP, S.Y.P.H.: Pure Freude-LP, DAF: »Kebabträume«-Single.
4.3.80	HH	Gescheiterte Aufführung von Nina Hagens »Babylon Will Fall«-Show.
28.3.80		(bis 3.4. und 9.5.-11.5.) S.Y.P.H. nehmen – produziert von Holger Czukay – Pst-LP auf.

1.4.80	B	Erster Auftritt der Einstürzenden Neubauten.
21.4.80		DAF und Mania D in der Werkstatt Odem (Hannover).
Mai 80		Mania D.-Single, Abwärts: »Computerstaat«-Single.
14.5.80	D	Male und Clash in der Philipshalle.
20.5.80	HH	Clash in der Markthalle.
1.6.80	B	Einstürzende Neubauten nehmen die »Stahlversion« ihrer »Für den Untergang«-Single auf.
20.6.80	HH	Zuhälter stürmen Krawall 2000.
19.6.80	HH	Male im Grünspan.
Juli 80	B	Mania D. treten bei Lesben-Festival im Metropol auf.
	D	DAF: Die Kleinen und die Bösen-LP.
August 80		Der Plan: »Da vorne steht 'ne Ampel«-Single, S.Y.P.H.: Pst-LP.
	B	Ideal: »Wir stehn auf Berlin«-Single.
8.10.80	D	KFC: »Kriminalpogo«-Single.
Oktober 80		Palais Schaumburg: »Rote Lichter«-Single, Fehlfarben: Monarchie und Alltag-LP (und Tournee mit 999).
1.11.80	B	»Belehrung und Unterhaltung«-Festival im Audimax der FU Berlin (mit S.Y.P.H., Plan, DAF, Fehlfarben, Vorsprung u. a.).
November 80		Ideal-LP, Abwärts: Amok Koma-LP, DAF: »Der Räuber und der Prinz«-Single. Erster Palais-Schaumburg-Auftritt.
Dez. 80-Jan. 81		DAF nehmen Alles ist Gut-LP auf.
27.12.80	HH	Einstürzende Neubauten bei Festival in der Markthalle (mit Radierer, Abwärts u. a.).
Februar 81		S.Y.P.H.: Letzte Hoffnung-LP, Palais Schaumburg: »Telefon«-Single.
März 81	D	Peter Hein verlässt Fehlfarben und produziert die Stahlwerksinfonie der Krupps.
April 81	HH	Rip Off-Laden schließt.

		Malaria-Maxi, DAF: Alles ist gut-LP, Neonbabies-LP.
20.4.81	B	Erster Malaria-Auftritt im SO36.
Mai 81	D	Krupps: Stahlwerksinfonie-LP.
	B	Einstürzende Neubauten: »Kalte Sterne«-Single.
17.6.81		DAF, Palais Schaumburg, Wirtschaftswunder und Fehlfarben in der Philipshalle.
Juli 81	D	Krupps: »Wahre Arbeit«-Maxisingle.
Aug.-Sep. 81		DAF nehmen Gold und Liebe auf, Neonbabies ihre Harmlos-LP (jeweils bei Conny Plank).
September 81		Andreas Dorau: »Fred vom Jupiter«-Single, Nichts: Made in Eile-LP.
4.9.81	B	»Festival der Genialen Dilletanten« im Tempodrom (mit padeluun, Christiane F., Einstürzende Neubauten, Tödliche Doris, Frieder Butzmann, Din-A Testbild u. a.).
Oktober 81	HH	Palais Schaumburgs erste LP.
18.10.81		(bis 25.10.) ZK-Abschiedstournee.
November 81		DAF: Gold und Liebe-LP, Liaisons Dangereuses-LP, Einstürzende Neubauten: Kollaps-LP, Pyrolator: Ausland-LP.
Dezember 81		»Berliner Krankheit«-Tournee (Einstürzende Neubauten, MDK, Sprung aus den Wolken).
März 82		Andreas Dorau: Blumen und Narzissen-LP, Neonbabies: Harmlos-LP.
29.4.82		Erster Auftritt der Toten Hosen.
Juni 82		Markus veröffentlicht seinen Hit »Ich will Spaß« und läutet dadurch die kommerzielle »Neue Deutsche Welle« ein.
Oktober 82		Palais Schaumburg Lupa-LP und Tournee mit Kurtis Blow.
Juli 83		DÖF (u.a. Inga und Annette Humpe) erreichen mit »Codo (... düse im Sauseschritt)« Platz 1 der deutschen Single-Charts.

Bildnachweise

Umschlagabbildung: Gudrun Gut, ca. 1977. © Anja Freija

Seite 39: Charley's Girls, 1977 (Franz Bielmeier und Ramon Luis). Quelle: Franz Bielmeier
Seite 40: Franz Bielmeier, Passbild von 1977. © Franz Bielmeier
Seite 49: Frontcover der dritten Ausgabe des *Ostrich*-Fanzines, 1978. Quelle: Franz Bielmeier
Seite 52: »Die eigene Legende zusammenschustern«: Jäki Eldorado. © Jäki Hildisch
Seite 58: Die DAF-Vorläufer-Band Y.O.U. (1977) v.l.n.r.: Michael Kemner, Wolfgang Spelmans, Robert Görl, Pyrolator. Foto: Frank Fenstermacher
Seite 65: Peter Hein guckt sich aus dem *NME* ab, »wie die Londoner Punks rumlaufen« (hier: Jean-Jacques Burnel von den Stranglers), 1977. © Franz Bielmeier
Seite 79: Jäki Eldorado leckt am Bein von Iggy Pop, Berlin, 12.9.77. © Harald Inhülsen
Seite 93: Peter Hein und Franz Bielmeier auf dem Weg von Derendorf in den Ratinger Hof. © Pascal Hoffmann
Seite 99: Charley's Girls, ca. 1977. Privatfoto
Seite 113: Peter Hein, Harry Rag und Franz Bielmeier auf der Landstraße nach Düren. © Thomas Schwebel
Seite 120: Male zu Zeiten des *Carsch-Haus*-Festivals (hier im Januar 1978 im Jugendzentrum Bilk); v.l.n.r.: Jürgen Engler, Bernward Malaka, Stefan Schwab. © Sabine Schwabroh
Seite 132: v.l.n.r. (auf der Bühne): Peter Hein (vorgebeugt), Gabi Delgado, Markus Oehlen, Franz Bielmeier; letzter Auftritt von Charley's Girls und gleichzeitig erster von Mittagspause, Sommer 1978. © George Nicolaidis
Seite 145: »Stylophone« – mit Kontaktstift spielbares Minikeyboard, ca. 1979. Quelle: Kunsthalle Düsseldorf
Seite 150: Cover der ersten Plan-Single: »Das Fleisch«. Covergestaltung: Frank Fenstermacher/Moritz Reichelt. © ata tak, www.atatak.com
Seite 159: Robert Görl (DAF), 1978 oder 1979 in Düsseldorf. © Michael Kemner
Seite 163: Cover der ersten DAF-LP: *Produkt der Deutsch-Amerikanischen Freundschaft*. Covergestaltung: Frank Fenstermacher. © ata tak, www.atatak.com

Seite 166: DAF live; *Into the Future*-Festival; v.l.n.r.: Wolfgang Spelmans, Gabi Delgado; Hamburg/Markthalle, 24.2.79. © Sabine Schwabroh

Seite 178: KFC im Ratinger Hof, unmittelbar nach dem gescheiterten Versuch, am Karnevalszug 1980 teilzunehmen; v.l.n.r.: Tobias Brink, Käptn Nuss, Tommi Stumpf, Trini Trimpop. © Che Seibert

Seite 184: Cover der Mittagspause-Doppelsingle. © Pure Freude

Seite 192: Blixa Bargeld und Alexander Hacke (später Einstürzende Neubauten), 1979. © Eva Gössling

Seite 195: Per Hand zusammengetackertes Cover der ersten Neonbabies-Single. Quelle: privat

Seite 206: Campino (ZK), 1979. © Sabine Schwabroh

Seite 208: Trini Trimpop (KFC), *In die Zukunft*-Festival, Hamburg/Markthalle, 29.6.79. © Sabine Schwabroh

Seite 212: Margita Haberland (Abwärts). © Johannes Wickenbrock

Seite 224: Der Plan live, November 1979. © Sabine Schwabroh

Seite 228: »Brontologic« – einer der ersten beiden Musikcomputer Deutschlands. Gebaut von Werner Lambertz in Zusammenarbeit mit Kurt Dahlke (Pyrolator), ca. 1980. Privatfoto

Seite 235: Ebenfalls per Hand zusammen getackertes Cover der ersten S.Y.P.H.-Single »Viel Feind, viel Ehr«. © Pure Freude

Seite 243: Mania D. (v.l.n.r.: Bettina Köster, Beate Bartel, Gudrun Gut). © Jutta Henglein

Seite 246: Cover der Mittagspause-Single »Herrenreiter«. © Rondo

Seite 249: Die Ska-Single von Fehlfarben: »Abenteuer und Freiheit«. Covergestaltung: Uwe Bauer. © ata tak/Welt-Rekord, www.atatak.com

Seite 261: Gode von den Coroners, 1978 im Winterhuder Fährhaus in Hamburg. Privatfoto.

Seite 271: Cover der ersten Male-Single: »Clever & Smart«. © Rondo

Seite 286: Inga Humpe (Neonbabies). © Ilse Ruppert

Seite 291: Alexander Hacke, ca. 1980. © Eva Gössling

Seite 310: Eine weitere Supergruppe der Düsseldorfer Szene: Die Hitlers, Oktober 1980. © Carmen Knoebel

Seite 319: Von Moritz® gemaltes Cover der zweiten Plan-Single: »Da vorne steht ne Ampel«. © ata tak, www.atatak.com

Seite 328: Frank Z (Abwärts) zu Hause in seinem WG-Zimmer. Privatfoto

Seite 335: FM Einheit (damals noch Abwärts) und Blixa Bargeld (Einstürzende Neubauten) bei einem Besuch des Konzentrationslagers Dachau, Ende 1980. © Klaus Maeck

Seite 345: Cover der Fehlfarben-LP *Monarchie und Alltag*.

Seite 352: DAF in 3er-Besetzung; v.l.n.r.: Wolfgang Spelmans, Gabi

Delgado, Robert Görl; Hamburg, 12.12.80. © Sabine Schwabroh

Seite 359: Robert Görl von DAF mit Publikum auf der Bühne der Philipshalle, Düsseldorf, 17.6.81. Privatfoto

Seite 367: Von Tom Dokoupils Bruder Jiri Georg Dokoupil gemaltes Cover der ersten Wirtschaftswunder-EP, 1980. © ata tak, www.atatak.com

Seite 380: Einstürzende Neubauten, Hamburg/Markthalle, April 1981; v. l. n. r.: FM Einheit, Andrew Unruh, Blixa Bargeld. © Sabine Schwabroh

Seite 383: FM Einheit in seinem Zimmer, 1982. Privatfoto

Seite 386: Andreas Dorau, Mai 1981. © Sabine Schwabroh

Seite 388: Promo-Foto von Andreas Dorau & die Marinas, Ende 1981. © Ilse Ruppert

Seite 389: Cover der »Fred vom Jupiter«-Single von Andreas Dorau & die Marinas; Covergestaltung: Moritz R®; Foto: Ulli Maier. © ata tak, www.atatak.com

Seite 393: Andreas Dorau & die Marinas auf Tournee im Hotelzimmer (in der Mitte Hagar). © Christian Kellersmann

Seite 396: Marc Chung, Frank Z und Axel Dill von Abwärts, 1982. Privatfoto

Seite 398: Alfred Hilsberg, August 1982. © Wolfgang Burat